Friedrich der Große und seine Generale

von Joachim Engelmann
mit Gemälden von Günter Dorn

PODZUN - PALLAS - VERLAG GMBH, Markt 9, 6360 Friedberg / H. 3
Verantwortlich für den Inhalt ist der Autor.
Fotosatz: Brigitte Keller, Claudia Kunz
Technische Herstellung: Druckerei Ernst Uhl, 7760 Radolfzell/Bodensee
ISBN 3-7909-0340-X

Joachim Engelmann

Friedrich der Große und seine Generale

mit Gemälden von Günter Dorn

PODZUN - PALLAS

Literaturverzeichnis

»Soldatisches Führertum« herausgegeben von Kurt v. Priesdorff, Hans. Verlagsanstalt, Hamburg 1936, Teil I - IV
»Fragmente zur Schilderung des Geistes, des Charakters und der Regierung Friederichs des zweyten« von Christian Garve bey Wilhelm Gottlieb Korn, Breslau 1798, Band I und II
»Die geistige Kultur des preußischen Offiziers« von Friedrich-Wilhelm Tharau, v. Hase und Koehler Verlag, Mainz 1968
»Geschichte der Preußischen Armee« von Curt Jany, 2. erg. Aufl., herausgegeben von Eberhard Jany, 2. und 3. Band, Biblio-Verlag, Osnabrück 1967
»Die Junker« von Walter Görlitz, C. A. Starke Verlag, Limburg/Lahn 1956
»Friedrich der Große und die preußische Verwaltung« von Walter Hubatsch, Grote'sche Verlags-Buchhandlung, Köln 1973
»Oeuvres de Frédéric le Grand«, Bd. XXVIII, 12. Kapitel, Verlag Rudolph Decker, Berlin 1856

Bildnachweis

25 Bilder Österr. Nationalbibliothek/Bildarchiv Wien, 2 Bilder Privatarchiv Fam. Vbd. v. Kleist, je 1 Bild Haus Hohenzollern und Oldenburg-Gottorp, 1 Bild Schloß Ludwigsburg, 2 Bilder Schloß Charlottenburg, übrigen aus »Soldatisches Führertum« von Kurt v. Priesdorff. Die Fotos in Ludwigsburg machten Wacker-Fotografie, in Charlottenburg Jörg P. Anders.

Inhalt

Ein Wort zuvor 7

König im Feldlager 9
Der König: »Die Talente, die einen General ausmachen« (»Generalprinzipien des Krieges« Kap. 12) 11
»Von dem Coup d'Oeil im Kriege« (»Generalprinzipien« 6. Absatz) 17
»Ob es unumgänglich notwendig ist, daß ein General Kriegsrat halte« (Generalprinzipien« 25. Absatz) 18
Seine Generale 19
Gesamtzahl - Verheiratung - Aufstieg von Bürgerlichen und Mannschaften - Vorbildung - Männerbünde - Heimat - Fürsten - Verluste - Vorzeitiges Ausscheiden - Lebensalter - Berufsbeginn - Beförderung zum General - Beförderungsalter - Strafen - Gefangenschaft - Fremder Dienst
Führungs-Pflichten 25
Aufgaben der Generale 25
Ausbildung der Generale 27
Verwendung der Generale 29
Disziplin der Generale 32
Herkunft der Generale 35
Einkünfte der Generale 37
Gemeinsame Bewährung: Lebensbeispiele 40
Generalfeldmarschall Leopold Fürst von Anhalt-Dessau 40
Generalfeldmarschall Kurt Christoph Graf von Schwerin 42
Generalfeldmarschall Wilhelm Dietrich von Buddenbrock 44
Generalfeldmarschall Christoph Wilhelm von Kalckstein 46
Generalfeldmarschall Henning Alexander von Kleist 48
Generalfeldmarschall Friedrich Ludwig Burggraf und Graf zu Dohna-Carwinden 50
Generalfeldmarschall Joachim Christoph Friedrich von Jeetze 52
Generalfeldmarschall Dietrich Fürst von Anhalt-Dessau 54
Generalfeldmarschall Friedrich Leopold Graf von Geßler 56
General der Infanterie Karl Friedrich Albert Markgraf von Brandenburg 58
Generalfeldmarschall Johann von Lehwaldt 60
General der Infanterie Peter du Moulin 62
Generalfeldmarschall Samuel Graf von Schmettau 64
Generalleutnant Friedrich Rudolf Graf von Rothenburg 66
General der Infanterie August Wilhelm Prinz von Preußen 68
General der Infanterie August Wilhelm Herzog zu Braunschweig-Wolfenbüttel 70
Generalfeldmarschall Ferdinand Herzog zu Braunschweig-Wolfenbüttel 72
Generalleutnant Heinrich Karl Ludwig von Hérault Ritter und Herr von Hautcharmoy 74
Generalleutnant Carl Christoph Graf von Schmettau 76
General der Kavallerie Georg Ludwig Herzog von Holstein-Gottorp 78
Generalmajor Christoph Ludwig von Stille 80
Ereignisse in Bildern 81
Weitere Lebensbeispiele 98
General der Kavallerie Hans Joachim von Zieten 98
General der Infanterie Ernst Heinrich August Baron de la Motte Fouqué 100
Generalleutnant Hans Karl von Winterfeldt 102
Generalleutnant Christoph Burggraf und Graf zu Dohna-Schlodien 104
General der Infanterie Friedrich Heinrich Ludwig Prinz von Preußen 106
Generalleutnant Friedrich Wilhelm Quirin von Forcade Marquis de Biaix 108
Generalleutnant Friedrich Johann Karl Fürst von Schönaich-Carolath-Beuthen 110
Generalfeldmarschall Jacob von Keith 112

Generalleutnant Hans Wilhelm von Kanitz 114
Generalmajor Karl Hartwig Ernst von Wartenberg 116
Generalleutnant Georg Wilhelm von Driesen 118
Generalleutnant Johann Dietrich von Hülsen 120
Generalleutnant Friedrich Ludwig Graf Finck von Finckenstein 122
Generalleutnant Friedrich Eugen Herzog von Württemberg 124
Generalleutnant Karl Christoph Friedrich Freiherr von der Goltz 126
Generalleutnant Dubislav Friedrich von Platen 128
General der Kavallerie Friedrich Wilhelm Freiherr von Seydlitz-Kurzbach 130
Generalleutnant Friedrich August von Finck 132
Generalleutnant Karl Heinrich von Wedell, Kriegsminister 134
Generalleutnant Friedrich Christoph von Saldern 136
Generalleutnant Johann Jakob von Wunsch 138
Generalleutnant Konstantin Nathanael von Salémon 140
Generalleutnant Wichard Joachim Heinrich von Möllendorff 142
Generalmajor Friedrich Wilhelm Gottfried Arnd von Kleist 144
Generalleutnant Wilhelm Sebastian von Belling 146
Generalmajor Friedrich Wilhelm Graf von Wylich und Lottum 148
Generalleutnant Daniel Friedrich von Lossow 150
Generalleutnant Friedrich Wilhelm von Wartenberg, Generalintendant 152
Generalleutnant Friedrich Wilhelm von Rohdich 154
Übersicht der Generalität 156

Gemäldetafeln

1 Der König reitet am 4.6.1745 auf das Schlachtfeld von Hohenfriedeberg
2 Zieten am 23.11.1745 bei Kath. Hennersdorf
3 Vorbereitung des Feldzugsplanes für 1757 mit Winterfeldt
4 Prinz Heinrich am 6.5.1757 am Roketnitzer Bach
5 Der König weist am 29.7.1757 Prinz August Wilhelm ab
6 Der König beobachtet am 5.11.1757 den Anmarsch der Feinde auf Roßbach
7 Ansprache am 3.12.1757 bei Parchwitz
8 Driesens Schluß-Attacke am 5.12.1757 bei Leuthen
9 Moritz v. Anhalt-Dessau wird am 5.12.1757 abends Feldmarschall
10 Keith's Tod am 14.10.1758 bei Hochkirch
11 Wedell greift am 23.7.1759 die Palziger Höhen an
12 Gefangennahme Fouqués am 23.6.1760 bei Landeshut
13 Hülsens Gegenstoß am Abend von Torgau am 3.11.1760
14 Der König im Lager Bunzelwitz mitten unter seinen Soldaten 1761
15 Seydlitz's Schlußangriff bei Freiberg am 29.10.1762
16 Der König schreitet die Front des Grenadier-Garde-Bataillons Nr. 6 ab

Ein Wort zuvor

Diese Arbeit gründet sich auf eine eingehende Auswertung aller erreichbaren Daten der Lebensläufe sämtlicher Generale Friedrichs des Großen, wie sie vor allem Priesdorff zur Verfügung stellte, um den vielfach üblichen positiven oder negativen Vermutungen, Teilangaben oder Legenden ein klares Bild der damaligen Wirklichkeit ohne subjektive Beurteilung gegenüberzustellen, soweit das nach zweihundert Jahren möglich ist.
Es ging mir um die vom König erheblich vergrößerte Führungsschicht und ihr menschliches Verhältnis im Umgang miteinander, in Bewährung und Schicksal, in Anerkennung und Belohnung, in Gunst und Ungnade, wie es sich in Stellung und Umgang ausdrückt, weniger um persönliche Ruhmestaten.
Fünfzig ausgewählte Kurz-Biografien, je nach Beförderung zum General geordnet, dienen dabei nur als konkrete Beispiele in einem Zusammenhang. Auch menschliche Schwächen durften nicht völlig verheimlicht werden.
Darstellungen der Herkunft, Familie, Regiment, Förderer, Ehe, Aufstieg und Ergänzung der Generalität sollen das Bild abrunden.
Vor dem geistigen Auge werden diese herausragenden Männer wieder lebendig, die als Führungskräfte ihrem König bei seinen unglaublichen Taten in Krieg und Frieden dienten.
Danken möchte ich Herrn Günter Dorn, der es wiederum in seinen Gemälden brillant verstanden hat, bedeutende Szenen plastisch und schwungvoll festzuhalten.

Oldenburg,
im Sommer 1988 — Joachim Engelmann

König Friedrich II. von Preußen in der Uniform I. Btl. Garde. Maler Antoine Pesne um 1754.

König im Feldlager

König und Feldherr in einer Person, wie König Karl XII. von Schweden, militärisches Vorbild und Warnung zugleich, lebte Friedrich der Große in den beiden ersten Schlesischen Kriegen während der ganzen Kampagne als Oberbefehlshaber seiner Armee und General unter Generalen meist inmitten seiner Truppen. Erst in den Wintern ging er nach Berlin. Im Siebenjährigen Kriege verbrachte er nur die Tage vom 4. bis 13. Januar 1757 in Berlin und Potsdam, um dann am 30. März 1763 zurückzukehren. Ein Wunder, daß die Verwaltung weiterlief! Das Schwergewicht des »wandernden Heer-Staates« lag im Feldquartier, wo alle Entscheidungen fielen. Damit erfüllte er in voller persönlicher Haftung für seine Entscheidungen den Grundsatz seines »Politischen Testaments« von 1752, daß die Herrscher Preußens auch ihre eigenen Feldherren sein müßten, eine überhöhte Forderung, die keiner seiner Nachfolger verwirklichte. Dabei entsprach die Armee im Gegensatz zu seinem Vater seinen Grundanlagen und ersten Neigungen gar nicht. Obwohl er ihr Handwerk ab 1729 im Fähnrichsdienst bis zur Verleihung der Chef-Stelle des Infanterie-Regiments 15 am 29. Februar 1732 lernte, »gefiel ihm das ewige Exerzieren freilich nicht, er glaubte, seine Zeit dadurch zu verderben«, wie er an Suhm schrieb. Erst Einsicht, Nachdenken und Studium zeigten ihm, daß ein König für Sicherheit und Ansehen seines Landes am ersten durch eine schlagkräftige Armee sorgt. Nach seiner Rückkehr vom Rhein-Feldzug 1734 unter Prinz Eugen von Savoyen wurde er am 29. Februar 1735 Generalmajor mit dem Nachsatz im Patent: » — nachdem Wir zeithero zu Unserem besonderen Vergnügen wahrgenommen, was Unsers des Kronprinzen Liebden ihre vornehmste Sorge und Bemühung dahin gerichtet sein lassen, wie sie das ihro untergebene Regiment Infanterie in einen vollkommenen und musterhaften Stand setzen mögen.« Ständig verarbeitete praktische Erfahrungen des bald begonnenen Kriegführens brachten dann schrittweise Verbesserungen bis zur Überlegenheit.

Für einen Feldherrn waren damals weder ein langjähriges theoretisches Studium noch im Aufstieg innerhalb der militärischen Hierarchie eine jahrzehntelange Ausbildung erforderlich, wie die Beispiele vieler Prinzen zeigen. Vielmehr ging es um Führungseigenschaften wie Charakter, Verstand, Waffenkenntnis, Gelände-Orientierung und -Ausnutzung, räumliches Denken, Aufmerksamkeit, Gedächtnis, Menschenkenntnis, Urteilskraft, Entschlußfreudigkeit, Kombinationsgabe, Beharrlichkeit, Mut und kalkuliertes Risiko, die der König weitgehend mitbrachte, durch intensiven Fleiß stärkte und durch seine Erfahrungen abrundete. Er war in besonderem Maße herzhaft und unerschrocken. Aber die Tapferkeit des Feldherrn besteht eben in der Bewahrung geistiger Ruhe und handelnder Besonnenheit mitten in der Gefahr, das heißt, in der Stärke, die schwerste Erschütterung und den Trieb zur Lebenserhaltung der Pflicht, Vernunft, Glaubwürdigkeit zu unterwerfen. Niemals war der König beispielhafter als in Niederlagen, im Unglück oder bei Fehlschlägen. Er behielt seine Besonnenheit, ließ sich nicht beugen und faßte angesichts des Unterganges noch angemessene, aktive Entschlüsse, die oft verzweifelte Lage zu wenden. Dazu kam seine treffsichere Erfassung und Beurteilung der Lage, ergänzt durch lebhafte Eindruckskraft und bildhafte Gedächtnistreue, die ihm die rasche Ausnutzung aller Vorteile erlaubte. Da er die von ihm ausgebaute Armee bis ins kleinste kannte und beherrschte, entdeckte er über so lange Zeit immer neue Mängel dieses Instrumentes, die er mit grundsätzlichen Maßnahmen langfristig beseitigte, so daß sie immer besser funktionierte und schlagkräftiger wurde. »Sein Eifer wirkte auf die Armee zurück«, urteilte Garve. »Den Mut seiner Soldaten zu beleben, Liebe durch Popularität und Teilung ihrer Mühen zu erwerben, die Befehlshaber in Gehorsam und Tätigkeit zu halten, präzise Befehle zu geben, immer die beste Hoffnung zu zeigen — Eigenschaften, die nicht Kriegswissenschaft, aber Klugheit, Menschenkenntnis und Standhaftigkeit voraussetzen — waren der Anteil Friedrichs.«

Trotz aller Kritik an seinem Einmarsch in Schlesien 1740 mit dreifacher Übermacht eine Woche vor Weihnachten, war es für seine Entwicklung als Feldherr ein glücklicher Zufall: Die Schwächen des Feindes, die Überraschung, die Zuneigung der Bevölkerung brachten ihm Erfolg, Zuversicht auf die eigenen Kräfte und den Ruf als Sieger, vom Zeit- und Raumgewinn ganz abgesehen, der ihm Entwicklungsmöglichkeiten offenhielt, die er entschlossen für Maßnahmen, Ausbildung, Aufsicht, Einfluß und Beispiel nutzte. Da die Armee die Länder Brandenburg-Preußens zusammenhielt und den Staat vorwärts brachte, trug er nicht nur Uniform, sondern war selbst lebenslang Soldat. Er wohnte der Entwicklung seiner Truppen nicht bei wie andere Herrscher seiner Zeit, sondern initiierte und kontrollierte sie. Hatte sein Vater Adel und Bauern mit der Armee versöhnt, so gab er ihr öffentliches Ansehen und Würde, so daß die lästigen Tugenden der Pünktlichkeit, Anspannung, Ausdauer und Zuverlässigkeit im kleinen erleichtert und maßstäblich wurden.

Der König sah in den Lagern, die er schon ab Mollwitz bezog bis zu Schmottseiffen 1759 und Bunzelwitz 1761, statt der Erholung in Ortsbiwaks eine Konzentration der Armee, die ihm Kontrolle und persönlich lehrendes und treibendes Eingreifen erlaubte: »Das Lager sollte eine neue Schule des Krieges werden.« Durch Kavallerie und Infanterie weit gesichert, Übergänge und Verbindungen offengehalten, leicht verschanzt mit breiten Ausfallöffnungen, geschlossen von Spanischen Reitern, gedeckt von Bataillonsgeschützen, bereit zum geschlossenen Gegenangriff, wurde unablässig gearbeitet, ausgebildet und aus Erfahrung verbessert.

Hier arbeitete der König von 4.00 Uhr morgens bis in die späte Nacht. Er erhielt täglich an 300 Briefe und beschäftigte zwei Geheimschreiber. Ohne seinen Befehl gab es keinen Pfennig, über alles mußte er befragt werden. Zwischendurch diktierte er Briefe, manchmal in Versen. Er führte nicht nur sein Heer, sondern erledigte auch die wichtigsten Geschäfte der Verwaltung und Politik bis zum Empfang von Gesandten. Er erteilte alle Befehle und ging dabei auf alle Einzelheiten ein, von Angriffsplänen, Märschen, Artillerie, Ingenieurwesen bis zur Verpflegung und Nachschub.

Morgens ritt er alle Posten ab, dazu die Umgebung des Lagers. Nach der Parole-Ausgabe kehrte er in seinen Schlafraum zurück, wo er frühstückte, meist zu zwölf Herren. Seine Auftragsempfänger hatten nach Rückkehr Bericht zu erstatten. Gefangene, Überläufer und Spione ließ er vorführen, um sie selbst zu befragen. Mittags speiste er in einem großen Zelt an einer Tafel zu vierzig Gedecks, an der alle Offiziere teilnehmen durften, mit Sitzordnung nach Rang und Würden. In Nachbarzelten standen drei ähnliche Tische. Es gab nur zwei Gänge guter Fleischgerichte, weder Zwischengerichte noch Nachtisch.

Der König kam vom Aufstehen bis zur Nachtruhe nicht aus den Stiefeln. Wie seine Generale trug er gewollt einfache Uniform, nur durch Orden und Schulterstücke abgehoben. Die Chefs führten und exerzierten ihre Regimenter selbst wie Obristen. Nach dem Beispiel des Königs taten sie Dienst wie der letzte Subaltern-Offizier, und das mit peinlichster Sorgfalt und Genauigkeit. Belle-Isle schrieb: »Die Truppen sind so ausgezeichnet ausgebildet, daß es fast unglaublich ist.« Derartige Anforderungen an jedermann, die strenge, einfache Lebensweise und die unbequeme Genauigkeit führten anfangs zur Unzufriedenheit, bis Erfolg, Gewohnheit und Ansehen ihre Berechtigung zeigten. Törring notierte 1741: »Es herrscht unter den Offizieren fast allgemeines Mißvergnügen. Es haben über 400 den Abschied gefordert, den der König verweigert, während er behauptet, niemanden mit Gewalt halten zu wollen. Man spricht nur von der Mißstimmung unter Offizieren jeden Ranges. Nachdem der König so viele Gesuche zurückgewiesen hat, hält man für möglich, daß ganze Offizierskorps sich weigern.« Er verkannte Geist und Wesen dieser Armee, zumal der König solchen Neigungen scharf entgegentrat. Er überwand alle Unzufriedenheit und forcierte dennoch die Ausbildung seiner Armee.

Der Nimbus der Einsicht, des Sachverstandes wie der angeblichen Allgegenwart des Königs, bisweilen ein Trauma, in der Hoffnung, jeder Fortschritt werde seinen Beifall finden, flößte der Armee durchgehenden Eifer ein, bedingte aber auch später ihren Niedergang mit. Garve schrieb: »Der Charakter des Heerführers ist es, durch den der gemeine Mann Vertrauen bekommt, wenn er ihn mit allen den Eigenschaften ausgerüstet glaubt, die ihm Überlegenheit über den Feind geben und den Sieg sichern. Dadurch wird er zum Gehorsam und strengen Disziplin gebracht, wenn er ihn des Herrschens fähig, für streng in seinen Befehlen und für weise in ihrer Erteilung hält. Denn weder Strafen noch Belohnungen können viele Menschen einem so unterwürfig machen als die Meinung, die sie von seiner Erhabenheit haben. Durch den Charakter des Königs wurden die Liebe und Anhänglichkeit der Soldaten unter allen Beschwerden der Feldzüge unverändert erhalten. Durch ihn wurde die Einigkeit unter den Truppen und noch mehr unter ihren Anführern befördert. Aber was ihn als Feldherr über seine Feinde erhob und ihm, bei einer kleinen Macht, den Sieg über die Menge derselben verlieh, war die Vereinigung eben dieser Fähigkeiten mit wissenschaftlicher Klärung und Tugenden des Charakters. Ein aufgeklärter, tätiger, standhafter König vervollkommnet das, worauf er sich vorzüglich legt und seiner großen Aufmerksamkeit würdig schätzt.«

König Friedrich II. in »Die Generalprinzipien des Krieges« vom 2. April 1748 in dem unveröffentlichten Kapitel 12:

Die Talente, die einen General ausmachen

Einen vollkommenen Anführer gibt es nur in Gedanken, wie die Republik Platos, wie das Gravitationszentrum der Philosophen und wie das trinkbare Gold der Laboranten. Die Vollkommenheit ist unvereinbar mit der ganzen Art von Menschlichkeit. Aber das Gefühl unserer Unvollkommenheit darf uns nicht hindern, vollkommene Vorbilder darzustellen, denen sich großmütige Herzen, erfüllt von dem Grundsatz der Ehre und Nacheiferung, zum Teil nähern, wenn sie sie auch nicht völlig nachahmen können.

Sind es nicht nach allem die großen Beispiele und großen Vorbilder, die die Menschen formen? Und wenn die Helden wie Eugen, Condé, Turenne oder Cäsar unsere Bewunderung auf sich ziehen, wieviel mehr sind wir gerührt durch ein Bild, das uns ihre verschiedenen Vollkommenheiten vereinigt wiedergibt! Wie viele gegensätzliche Tugenden sind nicht im Gesamtbild eines Generals enthalten! Vor allen Dingen setze ich voraus, daß er ein rechtschaffener Mann und ein guter Staatsbürger sei, Eigenschaften, ohne die die Fähigkeit und die Kriegskunst mehr verderblich als nützlich sind. Man verlangt außerdem von ihm, daß er verschlossen sei, dabei natürlich, behutsam und streng erscheint, mit stetem Mißtrauen und immer ausgeglichen. Er soll mit dem Blut seiner Soldaten aus Menschlichkeit schonend und doch manchmal verschwenderisch umgehen, soll mit dem Kopfe arbeiten und handeln als Persönlichkeit, vorsichtig und gründlich sein, über alles unterrichtet, nicht eine Tatsache zugunsten einer anderen vergessen und nicht die kleinen Details vernachlässigen, mögen sie ihm noch so gering vorkommen, die aber so stark große Dinge bestimmen. Ich empfehle alle diese Eigenschaften wegen ihrer Bedeutung. Dafür hier folgende Erklärung: Die Kunst, seine Gedanken zu verbergen oder die Verstellung ist für jeden unerläßlich, der große Kämpfe auszuführen hat. Die ganze Armee liest ihr Schicksal aus seinem Gesicht. Sie prüft die Gründe seiner guten und schlechten Stimmung, seine Gesten, mit einem Worte: nichts entgeht ihr. Ist er nachdenklich, so sagen die Offiziere: »Zweifellos hat unser General etwas Großes vor.« Hat er eine traurige Miene oder Ärger: »Ah!« sagt man, »die Unternehmungen gehen schlecht.« Ihre Einbildung, die sich in vergeblichen Vermutungen ergeht, sieht es schlimmer, als das Schlechte wirklich ist. Solches Gerede entmutigt; es läuft durch die Armee und geht von Eurem Lager in das des Feindes über. Es ist also nötig, daß der General wie ein Schauspieler sei, der sein Gesicht erhebt entsprechend der Rolle, die er spielen will. Wenn er das nicht kann, muß er eine Krankheit vortäuschen oder besondere Vorwände erfinden für eine Irreführung der Öffentlichkeit. Trifft eine schlimme Nachricht ein, tut er vor der Welt, als sei es ein Mißverständnis, und stellt mit Prahlerei die Zahl und die Größe seiner Reserven zur Schau. Er mißachtet den Feind öffentlich und respektiert ihn geheim.

Wenn im Kleinkrieg einige Teile einen Mißerfolg einstecken, untersucht er die Ursache und stellt immer fest, daß die unbrauchbare Haltung oder die Unkenntnis des Offiziers als Grund dazu führte. Er erklärt offen, daß nicht mangelnde Tapferkeit der Truppen schuld sei, daß sie das Unglück erlitten. Er untersucht die Fehler des Offiziers und erteilt den anderen eine Lektion. Auf diese Weise unterweist er die Offiziere und beseitigt bei den Truppen nicht das Vertrauen auf ihre eigenen Kräfte.

Zusatz von 1752: »Und zieht selbst Vorteil aus seinen eigenen Fehlern.«

Milde und Strenge üben abwechselnd den Soldaten. Es ist nötig, daß der General beliebt sei, daß er mit den Soldaten redet, jedesmal, wenn er an ihren Zelten vorbeigeht oder wenn ein Marschtag ist. Er sieht manchmal nach, ob im Kochtopf etwas Gutes ist, geht auf ihre kleinen Bedürfnisse ein und tut, was er kann, sie zu erleichtern; er erspart ihnen unnütze Anstrengungen. Aber er wendet die ganze Strenge des Gesetzes an gegen Meuterer, Nörgler und Plünderer und verhängt, sobald es notwendig ist, die strengen Strafen gegen Deserteure. In einem Wort: Alles, was den Dienst betrifft, soll ernstgenommen werden; alles andere verträgt Nachsicht.

Er lobt die Offiziere für die schönen Taten, die sie vollbracht haben, achtet ihre Rechtschaffenheit und erweist ihnen Dienste. Aber er erspart ihnen keine ihrer Pflichten und ist verpflichtet, sie mit Macht dazu anzuhalten, wenn sie sie vernachlässigen. Der General sollte öfters mit den einfallsreichsten Generalen seiner Armee über den Krieg sprechen. Er bringt sie auf allgemeine Fragen und hört ihre Ansichten an. Und wenn sie in der freien Unterhaltung einen guten Vorschlag offenbaren, zieht er daraus Nutzen, ohne aufmerksam zu machen, daß er die Sache gut findet. Aber wenn sie ausgeführt und gelungen ist, sagt er in Anwesenheit recht vieler Offiziere: »Es ist Herr Soundso, dem ich den Erfolg verdanke.« Man schmeichelt dadurch der Eigenliebe der anderen, interessiert sie am Fortgang der Unternehmungen und gewinnt durch seine Bescheidenheit sich selbst Freunde, statt Neider anzuziehen.

Die Normannen geben ihren Kindern einen Grundsatz mit: »Bleibe mißtrauisch!« -»Gegen wen?«- »Gegen jedermann.« Hier geht es um das Mißtrauen gegen seine Feinde; es sind Narren, die ihnen vertrauen.

Aber manchmal schläfert die Sicherheit Euch ein. Ich verlange, daß ein General immer über die Absichten seiner Feinde wacht. Er ist der Wachtposten seiner Armee: Er soll wahrnehmen, begreifen, voraussehen und allem Schlechten zuvorkommen, das ihr geschehen könnte. Es ist gerade nach den größten Erfolgen nötig, daß man dem Feinde am meisten mißtraut. Man glaubt den Feind entmutigt und verfällt in Teilnahmslosigkeit gegen alle seine Vorhaben. Oft hält ein gewitzter Feind Euch mit geheuchelten Friedensvorschlägen hin. Begebt Euch nicht leichtfertig in diese Falle und überlegt, daß seine Absichten nicht aufrichtig sein können!

Es ist nötig, täglich über die Lage nachzudenken, wo man sich befindet und sich zu sagen: »Welche Absicht würde ich entwickeln, wenn ich an der Stelle des Feindes wäre?« Nachdem man sich davon mehrere Möglichkeiten vorgestellt hat, muß man über die Mittel nachdenken, sie zu vereiteln und vor allen Dingen auf der Stelle verbessern, was es an Mängeln der Stellung oder des Lagers oder der Depots oder bei abgeordneten Verbänden gibt. Diese Korrekturen sollten unverzüglich erfolgen: Stunden entscheiden über sehr viel für den Krieg, und man lernt den Wert von Augenblicken erkennen. Das alles soll Euch nicht befangen machen, denn die Kühnheit will mit Umsicht vereint sein, und wie man niemals den sicheren Erfolg eines Unternehmens beweisen kann, genügt es, wenn man es gut vorbereitet. Den Ausgang muß man dann dem Glück überlassen. Das alles zwingt also dazu, all das Schlechte vorauszusehen und zu vermeiden, was der Feind uns antun könnte. Ihm muß man so große Befürchtungen für ihn selbst machen, daß diese Unruhe und Eure fortdauernden Unternehmungen ihn auf die Verteidigung zurückdrängen.

Wenn Ihr die Freundschaft der Soldaten gewinnen wollt, überanstrengt oder gefährdet sie nicht, ohne daß sie erleben, daß das notwendig ist. Seid ihr Vater und nicht ihr Schinder! Man schont den Soldaten bei Belagerungen durch Laufgräben und in den Schlachten, indem man den Feind an seiner schwachen Stelle packt und ihn rasch abfertigt. Je kraftvoller die Angriffe sind, um so weniger kosten sie. Indem Ihr die Schlachten abkürzt, verringert Ihr die Zeit, in der Euch die Leute weggerissen werden. Auf diese Weise geführt, faßt der Soldat Zutrauen zu seinem General und setzt sich zuversichtlich den Gefahren aus.

Die Haupttätigkeit des Generals ist die Arbeit im Verborgenen. Er muß Pläne machen, Einfälle abwägen, über Vorteile nachdenken, seine entscheidenden Stellungen aussuchen, die Absichten der Feinde voraussehen, ihnen zuvorkommen und sie unaufhörlich beunruhigen. Aber das reicht nicht. Es ist noch nötig, daß er rührig ist, anordnet und durchführt und dies stets aus sich selbst beurteilt. Er muß also seine Lager selbst wählen, seine Vorposten aufstellen und oft um das Lager reiten, um sich mit den äußeren Verhältnissen vertraut zu machen. Denn beim Losbrechen eines unvermuteten Angriffs wird ihm nichts unbekannt sein. Wenn er sich die Umgebung in seinem Kopfe gut eingeprägt hat, kann er seine Befehle von allen Seiten geben, als wäre er an Ort und Stelle. Und nichts kann eintreten, woran er nicht im voraus gedacht hätte. Auf diese Weise werden seine Verfügungen immer angemessen sein. Er muß daher bei sich über die Stellungen des Lagers im einzelnen nachdenken und sie immer wieder noch einmal prüfen. Denn mitunter kommen die guten Einfälle nicht eher, bis man nicht über dieselbe Sache mehrfach nachgedacht hat. Seid also rege und unermüdlich und legt die ganze Faulheit des Körpers und des Geistes ab, sonst werdet Ihr nie den großen Feldherren gleichkommen, die uns als Vorbild dienen!

Es war ein alter Mann, der gesagt hat, daß der kein Mann sei, der nicht zu schweigen wüßte. Die Schwatzhaftigkeit, die in der bürgerlichen Gesellschaft eine leichte Untugend ist, wird bei einem General zu einem großen Laster aus dem Grunde: Wenn er die schönsten Pläne der Welt, die er entworfen hat, unter die Leute kommen läßt, vernimmt sie der Feind und bringt sie zum Scheitern, bevor sie zutage treten. Die erste Vorsichtsmaßnahme, die man ergreifen muß, ist es, Geheimverschlüsselungen an alle Generale zu geben, die ein Korps führen oder Festungskommandanten sind, damit ein abgefangener Brief nicht Eure Pläne vernichtet. Im Kriege verbirgt man seine echten Absichten; und wie so eine Unternehmung viele und verschiedene Vorbereitungen erfordert, so trifft man sie unter anderen Vorwänden, um die abzulenken, die ihr Ziel ergründen wollen. Daher gibt man die Befehle und Einteilungen meist erst spät am Vorabend des Tages aus, an dem man sie durchführen will.

Es ist nicht angebracht, immer wieder dieselbe List zur Geheimhaltung der Pläne zu verwenden, sondern man muß sie wechseln und öfter neue erfinden. Denn ein General ist umgeben von fünfzigtausend Wißbegierigen seiner Armee, die alles erraten wollen, und von Feinden, die das größte Interesse haben, noch immer seine Absichten zu erforschen. Der General muß alle seine Pläne mit Umsicht abwägen, sei er auch langsam in seinen Überlegungen. Aber an den Kampftagen oder in unerwarteten Fällen faßt er kurze Entschlüsse. Er muß wissen, daß es besser ist, einen schlechten Entschluß zu ergreifen und auf der Stelle auszuführen als zu gar keinem zu kommen. Der General darf seine Person nicht leichtsinnig übermäßig der Gefahr aussetzen, vor allem es niemals darauf ankommen lassen, gefangengenommen zu werden.« Zusatz von 1752: »Deshalb darf derjenige, der eine Armee kommandiert, sich niemals an die Spitze seiner Kavallerie setzen, um den Feind zu attackieren«.

(Neu-Übersetzung von Joachim Engelmann 1987)

Neben einer Reihe bleibender Grundsätze der Truppenführung, der Menschenführung und des psychologischen Umganges mit dem Feinde verlangte der König als Roi-Connétable von seinen Generalen mehr als sonst zu seiner Zeit üblich.

Ratschläge, Maßstäbe und Wertungen des Königs spiegelten sein Wesen wider bis in den Ausdruck seiner Sprache. Forderungen an andere sind nicht nur von den Notwendigkeiten, sondern ebenso von eige-

nen Vorstellungen bestimmt. Sicher ist, daß er als Roi-Connétable neben einer Reihe bleibender Grundsätze der Truppen- und Menschenführung und des klugen Umganges mit dem Feind von seinen Generalen mehr verlangte, als sonst zu seiner Zeit üblich war. Es ging ihm nicht nur um ihre Fähigkeit zum praktischen Handeln, oft auch mit Intuition aus dem Augenblick, sondern auch um die nachträgliche gedankliche Durchdringung und Verarbeitung, also nicht nur um ihr militärisch-handwerkliches Können als Grundlage, sondern um ihre geistige Kraft.
In seinen »Grundsätzen der Lagerkunst und der Taktik« von 1770 betonte er nicht umsonst: »Wer sich einbildet, ein General brauche nur Mut zu haben, der irrt sich sehr. Mut ist zwar eine wesentliche Eigenschaft für ihn, aber es müssen noch viele Kenntnisse hinzutreten. Auch ein General, der auf Ordnung und Disziplin bei seinen Truppen hält, verdient gewiß Lob, aber das alles reicht zum Kriege nicht hin, sondern bei allem, was er tut, ist Urteilskraft nötig.« Und in seiner Studie über König Karl XII. von Schweden sagte er 1758: »Der Kopf des Heerführers hat mehr Einfluß auf den Erfolg seines Feldzuges als die Arme seiner Soldaten. Klugheit bahnt dem Mute die Wege, die Kühnheit bleibt für die Ausführung aufgespart. List siegt über Gewalt, Kunst über Tapferkeit.«
Die Kunst der Kriegführung war für ihn nicht allein formal organisatorisches Geschick, sondern eine hochgespannte geistige Anstrengung, schöpferisches Können und eine möglichst vollkommene Leistung der Persönlichkeit. Was er selbst erst allmählich begriffen hatte, wollte er mit allen Mitteln seinen Generalen nahebringen und zu eigen machen, sie möglichst auf die Ebene seiner Einsichten und seines Verständnisses heben. Wer nichts brachte oder nicht lernfähig war, sollte kein größeres Kommando erhalten. Karl XII. sei u.a. an diesem Mangel gescheitert, meinte er.

Als Herrscher, der in seiner Person Kriegführung und Politik vereinigte, bestand er von Anfang an auf seiner vollen Autorität. Eine militärische Nebenführung konnte und wollte er nicht dulden, wie sie z.B. Fürst Leopold von Anhalt-Dessau zur Zeit Friedrich Wilhelm I. praktisch innehatte. Ehe der Fürst erstmals unter seinen direkten Befehl treten sollte, stellte er in einer denkwürdigen Instruktion das Verhältnis klar:

Leutomischl, 15. April 1742.

Durchleuchtigster Fürst.
Freundlich geliebter Vetter.

„Nachdem Ew. Liebden nunmehr mit denen unter Dero Commando marchirenden Trouppen bald in Böhmen anlangen werden, solche Regimenter aber, mit denen welche Ich bey Mir habe, Bey eröfnung der campagne, Eine Armée formiren, welche Ich en chef selber commandiren werde; So habe Ich vor nöthig gefunden, zu verhütung alles besorglichen Mißverständnisses zwischen Mir und Ew. Liebden, Deroselben Meine Intention wie Ich es darunter gehalten wißen will, hierdurch dahin zu eröfnen und zur Instruction bekanndt zu machen, daß da Ich die Armée selber commandire, Ew. Liebden 1stens) alsdann sich mit denen Officiers in keinen stücke etwas zu thun machen, noch sich 2tens) in commando Sachen einlaßen werden, als auf Meine expresse ordre. Gleichergestalt dieselben Sich 3tens), wann die Armée marchiret, nicht anders als mit den Corps so unter Dero Commando stehet, zu thun machen, auch 4tens) keine Posten visitiren werden, als wo Ich es befehle, 5tens) Diejenigen officiers, welche Ich distinguire, mit einiger Consideration begegnen, danebst 6tens) keinen officier mit Correction ansehen werden, als auf Meinen Befehl. Insonderheit werde Ich 7tens) gerne sehen, daß wenn officiers in Gesellschaft von Ew. Liebden an Meiner Tafel etwas sprechen, denenselben in Meiner Gegenwart, nicht (wie Ich wohl ehedem mit einigen Widerwillen gehöret) gradeweg contradiciret werde, allermaßen solche die Consideration so man Mir auch in solchen Gelegenheiten schuldig ist, nicht gestatten will und von denenjenigen officiers, welche Ich an meine Tafel ziehe, alsdann einer so viel gilt wie der andere.

Ueberhaupt werden 8tens), Ew. Liebden von Commando Sachen bey Meiner Anwesenheit sich von nichts anders zu thun machen, als was Ich Deroselben commitiren und auftragen werde. Wie dann Dieselbe 9tens) auf alle weyse zu verhindern suchen werden, daß bey der Armée sich keine Partheyen oder factiones gegen einander formiren, als welchen Ich auf alle wege zu steuern, genöthigt seyn würde.

Dieses würden ungefehr die Mesures seyn, welche zu erhaltung einer beständig guten harmonie zwischen Mir und Ew. Liebden in acht zu nehmen nöthig seyn dörffen, wohergegen dieselbe Sich aller Consideration und Freundschafft von Mir zu versichern haben, da Ich anderer gestalt obligiret seyn würde, Mich Meiner Autorität zu gebrauchen.

Ew. Liebden ist der Dienst bey einer Armée zu sehr bekanndt, als daß Dieselben nicht vorstehendes alles vor juste und nothwendig finden solten. Ich aber bin übrigens Ew. Liebden freundwilliger Vetter

F."

An des Gen. Feldt. Marschall Fürsten von Anhalt.
Durchl.

Als sich am 17. April 1742 vor dem Aufmarsch für Chotusitz ein Befehl des Königs mit einer Bitte des Erbprinzen Leopold überschnitt, faßte der Fürst keinen Entschluß, blieb fünf Tage in Zittau stehen und beriet sich mit den Landeshauptleuten, ob die befohlene Strecke überhaupt gangbar sei. Damit wich er eigenmächtig vom Befehl ab und durchkreuzte auf Grund vermeintlich besserer Kenntnis den Entschluß des Königs, der auch den Feldmarschällen bestimmte Befehle ohne Begründung und Erklärung seiner Absichten erteilte. »Weisungen« waren damals noch unbekannt. Ähnlich war es dem König schon mit Schwerin ergangen. Kriegsrat, noch dazu mit Zivilisten, haßte der König. Hier mußte er sich fügen und schrieb am 21. April: »Da es nun nicht zu ändern, haben Ew.Liebden den Marsch fortzusetzen«, eigenhändige Nachschrift: »Ich wundere Mich sehr, daß Ihro Durchlaucht als ein alter Offizier nicht akkurater Meine Ordres folgen, die Ich Ihnen gebe; und wann Sie noch habiler als Caesar wären und Meine Ordres nicht strikt nachleben, so hilft Mir das Übrige nichts. Ich hoffe, daß es bei dieser Verwarnung bleiben wird, und daß Sie Mir künftig keine weiteren Ursachen zu Beschwerden geben werden.« Andrerseits mußte der König in seiner Lage auch an entfernte Kriegsschauplätze Befehlsgewalt delegieren oder in besonderen Lagen wie z.B. an Wedell, Herzog Ferdinand von Braunschweig, Prinz Heinrich oder Finck nach Kunersdorf. Das beste Beispiel einer derartigen Ausnahmestellung ist Lehwaldt in Ostpreußen:

Patent welches der in Preußen commandirende Königlich-Preußische General-Feld-Marschall, Herr von Lehwald, im Namen Sr. Majestät des Königs, unterm 3. Augusti 1757. öffentlich bekannt machen lassen.

Da man Rußisch-Kaiserlicher Seits, bey dem jüngsthin gegen die hiesig Königl. Lande unternommenen Anfall sogar in einem öffentlichen Manifest die Einwohner des Königreichs Preußen ohne Unterscheid ihres Standes und Religion durch mancherley denen Kriegs-Gebräuchen und selbst dem Völker-Recht entgegen lauffende Lockungen, von ihrem rechtmäßigen Landes-Herrn ab- und an sich in das Rußische Reich zu ziehen versucht; so ist zwar die gegenseitige Absicht hierbey auf die Depeuplirung des Landes gerichtet, dasjenige, aber offenbar ungegründet, was man zu Erreichung dieses unbilligen Endzwecks in besagtem Manifest anzuführen kein Bedenken getragen. Denn niemals ist ein Fremder sich in hiesigen Landen zu etabliren wider seinen Willen gezwungen, wohl aber denjenigen, so sich freywillig allhier gesasset haben, auf Verlangen der Abzug wieder gestattet, und von den im Lande etablirten auswärtigen und bemittelten particuliers sowohl als dessen Erben, wenn sie sich wieder wegbegeben wollen, zu folge der im Druck publicirten Königlichen Patente vom 1. Sept. 1747. und 3. Sept. 1749. nicht einstens das bey Emigrations-Fällen in allen Ländern gewöhnliche Abzugs-Geld wegen ihres mitgebrachten Vermögens gefordert worden. Zudem ist es notorisch, daß die Königl. Preußischen Landes-Einsaßen sich nicht nur bey allen gesitteten Völkern erlaubten Freyheiten, und bey jedem Vorfall einer unpartheiischen Rechts-Pflege, sondern auch unter der beglückten und weisen Regierung ihres huldreichen Monarchen noch besonderer Vortheile zu erfreuen haben. Dahingegen kan es niemand verborgen seyn, in welchem Druck und grossen Zwang die Einwohner der Rußisch-Kaiserlichen Provinzen sich befinden, und wie leicht sie die härtesten Begegnungen, und bey dem geringsten Vorfall das Exilium nach Siberien zu gewärtigen haben, auch wie schwer und fast unmöglich es denen sich daselbst niedergelassenen fremden gemacht werde, in ihr Vaterland zurück zu ziehen, oder sich mit ihrem Vermögen unter eine andere Herrschaft und Regierung zu begeben. Wie wenig auch auf die gegenseitige Versprechung zu bauen, davon sind schon bey den jetzigen Kriegs-Troublen betrübte Beyspiele und überzeugende Beweißthümer vorhanden, indem viele Leute, so sich durch die ihnen verheißene vollkommene Sicherheit und ertheilte Pässe nach Memel zurück zu kehren, oder auch in den dasigen Gegenden sich zu submittiren bewegen lassen, nach den eingekommenen Berichten, bereits das traurige Schicksal gehabt, theils fortgeführet, theils mit ungewöhnlichen Expressungen und Gewaltthätigkeiten belegt, theils auch der Plünder-Begierde und dem Marodiren der irregulairen Trouppen ausgesetzt zu werden.

Selbst die Memelsche Garnison wird noch bis dato unter richtigem Vorwande zurück gehalten, und der gemeine Mann Dienste zu nehmen durch Drohungen genöthiget, ohngeachtet derselben in der Capitulation ein freyer Abzug zugestanden worden, und dergleichen öffentliche Verträge heilig und unverletzt gehalten werden müssen. Ob nun gleich bey so bewandten Umständen ein jeder selbst erkennen wird, in was für Gefahr er sich durch Annehmung des im oberwehnten Manifest enthaltnen Antrags stürzen würde, Se. Königliche Majestät auch zu der Devotion Dero gesammten Vasallen, Unterthanen und Landes-Einsassen das allergnädigste Zutrauen haben, daß sie sich durch die gegenseitigen Vorspiegelungen und unbefugten Einladungen nicht irre, noch von der Ihro und dem Lande schuldigen Treue und beschwornen Pflicht abwendig machen lassen werden; so werden dennoch alle und jede Preußische Einsassen, wes Standes und Condition sie seyn mögen, hiermit annoch zum Ueberfluß erinnert, und zugleich alles Ernstes gewarnet, denen feindlichen gefährlichen Anmahnungen und leeren Versprechungen keinesweges Gehör zu geben, sondern noch fernerhin ihrem theuer geleisteten Eide mit welchen sie höchstgedachte Sr. Königlichen Majestät als ihrem einzigen Souverainen Ober-Herrn und dem Lande verbunden sind, getreu und unverbrüchlich nachzukommen, da ohnedem diejenigen, so solchen wider Verhoffen aus Einfalt, Leichtsinnigkeit oder Boßheit aus den Augen setzen möchten, als Treulose und Meineidige über kurz oder lang die schärfeste Beahndung deshalb gewiß zu erwarten haben werden. Urkundlich habe ich, Kraft der von Sr. Königlichen Majestät mir allergnädigst beygelegten Auctorität, dieses Patent, so aller Orten gehörig publiciret werden soll, eigenhändig unterschrieben, und gewöhnlicher maßen besiegeln lassen. Gegeben im Lager bey Wehlau den 3. August 1757.

Sr. Königlichen Majestät von Preußen rc. rc. bestallter General-Feld-Marschall, commandirender General en chef aller Königl. Trouppen in Preußen, Gouverneur der Preußischen Vestungen, Ritter des schwarzen Adler-Ordens, Oberster über ein Regiment Infanterie, und Amts-Hauptmann zu Tangermünde.

L.S. von Lehwald.

Dennoch konnte Lehwaldt Ostpreußen natürlich nicht halten, wenn auch der König gehofft hatte, die Russen wenigstens einige Zeit aufhalten zu können. Seinem begabten und fähigen Bruder Heinrich gab er im März 1758 das selbständige Kommando in Sachsen, später gegen die Russen. Nach Kunersdorf bekam er sogar für wenige Tage das Oberkommando als »Generalissimus bei der Armee«. Sonst war der König als Menschenkenner damit sehr vorsichtig und hielt seine Generale recht kurz. Das alles schloß nicht aus, daß sich der König vor großen Entschlüssen mit seinen Generalen beriet, bis er seine Entscheidung traf und auch militärischer Berater bediente wie z.B. Schwerin, v.d. Goltz, Winterfeldt, Wedell, Retzow, Arnstedt u.a.. Herzog Ferdinand von Braunschweig führte dagegen mit seiner »Combinierten Armee« in Westdeutschland selbständig einen ganz anderen Feldzug, der nur im großen Rahmen mit dem König abgestimmt war.

Der König war zu intelligent und selbstbewußt, um seine eigenen Fehler nicht zu merken. Oft hat er sie unmittelbar zugegeben und dankbar die anerkannt, die ihn trotzdem herausgehauen hatten; vielfach hat er sie in seinen Werken später ausführlich erörtert. Immer hat er versucht, aus ihnen sofort Schlüsse zu ziehen und zu lernen. Öffentliche Kritik und Schmähungen, noch dazu oft anonym, ließen ihn kalt, wie sein Brief vom Mai 1754 an George Keith, Botschafter in Paris, zeigt: »Ich habe das Glück, sehr gleichgültig zu sein gegen alle Reden und Schriften, die man auf meine Kosten in Umlauf setzt. Ich habe stets die Urteile des Publikums verachtet und nur die Zustimmung meines Gewissens in Betracht gezogen. Ich diene dem Staat mit aller Fähigkeit und Integrität, obgleich meine Talente schwach sind. Man muß eitler sein als ich, um sich über Gekläff zu ärgern.« Kritik von innen wie von Schwerin, Prinz Heinrich oder Schmettau traf ihn wesentlich empfindlicher.

Die Ausstrahlungskraft, wichtiges Attribut jeder Führung, beruhte beim König zunächst auf seiner Stellung, die er mit ausgeprägtem Selbstbewußtsein, jugendlichem Schwung und rascher Entschlossenheit ergriff. Seine »charismatische Autorität«, von der Th. Schieder spricht, war sicher erst ab 1745 wirksam und verdämmerte im Oktober 1758 zwischen Zorndorf und Hochkirch. Sie lebte von außergewöhnlichen Erfolgen und ihrem Echo bei den ihn umgebenden Menschen, die voll Faszination immer weitere Erfolge erwarteten, war aber nur denkbar oberhalb der eisernen Disziplin, die sie in vielem vermenschlichte. Durchbrach doch die unmittelbare Teilnahme des Königs an Entbehrungen und Gefahren alle Standesschranken und militärische Rangordnung der Armee und ließ sie eine Kampfgemeinschaft erleben. Bei aller Selbstzucht war dem König die ständige Todesgefahr sehr bewußt; Nottestamente, Briefe und die Geheiminstruktion vom 10. Januar 1757 belegen dies.

Ab Herbst 1758 verwandelte sich seine Wirkung auf Menschen zum Vorbild ungewöhnlicher moralischer Zähigkeit und Widerstandskraft, bei der es viele Rückschläge und innere Tiefen gab, je mehr die Aussicht auf Siege schwand, der Krieg sich in die Länge zog und das bloße Überleben zum entscheidenden Ziele wurde. Es war nicht nur die Genialität seiner immer neuen Improvisationen in einem fast aussichtslosen, aber kompromißlosen Kampf für Land und Existenz, sondern die mit Aufbietung aller Nervenkraft überwundenen Krisen und überstandenes Leid, die ihm immer stärker menschliche Hochachtung, Respekt und Ehrfurcht eintrugen. Seine rücksichtslose Hingabe an seine Aufgabe, verbunden mit der immer spartanischer werdenden Lebensführung führten dann erst zu dem vertraulichen Bilde des »Alten Fritz«.

Im Frieden nach 1763 verkörperte er bereits derart seinen erkämpften Staat, daß er — bei allen erstaunlichen Friedensleistungen — auf die Menschen zunehmend fast wie ein Denkmal wirkte. Wenn Karl Mannheim feststellte, daß seine Armee »die erste große Institution war, die nicht nur rationale Methoden erfand, um durch Disziplin und andere Mittel zur Überwindung der Angst ein einheitliches Massenverhalten zu schaffen, sondern diese Methoden auch benutzte, um große Menschenmassen dazu zu erziehen, auf vorgeschriebene Weise zu handeln und möglichst auch zu denken« und, daß »die preußische Armee in bezug auf schnelle Erfolge stets bessere Ergebnisse zu verzeichnen hatte als jede andere Organisationsform«, dann waren das die Ergebnisse seines jahrzehntelangen Einwirkens auf die Führungsschicht Preußens.

Menschlich gesehen, rundet der Bericht von Frdr. Aug. Ludw. v.d. Marwitz über die Rückkehr des Königs von einer Besichtigung nach Berlin am 21. Mai 1785 sein Bild ab: »Rondell und Wilhelmstraße waren gedrückt voll Menschen, alle Fenster voll, alle Häupter entblößt, überall das tiefste Schweigen und auf allen Gesichtern ein Ausdruck von Ehrfurcht. Der König ritt allein vorn, hinter ihm eine Menge Generale, Adjutanten, Reitknechte, und grüßte gewiß zweihundert Mal... Noch stand die Menge, entblößten Hauptes, schweigend, alle Augen auf den Fleck gerichtet, wo er verschwunden war. Und es dauerte eine Weile, bis ein jeder sich sammelte und ruhig seines Weges ging... Und doch war nichts geschehen. Keine Pracht, keine Kanonenschüsse, keine Musik! Nur ein dreiundsiebzigjähriger alter Mann, schlecht gekleidet, staubbedeckt, kehrte von seinem mühsamen Tagewerk zurück. Aber jedermann wußte, daß dieser Alte auch für ihn arbeitete, daß er sein ganzes Leben an diese Arbeit gesetzt und sie seit fünfundvierzig Jahren noch nicht einen Tag versäumt hatte! Jedermann sah die Früchte seiner Arbeiten und wenn man auf ihn blickte, so regte sich Bewunderung, Stolz, Vertrauen, alle edleren Gefühle des Menschen«.

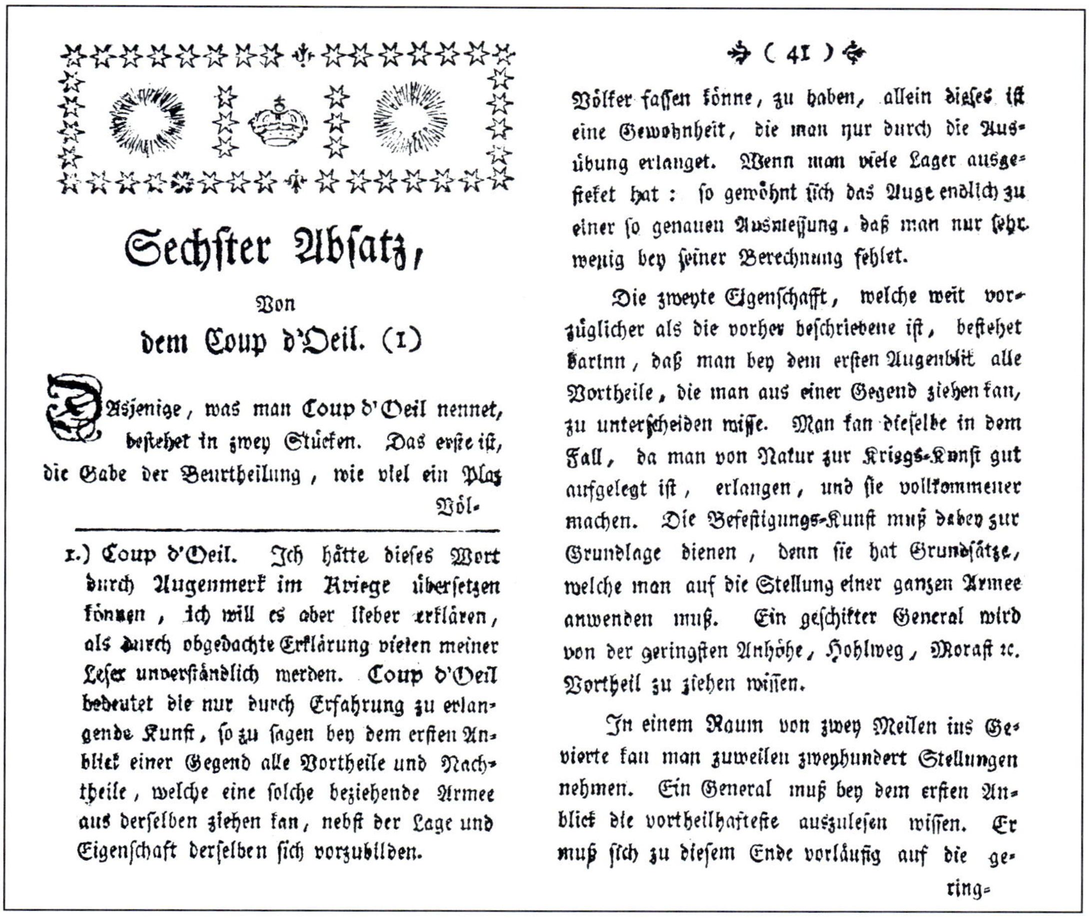

Sechster Absatz,

Von

dem Coup d'Oeil. (1)

Dasjenige, was man Coup d'Oeil nennet, bestehet in zwey Stücken. Das erste ist, die Gabe der Beurtheilung, wie viel ein Platz Völ-

1.) Coup d'Oeil. Ich hätte dieses Wort durch Augenmerk im Kriege übersetzen können, ich will es aber lieber erklären, als durch obgedachte Erklärung vielen meiner Leser unverständlich werden. Coup d'Oeil bedeutet die nur durch Erfahrung zu erlangende Kunst, so zu sagen bey dem ersten Anblick einer Gegend alle Vortheile und Nachtheile, welche eine solche beziehende Armee aus derselben ziehen kan, nebst der Lage und Eigenschaft derselben sich vorzubilden.

(41)

Völker fassen könne, zu haben, allein dieses ist eine Gewohnheit, die man nur durch die Ausübung erlanget. Wenn man viele Lager ausgestecket hat: so gewöhnt sich das Auge endlich zu einer so genauen Ausmessung, daß man nur sehr wenig bey seiner Berechnung fehlet.

Die zweyte Eigenschafft, welche weit vorzüglicher als die vorher beschriebene ist, bestehet darinn, daß man bey dem ersten Augenblik alle Vortheile, die man aus einer Gegend ziehen kan, zu unterscheiden wisse. Man kan dieselbe in dem Fall, da man von Natur zur Kriegs-Kunst gut aufgelegt ist, erlangen, und sie vollkommener machen. Die Befestigungs-Kunst muß dabey zur Grundlage dienen, denn sie hat Grundsätze, welche man auf die Stellung einer ganzen Armee anwenden muß. Ein geschikter General wird von der geringsten Anhöhe, Hohlweg, Morast rc. Vortheil zu ziehen wissen.

In einem Raum von zwey Meilen ins Gevierte kan man zuweilen zweyhundert Stellungen nehmen. Ein General muß bey dem ersten Anblick die vortheilhafteste auszulesen wissen. Er muß sich zu diesem Ende vorläufig auf die gering-

Den »Coup d'Oeil« hielt der König für die wichtigste Fähigkeit eines Generals.
Aus seinen »Generalprinzipien des Krieges« von 1748, nach der Ausgabe von 1761.

ringsten Anhöhen, um die Gegenden zu besehen und zu untersuchen, verfügen. Nach den Grundsäzen der Befestigungs-Kunst wird er die Schwäche der feindlichen Schlachtordnung entdecken. Wenn die Zeit es erlaubt: so ist es auch von grosser Wichtigkeit für einen General, die Schritte der von seiner Armee eingenommenen Gegend, so bald die allgemeine Stellung bezogen ist, zu zehlen.

Man kan aus den Grundsätzen der Befestigungs-Kunst noch viele andere Vortheile ziehen, als zum Beyspiel Anhöhen zu besetzen, und darzu solche zu erwählen, welche von andern nicht bestrichen werden können, die Flügel der Armee jederzeit so anzulehnen, daß die Seiten gedeket sind, solche Stellungen zu nehmen, in welchen man sich allenfals vertheidigen kan, und hingegen diejenigen zu vermeiden, in welchen sich ein Kriegsmann, der Ruhm erlangt hat, ohne Gefahr zu laufen, solchen aufzuopfern, nicht behaupten kan. Nach eben diesen Grund-Säzen muß man die schwache Seite der feindlichen Stellung, sie rühre entweder von der schädlichen Stellung derselben, oder von der üblen Vertheilung der Völker, und der wenigen Ver-

Ver-

Vertheidigung, die von solcher zu hoffen ist, her. Diese Betrachtungen leiten mich darauf, nunmehro zu zeigen, wie man die Völker, um von der Gegend Vortheil zu ziehen, vertheilen müsse.

Fünfundzwanzigster Absatz.

Ob es unumgänglich nothwendig ist, daß der die Armee commandirende General Kriegs-Rath halte.

Der Prinz Eugenius pflegte zu sagen, daß ein General, der nichts zu unternehmen Lust hätte, nur Kriegsrath zu halten brauche. Dieses ist um so viel richtiger, da die Stimmen ordentlicher Weise auf Nein ausfallen. Es wird

auch

auch die Verschwiegenheit eine so nothwendige Sache darinnen nicht beobachtet.

Ein General, dem sein Herr die Völker anvertrauet hat, muß alles alleine thun, und das Vertrauen, welches sein Herr auf seine Verdienste gesezet hat, berechtiget ihn, alles nach seinen Einsichten zu thun.

Unterdessen bin ich versichert, daß ein General, dem selbst ein subaltern Officier einen Rath ertheilt, davon Gebrauch machen muß, weil ein wohlgesinneter Bürger sich selbst vergessen, und ohne sich darum zu bekümmern, ob er selbst oder ein anderer den Weg, um zum Zwek zu gelangen, gewiesen hat, nur das Wohlseyn des Staats vor Augen haben muß.

Seine Generale

Gesamtzahl

Wenn Armeen die »beste Organisationsform von Massen« sind und das Offizierkorps die Seele jeder Armee, dann lohnt es, die Führungsschicht des Offizierkorps näher zu untersuchen. Friedrich der Große übernahm von seinem Vater 37 Generale, 3,1% des Offizierkorps, deren Zahl 1715 noch 61 betragen hatte. Er selbst beförderte von 1740 bis 1763 insgesamt 274 Stabsoffiziere zum General, darunter 25 Fürsten, ein Zehntel. Damit stieg der Anteil der Generalität während des »Kriegs-Abschnittes« seiner Regierungszeit auf 5 bis 6% des Offizierkorps, bei mehr als einem Fünftel an blutigen Verlusten wirklich berechtigt. Trotz Verdopplung des Offizierkorps bis 1786 machte er von 1763 bis 1786 nur 195 Offiziere zum Generalmajor, dabei 12 Fürsten, deren Anteil sich praktisch halbierte. Neben der Vergrößerung seiner Armee, die neue Generalsstellen brachte, waren rund 120 Abgänge von Generalen zu ersetzen, so daß ihr Prozentsatz am Offizierkorps auf 3,5 sank, fast wie 1740 und Friedensanteil. Insgesamt sprach er in seiner Regierungszeit 469 Beförderungen zum General aus, davon 37 Fürsten, mit 8,56% praktisch dem Aufstiegsanteil von Bürgerlichen gleich. Wie rasch die Führungskräfte verschlissen wurden, zeigt die Feststellung, daß von 250 Generalen und Stabsoffizieren der Rangliste von 1737 nur fünfzehn Jahre später bereits 197 ausgeschieden oder gestorben waren, fast vier Fünftel!

Verheiratung

Von den bis 1763 beförderten Generalen blieben 62 (22,62%) unverheiratet. Ein verheirateter Soldat galt als »halber Soldat«, in Friedenszeiten und heute eine unhaltbare Meinung. Schon im Offizierkorps heirateten in der Regel nur 14 bis 16%. Die Heiratserlaubnis unterlag strengsten Maßstäben und war vor dem Kapitäns-Dienstgrad unmöglich, es sei denn, als Mitgift konnte Vermögen eingebracht werden. Eine eigenmächtige Ehezusage ohne die königliche Erlaubnis brachte mindestens Festung, sonst Kassation. Durch den straffen Dienst und die mehr als zehnjährige Abwesenheit auf Feldzügen waren die Offiziere natürlich äußerst gefordert. Zudem schreckten die absolute Verfügungsgewalt des Königs und die hohen Verluste ab. Soldatenfamilien belasteten die Garnisonen, erschwerten die Mobilmachung und brachten vielfach schlecht versorgte Hinterbliebene. Ihre Mitnahme ins Feldlager war strikt verboten; nur in die Winterquartiere konnten sie nachkommen, wenn sie wollten. Die Folge war natürlich eine lockere Moral und immer wieder das Problem unehelicher Kinder. Von den nach 1763 beförderten Generalen blieben 46 unverheiratet, das sind 23,58%, also eine noch höhere Zahl im Frieden, fast ein Viertel. Allerdings war damals die Kinderfreudigkeit allgemein und besonders beim Landadel sehr viel größer, so daß sich vieles ausglich.

Aufstieg von Bürgerlichen und Mannschaften

Wenn von den bis 1763 ernannten Generalen 23, d.s. 8,39%, zunächst Bürgerliche waren, dann müßte ihr Anteil beim Eintritt eigentlich um ein Drittel oder gar die Hälfte höher gewesen sein, denn bei weitem nicht alle konnten bis zum Spitzen-Dienstgrad aufsteigen. Darunter finden sich viele bekannte Namen wie Alemann, Amstel, Bosse, Bünting, Gettkandt, Goekkingh, Goetze, Gröling, Günther, Heising, Holtzendorff, zweimal Holtzmann, Hohnstock, Lehmann, Mayer, Meinicke, Möhring, Moller, Pletz, Pritz, Rampusch, Rohdich, Rudorff, Ruesch, Salémon, Schöning, Schultze, Stollhoffen, Stolpen, Tempelhoff, Uchtländer, Voigt, Werner und Wunsch bis 1786. Nach 1763 gab es noch 12 ehemals bürgerliche Generale (6,15%), denen bis 1806 ebenso 16 folgten, insgesamt 51. Es gab eine Fülle von Begabungen unter ihnen, allerdings auch einzelne »windige Leute«, oft aus dem Ausland. Da die Anteile in beiden Zeitabschnitten aber über dem bürgerlichen Anteil von 11 Stabsoffizieren bei 211 im Jahre 1740 lagen, muß man bei diesen Offizieren auf eine stärkere Leistungsmotivation schließen, die zur überdurchschnittlichen Bewährung führte, so daß sie dann in der Generalität im Verhältnis überrepräsentiert waren. Die hohen Ausfälle an Offizieren zwangen einfach dazu, vermehrt Bürgerliche als Offizieranwärter einzustellen, wenn bis 1758 rd. 2500 Gesamtausfälle eintraten, 1759 1328 weitere, 1760 wieder 771 verlorengingen. Insgesamt gab es mit Sicherheit über 4000 Ausfälle, davon mindestens 1600 Tote. Als es ab 1763 um die Reduzierung und Erneuerung der Armee ging — »wieder rekrutieren, disziplinieren, erziehen« — sank der bürgerliche Anteil bei Stabsoffizieren und Generalen bis 1786 auf 22 zu 689 Adligen (3,1%), repräsentierte sich aber in der Generalität doppelt so stark mit 6,15%, also noch deutlicher als im vorigen Zeitabschnitt. Aus dem Mannschaftsstand »von der Pike auf« dienten sich bis 1763 insgesamt 24 Generale (9,64%) hoch. Darunter gab es auch Adlige. In der Friedens-Periode bis 1786 schafften diesen Weg nur noch 13 (6,66%), ein Drittel weniger. Ohne Bewährung im Kampf bleibt dieser Aufstieg natürlich erheblich schwieriger, zudem sorgten die vermehrten Kadettenanstalten für mehr Nachwuchs.

Vorbildung

Der Einblick in die Vorbildung der jungen Offizieranwärter bringt interessante Hinweise auf das spätere Bildungsniveau der Generale: Tharau gibt an, vor Friedrich Wilhelm I. habe nur etwas mehr als ein Viertel, unter dem Soldatenkönig die Hälfte höhere Schulen besucht, 39 waren Kadetten, 52 Pagen. Es war neu, daß die jungen Adligen statt Kavaliersreisen gemäß der Kgl. Instruktion vom 30. Juni 1740 in Kadettenanstalten eintraten, wo sie zum Königtum und für die Armee erzogen wurden, oder als Pagen dienten, die für Offizierstellen vorgesehen und mit ihrer Bildung den anderen gleichgestellt waren, oder aus Ritterakademien, Gymnasien oder Universitäten kamen. Viele Offiziere hielten Verbindung zu den Universitäten, viele Studenten traten nach dem Patent Friedrich Wilhelm I. vom 23. Juli 1732 für Halle in die Armee ein. Alle drei Bildungsbereiche gründeten sich auf die von Friedrich Wilhelm I. geprägte ländliche »Hofmeister«-Ausbildung, den späteren Hauslehrer. Erstmalig setzte für diesen Beruf ein persönliches Bildungsstreben ein, dem der König mit Bildungsinstituten und Akademien als »planvollen Pflanzstätten des Offizierkorps« in jeder Weise entgegenkam. Bis 1763 waren unter den beförderten Generalen (mit Fürsten und ihrer Prinzenerziehung) 29 ehemalige Kadetten (10,58%), 19 frühere Pagen (6,93%) und 55 aus höheren Schulen (20,07%), insgesamt mit 103 und 37, 58% weit über ein Drittel aller Generale, ein Verhältnis, das auch Tharau bestätigt. Bis 1786 hatten sich die Zahlen mit 46 einstigen Kadetten im Verhältnis auf 23,59% mehr als verdoppelt, mit 20 aus dem Pagendienst auf 10,25% erhöht, mit 27 Abgängern aus höheren Schulen aber auf 13,84% verringert. Insgesamt waren es jetzt 93 Generale mit 47,68%, d.h. fast die Hälfte der neu beförderten Generale besaß eine gute Bildung, aber sie fand jetzt sehr viel stärker innerhalb von Hof und Armee statt. Die Kadettenanstalten waren seit 1759 durch Buddenbrock erheblich verbessert worden: er leitete seit dem 1. März 1765 die neue »Académie civile et militaire« als höhere Ritterakademie, die auf dem Kadettenkorps aufbaute und deren Abgänger zu 95% in die Armee eintraten. Das war der Beginn des wissenschaftlich sich bildenden Offiziers, im Rahmen der damaligen Verhältnisse. Wie Tharau feststellt, ließ sich für 128 der 223 in der Zeit von 1786 bis 1806 beförderten Generale die Vorbildung ermitteln: 73 kamen aus Kadettenanstalten, 25 aus dem Pagendienst, 30 aus höheren Schulen, d.h. 57,4% besaßen nachweislich eine gute Vorbildung, jetzt aber schon zu fast 60% aus der Kadettenerziehung.

Männerbünde

Aufschlußreich ist ein Blick auf die geistigen Zusammenschlüsse der Generale in Gesinnungsgruppen: Von den bis 1763 beförderten Generalen gehörten 21, d.s. 7,6%, dem Johanniter-Orden an, oft nach Wartezeiten von bis zu 20 Jahren. Herrenmeister von 1731 bis 1762 war Markgraf Friedrich Karl Albrecht von Brandenburg, vom König am 25. Juli 1740 zum Generalmajor ernannt, ein Vetter Friedrich Wilhelm I., aber nur sieben Jahre älter als der König. Aus seiner pietistischen Haltung hatte der Soldatenkönig den Orden sehr gefördert. Der König stiftete 1745 für das Ordenszeichen die überhöhende Krone und die gekrönten schwarzen Adler in den Ecken des weißen achtspitzigen Kreuzes, schloß sich aber dem Orden nicht an. Unter den bis 1786 beförderten Generalen gab es nur noch 11 Johanniter (5,6%), möglicherweise eine Einwirkung der Aufklärung.

D[illegible] König wandte sich als Freigeist der Freimaurerei [illegible] hren [illegible] n Ge- [illegible] raler [illegible] r Na- [illegible] r am [illegible] n Be- [illegible] d sei- [illegible], auf [illegible] vider- [illegible] Lippe [illegible] gs an [illegible] prinz [illegible] er aus [illegible] nmen [illegible] In der [illegible] hwei- [illegible], Brei- [illegible] burg-Lippe und Kielmansegg, Generalmajor v. Albedyll, Baron Bielfeld vom »Meister« Baron Oberg aufgenommen, zugleich Hauptmann Graf Leopold Alexander v. Wartensleben, jüngster Sohn des Feldmarschalls und Onkel Kattes, bald Hofmarschall in Rheinsberg, dann sein Generaladjutant. Schon im November 1739 war Friedrich »Meister vom Stuhle«. Nach der Thronbesteigung erfreute sich die Loge in Berlin seiner »großzügigen Protektion«, die zur Gründung der »Königlichen Loge in Berlin« in demselben Jahre, danach Loge »Zu den drei Weltkugeln«, führte, deren Großmeister der König 1744 wurde. Er nahm seine Brüder August Wilhelm, Heinrich und Ferdinand auf, seinen Neffen Friedrich Wilhelm II., Keith und Karl Ludwig v. Winterfeldt, de la Motte-Fouqué, seinen Schwager Markgraf Friedrich v. Bayreuth, die Markgrafen Alexander v. Ansbach, Karl und Heinrich v. Brandenburg-Schwedt, vier Herzöge v. Braunschweig mit den Prinzen Albrecht und Wilhelm, zwei Herzöge v. Holstein-Beck, Herzog Georg Ludwig v. Holstein-Gottorp. Später traten ein der Großherzog Karl Friedrich v. Baden, Herzog Karl-August v. Weimar, Fürst Schönaich-Carolath, dazu die Grafen Roeder, Schwerin, Wallenrod, Dohna, Gotter, Hoditz und Schaffgotsch, Fürstbischof von Breslau, trotz der Bulle des Papstes Clemens XII. vom 28. April 1738. Es folgten in den nächsten Jahren zwei Fürsten von Nassau, vier von Mecklenburg-Strehlitz, elf hessische von Darmstadt, Homburg, Kassel, Philippstal und Rheinfels, insgesamt 40 deutsche Fürsten, was sicher politischen Einfluß brachte, wenn auch die Wirkung in die Breite fehlte. Am einflußreichsten innerhalb der Armee war ihr Generalchirurg Johann Wilhelm Kellner

v. Zinnendorf. Im Juli/August 1774 machte der König die Berliner Loge zur einzigen »Großen Landesloge in Preußen« und »National-Loge in Deutschland«. Am 7. Februar 1779 schrieb er in seiner Kabinettsordre: »Ich nehme immer mit Vergnügen an einer Gesellschaft teil, die ihren Ruhm in die unermüdliche Verbreitung aller Tugenden setze, die den rechtschaffenen Mann und wahren Vaterlandsfreund bilden.« Obwohl meist von Kaufleuten unter englisch-französischem Einfluß gegründet, waren die Fürsten erstaunlich engagiert, vielleicht wegen eines Hauches liberaler Freiheitlichkeit, zumal die Freimaurer in fast allen Nachbarländern streng verboten waren.
Von beiden Gruppen gingen, wenn auch gegenpolig, entscheidende Einflüsse zur Vermenschlichung der militärischen Erziehung der Soldaten und ihrer Behandlung aus. Sie sahen den Soldaten entweder als Gottesgeschöpf im Sinne christlicher Überzeugung oder als Mitmenschen im Lichte aufklärerischer Humanität, aber nicht mehr als zu zähmenden »Sklaven«. Das schloß Strenge und Ausbildungsdrill nicht aus, verhinderte aber Schikanen und Mißhandlungen. Die Frömmigkeit Friedrich Wilhelm I. und die vieler Generale wie Schwerin, Geßler, Schmettau, Zieten, Belling waren von August Hermann Francke und seiner Erziehungsidee geprägt und durch den Halleschen Pietismus in die praktische Menschenbehandlung der Soldaten und in die Berufs-Askese des Offizierkorps eingeflossen. Ohne Frage wirkten sie mildernd und ausgleichend, schärften aber auch zugleich das Verantwortungsbewußtsein der Offiziere. Büsch erwähnt das Beispiel eines Obristen, der — als Pietist und guter Soldat bekannt — seinem General bei der Übergabe des Regiments die Worte abnötigte: »Kinder, ich übergebe Euch einem Vater, der treulich für Euch sorgen wird!« Und die Freimaurer hatten sich eingeschworen auf die Tugenden der Freiheit, Toleranz und Menschenliebe, dazu weiter verpflichtet, diese Tugenden im Alltag mannhaft zu vertreten und selbst vorzuleben. Deshalb gab es sicher in der Praxis der Menschenführung wohl in den Motiven, jedoch im Ergebnis kaum einen Unterschied. Sicher haben Atmosphäre und Umgang innerhalb der Armee davon profitiert.
Und es war wohl mehr als irgendein Konkurrenz-Denken, wenn der König andere, fast sektierererische Gruppen für unerwünscht hielt.
So wandte sich der König gegen den ab 1756 wieder auflebenden Geheim-Orden der »Rosenkreuzer«, der die Aufklärung bekämpfen und mit esoterischen Zirkeln Politik und Geistesleben beeinflussen wollte. Sein Nachfolger Friedrich Wilhelm II., der spätere General v. Bischoffwerder und der Kammerrat Wöllner des Prinzen Heinrich, später Justizminister, führten ihn an und eröffneten mit dem »Religionsedikt« vom 9. Juli 1788 einen Kulturkampf gegen die Aufklärung. In seinem »Königlichen Schutzbrief von 1772 gegen die Geheimgesellschaften« nahm der König die Freimaurer ausdrücklich davon aus und sicherte ihre Rechte. Andererseits beschränkte er den am 1. Mai 1776 gegründeten »Illuminaten-Orden«, der die Aufklärung und Vernunft-Idee bis zur Abschaffung der

Versorgung in der alten Preussischen Armee

(o)

V. Artic.

Wann bey den Regimentern Pursche Alters oder Kranckheitshalber invalide worden sind, so wollen Seine Königliche Majestät durchaus nicht haben, daß selbige ohne Ihren Vorbewußt verabschiedet werden, sondern die Regimenter sollen es Ihro Majestät melden, damit solche versorget werden, und nicht nöthig haben Betteln zu gehen.

NB. Weilen alle Jahr mundiret wird, als sollen die verabschiedete Soldaten, Rock, Camisohl und Hosen behalten, damit der verabschiedete Soldat nicht nackend vom Regiment gehen darff.

(Aus: REGLEMENT, vor die Königl. Preussische INFANTERIE. Gegeben und gedruckt, Berlin, den 1. Junii 1750)

Monarchie und zum Weltbürgertum radikal weitertreiben wollte. Immerhin gehörten ihm die Herzöge Ferdinand v. Braunschweig, Ernst v. Gotha, Karl-August v. Weimar, Herder, Bode, Dalberg an, bis er sich 1786 auflöste. Man hielt ihn für die Ideen der Französischen Revolution mit verantwortlich.

Heimat

Nach ihren Geburtsorten kamen die vom König zwischen 1740 und 1786 zum Generalmajor beförderten Offiziere aus folgenden Heimat-Gebieten:

Ost- und Westpreußen	53	(11%)
Pommern	93	(19%)
Brandenburg	132	(28%)
Mitteldeutschland	85	(18%)
Schlesien	23	(4%)
insgesamt 80% Stammlande		
Sachsen	5	(1%)
Franken	7	(1,2%)
Bayern	1	(0,2%)
Rheinland	24	(4,8%)
Holstein/Mecklenburg	11	(2%)
insgesamt 9,2 % deutsche Länder		
Polen	11	(2,2%)
Kurland	8	(1,6%)
Frankreich	8	(1,6%)
Österreich	6	(1,2%)
Ungarn	6	(1,2%)
Schweiz	5	(1%)

Niederlande	3	(0,6%)
England	3	(0,6%)
Schweden	2	(0,4%)
Flandern	1	(0,2%)
Rußland	1	(0,2%)

insgesamt 10,8% Europa

Daraus ergibt sich, daß zwei Drittel aller Generale aus Brandenburg, Pommern und Mitteldeutschland stammten, in einem Umkreis von 175 bis 200 Kilometer um Berlin. Nur ein Sechstel kam aus den entfernteren Provinzen Ostpreußen und Schlesien, deren Rolle sich erst ab 1770 änderte und die dann ab 1806 einen entscheidenden Einfluß erhielten. Neun Zehntel aller Generale waren Deutsche, wenn man die deutschsprachigen Länder dazu rechnet, sogar 95%. Die Zahl der echten Ausländer war in Wirklichkeit gering, zumal ausschließendes Nationalbewußtsein erst im Kommen war und der Adel im Heeresdienst noch ein europäisches Bewußtsein besaß, das vor allem im Sippen-Zusammenhang und im Verwandtschaftsbewußtsein, also familiär, begründet war, kaum politisch.

Fürsten

37 Fürsten und Prinzen, d.s. 8,56%, zählten zur preußischen Generalität dieser Zeit, wenn man zwei nicht ausgeübte Ehren-Ränge abzieht. Davon stammten 10 aus Preußen, aber 27 aus deutschen Klein-Staaten ohne Sachsen und Bayern, für die es eine Qualifizierung bedeutete, in der Armee Friedrich des Großen General zu sein. Neben je zwei aus Bayreuth und Schwedt und einem aus Schlesien waren fünf in Brandenburg geboren. Sie wurden nicht hofiert, wie Lehndorff schrieb: »Unsere Prinzen sind selbst Soldaten und haben dieselben Strapazen durchzumachen wie der gemeine Soldat.« Die meisten außerpreußischen Fürsten kamen mit 9 aus Braunschweig, der Konkurrenz Hannovers und familiär mit den Hohenzollern verbunden, dann je 5 aus Anhalt, Hessen und Württemberg sowie 2 aus Holstein, 1 aus Sachsen-Eisenach, also Thüringen, das preußenfreundlich war. Der Einfluß des Hauses Anhalt, verstärkt durch zwei Grafen und Wilhelm v. Anhalt, Abkömmlingen der Fürsten, war durch seine Treue und militärische Tüchtigkeit nicht minder groß als der Braunschweigs. Der König schrieb am 23. Juli 1755 wegen des Erbprinzen von Anhalt an Oberst v. Pritz: »Ich verlange, daß gedachter Prinz nicht besonders allda weiß gemachet, er jetzo nicht als ein Prinz, sondern als ein Offizier, der den Dienst rechtschaffen lernen soll, angesehen und gehalten werden muß.« Die Skepsis des Königs gegen Prinzen überhaupt und besonders in seiner Armee ist bekannt. Sogar über den Erziehungsplan für seinen eigenen Neffen sagte er am 21. April 1758: »Ich wünsche nicht, daß man ihm zuviel Ehrerbietung erweist. Ich lasse ihm alle Generale vorgehen. Und wenn sie ihm zuviel Hochachtung bezeigen, lasse ich durchblicken, daß Mir das mißfällt.« Ohne Frage haben sie ihm aber gute und langjährige Dienste geleistet.

Verluste

Wie Priesdorff und Tharau einstimmig bestätigen, sind von den zwischen 1740 und 1763 ernannten 274 Generalen in den beiden ersten Schlesischen Kriegen 26, in den Jahren 1756 bis 1759 33 Generale, darunter 2 Feldmarschälle, und 1760/62 ein General gefallen oder im Felde an Wunden oder Krankheiten gestorben, insgesamt 60, d.h. 21, 89%. Mehr als jeder fünfte General starb im Felde, außerdem 65 Stabsoffiziere. Der König, seine Generale und alle Offiziere gaben in allen Entbehrungen und Gefahren mitten unter ihren Soldaten ihr persönliches Beispiel. Diese Kampfgemeinschaft ohne Standestrennung war trotz strenger Disziplin das Geheimnis des Zusammenhaltes der Armee! Und viele Adelsfamilien bluteten richtig aus: Von den Wedel fielen insgesamt 72 aller Dienstgrade, 58 Kleist, von 50 Hertzberg 27, die übrigen 23 wurden verwundet, bei den Belling von 23 allein 20, 16 Lettow, Münchow 14, je 11 der Blanckensee, Rohr, Schwerin, bei Billerbeck, Massow, Zitzewitz je 9, Seydlitz, Franckenberg und Schenckendorff je 8, von den Arnim, Bredow, Krosigk, Puttkamer, Schulenburg, Sydow und Winterfeldt je 7, aus 22 Familien als Beispiele schon 340 Offiziere, damit je Familie im Durchschnitt mehr als 15 Offiziere, die Fahnenjunker nicht gerechnet. Der Staatsminister v. Massow verlor von 5 Söhnen vier! Ihre Opferbereitschaft entsprang nicht nur dem Existenzkampf Preußens, sondern auch der inneren Bindung an den König.

Vorzeitiges Ausscheiden

Wegen Krankheit schieden von 1740 bis 1786 insgesamt 104 Generale, das sind 20,17%, vorzeitig aus dem Dienst, was der König beim tatsächlichen Erweis ohne weiteres zuließ, immerhin auch wieder mehr als jeder fünfte. Dabei spielen gewiß das noch weniger entwickelte Gesundheitswesen und das im persönlichen Leben teilweise kaum entwickelte Gesundheitsbewußtsein eine Rolle. Gerade in Essen und Trinken wurde nach heutiger Bewertung schwer gesündigt. Auf jeden Fall waren die Generale frühzeitig einem dauernd überhöhten Kräfteverschleiß, hohen gesundheitlichen Belastungen und im Feldlager auch Krankheiten und mangelnder Hygiene ausgesetzt. Man denke nur an Ansteckungen und Seuchen. Mit bequemem Leben war es in Kriegszeiten wirklich nichts, vor allem bei schlechtem Wetter, langen Märschen und Biwak im Freien ohne Feuer. Hier war der König meist sehr besorgt, gab gute Ratschläge, schickte Ärzte, half bei Kuren und bewilligte großzügig Urlaub, wie z.B. wiederholt bei Zieten, Fouqué und Generalmajor Freiherr von Eben und Brunnen, dem er schrieb: »Mir ist bekannt, daß Ihr Eure Gesundheit der an sich rühmlichen Befriedigung Eures Ehrgefühls aufopfern wollet. Da Ich Euch besser kenne als Ihr selbst, kann Ich dennoch dieses nicht zugeben.«

Erheblich anders stand es um die vorzeitige Entlassung wegen Unwillen oder Ungnade des Königs, die oft genug das Ende der Existenz, in Ausnahmefällen ein Ausweichen in fremden Dienst bedeutete. Dieses Schicksal traf während der ganzen Regierungszeit 51 Generale, d.h. 10,87%, und damit kaum die Hälfte der durch Krankheit dienstunfähigen Generale. Bereits die alleinige Entscheidung des Königs und seine dauernde Überforderung konnten Willkür und Ungerechtigkeiten, besonders in heutigem Sinne, gar nicht ausschließen, vor allem bei seinem schnellen Urteil voll Sarkasmus und seinem nachtragenden Vorurteil, das aber frei von Rachsucht blieb. Starke Charaktere, fähig zur Leidenschaft, sind reizbar. Sein Vater war es in noch stärkerem Maße. Nur bei Schwäche, Ungehorsam oder Verachtung hielt sein Zorn vor; sonst schlug er rasch in Spott oder Witz um, so daß viele ihn für gespielt hielten. Niemand sollte sich seiner Gunst allzu sicher sein. Die meisten Generale erlebten, daß scharfe Kritik, harte briefliche Zurechtweisungen und Freundlichkeiten überraschend knapp aufeinander folgten, oft schon in der Anrede, als ob er den Unwillen gezielt als Führungs- und Erziehungsmittel einsetze, am ehesten gegen hochstehende Untergebene. Damit wollte er auch demonstrieren, daß von Generalen dieselbe Disziplin und Loyalität wie von Soldaten gefordert war, besonders in der Sache, während er mit der Person behutsamer umging. Er unterschied genau Nachlässigkeit von Langsamkeit, Widerspenstigkeit von Gewissenhaftigkeit, seine eigene Vorentscheidung von begründetem Besserwissen des anderen, sofern dieser sein Zutrauen besaß, wie Garve feststellte: »Er schaffte zuweilen Leute aus seinen Diensten, gegen die er nie sehr zornig war. Er behielt andre lang bei und bewies ihnen Freundschaft und Vertrauen, gegen die seine Galle mehrmals sich mit dem anscheinend größten Ungestüm ergossen hatte.«

Lebensalter

Die Geburtsjahrgänge der von 1740 bis 1763 beförderten Generale zeigen folgendes: Sie umfassen in der Zeitspanne von 1671 bis 1740 69 Jahre, d.h. von 274 Generalen sind 41 noch unter dem Großen Kurfürsten, dem Urgroßvater des Königs, geboren, 186 unter König Friedrich I. und 47 unter dem Soldatenkönig. Die meisten gehörten zum Jahrgang 1698. 68% der Generale waren älter als der König, 17% gleichaltrig oder jünger, 15% konnten seine Großväter sein. Besondere Häufungen weisen die Jahrgänge 1692 bis 1704 mit knapp 42%, 1704 bis 1711 mit knapp 22% und 1714 bis 1716 mit 7,6% auf. 1740 waren 143 Generale (52%) 40 Jahre und älter, eine Erbschaft der relativ langen Friedensperiode und der Beförderungspraxis Friedrich Wilhelm I., andererseits der Heeres-Vergrößerungen. Sie waren geprägt von den langen Kriegsjahren zwischen 1688 und 1715, den Unsicherheiten wie Preußens Aufstieg über den Kleinstaat zur europäischen Bündnismacht und dem langsamen Heeresaufbau ab 1713. Der Zeitabschnitt der Geburtsjahrgänge der zwischen 1763 und 1786 ernannten Generale begann 26 Jahre später, umfaßte von 1697 bis 1758 61 Jahre, endete also 8 Jahre früher und lag damit etwas enger zusammen. Von 195 Generalen waren 45 unter Friedrich I. und 9 ab 1740 geboren, 141 (72%) aber zwischen 1713 und 1738, daher altersmäßig dem König näher. Der Altersaufbau der Generalität hatte sich normalisiert. 96 (49%) waren zwischen 1717 und 1726 geboren und hatten noch die Friedensjahre, wenn auch mit Spannungen und gelegentlichen Mobilisierungen, und meist auch die Ausbildung unter dem Soldatenkönig erlebt. 1763 waren sie zwischen 37 und 46 Jahre alt als nachrückende Generalsgruppe, 1786 zwischen 60 und 69, bewährt in Krieg und Frieden, aber bereits merklich überaltert.

Berufsbeginn

Das Eintrittsalter als Soldat lag für die bis 1763 berufenen Generale allgemein äußerst niedrig, in Ausnahmefällen bei 9 bis 11 Jahren, auch 12 und 13. Es gab Kornetts mit 8 und 9 Jahren, heute nach zwei Jahrhunderten unverständlich, und damit Leutnante zwischen 10 und 15 Jahren, Kapitäne ab 16. Der Eintritt mit 14 bis 20 Jahren war normal, von 21 aufwärts bereits unnormal, mit etwas über 10%. Mehr als ein Drittel (37%) war mit 14 bis 16 Jahren eingetreten, fast die Hälfte (45%) mit dem auch heute noch üblichen Alter von 17 bis 20 Jahren. Den Begriff des »Jugendalters« kannte man in dieser Zeit noch nicht; gerade Söhne des Landadels waren im Knabenalter oft schon erstaunlich gebildet und reif, aus vielen Gründen. Und besonders die Fürstensöhne traten in der Regel mit 10 bis 14 Jahren ein. Bei den nach 1763 ernannten Generalen verschob sich das normale Eintrittsalter auf 15 bis 20 Jahre, wobei der jüngere Teil bis 17 Jahre 44%, der wie heute ältere 36% ausmachten, eine deutliche Verschiebung zum frühen Eintritt. Mit über 20 Jahren traten nur 7,6% der Fahnenjunker ein, auch hier eine deutliche Abnahme. Der frühe Diensteintritt brachte reichliche Erfahrungen bei noch ziemlich jungen Lebensjahren.

Beförderung zum General

Die Dienstzeit bis zum Generalmajor war verhältnismäßig lang, für die bis 1763 beförderten Generale zwischen 29 und 44 Jahre. Es gab eine Reihe von Ausnahmen: 17 Fürsten wurden es nach 5 bis 12 Jahren, davon 13 mit 7 bis 11 Jahren, außerdem 2 nach 20 Jahren. 48 bewährte Obristen (18%) erreichten den General nach 14 bis 28 Dienstjahren, mehr als ein Sechstel, so nach 14 Jahren Kyau, Rothenburg, Konrad v.d. Goltz, nach 17 Jahren Seydlitz, Schmertzing, nach 18 Jahren Carl Christoph v. Schmettau, Friedrich Wilhelm G.A. v. Kleist, Möllendorff, nach 19 Jahren Blanckensee, Gschray, nach 20 Jahren Wartenberg, nach 25 Jahren Buddenbrock, Belling, Winterfeldt. 67,88% aller Generale waren nach dem vierundvierzigsten Jahr befördert, davon die höchste Zahl nach 34 Jahren. 45 bis 57 Jahre mußten nur 21 Generale (7,6%) warten. Im Frieden ab 1763 erreichten nur die Fürsten innerhalb von 7 bis 14 Jahren Generalsrang, während die Wartezeit für drei Viertel aller Generale sich auf 33 bis 49 Dienstjahre, also um vier bis fünf Jahre mehr, hinausschob. Nach 20 bis 32 Jahren wurden 34 Obristen (17,43%) bevorzugt befördert, davon 24 erst nach 28 Jahren Dienst. Über 50 bis 53 Jahre dienten nur 8 Generale bis zu ihrer Beförderung kurz vor ihrer Pensionierung. Die meisten Beförderungen erfolgten im 43. Dienstjahr, neun Jahre später als während der Kriegsperiode.

Beförderungsalter

Als Lebensalter der Generalmajore bei ihrer Ernennung zwischen 1740 und 1763 hatten die 25 Fürsten ein Alter zwischen 19 und 35 Jahre, davon waren 17 im Alter zwischen 24 und 31. Die Ausnahmen wegen besonderer Bewährung waren zwischen 31 und 43 Jahre alt, so z.B. Rothenburg 31, Kyau 35, Seydlitz 36, insgesamt weniger als ein Zehntel. Fast 76%, also die erdrückende Mehrheit, wurden erst im Alter zwischen 44 und 61 Jahren General. Knapp 15% erhielten diesen Dienstgrad mit 62 bis 76 Jahren bei ihrer Verabschiedung. Die Mischung von allgemeiner langsamer Beförderung und bevorzugten Einzelfällen brachte zwar Verstimmung, verschärfte aber Anreize und Konkurrenz. In der Nachkriegszeit bis 1786 verschob sich das Beförderungsalter erheblich: die Ausnahmen begannen fünf Jahre später mit 36 Jahren und gingen bis 45; ihr Anteil sank um ein Drittel auf ganze 6,7%. Die Fürsten hielten sich weiter bei 20 bis 35 Jahren wie zuvor. Die normalen Beförderungen im Alter von 46 bis 60 Jahren fielen auf 61,4%, noch nicht zwei Drittel, 14% weniger, während die Alters- und Abschiedsbeförderungen zwischen 61 und 70 Jahren sich auf 31,8% mehr als verdoppelten! Verdiente Generale blieben bis über ihre körperliche Verwendungsfähigkeit hinaus Regiments-Chefs, schon aus Versorgungsgründen, zumal durch die Inspekteure und die Aufwertung der Kommandeure ihre Bedeutung gesunken war. 1786 waren die Generale bei der Infanterie zu drei Viertel über 60 Jahre, bei den 78 Obristen nur vier unter 50, bei der Kavallerie von 32 Generalen 21 über 60, von 36 Obristen nur vier unter 50. Diese Generale waren zeitweise jahrelang beurlaubt, nicht nur aus gesundheitlichen Gründen. Das späte Ausscheiden sparte natürlich auch Pensionen, ebenso das Hinausschieben von an sich normalen Beförderungen. Hier aber begann die gefährliche Überalterung der Generalität, die 1806 mit die Katastrophe verursachte!

Strafen

Die Anzahl der Bestrafungen von Generalen lag von 1740 bis 1763 mit 8,83% und 22 Betroffenen verhältnismäßig hoch, nicht zuletzt begründet durch hohe Belastungen und die Kriegszeiten, wobei Arrest als Disziplinierungsmittel durchaus nicht ungewöhnlich und in der Regel auch folgenlos blieb, weshalb er hier unberücksichtigt ist. Kriegsgerichtsurteile sahen neben dem Freispruch Festungshaft vor, die seit dem 18. Jahrhundert für militärische oder politische Vergehen verhängt wurde und keine Entehrung bedeutete, im Gegensatz zu Gefängnis. (Büsch berichtet von einem Oberst mit Kassation und 4 Jahren Festung, der anschließend reaktiviert und am Ende Feldmarschall wurde.) Sie wurde scharf und rücksichtslos angewendet — von Generalen wurde eben mehr verlangt als vom Soldaten — ihr Strafmaß war lang, wurde aber öfters vom König auf dem Gnadenwege abgekürzt oder auch nach kurzer Zeit wieder aufgehoben. Wie bei der Ungnade des Königs blieb noch die Möglichkeit der einfachen Kassation: »Er kann zum Teufel gehen!« oder der infamen Kassation, meist nach Gerichtsurteilen, wobei alle Ansprüche einschließlich einer Pension verlorengingen, praktisch eine Vernichtung der Existenz. In der Zeit von 1763 bis 1786 gab es nur noch 6 (3,27%) derartige Fälle, ein Drittel, obwohl sich die Armee wieder vergrößert hatte und der König schärfer verfuhr.

Gefangenschaft

In Gefangenschaft gerieten in beiden Schlesischen Kriegen 28 Generale, die bald wieder ausgetauscht wurden. 1757 fielen 8 Generale, 1758/59 5 und 1760/1762 wieder 8, davon 1760 4 in Kriegsgefangenschaft, insgesamt 49. Sie behielten grundsätzlich ihre Stellen in der Armee; vom Gegner wurden sie in der Regel glimpflich behandelt, allerdings von den Russen ab 1759 und von den Österreichern ab 1760 erst nach dem Friedensschluß ausgetauscht, ein deutliches Zeichen der Verschärfung der Atmosphäre und des nahen Endes gegenseitigen Kavaliers-Respektes. Von 1763 bis 1786 wurden 14 Obristen (7,65%) befördert, die im Siebenjährigen Kriege in Gefangenschaft gewesen waren, bei allen Entbehrungen, besonders Krankheiten, unter glimpflichen Bedingungen, nicht wie in unserem Jahrhundert, das von »Menschenwürde« redet, sie aber Wehrlosen vorenthält.

Fremder Dienst

Aus fremden Diensten traten 75 Offiziere, das sind 27,37%, über, die in der Zeit von 1740 bis 1763 Generalmajore wurden. 9 davon hatten zwei oder mehrere Dienstverhältnisse hinter sich, typisch für diese Zeit. Allein 19 hatten in Sachsen und den thüringischen Staaten gedient, z.T. auch in dem mit Sachsen verbundenen Polen und lange im Kriege befindlichen Schweden. Gefangenschaft war oft der Anlaß zum Übertritt. Der König hatte ja 1756 selbst auf die Übernahme der sächsischen Armee gehofft. Die zweitstärkste Gruppe kam aus der Kaiserlichen Armee Österreichs mit 16, dann die Niederlande mit 10 und Rußland mit 7 Offizieren, zusammen mit 52 schon mehr als zwei Drittel. 6 kamen aus Hessen, 4 aus Frankreich, 3 aus Dänemark, je 2 aus Württemberg, Hannover/Braunschweig, England, Schweden, je 1 aus Mecklenburg und Savoyen. Nach 1763 kamen nur noch 48 Offiziere (24,61%) mit dennoch fast gleichem Prozentsatz, dabei wieder Sachsen/Thüringen mit 13 die stärkste Gruppe, gefolgt von 6 Kaiserlichen und Reichsarmee, dann aber 6 aus Dänemark, 5 aus Württemberg, je 3 aus Braunschweig und Hessen, je 2 aus den Niederlanden, Polen, Sardinien, je 1 aus Schweden, Frankreich, Rußland, Bayreuth, Kurköln, Anhalt. Die innerdeutschen Übertritte hatten auf mehr als die Hälfte zugenommen. In fremde Dienste gingen 1740 bis 1763 mit 14 Generalen ganze 5% über, das heißt, der echte Zuwachs betrug über 22%! Es wechselten 5 Generale nach Rußland, 3 in die Kaiserliche und Reichsarmee, je 2 nach Hessen und Dänemark, je 1 nach Polen und Portugal. In den Jahren bis 1786 halbierte sich diese

Zahl auf 5 (2,5%) Generale, womit auch in dieser Zeit der Zuwachs für die preußische Armee bei 22% verblieb. 2 Generale gingen nach Rußland und je 1 nach Österreich, Sachsen und Dänemark. Die scharfe Drosselung und systematische Erschwerung jeder Abwanderung von Offizieren und Generalen durch den König hatte sich als sehr wirksam erwiesen. Es lag ja auch wenig Grund vor, einen König und einen Staat zu verlassen, den der dänische Kriegsminister Graf Bernstorff 1759 so kennzeichnete: »Dieser Krieg ist entbrannt um Sein oder Nichtsein der neuen Monarchie, die der König von Preußen mit einer Kunst und einer Schlagfertigkeit in die Höhe gebracht hat, welche die eine Hälfte von Europa überrascht und die andere getäuscht haben. Der Krieg ist entstanden, um zu entscheiden, ob diese Monarchie, zusammengesetzt aus verschiedenen Bestandteilen, noch ohne die ganze, für sie notwendige Festigkeit und Ausdehnung bestehen bleiben wird, ob das Reich zwei Häupter haben und der Norden Deutschlands einen Fürsten behalten soll, der aus seinen Staaten ein Lager und aus seinem Volk ein Heer gemacht hat und der für das Gleichgewicht zwischen den Mächten den Ausschlag geben würde.«

Führungs-Pflichten

Aufgaben der Generale

Ein guter General ist in allen Ländern und Heeren ein seltenes Wesen«, stellte der König am 1. Juni 1758 fest. Die Bezeichnung entstand in Frankreich aus »colonel général« oder »capitaine général«, dessen zweites Wort sich verselbständigte und nach dem 30jährigen Krieg in Deutschland üblich wurde, meist mit einer Waffengattung verbunden und dann in sich weiter abgestuft. Der Generalmajor als unterster Dienstgrad dieser Gruppe löste den Generalwachtmeister ab, als für Offiziere dieser Rang durch Major ersetzt wurde. Ein General führte ein selbständigeres Kommando über eine größere Truppen-Formation. Die Generalität ist bis heute die oberste Führungsschicht des Offizierkorps. Da sich die Armee nur aus Regimentern zusammensetzte, mit denen der König direkt verhandelte, war eine der wesentlichen Aufgaben der Generale im Frieden, Chef eines Regiments zu sein, beginnend als Generalmajor, oft auf Lebenszeit. Während dieser Zeit führte es statt einer Nummer seinen Namen; sein Kommandeur, zuständig für Ausbildung und Einsatz, rangierte unter ihm. Zum 1. Januar jeden Jahres hatte der Chef dem König eine Liste aller Offiziere mit Alter, Herkunft, Laufbahn, mitgemachten Schlachten und treffenden Beurteilungen ihrer Fähigkeiten und ihres Verhaltens vorzulegen, »eines jeden Konduite, sie mochte gut oder schlimm sein«, in denen sich natürlich auch der Charakter des Beurteilenden spiegelte. Da der König die meisten Offiziere auch kannte oder von ihnen wußte, konnte er darin Hinweise auf seine Generale selbst finden, von seinem umfangreichen Schriftwechsel mit ihnen abgesehen. Die »Inhaberschaft« eines Truppenteils war abgeleitet aus dem einstigen Besitze eines Regiments noch im 17. Jahrhundert, als der Chef es anwarb und selbst voll erhalten mußte. Obwohl sie inzwischen nur noch eine ehrenvolle Würde ohne direkte Führungs- und Befehls-Befugnisse geworden war, die der Regiments-Kommandeur unter seiner Aufsicht ausübte, hatte dieser Weisungen seines Chefs auszuführen mit dem Recht, notfalls nachher beim König vorstellig zu werden. Der Chef blieb aber voll verantwortlich für seine Erhaltung und Schlagkraft »als gutes und braves Regiment« und prägte es, vor allem in der Auswahl seines Offizierkorps, seiner Zucht und Weiterbildung, ja, seit 1746 in der Vorprüfung ihrer Heiratsgesuche an den König. Wiederholt hat der König zwischenzeitlich und vor ihrem Ausscheiden Generale aufgefordert, ihr Regiment in Ordnung zu bringen.

Neben aller Ehre war aber die Chef-Stelle auch eine Einnahmequelle. Der Chef erhielt als Grundeinkommen den Sold (Traktament) als Stabsoffizier, sodann höhere Rationssätze für 16 Pferde und schließlich eine außerplanmäßige Zuwendung (Douceur) als Ausgleich für Aufwand und Ausfälle in seinem Privatbesitz, z.B. auf dem Lande, von 15 bis 1600 Talern, die sich bei einem Regiment von zehn Schwadronen noch verdoppelte, so daß er jährlich insgesamt auf 5400 bis 6800 Taler kam. Hieraus mußten aber oft Schulden des Vorgängers übernommen oder Pensionen aus der Regimentskasse jahrelang abgetreten werden, bis andere Mittel zur Verfügung standen. Zugleich war der Regiments-Chef Inhaber der 1. Kompanie seines Regiments, die deshalb Leibkompanie genannt wurde. Da die Zahl der Generale bei Friedrich dem Großen die vorhandenen Chef-Stellen um mehr als die Hälfte übertraf, blieben viele Generale ohne eine Chef-Stelle, darunter sehr fähige, so daß daraus keine Qualifizierung abzuleiten war. Der König vergab sie nach Freiwerden und Gutdünken. Er beschied am 14. Dezember 1755 sogar den sehr geschätzten Generalmajor Hans Karl v. Winterfeldt, der als Generaladjutant wie der Generalquartiermeister nur 1500 Taler bekam, abschlägig: »Vor Meine Person habe ich keinen Unterschied gemacht zwischen Generals von der Armee, so Regimenter haben, und denen, so keine Regimenter haben«. Fünf Monate später hatte er eins. Im Felde führte ein Generalmajor in der Regel eine Brigade von zwei oder drei Regimentern oder ein Detachement mit besonderem Auftrag von vier bis fünf Bataillonen. Hierbei war er für alle ihre Bewegungen im Rahmen der »Ordre de Bataille« verantwortlich, daß sie rasch, kampfkräftig und in der befohlenen Richtung verfügbar war, meist eine mühsame Aufgabe. Zeitweise war er als »Generalmajor vom Dienst« eingeteilt und für Marsch- und Lageraufsicht, den gesamten Wachtdienst der Armee und die Feind-Nachrichten der Aufklärung haftbar. Vor Tagesbeginn hatte er alle Außenposten zu kontrollieren und dem König frühzeitig in der »Morgenmeldung« alle eingelaufenen Nachrichten vorzulegen.

Ab Generalleutnant hatten in Preußen seit 1732 die Generale Anspruch auf die Anrede »Excellence«, um sie von den Generalmajoren abzuheben. Nach 1763 bekamen viele von ihnen im Frieden territoriale Waffeninspektionen. Im Kriege kommandierten sie in der Regel zwei Brigaden mit vier bis sechs Regimentern, die schon zum entscheidenden Eingreifen in das Geschehen fähig waren. Mitunter führten sie auch Treffen oder Flügel in der Schlachtordnung an, bisweilen auch detachierte Korps. Der Dienstgrad eines Generals der Infanterie oder Kavallerie war verhältnismäßig selten; er führte ein Korps oder einen Flügel der befohlenen »Schlachtordnung«, die laufend der Situation und Feindlage angepaßt wurde.

Von 1740 bis 1760 ernannte der König 21 Feldmarschälle aus Bewährung, Dankbarkeit und Gnade, anfangs auch ohne ein Schlachtfeld, obwohl ihre Aufgabe die Führung einer selbständigen Armee im Felde ist, als erste 1740 die Generale v. Katte und v. Schwerin, die er anschließend wie den Feldmarschall v. Borcke zu Grafen machte. Sieben der Beförderten waren Fürsten, davon drei aus dem Hause Anhalt. Es waren bewährte, lang gediente Generale, dazu einige Freunde wie Katte und Keith, und zwar 1740/42 sieben, 1745 drei, 1746 sechs, 1751/52 zwei, 1757/58 zwei und 1760 noch einer, dann keiner mehr! Im ganzen 7jährigen Kriege waren es nur drei; Seydlitz, Zieten, Bevern, Fouqué und andere verdiente Generale wurden es nicht. Die Prinzen August-Wilhelm, noch dazu zunächst Thronfolger, und Heinrich von Preußen wurden auch nicht Feldmarschälle, weil das noch lange Zeit im Hause Hohenzollern nicht üblich war. Wirklich im Felde geführt haben Schwerin, Buddenbrock, Kalckstein, Kleist, Dietrich v. Dessau, Jeetze, Keith, Geßler, Lehwaldt, Moritz v. Dessau, Ferdinand v. Braunschweig; Schwerin und Keith sind gefallen.

Das Offizierkorps bildete eine geschlossene Genossenschaft innerer Gleichwertigkeit und Gleichartigkeit mit einem gemeinsamen »point d'honneur«, zu der auch die Generalität und der König zählten, aber abgesetzt von den Unteroffizieren und Mannschaften. Deswegen gab es vom Fähnrich bis zum General keine äußeren Rangabzeichen, wenn man von der Goldstickerei der Generale und der erst 1742 eingeführten weißen Plumage an der Hutkrempe aus praktischen Gründen absieht. Die gesellschaftliche Gleichheit war sichtbar und Gegengewicht zu Gehorsam und Disziplin. Wie zu einer Ordens-Genossenschaft gehörte man zu einem besonderen Berufsstand, der eigenen Regeln folgte. Indem die Könige seit Friedrich Wilhelm I. den einfachen Offizierrock ab 1719 trugen und nur als Offizier gesehen werden wollten, erhoben sie ihn zum »Königsrock« und das Offizierkorps zum ersten Stand im Staate. Wie der im Juni 1740 vom König als blau-emailliertes Johanniterkreuz geschaffene Pour le mérite vor allem die Subaltern-Offiziere hervorhob, so bekamen den Schwarzen Adler-Orden mit dem orangen Schulterband und dem gestickten Stern in der Regel nur Generale ab Generalleutnant aufwärts. Ausnahmen wie an Graf Rothenburg bei Chotusitz und Seydlitz bei Roßbach waren selten. Mit Ausnahme der königlichen Prinzen, für die er Hausorden ist, erhielten den »großen Orden« 98 Generale, die dann den Pour le mérite zurückgeben mußten. Natürlich gab es sehr bewährte Generalleutnante wie z.B. v. Finckenstein, v. Wunsch, v. Salémon, die leer ausgingen, obwohl der König sie schätzte. Die höchste Auszeichnung ging an die Feldmarschälle v. Dossow, v. Buddenbrock und v. Lehwaldt, die aus einem brillantengefaßten Porträt-Medaillon des Königs am blauen Bande bestand und im Knopfloch auf der linken Brustseite getragen wurde. Schwerin erhielt im November 1741 dasselbe Bild des Königs, aber nicht mehr als Auszeichnung zu tragen. 1740 gab es 23 Generalmajore, 13 Generalleutnante, 2 Generale der Infanterie und der Kavallerie, 5 Feldmarschälle, insgesamt 43 Generale, von denen der König 37 von seinem Vater übernommen hatte.

Ausbildung der Generale

Die Ansicht, der König habe viel zu wenig getan, um seine Generale auf ein selbständiges Kommando vorzubereiten, ist völlig absurd. Gleich nach dem Ersten Schlesischen Krieg begann der König, mit allen Mitteln unablässig Führung und Truppe in ihren Leistungen schrittweise zu verbessern. Mit vollem Recht äußerte er am 2. Juni 1758 zu de Catt: »Es ist wahr, ich habe deren (an guten Generalen) vielleicht mehr als andere Fürsten. Denn unter diesen großen Herren gibt es nur wenige, die sich gleich mir so große Mühe geben, gute Offiziere heranzubilden. Ich übe unaufhörlich mit ihnen, indem ich alles erläutere, was ich getan habe; ich predige ohne Unterlaß, und ständig lasse ich junge Offiziere zu mir kommen, die mir Talent zu haben scheinen, und ich unterrichte sie mit aller erdenklichen Aufmerksamkeit. Kennen Sie einen Fürsten, der wie ich den Schulmeister spielt?« Der Friede war für ihn »eine fortgesetzte Schule des Krieges«. Noch vor Ende des Feldzuges am 11. Juni 1742 legte er am 21. März für die Husaren ein neues Reglement, am 17. Juni für die Kürassiere und Dragoner und am 20. Juni für die Infanterie fest, die nach über 25 Jahren Friedenszeit und neuen Erfahrungen tiefgreifende Verbesserungen der Kampfweise und Gefechtsführung brachten. Ehe die Vorschriften zur Truppe kamen, erließ er am 1. Februar 1743 und 29. April d.Js. Instruktionen für die Infanterie über das Exerzieren und den Angriff, die die instrumentale Beweglichkeit und den Angriffsgeist stärkten. Am 1. Juni 1743 lag das Reglement für die Infanterie im Druck vor, am 1. Juli d.Js. für die Kürassiere und Dragoner, am 1. Oktober für die Garnison-Regimenter Infanterie und am 1. Dezember für die Husaren. Die Disposition für die Artillerie folgte im August 1744. Diese Vorschriften wurden 1744 und 1748 durch Nachträge ergänzt und für die Infanterie bis 1766 dreimal nachgedruckt, für die Kavallerie zweimal und für die Husaren einmal. Am 25. Juni 1744 richtete der König kurz vor Ausbruch des Zweiten Schlesischen Krieges am 17. August 1744 an die Generale seine »Disposition, wie sich die Officiers von der Kavallerie, und zwar die Generals sowohl als die Kommandeurs der Eskadrons in einem Treffen gegen den Feind zu verhalten haben« und am 23. Juli seine »Ordres für die sämtlichen Generals von der Infanterie«, um sie auf den nächsten Feldzug vorzubereiten. Am 6. Juni 1747 wies er alle Generale darauf hin, daß sie in der Lage sein müßten, sowohl Infanterie wie Kavallerie zu kommandieren, und übersandte ihnen am 14. August 1748 beider Instruktionen.

Während die erste Generalrevue des Königs in Schlesien am 21. Juli 1743 bei Hundsfeld nordostwärts Breslau noch nach dem überlieferten Schematismus von Friedrich Wilhelm I. ablief, ging er schon im Herbst d.Js. bei Berlin und Potsdam zu ersten Übungen mit gemischten Waffengattungen über, die am 30. September mit einem großen Sturmangriff auf eine eigens am Saume der Pirschheide am Wege Potsdam-Baumgartenbrück angelegte befestigte Feldstellung endeten. Sie bildeten die Vorläufer für alle kriegsmäßigen Herbst-Manöver von 1746 bis 1755. Die Artillerie führte jährlich Scharfschießen mit Bomben und Kugelschießen nach Scheiben westlich der Stadt am Oranienburger Tor durch, wurde aber später mit in die Manöver einbezogen. Die Spezial-Revuen der Regimenter fanden nach wie vor im Frühjahr und Sommer als Abschlußbesichtigung am Ende der Exerzier-Ausbildung in den einzelnen Garnisonen in der alten Form statt, wozu gelegentlich mehrere Regimenter zusammengezogen wurden. Hier prüfte der König mit aller Schärfe die Grundausbildung und den inneren Zustand der Truppe. Ab 1748 erweiterte er jedoch die Revue, indem er dem ersten Tag des Schul-Exerzierens zwei Übungstage für Manöver anschloß, die mit Gefechtsübungen ausgefüllt waren. Hierzu wurden die Regimenter aus einer Provinz in Ortsunterkünften oder Lagern zusammengezogen. Es handelte sich um Schul-Übungen mit vorgeschriebenem Ablauf und ohne Feinddarstellung, aber vielseitigen Lagen in wechselndem Gelände mit Gefechtsmärschen, Entfaltung, Angriffen der Kavallerie und Infanterie, Rückzügen, Nachhut-Gefechten u.ä. Seine jährliche Besichtigungsreise begann der König meist Mitte Mai in Potsdam; dann ging es nach Berlin und in die Mark Brandenburg, anschließend zu den magdeburgischen Regimentern nach Körbelitz, Pitzpuhl oder Lostau und nach Stettin oder Stargard zu den pommerschen Truppenteilen. Außer den Kommandeuren waren natürlich auch die Chefs der Regimenter anwesend. Nach kurzer Sommerpause in Sanssouci überprüfte er Ende Juli die Artillerie auf dem Wedding nördlich Berlin, um im August seine Reise nach Schlesien anzutreten. Nach Ostpreußen fuhr er nur 1750 und 1753, in die Westprovinzen 1751 und 1755.

Mit den Manövern ab Herbst 1746 führte der König neue große Übungen ein, die in erster Linie der Schulung und Ausbildung der Generale unter kriegsmäßigen Verhältnissen diente, für die es im Frieden ja gar keine größeren Verbände gab und die, wie dem König sehr wohl bewußt war, im Kriege vor erheblich größeren Herausforderungen standen, auf die sie noch nicht vorbereitet waren. Infolge längerer Friedensperioden war die Situation gegenüber der Zeit vom 30jährigen Kriege bis zu den Nordischen Kriegen

grundlegend verändert. Das hatte sich in den beiden Schlesischen Kriegen mehrfach gezeigt. Der Krieg mußte noch im Frieden in großen Manövern durchgeübt werden, so daß jeder General seine Aufgaben des Ernstfalles frühzeitig erlebte, aus ihnen lernte, sie durchdachte und fern des Garnisons-Alltags sein Interesse auf das richtete, »was im Kriege das große und das sublime genennet wird.«
Diese Manöver dienten außerdem der Erprobung neuer Taktiken, Erfahrung in der Führung großer Verbände, dem Zusammenwirken der Waffengattungen, der Schulung der Kommandeure, der Gewöhnung der Truppe und der Überprüfung der Instruktionen und Reglements im praktischen Einsatz, also vor allem der Ausbildung der oberen und mittleren Truppenführung. Die Generale sollten lernen, ihre Truppen »in verschiedensten Gefechtslagen nach Absicht und Gelände zu führen, der König wollte ihr militärisches Urteil bilden, ihre Entschlußkraft stählen« und dabei ihre Fähigkeiten erproben. In seinem Testament von 1752 berichtete er, er lasse »les manoeuvres de guerre« machen, um »die Offiziere in der Gewöhnung des großen Dienstes zu erhalten, das Gelände richtig zu beurteilen und zu besetzen, wie es sein soll, in jeder Art von Gelände zu kämpfen, sich schnell zu formieren, sich rasch zu sammeln, ihre Flanken zu decken und dem Feinde die Flanke abzugewinnen.« Gleichzeitig schuf er für die führenden Generale 16 Adjutanten-Stellen, die bis dahin aus ihren Regimentern kamen, und öffnete die Ausbildung im Husaren-Dienst für »alle Offiziere, so die meiste Ambition, noch etwas zu lernen, und General werden wollen.« Der Siebenjährige Krieg erwies, daß diese intensive Ausbildung bei vielen Generalen erfolgreich gewesen ist.
Diese Herbst-Manöver fanden regelmäßig bis 1755 in wachsendem Umfange statt. Zu dem »Großen Campement« (Feldlager) vom 1. bis 13. September 1753 bei Spandau wurden sogar die Beurlaubten eingezogen, nachdem man ihre Exerzierzeit im Frühjahr hatte ausfallen lassen. Insgesamt waren 11 Grenadier-Bataillone, 38 Musketier-Bataillone, 26 Eskadrons Kürassiere, 25 Eskadrons Dragoner, 10 Eskadrons Husaren, 50 Geschütze, zusammen 49 Bataillone, 61 Eskadrons mit 44 250 Soldaten versammelt, mitten im Frieden! Europa, seit 1748 in politischen und militärischen Spannungen, wurde unruhig. Die Leitung hatte Feldmarschall Keith. Die ganze Berliner und Potsdamer Garnison, die Regimenter aus der Mark sowie einige magdeburgische und pommersche nahmen teil. Das kriegsmäßige Lager war im Südwesten an die Festung angelehnt, lag mit dem Rücken zur Havel und war vom Spandauer Kietz und Gatow begrenzt, von Vorposten und Sperren gesichert. Bei Pichelsdorf am Havel-Übergang war eine Feldbäckerei eingesetzt. Das Übungsgelände zog sich über Dallgow, Döberitz und Gr. Glienecke hinaus. Man übte auf den abgeernteten Feldern mit einem Ersten Treffen von 14 432 Soldaten, der rechten und linken Flanke mit je drei Grenadier-Bataillonen und dem Zweiten Treffen von 12 924 Soldaten gegen einen durch schwache Truppen mit Flaggen dargestellten Gegner, sonst auch in zwei Parteien. Am 5. September ließ der König seine 1746 nach den Mollwitzer und Hohenfriedeberger Erfahrungen entworfene, später so berühmte »Schiefe Schlachtordnung« — erstmalig am 19. August 1751 durch die Potsdamer Garnison vorgeführt — mit der gesamten Streitmacht zwischen Dallgow und Döberitz einüben. Um 6.00 Uhr trat die Armee an, aus der Front Seeburg - Dallgow rechts gestaffelt gegen den linken Flügel eines überlegenen Gegners, dessen Front sich von Dallgow nach Südwesten erstreckte. Nach Erreichen der Ablauflinie wurden zwei Kavallerie-Verbände rasch nach rechts in den Schwerpunkt geworfen, die Regimenter schwenkten rechts ab und bildeten zwei Treffen, die schwere Artillerie ging rechts in Stellung, um mit dem rechten Flügel anzugreifen, während der linke unbeirrt vor Seeburg hielt. 1754 und 1755 wurde diese Angriffsform wiederholt, bei Roßbach erstmalig einwandfrei angewendet, jedoch wegen der erfolgreichen Attacken von Seydlitz übersehen und vier Wochen später bei Leuthen zum Siege geführt.
Dem »Campement« von 1753 wohnten außer der übenden Truppe 127 preußische Offiziere, darunter 26 Generale, als Zuschauer bei, die Beobachtungen weitertrugen. Reitende und Fußjäger hatten das ganze Gelände streng abgesperrt, fremde Zuschauer waren ausgeschlossen, so sehr sich das Ausland auch interessierte. Zur Desinformation und zum Schein ließ der König durch Oberst v. Balbi eine »Erklärung und genaue Beschreibung« verbreiten, in der abwegige Formationen geschildert wurden. Die Manöver von 1754 und 1755 fanden in derselben Gegend statt, allerdings ohne Heranziehung der Beurlaubten. Ab 1753 bildeten höhere Offiziere und Generale in Potsdam eine »Militärische Gesellschaft«, in der Vorträge gehalten und Ausarbeitungen erstellt wurden über taktische Fragen, wie es der Zeit aufblühender Militärliteratur entsprach. Ähnliche Manöver hielt der König in Schlesien ab, ebenso in Ostpreußen 1753, in den anderen Jahren General v. Lehwaldt. Bei Stettin leiteten die Manöver Fürst Moritz von Anhalt-Dessau und der Herzog von Braunschweig-Bevern, bei Magdeburg von 1749 bis 1751 Fürst Leopold II. Maximilian von Anhalt-Dessau, im Herbst 1755 Herzog Ferdinand von Braunschweig. Die Übungsunterlagen für ihren Plan und Verlauf wurden ausgetauscht und ausgewertet. Ohne diese Ausbildung hätte die preußische Armee den Siebenjährigen Krieg wohl kaum überstanden.
Der König griff immer wieder zur Feder, um für sich und zur Belehrung seiner Generale Erfahrungen zu verarbeiten und neue Grundsätze zu entwickeln, so zu Beginn jedes neuen Kriegsjahres im Siebenjährigen Krieg, z.B. am 12. Februar und 16. März 1759. Für jede besondere Aufgabe erhielten die Generale schriftlich erzieherische Anweisungen des Königs, die immer auf die Praxis gerichtet waren. Seine eigenhändigen Abhandlungen über die höhere Kampfführung, bekannt als »Grundlagen der Kriegskunst« unter seinen militärischen Werken, umfaßten rund dreißig Jahre und waren nur für seine Nachfolger und seine

Generale bestimmt. Die umfassendste Darstellung seiner Gedanken entwarf er schon 1746 unter dem Titel »Instruktion für die Generale, die Detachements, Flügel, zweite Treffen und preußische Heere zu führen haben«, arbeitete sie aber gründlich bis zum 2. April 1748 um und erweiterte sie um drei Kapitel auf 134 Seiten und 12 farbige Pläne unter der Überschrift »Die General-Prinzipien vom Kriege appliciret auf die Tactique und auf die Disciplin der Preußischen Truppen«, die zunächst nur der Thronfolger August-Wilhelm erhielt. Eine Abschrift fügte er dem »Politischen Testament« von 1752 bei. Das französische Manuskript ließ er für seine Generale ins Deutsche übertragen mit einer Reihe von Zusätzen, das er ihnen am 23. Januar 1753 als streng geheime »Truppenführung« übergab, allerdings ohne die drei Abschnitte »Von Projets zu Campagnen«, »Die Talente, die einen General ausmachen« und »Von der Attaque und der Verteidigung derer Plätze«. Die »Schiefe Schlachtordnung« ist ebenso enthalten wie die Gefechtsformationen, alle Kampfarten, Nachrichtendienst, Sicherung, kurz, alle Seiten der Kampfführung in Praxis und Realität.
Seine Absicht begründete er so: »Ich habe also nützlich und notwendig zu sein geglaubt, denjenigen Meiner Armee Meine Überlegungen mitzuteilen, welche nach Mir den größten Anteil an dem Kommando haben und welchen auch nur ein halbes Wort von Mir genug sein muß, um ihnen Meine Gedanken zu erläutern, und endlich denjenigen, welche auch in Meiner Abwesenheit nach Meinen Prinzipien handeln müssen.« Im November 1755 schrieb er unter »Gedanken und allgemeine Regeln für den Krieg« neue Erkenntnisse über Heer- und Schlachtenführung nieder, die aber nur Winterfeldt einsehen durfte. Er lobte sie als »eine unschätzbare Feld-Apotheke, um alle Verlegenheiten zu kurieren.« Selbst nach der Niederlage von Hochkirch verarbeitete er bis zum 27. Dezember 1758 in den »Betrachtungen über die Taktik und einige Teile des Krieges« die neuesten Erfahrungen für die Generale, wonach das große Geschick der Österreicher, dominierende Stellungen auszusuchen und noch zu befestigen sowie ihr ungeheures Aufgebot an Artillerie ihn nötige, die eigene Kampfführung der veränderten Lage anzupassen. Diese Bemerkungen hat er dann später bis zum 12. November 1770 zu seinen »Grundsätzen der Lagerkunst und der Taktik« als Gegenstück der »Generalprinzipien« systematisch erweitert. Und in seinem »Discours sur la guerre« forderte er von dem Anführer eines Heeres, daß er im Kriege die größten Tugenden zeigen könne: Mut, Klugheit und Menschlichkeit, er brauche »kaltes Blut, von feiner Lebhaftigkeit begleitet«, und nicht wie Karl XII. mehr Tapferkeit als Geschick, mehr Unternehmungslust als Klugheit und ohne Folgerichtigkeit in seinen Unternehmungen. Mehr konnte der König kaum tun.

Verwendung der Generale

Die Generale waren mehr als einseitige, militärische Spezialisten, sondern als führungsmäßige »Generalisten« vielseitig während ihrer Dienstzeit und nach ihrer Entlassung verwendbar, dann vor allem in Organisation, Verwaltung und Politik. Die anschließende Verwendung im zivilen Dienst kam praktisch einer Pension gleich, aber die Erfahrung und Arbeitskraft des Pensionärs wurden weiter genutzt. Es war, wie der König schon am 30. Juni 1742 an den Markgrafen Friedrich Wilhelm von Brandenburg-Schwedt schrieb: »Wann und wo ich meine Generals gebrauchen will, wird und muß von deren Talenten und von Meiner Disposition abhängen!« Ihm ging es darum, wie er von Keith sagte: »Ich kann mich seiner mit Vorteil bedienen,« und 1742 über Graf v. Hacke schrieb: »Sie haben sich nützlich zu machen. Diese Art Leute sind einem Staat wichtiger als diejenigen besterzogenen, denen Wissenstiefe und Arbeitskraft mangelt.« Nüchtern und oft rigoros nahm er sich das Recht, **alle** Fähigkeiten seiner Generale im Interesse des Staates schrankenlos auszunutzen. Sein eigenes Beispiel bewies es ja, daß ein Verstand, durch militärische Unternehmungen und Operationen über Jahre geschult, für den Staat auch in friedlichen Aufgaben mehr brauchbar und dienlich sein kann als mancher andere, dessen Unternehmungsgeist und Verantwortung sich noch nicht bewähren mußten. Wie der König das sah und gehandhabt wissen wollte, zeigte seine Antwort an General v. Salémon, Kommandant von Wesel, am 19. Oktober 1772 wegen seines Duells mit Oberst v. Quadt: »Ein Gouverneur ist sich dazu gegen einen Obristen zu verstehen schlechterdings nicht verbunden. Er stellt die Person des Landesherren vor. Wer sich gegen denselben vergehet, muß als sich gegen den Landesherren selbst vergangen zu haben geachtet und solchergestalt nachdrücklichst bestraft werden. **Denn der General, dem Ich das Kommando gebe, stellt Mich vor!«**

Damit war der Vorrang der Militärs vor den zivilen Beamten bis sogar zu den Ministern Staatsgrundsatz, bestätigt durch den König in seinem »Politischen Testament« von 1752. Das Ineinanderwachsen von Adel und Offizierskorps zu über zwei Drittel, die geforderte Abstinenz von Offizieren gegenüber kaufmännischen Berufen und Wirtschaftsunternehmungen, die gewünschte Zurückhaltung gegen das Bürgertum und die Verflechtung von Armee und Staat erhöhten die Bedeutung militärischer Führungskräfte für die preußische Monarchie erheblich. Sie waren tüchtig im Kriege **und** im Staatsdienst, mit Sinn für das Notwendige und möglichst wissenschaftlichen, d.h. guten fachlichen Kenntnissen. Schon Friedrich Wilhelm I. verwendete ausgeschiedene Offiziere, dabei auch Generale, im höheren Dienst von Verwaltung und Politik. Friedrich II. setzte diese Verwendungen fort, weil »Offiziere verstehen zu gehorchen und sich Gehorsam verschaffen, und wenn man ihnen irgendetwas zur Prüfung übergibt, so führen sie es selber aus und mit größerer Zuverlässigkeit als die anderen,« wie er im »Politischen Testament« 1752 urteilte. Führen lernt man eben nur einmal, um es überall anwenden zu können. Und gediente Offiziere in Beamtenstellungen bestätigen das: »Wenn man jahrzehntelang mit Beifall als Offizier gedient habe, dann wisse man, was Ordnung sagen wolle und was die Pflichten des Dienstes verlangten«. Die Bewährung aktiver Offiziere nach 1919 und 1945 bekräftigte diese Auffassung nach fast 200 Jahren.

Neben der Ausbildung und Führung wurden die Generale auch zur Werbung, Kontributionen, als Festungs-Kommandanten und Gouverneure sowie zum Nachrichtendienst, Erkundungen und Spionage eingesetzt, was ja militärischen Aufgaben entsprach. So schrieb der König am 15. Oktober 1777 an Hans Christoph v. Rothkirch: »Stelle er fest, was im Lager in Mähren vorgegangen und was die da alles gemacht haben. Wenn Ihr davon einige Nachrichten habt oder sonst erhalten könnt, so wird es Mir lieb sein.« Und am 10. November 1777: » — so habe ich Euch aufgeben wollen, auf österreichische Offiziere unter verdecktem Namen so jetzt in Neisse herumvagieren genau Acht zu geben, damit keiner was zu sehen kriegt.« Winterfeldt zog ganze Informantennetze auf. Aufträge zum Ankauf von Pferden im Ausland, Brottransporte mit 3 bis 400 Wagen, gedeckt von 8 bis 13 Bataillonen und Kavallerie bis 30 Schwadronen, die Anlage der überaus wichtigen Magazine, Aufbau von Lazaretten, Führung des Militär-Waisenhauses, Leitung des Kadettenkorps und das Kommando der Militär-Akademie gehörten auch noch dazu. Mit der Verwendung als Sonder-Botschafter und Diplomaten war im Grunde der eigentlich militärische Bereich verlassen. Traten viele Stabsoffiziere als Postmeister, Forstmeister, Rendanten und Inspektoren, Kommissare, Kriegsräte, Regierungsräte, Landräte, Steuerräte, Kriegs- und Domänenräte in die zivile Verwaltung ein, so übernahmen Generale Amtshauptmannschaften, wirkten als Kammerdirektoren, Kammerpräsidenten, Vize- oder Oberpräsidenten, Mitglieder von Provinzialregierungen, wo sie automatisch den Vorsitz bekamen, Mitglieder des General-Direktoriums und sogar als Minister wie z.B. v. Grumbkow, v. Massow, v. Wedell, v. Werder, v. Gaudi und v.d. Schulenburg-Kehnert.

Oft wurden sie mit Untersuchungs-Kommissionen gegen Verfehlungen von Beamten oder bei den Regierungen beauftragt. Bei Gerichten aus Zivil- und Militär-Personen hatten sie stets den Vorsitz, bei militärgerichtlichen Verfahren zwischen Zivilisten und Soldaten stimmten nur die Offiziere ab. Es gab aber auch noch Aufträge zu Ansiedlungen, zur Durchführung von Boden-Meliorationen, als Baumeister, zur Anlage von Parkanlagen in Potsdam, Reparatur der Garnisonkirche Potsdam, ja, Kircheneinweihung und Straßenreinigung in Berlin und Potsdam. Wozu nicht Generale alles gut waren!

Gegen Natur und Beruf hat der König seine Generale ständig dazu angehalten, sich um »das Kleine im Dienst und in der Verwaltung des Staates«, um die ins Einzelne gehende Verrichtungen in der Ausführung aller Aufträge in der Führung und Regierung zu kümmern. Seine gute Beobachtungsgabe, sein Umgang mit einfachen Leuten, sein verläßliches Gedächtnis und seine Fähigkeit, aus wenigen Erkenntnissen auf das übrige Unbekannte zu schließen, hatten ihn dazu gebracht, natürlich auch sein immenser Fleiß und unruhige Gewissenhaftigkeit. Garve stellte feste: »Die Beschäftigung mit dem Kriegswesen und die Anführung der Armee, diese Schule seiner gesamten Regierungskunst, ist mit der Beachtung und Besorgung des kleinsten Details notwendig verbunden. Hier kann zwar der Feldherr nicht immer bis zu demselben herabsteigen, sein Auge reicht nicht immer bis dahin. Aber er muß es nie verschmähen, er muß jeden Subalternen in der Meinung erhalten, daß die Beobachtung oder Verletzung seiner Pflicht unter seiner unmittelbaren Aufsicht steht. Diese Aufmerksamkeit auf das Kleine brachte er vom Lager ins Kabinett, aus dem Felde in die Regierung.« Und seine Generale taten es ihm nach. Wie er erreichten sie durch Vorschriften für die Einzelheiten, daß Soldaten und Einwohner ihre Aufmerksamkeit für das Ganze spürten und die ihnen schuldige Rechenschaft fürchteten. Deutlich wurde der König am 13. März 1779 in seiner Instruktion an Generalleutnant Maximilian Siegmund v. Pannwitz, Nachfolger von Seydlitz, Inspekteur der Kavallerie-Inspektion Oberschlesien: »Wenn die Generals kleine Landgüter haben, reisen sie immer dahin und kümmern sich nicht um das Regiment. Ich befehle demnach, daß kein Offizier eine Nacht wegbleiben soll, ohne von Mir die Erlaubnis zu haben. Wenn die Generals niemals bei die Regimenter sind, entstehet daraus eine sehr große Nachlässigkeit, wie sie die jungen Leute erziehen und zum Dienst gewöhnen. Denn sie suchen nicht, rechtschaffene Officiers zu bilden, sie bringen selbigen keine Ambition, keine Ehren-Principia bei und kümmern sich nicht um die jungen Leute, was sie machen. Wenn die Officiers im Kriege das tun sollen, warum man sie im Frieden bezahlet hat, so widersetzet sich das faule Leben der Garnison gegen die

Beschwerlichkeiten im Kriege. Am Ende werden lauter Taugenichts daraus.«
In der militärischen Hierarchie gibt es seit je einen engen Zusammenhang von Verwendung und Dienstgrad. Ein bestimmter Rang bringt besondere Aufgaben, deren Erfolg wieder zur Beförderung führt. Der König kritisierte nach den Schlesischen Kriegen die Beförderung der Generale nach dem Dienstalter als »alten Mißbrauch«, nachdem Graf Schmettau feststellte, auf diese Weise könne keiner vor dem sechzigsten Jahre General werden, es sei denn, es handele sich um Prinzen. Er selbst war mit 47 Generalmajor geworden; die Fürsten wurden im Alter zwischen 19 und 35 Generale, dabei Herzog Ferdinand von Braunschweig mit 22 Jahren, eine gute Wahl, und Prinz Heinrich, sein Bruder, mit 30 Jahren. Zunächst machte der König Ausnahmen, die 37 Generale betrafen im Alter zwischen 31 und 43 Jahren, darunter Graf Rothenburg mit 31, Kyau mit 35, Seydlitz mit 36, Fr.W. v. Kleist und Möllendorff mit 37, Winterfeldt und Christian Friedr. v. Blanckensee mit 38, Finck und Georg Konrad v.d. Goltz mit 39, Belling mit 43. Oft ließ er die Patente noch zurückdatieren. Die Geheime Kriegskanzlei hatte damit viel Mühe, besonders, wenn er sie nur mündlich, oft auf dem Schlachtfeld aussprach. Mit 107 Beförderungen zum Generalmajor im Alter von 44 bis 55 Jahren, war für den Durchschnitt eine wesentliche Verbesserung erreicht. Noch nicht zehn Prozent zählten weiterhin über 60 Jahre bei ihrer Beförderung, insgesamt 33. Die Dienstjahre bis zum General gingen im Durchschnitt auf 34 bis 40 Jahre herunter. Es ist eben ein gravierender Unterschied, ob General ein End- oder Anfangs-Dienstgrad sein soll! Die übergangenen Offiziere wurden zwar schriftlich getröstet, sie würden beim nächsten Aufrücken wieder nach dem Dienstalter eingereiht, sie mußten aber lernen, daß die mittlere Führung langsam wachsen muß, überragende Begabungen dagegen zügig befördert werden. 1756 befahl der König dennoch, ein außer der Reihe beförderter General sei nach Aufrücken seiner früheren Vordermänner wieder hinter diesen einzuordnen. Aber bereits am 9. Dezember 1758 hob er die Dienstalters-Regelung ganz auf, wovon z.B. Wedell, Finck und Platen profitierten. Mit seiner schockierenden Aussage: »Wenn Ich einen Fähnrich bei der Armee hätte, der die Talents des Prinzen Eugen besäße, würde Ich ihn auf der Stelle zum Feldmarschall machen«, hatte er das starre Anciennitäts-Prinzip durch das Leistungs-Prinzip aufgelockert, zumindest für die Kriegszeit. Zudem hatte er zwischen 1747 und 1756 allein sechs hervorragende Generale eingebüßt: Fürst Leopold von Anhalt-Dessau und seine Söhne Fürst Leopold II. Maximilian und Fürst Dietrich sowie die Korpsführer Graf v. Nassau, du Moulin und Georg Konrad v.d. Goltz. Waren von 1740 bis 1745 26 Generale gefallen oder an ihren Verwundungen gestorben, so waren es von 1756 bis 1762 34, insgesamt 60, so daß der König 1757 erschrak: »Meine Generals nehmen den Acheron im Galopp!«
In Gefangenschaft fielen bis 1763 41 Generale, nachher nicht mehr ausgetauscht, krank schieden bis 1786 104 aus. Die Gesamtausfälle der Generalität betrugen in den Kriegsjahren mindestens 40 Prozent. General zu sein war keine Lebensversicherung. Aus fremden Diensten übernahm er bis 1763 75 Generale, danach bis 1786 noch 48, die in der Regel ein Patent nach ihrem bisherigen Rang erhielten, so z.B. Keith am 18. September 1747, Oberst v. Krockow und Herzog Karl von Braunschweig-Bevern 1757. Letzten Endes kam es dem König bei ihnen auf »fortune« an, wie er am 1. Juni 1758 äußerte: »Der Offizier, der Glück hat, ist auf die Dauer der geschickteste General. Dieses Schicksal, dieses Glück, dieser Zufall trägt oft den Sieg davon über die ausgezeichnetsten Kenntnisse!«

Disziplin der Generale

Leitlinie ihrer Disziplin waren Wort und Urteil des Königs, die zu befolgen waren. Er verstand, sich aus einem Zuge, den er erfahren oder gesehen hatte, das Bild des ganzen Menschen mit ziemlicher Richtigkeit vorzustellen. Mit sicherem Gefühl fand er den charakteristischen Punkt im Reden und Handeln, der über Fähigkeiten und Neigungen urteilen ließ, ohne sich von Nebensächlichkeiten ablenken zu lassen. Sein schnelles Urteil konnte daher nicht frei von Vorurteilen sein, von denen er sich nur schwer abbringen ließ, waren es Mißerfolge, Versagen, Schulden bei mangelhafter Wirtschaftsführung (»schlechter Wirt«), die meist mit Vernachlässigung des Dienstes einherging, oder Zuchtlosigkeiten mit Spiel, Trunk, Frauen. Sollte er denen trauen, die den Betreffenden besser kannten, aber mit ihrem Urteil Absichten verfolgten, oder unparteiisch bleiben mit dem Risiko eines gewissen Fehlurteils, wenn er aus einer Eigenschaft zuviel schloß? Er fürchtete jede Art von Begünstigung oder Patronage durch Beziehungen, um Ungerechtigkeit zu verhüten, und entschied im Zweifelsfalle gegen den Empfohlenen. So beschied er am 16. August 1751 Friedrich Wilhelm v. Rochow: »Für Leutnant Hoppe einzutreten, ist falsch. Wenn es das Schicksal haben wollte, so wäret Ihr ein excellenter Advokat geworden. Bei Meinen Generals habe ich aber dergleichen nicht gern, daß also Ihr sehr wohl tun werdet, Euch dergleichen abzugewöhnen.« Dagegen antwortete er am 1. März 1779 Karl Ludwig v. Winterfeldt: »Ihr könnet Mir nur schreiben von den Officiers, welche sich vorzüglich ausgezeichnet haben. Ich werde bedacht sein, sie zu belohnen. Das ist recht, mein lieber Winterfeldt! Ich habe Mir nicht an ihm betrogen und weiß alles Gute, was in ihm steckt.« Andererseits drängte er am 18. Februar 1785 v. Gaudi: »Berichte er auf Ehre und Gewissen und Euren Eid, ob Romberg geeignet sei, Generalmajor zu werden oder ob er ein dummer Teufel ist, der sich dazu nicht schickt. Ihr müsset Mir aber die reine Wahrheit sagen! Sobald Ich das Gegenteil von dem gewahr werde, Ich selbigen in den ersten vier Wochen wieder abschaffen werde. Also möget Ihr nur die reine Wahrheit von ihm schreiben.« Der König verlangte absolute Ergebenheit und Treue, Fleiß und ernsthaftes Bemühen und Einstehen für den Auftrag mit Haut und Haaren, redliche Selbständigkeit ohne Selbstherrlichkeit, scharfe Beobachtungsgabe bei raschem Verstand und laufender offener Berichterstattung.

Dankbar für jede Aufrichtigkeit, wenn auch äußerst empfindlich gegen persönliche Kritik, haßte er alle Heimlichkeiten, Unruhe, Zank aus Eifer- oder Titelsucht und Parteiungen unter seinen Generalen, weil sie die Insubordination und das Vertrauen störten. Er übernahm aber bereits zwei Gruppierungen innerhalb der Generalität, die sich scharten um den »Alten Dessauer«, erster Exerziermeister der preußischen Armee und Curt Christoph Graf v. Schwerin, Feldherr »von ruhiger Überlegung und weiser Mäßigung«, wie Priesdorff urteilt, und sicher auch unterschiedliche Führungsstile verkörperten. Nach dem Alter konnten beide des Königs Vater sein. Im Dienstalter als General und Feldmarschall sowie als Reichsfürst war der Dessauer, obwohl nur acht Jahre älter, weit überlegen. Schwerin war erst durch den König Feldmarschall und Graf geworden, hatte aber seine Stärke in diplomatischer Gewandtheit, weltmännischer Bildung, Kunstverstand und feiner Humanität, mehr als nur Soldat, sanft und menschenfreundlich, von einnehmendem Wesen und gebildetem Umgang. An ihn hielten sich die Prinzen August-Wilhelm, Heinrich und Ferdinand, Bevern, Ferdinand von Braunschweig, Herzog Friedrich Eugen von Württemberg und Forcade. Den Ton des Lehrmeisters gegen den König hat er nie ganz abstreifen können und war nach Mollwitz im Frühjahr 1742 und nach dem Rückzug 1744 bis Herbst 1747 so beleidigt, daß er die Armee verließ, bis erst 1749 die Aussöhnung kam. Trotz aller Spannungen hat es der König, der beider Einfluß nicht bremsen, wohl aber jeden Zwiespalt in der Armee unterbinden konnte, niemals an Achtung, aber auch nicht an königlichem Anspruch fehlen lassen. Obwohl Schwerin den Feldzugsplan für 1757 mit entscheidend ausgearbeitet hatte, schrieb ihm der König vor Prag: »Von Eurer Unternehmung hängt das Wohl des Staates ab. Wenn Ihr es nicht nach Meinem Willen leitet, so wird Euer Kopf dafür haften.« Der Dessauer war ein geistig vielseitiger, sowohl militärisch-organisatorisch wie ökonomisch-verwaltungsmäßig hervorragender Truppenführer, öfters von rauhem, harten Verhalten, der sich für **den** Militär-Fachmann hielt. Zu ihm hielten z.B. Fürst Adolf von Bernburg, Fouqué und v.d. Goltz. Der König schätzte seine unerbittliche Strenge weniger und gab ihm entfernte, selbständige Kommandos. Zur Belastungsprobe kam es, als der König am 8. Januar 1744 seinen Sohn Prinz Eugen nach einigen vergeblichen Vermittlungsversuchen nach Österreich einfach entließ. Zudem beklagte er sich, der König frage ihn nicht mehr um Rat, so daß es auch während des Zweiten Schlesischen Krieges heftige Auseinandersetzungen gab. Als der Fürst zögerte, den Sachsen mit Nachdruck auf den Leib zu gehen, sandte er ihm am 7. Dezember 1745 heftige Vorwürfe: »— und ist mein Feldmarschall der einzige, der Meine deutliche Befehle nicht verstehen kann oder verstehen will.« Der Sieg söhnte den König aus. Als es im November 1746 wieder Schwierigkeiten gab, schrieb der König: »Mögen Euer Liebden Mich nicht für einen Fürsten von Zerbst oder Köthen nehmen, sondern Meinen Ordres Genüge tun, ansonsten es nichts wie Verdruß geben kann.« Die spätere Fronde der fünfziger Jahre um Prinz Heinrich mit Markgraf Karl, Graf Schmettau, Bevern, Zieten u.a. richtete sich vordergründig gegen den Aufstieg Winterfeldts, zielte aber indirekt auf den König, dessen Stellung inzwischen unanfechtbar geworden war.

Wenn nicht die Manneszucht berührt war, schützte der König bei Konflikten meist den Schwächeren. Bei uneingeschränktem strengen Gehorsam duldete er Härte der Vorgesetzten bis zum Äußersten, niemals aber Eigennutz oder Bereicherung der Vorgesetzten oder gar Abstriche an dem, was den Soldaten für ihr Leben und Bestehen zustand. Zum einfachen Soldaten war er freundlich und gesprächig, ja, herablassend bis zu einer gewissen Vertraulichkeit. So hatten sich auch seine Generale zu verhalten; das hatte ebenso rationale wie menschliche Gründe. Nachschub und Versorgung rangierten gleichgewichtig neben der rein militärischen Organisation, so daß die Truppe trotz riesiger Märsche und schwierigen Situationen niemals wirklichen Mangel erleben mußte. Einen schlagenden Beweis, wie die Generale zu verfahren hatten, bringt das Schreiben an den Kommandanten von Breslau, Generalmajor Hans Kaspar Ernst v. Schultze vom 9. August 1753, der Breslau fieberhaft zur Festung ausbauen mußte: »Ich komme zu meinem größten Befremden in sichere Erfahrung, daß zu Breslau Leute von der Garnison gezwungen und sogar durch harte Mittel forciret werden, bei der Grabenarbeit an dortiger Befestigung zu arbeiten. Auch, daß bei solcher Gelegenheit eine Art von Tumult bei den Leuten von der Garnison gewesen, die man zwingen wollen, solchermaßen Arbeit zu übernehmen. Ich finde dieses Verfahren nicht nur sehr übel getan, sondern muß um so mißvergnügter davon sein, Ihr als Kommandant, in den Ich Mein besonderes Vertrauen gesetzt habe, daß Ihr auf gehörige Ordnung halten und vor die Erhaltung der Leute sorgen würdet, dennoch veranlassen oder gestatten möget, daß Officiers die ihnen anvertrauten Soldaten wider ihren Willen und allein aus privat Eigennutz zwingen dürfen, dergleichen Arbeit im Wasser zu tun, welches notwendig ihrer Gesundheit schadhaft sein und Krankheiten unter ihnen zuwege bringt. Ich muß Euch nachdrücklichst verweisen, daß Ihr meine Ordres in Vergessenheit gestellet und verstattet, daß die Kommandeurs auf solche üble und unverantwortliche Art mit ihren Leuten verfahren, weshalb Ihr den Kommandeurs mein großes Mißvergnügen bezeigen und ihnen ernstlich erklären sollet, daß sie sich in Acht nehmen und ihren Eigennutz nicht zu weit zu treiben hätten. Widrigenfalls Ich bei erster Gelegenheit durchfahren, ihrer üblen Wirtschaft ein Ende machen und solche selbst einrichten würde, daß sie ihres privaten Interesses halber dabei schroffest fahren würden. Übrigens ist Mein ausdrücklicher Wille, daß Ihr Mein Schreiben an Euch öffentlich und deutlich verlesen sollet.« Deutlicher ging es kaum! Die Soldaten hatten bezahlte Arbeiten umsonst ausführen müssen.

Ansprüche und jedes Drängen waren dem König zutiefst zuwider. Er hatte sich zwar statt »timiden« lieber »dreiste und herzhafte Offiziere« gewünscht, aber das galt eher für den Krieg nach außen als ihm gegenüber. Namhafte Generale bekamen das zu spüren. Den klugen und bewährten Grafen Carl Christoph von Schmettau, der sich schon im Januar 1752 über die Zurücksetzung bei der Beförderung von Kyau und Schwerin beschwert hatte, fertigte er später ab: »Ich weiß, wie sehr er dieser Zulagen bedarf. Aber er siehet, daß ich nichts tue, solange man fordert. Nun er damit aufgehört hat, werde ich für ihn sorgen.« Der König verdachte ihm auch seine Kritiksucht als »österreichische Gewohnheiten, die bei Mir nicht gehen.« Als Schmettau 1771 um Erhöhung seiner Pension von 1000 Taler bat, hielt er ihm am 4. Mai 1771 sein »unwürdiges Verhalten« bei der Übergabe von Dresden vor. Als der General der Artillerie, Christian Nikolaus v. Linger, Schöpfer der preußischen Artillerie, 1747 vom König die Beförderung zum Feldmarschall erbat, beschied er ihn am 29. Mai mit folgendem: »Ich kann Euch nicht verhalten, daß Mich Eure Beschwerden befremdet haben. Wann Ich aber Eurer bei dem letzten Avancement nicht erwähnt habe, so lediglich deshalb, daß weder bei Meinem Hause noch sonst in auswärtigen Diensten jemals ein Exempel vorhanden, daß bei der Artillerie ein Generalfeldmarschall gewesen wäre und Ihr in Eurem Posten es so hoch gebracht, als es keiner von Euren Vorfahren getan.« Linger war 1688 bürgerlich als einfacher Bombardier eingetreten. Zietens Beschwerden vom 22. und 30. November 1745 gegen Winterfeldt erledigte er am 3. Dezember milde: »Daß Ich dem General Winterfeldt besonders Vollmacht gebe, dieses oder jenes nach Meinen ihm insgeheim bekannten Absichten auszurichten und Euch Meine Intentionen bekanntzumachen, solches kann Mir wohl unmöglich verwehret noch darunter die Hände gebunden werden, um so weniger, da Ihr in dem Euch gebührenden Range und Anciennität nicht das Geringste verlieret.« Franz Ludwig de Rosiere, der 1765 auf die Aufstellung seines Bataillons drängte, wies er zurecht: »Ich bin nicht gewöhnt, Meinen Officiers Rechenschaft über das zu geben, was Ich zu tun gedenke. Vielleicht ist es in Sardinien anders, aber bei Mir hat sich jeder nach Meinen Wünschen zu richten.« Rosiere hatte als Schweizer in Sardinien gedient.

Wenn auch bei Vorgesetzten die Gefahr von Disziplin-Verstößen größer als bei Soldaten ist, so wurden seine Ermahnungen und Warnungen etwa ab 1757 schärfer und später immer rigoroser bis zur Verhängung von Arrest, in schwereren Fällen Kriegsgericht und Festung. Als Friedrich Wilhelm v. Wuthenau, bewährter Husaren-Offizier, der im Osten Großes geleistet hatte, sich Übergriffe gegen die Soldauer Bürgerschaft erlaubte, wurde er am 18. Juni 1786 vom König heruntergeputzt: »Ihr werdet Euch selbst bescheiden, daß vieljährige Dienste für sich nichts Verdienstliches haben. Lange Dienste verdanke Ich daher niemandem, so sehr Ich auch gute Dienste schätze und erkenne. Das Einzige, dessen Ihr Euch rühmen könnt, besteht nur darin, daß Ihr ein braver Kerl seid und Blessuren habt. Sonst habt Ihr so viele Fehler, daß Ich die Geduld verlieren muß. Euer Betragen, Euer Geiz und der Einfluß desselben bei Euer Behandlung der Officiers ist unerträglich. Wenn Ihr den nicht ableget, Euch korrigiert und ein Betragen annehmet, womit Ich zufrieden sein kann, so habet Ihr Euch selbst beizumessen, wenn Ich Euch wegschaffen werde.« Trotzdem wurde er wenige Tage später befördert, ein Zeichen für das rasche Abklingen auch erregter Reaktionen, bei der man die Überlastung des Königs bedenken muß. Ohne Frage mußte der König immer wieder eingreifen und einzelne Generale disziplinieren, eine Folge der relativ langen Friedenszeit, der Heeresvermehrung und seiner Probleme in den neuen Ostgebieten seit 1772 sowie der im Feldzug 1778/79 aufgetretenen Mängel. Aus heutiger Wertung läßt sich über seine oft fragliche Form nicht streiten, aber davor waren auch verdiente Generale eben nicht sicher. Bei der Revue 1784 war der König mit den Regimentern des verdienten Tauentzien schon so unzufrieden, daß er ihm schrieb: »Ich habe keine Lust, wegen der Albernheiten Meiner Generals geschlagen zu werden. Man darf nur Schuster und Schneiders zu Generals machen, und sie werden keine ärgeren Torheiten begehen.« Als es bei der Revue 1785 noch schlimmer kam, ließ er gleich vier Generale und mehrere Offiziere, darunter Generalmajor Freiherr v. Erlach, jeden mindestens 14 Tage in Arrest setzen und entzog Tauentzien seine Inspektion. Erlach wurde dennoch am 1. März 1786 befördert mit dem Vermerk: »— so hat die Tour Euch mit getroffen, daß Ihr bloß so im Zorn Gottes Generalleutnant geworden seid, aber keineswegs Eurer Verdienste halber, wonach Ihr Euch richten könnet.«

Der König wünschte keine Veröffentlichungen seiner Generale, weder persönliche oder kriegerische Erinnerungen noch Geschichtsschreibung der Zeit noch militärtheoretische Studien und Werke, vor allem auch keine Aufsätze oder Bücher pensionierter Generale, die leicht dazu neigen, im nachhinein vieles besser zu wissen als während der Dienstzeit. Vorwiegend ging es ihm wohl um die Geheimhaltung, der er größte Wichtigkeit zumaß. Dann scheute er differierende Meinungen in der Öffentlichkeit, nachdem das Offizierskorps seit einigen Jahrzehnten zusammengewachsen und geformt war. Subjektivismus nach außen, das Heraustreten des einzelnen war dem Korpsgeist und der preußischen Tradition fremd nach dem Satz: »Ein preußischer General stirbt, aber er hinterläßt keine Memoiren.« Und die Geschichte seiner Zeit und Feldzüge schrieb er wie Caesar selbst. So verwundert seine Kabinetts-Ordre nicht: »Es hat Mir zum Mißfallen gereicht, in Erfahrung gebracht zu haben, daß verschiedene Meiner Verordnungen über die Armee in auswärtigen Journals bekannt werden. Es ist zu vermuten, daß dergleichen Sachen durch Leute aus der Expedition und Kanzlei weggegeben worden. So sehe Ich Mich genötigt, Euch den Auftrag zu erteilen, eine genaue Untersuchung anzustellen, künftig aber mit allem Ernst darauf zu halten, daß sich keiner unterstehe, von anvertrauten Papieren etwas wegzugeben.«

Keinen Spaß verstand der König mit vorzeitigen, eigenmächtigen Entlassungsgesuchen, besonders im Kriege, es sei denn, sie waren schwerwiegend gesundheitlich begründet oder Folgen von Verwundungen oder Dienstbeschädigungen. Das Ausscheiden bestimmte allein der König, gerade bei Generalen, die eigentlich nie außer Dienst sind. Fünf Stellungnahmen des Königs aus 30 Jahren zeigen die Spannweite seiner Entscheidungen: »Weil der Generalleutnant Graf v. Schulenburg seine Unzufriedenheit spüren läßt, möge er sich ja in Acht nehmen, jetzt seinen Abschied zu fordern, welches ihm leid werden und er sich die unausbleiblichen Folgen zuzuschreiben haben würde. Wofern er aber doch sich erdreisten würde, die Dimission zu fordern, wüßte ich, was ich zu tun hätte. Außerdem hätte er in Gesellschaften von der Sache und Mir nachteilig zu sprechen sich unterstanden. Ungeachtet Ich gern die Leute frei reden ließ, wenn es mit Bescheidenheit geschähe, so möchte er sich in Acht nehmen, daß er sich nicht weiter verginge.« August 1740.

Andererseits schrieb er am 30. Juli 1742 an Generalmajor Georg Friedrich Heinrich v. Borcke: »Eure Dimission soll Euch unversagt sein. Ihr müsset aber Euer Regiment erst wieder in guten Zustand setzen. Denn das Regiment zu ruinieren und hernach fortzugehen ist keine Kunst!« Am 11. März 1759 wies er Generalmajor v. Szekely ab, der am 2. Mai 1758 seinen Abschied genommen hatte: »Meine Schuld ist es nicht, daß Ihr Euch jetzo in solchen Umständen befindet, daß Ihr mit Eurer Familie nicht gehörig fortbestehen könnt. Ihr habt ja nicht länger dienen wollen. Warum habt Ihr Eure Umstände nicht vorher überlegt? Jetzo ist die Zeit nicht, daß Ich Euch helfen noch mit Euren Angelegenheiten Mich abgeben kann.« Am 12. April 1769 erklärte er Generalleutnant v. Tauentzien wegen des Leutnants v. Gersdorff: »Die Armee ist kein Bordell, wo man herein und heraus lauft. Hat er dimittieret, so hat er keine Ambition, und dergleichen Officiers sind Mir ein Greuel.« Böse erging es Generalleutnant v. Stutterheim, einem tüchtigen Infanterie-Führer, der 60 Jahre und krank war, am 2. April 1778 kurz vor dem Feldzug, der am 5. Juli begann: »Es kann Mir nicht anders als höchst befremdlich sein, wie Ihr darauf verfallen könnet, Eure Dimission zu suchen. Das ist nicht erlaubt. Die Leute wollen alle nur im Frieden dienen, aber das ist nicht genug, sie müssen auch im Kriege dienen. Dann gebrauche Ich sie am allernötigsten. Und die das nicht wollen, die kriegen gar keinen Abschied.« Er wurde ohne Abschied in Ungnade entlassen und aller Würden und Orden einschließlich des Schwarzen Adler-Ordens verlustig erklärt.

Herkunft der Generale

Von allen Generalen stammten vier Fünftel aus den preußischen Stammlanden, mehr als die Hälfte davon aus Brandenburg und Pommern, während Mitteldeutschland und Ostpreußen nur je ein Viertel und ein Achtel stellten. Der Nachwuchs aus Schlesien nahm erst ab 1763 zu. Das letzte Fünftel teilte sich auf das übrige Deutschland und das europäische Ausland auf. Der Offiziersdienst war ohne nationale Schranken karrierebewußt und vorwiegend auf die Person des Herrschers bezogen. Aus fremden Diensten trat rund ein Viertel aller Generale über. Kriegserfahrene ältere Offiziere waren gern gesehen, der Dienstwechsel meist problemlos, wenn sich der König davon Bereicherung oder Nutzen versprach. Zeitweise wurden auch im Frieden dem Gegner Führungskräfte abgeworben. Die wenigen Abenteurer, die mit unterkamen, liefen sich bald an der Disziplin der Armee fest und wurden wieder abgeschoben. Ein späteres Ausscheiden in fremden Dienst erschwerte der König mit allen Mitteln: die Armee war an Herrscherhaus und Land gebunden. Das Delikt der »Desertion« galt auch für Generale, wie ja auch der Fluchtversuch Friedrichs als Kronprinz 1730 erwies. Bei »Landesflucht« wurden adlige Vasallen damals als »Deserteure« kriminalisiert. Beim Ausscheiden mußte in der Regel ein Revers unterschrieben werden, nicht in fremden Dienst zu gehen. Der König fürchtete auch für die Geheimhaltung. Und schließlich ließ er bei einem Weggang in fremden Staatsdienst alle Einkünfte streichen. »Zugvögel« gehörten nicht in die Armee.

Aus preußischen und deutschen Fürstenhäusern stammte ein Zwölftel aller Generale, vor allem, nachdem der König ab 1742 mit ihnen wegen der Werbung von Rekruten und Überlassung von Regimentern verhandelt hatte. Ihr Fürstentitel allein war kein Grund zur Bevorzugung, außer der frühzeitigeren Beförderung zum Generalmajor. Sonst zählten nur Leistung oder politische Gründe. Schon 1752 hatte er geschrieben: »Es gibt eine Art Zwitterwesen, die weder Herrscher noch Privatleute sind und sich bisweilen sehr schwer regieren lassen: das sind die (sogenannten) Prinzen von Geblüt. Ihre Abstammung flößt ihnen gewissen Hochmut ein, den sie Adel nennen. Er macht ihnen den Gehorsam unerträglich und Unterwerfung verhaßt. Sind Intrigen oder Ränke zu befürchten, von ihnen können sie ausgehen. In Preußen haben sie weniger Macht als irgendwo sonst. Das beste Verfahren besteht darin, daß man den ersten, der die Fahne der Unabhängigkeit erhebt, energisch in seine Schranken weist, alle mit der gebührenden Auszeichnung behandelt, sie mit allen Ehren überhäuft, von Staatsgeschäften aber fernhält und ihnen nur bei genügender Sicherheit ein militärisches Kommando anvertraut, wenn sie Talent besitzen und man sich auf ihren Charakter verlassen kann.« Auch die Brüder des Königs blieben immer seine Untertanen. Fremder Dienst war den preußischen Fürsten verboten. Am 21. April 1758 meinte der König zum Vorleser de Catt: »Die Prinzen wissen schon zeitig genug, daß sie Prinzen sind! Vor allen Dingen sollen sie jedoch wissen, daß sie Menschen sind und die Menschen brauchen.«

Mit knapp einem Zehntel der Generalität zwischen 1740 und 1763 stiegen mehr aus dem Mannschaftsstande auf als Bürgerliche, mit denen der König weniger im Sinne hatte, es sei denn, sie waren reich, unternehmend und fleißig. Zudem waren die Städter weitgehend vom Militärdienst ausgenommen. Der König begünstigte Bauern und Soldaten als Stand; und wenn sich aus ihnen »ein Individuum« in Leistung und Ehrbewußtsein »wie ein Adliger« verhielt, sollte er avancieren. Ab 1763 sank ihr Anteil auf ein Fünfzehntel herab. Der »Soldatenkönig« hatte schon eine Reihe bewährter Bürgerlicher zu Generalen gemacht wie z.B. Derfflinger, Hennings v. Treffenfeld, Dossow, Egeln, Kühlen, Roeseler. Tüchtige und bewährte Soldaten hatten also Aufstiegsmöglichkeiten. Bis 1763 wurde ein Zwölftel der Generalität aus dem Bürgertum befördert, bis 1786 sank das Verhältnis auf ein Sechzehntel. Oft wurden Stabsoffiziere, meist als Oberst oder Generalmajore, nach Bewährung neu geadelt. Damit entstand — im Gegensatz zu Frankreich — ein ständig nachwachsender Schwert- und Dienst-Adel, der sich dann mit dem Alt-Adel verschwägerte und auch Grundbesitz erwarb. Zivile Sekretäre des Königs und der führenden Generale wie Winterfeldt, Tauentzien, Bevern, Ferdinand von Braunschweig gingen oft denselben Weg. Das Herolds-Amt unterstand dem König, nicht der Ritterschaft. Das allmähliche Eindringen einer begrenzten Zahl von Bürgerlichen, vor allem bei Husaren, Artillerie, Pionieren, Garnison- und Frei-Truppen (nach mindestens zehn Offizier-Dienstjahren), hat den Zusammenhalt von Offizierkorps und Generalität keineswegs gestört. Der König beschied einen Antrag auf Nobilitierung mit den Worten: »Er hat das nicht nötig, sein Degen nobilitiert ihn ohne dies!« Und so war es. Das »metier d'honneur« als Offizier eröffnete den gesellschaftlichen Aufstieg, zumal das Bürgertum bis auf den Beamtenberuf noch keine höhere Intelligenzschicht aufwies und seine Emanzipation erst begonnen hatte. Des Königs philosophisch-aufklärerisches Menschenbild deckte sich nicht immer mit der Praxis, wenn er 1768 über das allgemeine Bürgertum urteilte: »Die meisten von ihnen sind von niedriger Gesinnung und geben keine guten Officiers ab.« Es waren also die untadeligen 51 Ausnahmen nach Herkunft, Betragen und Haltung, die sich zwischen 1740 und 1806 den Tugend-Katalog der Unbescholtenheit, Gesittung, Wissen, Fleiß, Wachsamkeit, Tapferkeit, beispielhaften Taten — »was einen Menschen über seine Schwächen erhebt« — zu eigen machten mit der »Ehre« des Adels als Maßstab und Generale wurden. 11 waren Söhne von Soldaten, 9 von Pfarrern, 8 von Beamten, 6 von Bauern und Pächtern, 17 von freiberuflichen Kaufleuten, Handwerkern, Advokaten, Ärzten und Künstlern, 35 davon aus des Königs Armee. Niemand solle für Geld nobilitiert werden, »nur durch Bravoure vorzügliche Conduite und Verdienst, welche Mir zu allen Zeiten nützliche Dienste zu leisten capable sind.« Daß er nach 1763 das Adels-Monopol wieder verschärfte und das sich weiter entwickelnde Bürgertum weitgehender ausschloß, obwohl zahlreiche Adels-Familien ausgeblutet waren, war 30 Jahre später sicher eine der Ursachen des Zusammenbruches 1806. Die Verschmelzung des Bürgertums mit dem Offizierkorps vollzog sich erst 1813.

Friedrich Wilhelm I. hatte durch die Kantonierung den Adel mit der Armee versöhnt und ihm eine politische, wirtschaftliche und soziale Sonderstellung im Staate verschafft. Damit war er gezähmt und jede Fronde unterbunden. 1722 schrieb er in seiner »Instruktion für Meinen Nachfolger«: » — der ganze Adel wird in Euren Diensten von Jugend auf erzogen werden und keinen Herrn kennen als Gott und den König von Preußen.« Die Adels-Frage stellte sich der Armee weniger als ständische Frage nach Besitz und gesellschaftlicher Geltung als vielmehr nach seinen mitgebrachten Fähigkeiten wie Erziehung, Vorbildung, Kenntnissen und Erfahrungen im praktischen Leben, Bildungsfähigkeit und Bildung, die damals noch keine Ausbildung war, kurz, nach den Vorgaben der geborenen Führungsschicht. Die ländliche Bindung an Mann und Pferd ging unmittelbar in die Truppenpraxis über und bildete die Grundlage der Führung von Infanterie und Kavallerie, während Artillerie und Pioniere aus dem städtischen Handwerk hervorgingen, also bürgerlich geprägt waren. Dazu trat die geschlossene **Dienst**auffassung des Adels als Gruppe gleicher Denkweise, gemeinsamen Ehrbegriffes und militärischer Gefolgschaft, jetzt als erster Stand im Staate dem König nicht nur nahe, sondern innerlich gleichberechtigt, jene »vernünftige Ambition, Zucht, Ehre«, wie es hieß. »Welcher andere Stand kann sich gleicher Gesinnung rühmen?« stellte Friedrich August Ludwig v.d. Marwitz fest. Aber zur Disziplinierung, Erziehung und Leistungssteigerung ländlicher Rekruten war aus seiner herrschaftlichen Übung nur der Adel fähig, der überall an Führung gewöhnt war. So war das adlige Offizierkorps **die** zuverlässige Stütze des Roi-Connétable, der sagte: » — und die Rasse davon so gut ist, daß sie auf alle Art meritieret, konservieret zu werden, da mir der Adel bei der Armee ganz unentbehrlich ist.« Wie wenig es ihm dabei aber um Stand und bloßen Namen ging, zeigt sein Schreiben vom 11. September 1781 an General v. Zastrow, Inspekteur der ostpreußischen Regimenter, ein knappes Jahrzehnt nach den ersten polnischen Abtretungen: »Hierbei ein Verzeichnis der Edelleute in Ostpreußen, die in der Armee dienen können, worunter ich ein Haufen finde, was in Polen gedient hat und keine Edelleute sind, welche Familien ich hier nennen hören. Die schicken sich nicht in der Armee. Aber was die anderen sind, trage Ich Euch auf, sie zu engagieren, aber man muß sie aus Preußen herausschaffen. Was indessen die polnischen sind, das sind keine Edelleute. Die haben nur in Polen gedient, und die verstehe Ich hierunter nicht.« Der Adel diente in Polen nur in Kriegszeiten freiwillig; da es keinen Absolutismus kannte, gab es praktisch kein stehendes Heer. Und Adel war eben nicht gleich Adel!

Der König war es, der die mehr von der »Nützlichkeit« bestimmte Beurteilung des Adels durch geistige und ethische Werte ergänzte und überhöhte, unter dem zentralen Begriff der erweiterten »Ehre« des Adels als Voraussetzung von Fühlen und Denken und »allen seinen Handlungen vorangestellt«, seien es Wetteifer, Ehrgeiz, Führungsrolle, Erfolg oder Ruhm und das im Gegensatz zu seinem Merkantilismus! Hierzu waren nur die adligen Familien und durch Heirat verwandten Adels-Sippen fähig, die die Grundsätze der Ehre schon von Hause aus ihren Söhnen mitgaben und sie in diese Gebundenheit hineinwachsen ließen, einschließlich der Stärke, auf materielle Vorteile zu verzichten. Verlor der Adlige seine Ehre, büßte er auch sofort den Rückhalt seiner Familie, der auch wirtschaftliche Bedeutung hatte, und das Ansehen in seiner Standesgruppe ein, die ihn gesellschaftlich ausschloß. Ein Verstecken oder Untertauchen verhinderte schon der Name. Auch als Individuum blieb der Adlige seinem Stande unterworfen, während der Bürgerliche viel mehr individuelle Rechte für sich geltend machen konnte ohne schwerwiegende Folgen, eine Tatsache, die seine Emanzipation erleichterte. Seit Anfang des 18. Jahrhunderts profilierten sich zahlreiche Familien mit langen Generationsreihen von Generalen, bei denen sich die Vererbung hoher militärischer Führungsbegabung nachweisen läßt: So stellten z.B. die Kleist bis 1806 12 Generale, bis 1945 34 und 3 Feldmarschälle; 31 davon hatten den Pour-le-merite; die Rangliste von 1914 wies 44 Kleist auf. Die Marwitz und Schwerin brachten je 11 Generale hervor, die Bredow, Borcke und Goltz je 9, die Pfuel, Puttkamer und Manstein je 6, die Katte, Schulenburg und Truchseß-Waldburg je 5. Das sind 119 Generale aus 12 Familien. Weitere 21 bekannte Familien hatten 2, 3 und 4 Generale, darunter Below, Bonin, Dohna, Kalckstein, Kameke, Krockow, Lettow, Massow, Oppen, Pirch, Prittwitz, Rochow, Saldern, Tresckow, Wedel, Winterfeldt, Zastrow und andere. Von 1740 bis 1806 blieb es bei neun Zehnteln adliger Offiziere. Wenn Preußen, wie der König 1752 schrieb, ein Land war, das »auf häufige Kriege gefaßt sein mußte« wegen seiner Lage und zerstückelten Ausdehnung, dann mußte er für sein Offizierkorps auf den Adel zurückgreifen, ihm aber auch im Frieden das Ansehen geben, das er sich im Kriege blutig verdient hatte. Konsequent vermehrte er die Kadetten-Anstalten, um den Nachwuchs aus dem Landadel besser auszubilden. Wenn Büsch nachweist, daß in Pommern schon 1724 eine fast völlige gegenseitige Durchdringung von Adel und Offizierkorps, in der Kurmark und Ostpreußen später von zwei Drittel vorhanden war, dann mußte in Preußen ein General nobilitiert sein, wie es auch Scharnhorst bei seinem Übertritt am 14. Juni 1800 erlebte. Für seine politische Entmachtung hatte der Adel erstrangiges Sozialprestige gewonnen.

Einkünfte der Generale

Die Besoldung der Offiziere gründete sich auf das Gehalt des Kapitäns, der mit seiner Kompanie-Wirtschaft Grundlage und Maßstab bildete. Darauf bauten sich besondere Zulagen für Stabsoffiziere und Generale auf, zu denen außerdem Funktionszulagen, Gnadenzuwendungen und Beihilfen traten. Die Ansprüche waren bescheiden, die Abhängigkeit von der Gnade des Königs hoch. Die Besoldung war daher in ihrem Aufbau oberhalb der Kompanie-Ebene als Wirtschaftseinheit - wie schon ihr Name sagt — durchaus uneinheitlich. Umgekehrt wie heute war das Bataillon reine Kampfeinheit. Allerdings erhielt ein Rittmeister mit 1080 Talern Sold praktisch das Doppelte wie ein Infanterie-Kapitän mit 550 Talern, die allerdings durch Beurlaubungen, Futterkauf und andere merkantile Einfälle noch erheblich aufgestockt werden konnten, beim Rittmeister z.B. bis 2282 Taler. Der Kompaniechef mußte sich als »guter Wirt« bewähren lernen, vor allem mit seinen geschäftlichen Initiativen, während die Zulagen weitgehend Einzel-Entscheidungen ohne maßstäblichen Charakter waren. Ein Major hatte zwischen 750 und 800 Taler, ein Oberstleutnant rund 1000, ein Oberst zwischen 5054 und 5369 Taler, bei zehn Schwadronen 6487. Das Einkommen der Generale stieg durch die höheren Douceurs beim Generalmajor auf über 6000, beim Generalleutnant mindestens 7000, General der Infanterie 8-9000, beim Feldmarschall maximal 12 000 Taler. Da der Sold in Gold gezahlt wurde, muß für die Kaufkraft wenigstens ein Siebentel oder Sechstel zugerechnet werden, um auf »Courant«, den Tageswert, zu kommen. Im Kriege waren die Winter-Douceurgelder als Ausgleich für den Ausfall von Friedens-Einnahmen höher, so daß einem Generalmajor 5000 Taler zusätzlich zum Kapitäns-Sold, dem Generalleutnant 7000, dem General der Infanterie 10 000 und dem Feldmarschall 15 000 Taler zukamen. Ohne Frage floß ein Großteil ihrer Einkünfte in Gutsbesitz, der vom Staat garantiert war und eine wirtschaftliche Sicherung bedeutete. So konnte z.B. Zieten sein Gut Wustrau, Kreis Neuruppin, im Wert um 57 000 Taler steigern. Bei aller Bescheidenheit dürfte von Verarmung der Offiziere oder gar der Generale im Dienst keine Rede sein, wenn man von manchen Pensionen oder der Hinterbliebenen-Versorgung absieht. Formeln wie »Preußentum und Sozialismus« sind Legende, Verse wie »Wer auf die preußische Fahne schwört, hat nichts mehr, was ihm selbst gehört«, — Dichtung.

Es gab noch eine Reihe weiterer Zuwendungen, die der König gewährte, um »ein Zeichen Meiner gnädigen Zufriedenheit zu geben«, wie es immer hieß, für die das Wohlwollen, Vertrauen und die Gnade des Königs ausschlaggebend waren. Sie alle brachten statt Belastungen Einnahmen, weil sie praktisch unbesteuert blieben, denn der Staat hielt sich an andere Einnahmequellen. Und eins kam zum anderen. Seit 1713 waren insgesamt 40 Amtshauptmannschaften zu vergeben, die je 500 Taler einbrachten, wenn auch oft erst nach jahrelanger Anwartschaft, dazu mindestens 50 Landratsstellen. Weltliche Domherrensitze verschiedener Dom-Kapitel, die der Staat zu besetzen hatte, wurden ebenfalls zu individuellen Mehrfach-Bezügen herangezogen, die z.B. in Berlin 600 Taler, in Halberstadt 2300 Taler einbrachten, im Schnitt ungefähr ein Zehntel des Eigenwertes. Dazu standen 800 Stiftspfründen mit Leibrente (Präbenden) zur Verfügung, die Drosten-Stellen in Ostfriesland und Kleve mit durchschnittlich je 2000 Talern und die Einkünfte mehrerer Abteien. Die ganze Breite mittelalterlicher Versorgungsmöglichkeiten wurde noch ausgenutzt. Die Kommandanten- und Gouverneurs-Stellen der Festungen sowie die Stellen der Garnison-Regimenter gab der König vielfach an nicht mehr felddienstfähige Generale und Offiziere, so z.B. am 26. Januar 1757 Schweidnitz an Generalleutnant v. Kalsow und am 8. März d.Js. das Garnison-Regiment 1 an Oberst v.

Puttkamer. Güter, die meist jährlich mindestens 1000 Taler abwarfen, wurden seltener übertragen, eigentlich nur für »brave conduite in einer Bataille« als Dotation, um ausgezeichnete Männer mit ihren Familien wieder an Grund und Boden zu binden. Schließlich verteilte der König großzügige Belohnungen, ganz im Gegensatz zu seiner sonstigen Sparsamkeit, so z.B. an Krockow und Pfuel je 4000 Taler, an Lossow 6000, an Fouqué 8000, an Zieten 10 000, als Anerkennung; man mußte etwas leisten, auffallen und sich ständig nützlich erweisen. Wenn auch das Vermögen der Empfänger beachtet und angerechnet wurde, machte es sie vom König stärker abhängig, was ihn nicht vor öfteren Beschwerden wegen Übergehen im Avancement und Bitten um Beförderung oder Gehaltsaufbesserung verschonte. Zu erforderlichen Badekuren, bei Geldproblemen und zur Bezahlung persönlicher Schulden gewährte der König auch noch Beihilfen zwischen 1000 und 2000 Taler im Einzelfall. Vom Feldmarschall v. Schwerin hieß es nicht ohne Grund: »Er kam in glückliche Umstände durch den Dienst«. Tauentzien kam arm zur Armee und besaß am Ende mindestens 150 000 Taler. Sicher darf man diese Beispiele nicht verallgemeinern; es waren ja nicht alle General!

Wiederholt kamen Generale in die Zwangslage, vor allem während der Kriegszeit, für ihren König größere Summen aus eigener Tasche vorstrecken zu müssen, so z.B. auf größeren Reisen, bei Werbung und im Nachrichtenwesen. Ihre Abrechnung unterlag einer genauen, wegen des Verdachtes von »Interessen« (Zinsen) sehr kritischen Prüfung durch die Generalkriegskasse, und die Erstattung erfolgte meist verspätet. Winterfeldts Erfahrungen im Winter 1756/57 an der Südgrenze Schlesiens vor dem konzentrischen Einmarsch auf Prag sind hierfür aufschlußreich: Für den Erfolg des Operationsplanes hing vom Auskundschaften vieler Einzelheiten mit Hilfe gutwilliger Leute aus allen Kreisen viel ab. Schon am 11. Januar meldete er dem König, 100 Louisdors für Nachrichten aus der Kanzlei des Feldmarschall Browne ausgelegt zu haben. Für einen »sicheren Mann aus Schreiberhau« setzte er 100 Dukaten und 50 Gulden Botenlohn ein. Eine Reise nach Wien erforderte 200 Dukaten. Seine Abrechnung mit Quittungen an Eichel, den Kabinettssekretär des Königs, belief sich nur auf 765 Taler, nachdem er ihm geschrieben hatte: »Was sich über 300 Taler beläuft, rechne ich nicht. Wenn im Winter wieder Douceurgelder eingehen, werde ich davon 1000 Taler mit zu Nachrichten verwenden.« Am 11. März 1757 mußte er eine weitere Rechnung über 1349 Taler, 8 Groschen vorlegen mit der Anmerkung, seine Kasse sei ganz erschöpft, 400 Taler habe er schon leihen müssen, die kleinen Ausgaben von insgesamt 500 Talern gar nicht gerechnet. »Es macht mich recht mürbe, daß ich bei den Ausgaben auch noch mit Rechnungen muß angestochen kommen. Hätte ich 10 000 Taler von meinen Mitteln oder könnte solche kreditiert bekommen, so wendete ich solche gewiß an.« Am 6. April d.Js. brauchte er die nächsten 6000 Taler. Ähnlich war es bei der Eintreibung der Zwangsabgaben von der gegnerischen Zivilbevölkerung nach dem Grundsatz: »Der Krieg muß den Krieg ernähren.« Alle drei Kriege sollen 168 Millionen Taler verschlungen haben; das mußte erst aufgebracht werden. So hatten z.B. Zwickau 80 000, Chemnitz 215 000, der Thüringer Kreis 1,375841 Millionen Reichstaler zu erlegen, der Leipziger Kreis 2 Millionen. Wie der König diese für einen Soldaten weniger angenehmen Aufträge verstanden wissen wollte, zeigte sein Briefwechsel mit Major Graf v. Dyherrn, dessen letzter Brief lautete: »Ihr werdet Meine Willensmeinung betr. die Contributions-Beitreibungen bereits zur Genüge ersehen haben. Ich habe Euch erinnern wollen, daß Ich pro 1762 Ausgang Dezember keine Ausflucht, Einwendungen noch Entschuldigung stattgeben werde und solltet Ihr vielmehr, wenn nicht alles eingekommen sein wird, dafür persönlich haften.« Daß es nicht zum Äußersten kam, war dem Bankier Johann Ernst Gotzkowski zu danken, der einsprang. Friedrich Wilhelm G.A.v. Kleist, der »grüne Kleist«, erlebte, daß sein Bruder Friedrich Wilhelm, 1759 bereits verabschiedet, der ihm 1760 zur Aufstellung seines Freikorps 10 000 Taler vorgeschossen hatte, nach Friedensschluß vom König empört mit 14 Tagen Arrest bestraft wurde, weil er es gewagt hatte, diesen Betrag zurückzuerbitten. Bei all dem Elend, das der Krieg hinterlassen hatte, sei das eines Edelmannes unwürdig. Lessing hat übrigens Dyherrn und Kleist in seinem »Tellheim« verschmolzen. Vermutlich hat der seit 1764 wiederhergestellte Geldwert bei der Reaktion des Königs eine Rolle gespielt. Die Stellen bei den Landregimentern, dem territorialen Aufgebot der Rittergutsbesitzer, waren reine Versorgungsposten. Für Pensionen als »Gnaden-Gehälter« war die Generalkriegskasse zuständig; weiter waren bei der General-Domänenkasse 25 000 Taler bereitgestellt. Waren die Fonds erschöpft, gab es kein Geld mehr. Generale waren keine Beamten mit einem festen Pensionsanspruch, sondern auch hier vom König völlig abhängig. Und jetzt wurde es wirklich oft knapp, von besonders großzügigen Ausnahmedotierungen abgesehen. Bei der ganz individuellen Festsetzung ihrer Höhe ließ der König ihre konkrete Situation, also die militärische Vergangenheit des Generals und seine Leistungen, die Länge seiner Dienstzeit, Familie, Besitz und Vermögen berücksichtigen und verfuhr nach Wohlwollen. Wer reich war oder in Ungnade, erhielt gar nichts, so daß Pensionen ganz abgelehnt wurden und Generale mittellos in Armut starben. Der sehr verdiente Kriegsminister v. Wedell wurde 1779 mit allen Gnaden ohne einen Pfennig verabschiedet. Die Höhe der Pensionen war also sehr verschieden: ein Hauptmann bekam von 33 bis 50 Taler, Stabsoffiziere zwischen 100 und 500 Taler. Als 1760 das Geld knapp wurde, verfügte der König bei den 13 jüngsten Regiments-Chefs entsprechende Abzüge. Invalidität, Armut und lange Dienstzeit wirkten sich günstig auf die Höhe aus. Wie die Zulagen gab es auch noch Gnadenmittel für die Pensionen aus der Hofstaatskasse. Generalmajore erhielten zwischen 300 und 1200 Taler, im Durchschnitt 600 bis 800, Generalleutnante von 500 bis 2000 Taler, meist um 1200, Generale der

Infanterie oder Kavallerie 1500 bis etwa 3000 Taler, Feldmarschälle 2000 bis 10 000, wie z.B. Samuel Graf Schmettau. Als Ingersleben, dem der König bei seinen sechs Kindern wiederholt geholfen hatte, im Herbst 1777 um Erhöhung seiner Pension bat, antwortete der König am 11. Oktober: »Wenn Ich noch nicht an Euch denken und eine Vermehrung Eures Zuschusses angedeihen lassen können, so ist die Ursache, weil ich noch so viele Invalide und blessierte Officiers zu versorgen habe, die doch wohl billig vorgehen müssen. Aus welchem Grunde auch es nicht angehen will, daß Ich Euch die nachgesuchte vacante Pension genehmigen kann. Ich muß gegenwärtig alles zusammensuchen, um denjenigen, die gar nichts zu leben haben, nur erstlich etwas zu geben. Indessen wird sich mit der Zeit Gelegenheit finden, daß Ich an Euch werde denken können und wollet Ihr Euch noch etwas gedulden.«

Die Pensionen waren eben Gnadensache, bearbeitet vom Generaladjutanten. Um die knappen Mittel weiter zu erhöhen, wurden ab 13.Juni 1764 allen Regiments-Chefs je 2000 Taler abgezogen. Die Anerkennung durch die Uniform-Trageerlaubnis oder die Charakterisierung durch einen höheren Dienstgrad entschied allein der König. Laut Kabinetts-Ordre v. 11. September 1781 waren zwanzig Dienstjahre Mindest-Voraussetzung. Dem König war bewußt, daß das alles nicht genug war, vor allem nicht für die Familien und auch die Witwen, deren Lage meist sehr dürftig war, wenn auch Kriegerwitwen möglichst vorrangig bedacht wurden. Ab 1769 gab der König daher zusätzlich auch die Kapitelzinsen der Provinzial-Landschaften hierfür frei. In den letzten Jahren des Königs wurden jährlich 30 000 Taler an Offizierswitwen ausgeschüttet. Trotzdem hatten sie manchmal nicht einmal die Beisetzungskosten von 120 Talern für ihre Ehemänner. Die vom König schon 1752 geplante Versorgungsanstalt für 200 Offizierswitwen kam erst durch Minister v.d. Schulenburg-Kehnert mit königlichem Patent vom 28. Dezember 1775 als »Allgemeine Witwenanstalt« zustande, nachdem er ein Jahr zuvor dem Potsdamer Waisenhaus sechzehn Freistellen für arme Offizierstöchter angeschlossen hatte. Aufschlußreich ist auch eine Antwort an die Witwe von Johann Friedrich Wilhelm Moritz Freiherr v. Romberg: »Ich würde Euch von Meinen gnädigen Gesinnungen durch Anweisung einer anständigen Pension Beweise geben, wenn eben die Fonds, woraus dergleichen fließen müssen, nicht gänzlich erschöpft wären, unter welchen Umständen Ich genötigt bin, manche Witwen, die gar kein Vermögen besitzen, so lange hilflos zu lassen, bis wiederum Vakanzen entstehen. Daher hoffe ich, Ihr werdet Euch eines Verlangens entschlagen, das Euch durch häusliche Verfassung nicht abgenötigt wird.« Den Kindern galt seine besondere Fürsorge; durch Aufnahme ins Militär-Waisenhaus oder in eine Kadettenanstalt versuchte er zu helfen. Ebensowenig verschloß er sich Bitten, uneheliche Kinder nachträglich zu legitimieren und damit in seine Fürsorge aufzunehmen nach seinem Grundsatz: »Der Mensch hat das Gute zu tun aus Liebe zu den Menschen, das Schlechte zu unterlassen aus Pflicht.« Das Fehlen fester Regeln und Ansprüche war ohne Frage ein schwerer sozialer Mangel.

Gemeinsame Bewährung

Generalfeldmarschall Leopold Fürst von Anhalt-Dessau geb. 3.7.1676 zu Dessau, gest. 9.4.1747 zu Dessau

Der »Alte Dessauer« war einer der ersten »Exerziermeister« der preußischen Infanterie. Schon sein Vater war Feldmarschall und Statthalter der Kurmark, seine Mutter Henriette Katharina von Oranien, Enkelin Wilhelm des Schweigers, Urenkelin des Admiral Coligny und Schwägerin des Großen Kurfürsten. Dadurch war er selbst der Onkel des Soldatenkönigs. Noch nicht zwölfjährig, ernannte ihn Kaiser Leopold I. zum Oberst und gab ihm ein Regiment. Nach dem Tode seines Vaters 1693 erhielt er dessen Regiment zu Fuß (Inf.Rgt.3) als Chef für 54 Jahre. Bis 1695 leistete er sich eine Reise nach Italien. 1695 bis 1697 nahm er an der Spitze seines Regiments am Feldzug in den Niederlanden teil und erlebte bei der Belagerung von Namur durch Wilhelm III., König der Niederlande, seine Feuertaufe. Mit knapp zwanzig Jahren ernannte ihn Kurfürst Friedrich III. von Brandenburg zum Generalmajor. Nach Übernahme der Regierung in Anhalt-Dessau am 13. Mai 1698 heiratete er im September d.Js. Anna Luise Föse, Tochter eines Apothekers aus Dessau. Die Ehe wurde für ebenbürtig erklärt und seine Frau 1701 in den Reichsfreiherrnstand erhoben. Von je fünf Söhnen und Töchtern waren alle Söhne Generale, drei davon Feldmarschälle. Als Gouverneur von Magdeburg seit 8. Juli 1701 übernahm er die Verantwortung für eine der wichtigsten Festungen.
Als Preußen Ende 1701 den Seemächten beitrat, führte er den Hauptteil des auf 8000 Mann begrenzten Hilfskorps. Vor seinem Abmarsch aus dem Lager Geldern am 1. Juli 1703 zur Reichsarmee bei Haunsheim hatte ihm der König zum zweiten Jahrestag der Krönung den Schwarzen Adler-Orden verliehen und ihn am 10. Juni 1703 zum Generalleutnant befördert. Im Sommer hatte er schon die Belagerungen von Kaiserswerth, Venlo und Roermond mit erlebt. Dem Dessauer war es gelungen, seine geringere Truppenstärke durch bessere Disziplin und schnelleres Feuer zu größter Wirkung zu entfalten: »Eine auserlesene, gleiche und frische Mannschaft, dergleichen Leute ich zeit meines Lebens nicht gesehen habe«, urteilte Graf Palffy. Bereits am 2. August d.Js. schloß er die Festung Huy an der Maas ein und nahm sie am 15. August. Nach dem Treffen von Höchstädt am 20. September rettete seine Nachhut die Reichsarmee vor der feindlichen Kavallerie. Feldmarschall Graf v. Styrum meldete: »Die Standhaftigkeit der preußischen Infanterie unter dem Fürsten von Anhalt, welche allezeit in bester Ordnung marschieret ist, muß ich Ew. Durchlaucht anrühmen. Sie hat der feindlichen, von allen Orten anrückenden Kavallerie durch ihre gute Haltung solchen Respekt gemacht, daß selbe sich nimmermehr zu attackieren getrauet.« Das im Frühjahr 1704 auf 14 000 Mann verstärkte Korps rückte im Juni unter Prinz Eugen von Savoyen zum Oberrhein und besetzte die Stellungen bei Stollhofen. In der Schlacht bei Höchstädt am 13. August d.Js. griff der Dessauer am linken Flügel nach sechsstündigem Feuer und zweistündigem Kampf Mann gegen Mann mit der Fahne in der Hand zum dritten Mal mit seinem Regiment an und trug zum Siege erheblich bei.

Auf Grund des Vertrages mit England vom Winter 1704 marschierte im April 1705 das preußische Hilfskorps mit 8000 Mann unter seinem Befehl in die Lombardei zu Prinz Eugen, wo es bei Calcinato am Gardasee zum verlustreichen Treffen kam. Am 16. August d.Js. folgte die Schlacht bei Cassano an der Adda und am 12. September 1706 der Sieg bei Turin mit der Einnahme von Susa. Ende 1707 kehrte er zurück. Vom 8. Juli bis 3. September 1709 sah er die Belagerung von Tournai und in der Schlacht von Malplaquet am 11. September d.Js. den Hauptstoß gegen den Wald von Taisnieres, der zum Siege führte. Am 21. Januar 1710

übernahm er das Korps im Westen und belagerte vom 4. Mai 1710 bis 26. Juni Douai, das trotz 32 Ausfällen der Besatzung dank der energischen Angriffe des Dessauers endlich fiel. Vom 6. September bis 9. November d.Js. eroberte er mit 40 Bataillonen, 40 Schwadronen die Festung Aire. 1712 belagerte er Landrecies, als der Krieg bereits im Auslaufen war. Zum Dank beförderte ihn der König am 2. Dezember 1712 zum Generalfeldmarschall. Er hatte eine wesentliche Rolle gespielt und zehnjährige Feldzugerfahrung gesammelt.
Mit dem seit 25. Februar 1713 regierenden König Friedrich Wilhelm I. verband ihn lebenslang eine ungetrübte Freundschaft. Als der König in den Nordischen Krieg eintrat und am 1. Mai 1715 Schweden den Krieg erklärte, um Vorpommern und Rügen zurückzugewinnen, wurde Leopold von Dessau Oberbefehlshaber der 32 500 Preußen. Nach der Einnahme von Usedom, Wolgast und Peenemünde wurde Stralsund eingeschlossen. Für die Wegnahme der Insel Rügen übernahm er das Landungskorps, das trotz Unwetter am 15. November ostwärts Putbus landete und in drei Tagen die Insel eroberte. Fünf Wochen später fiel Stralsund.
Seine Erfahrungen veranlaßten ihn, den König auf die neue Truppe der Husaren hinzuweisen, was der aufgriff. Im Wetteifer mit Friedrich Wilhelm I. drillte er sein Regiment persönlich, nicht nur in Linear-Formation, sondern ebenso im Schießen und Bajonett-Angriff. Er war ein Ausbildungs-Fachmann von epochaler Bedeutung. Am 1. September 1717 gründete der König in Berlin ein Kadetten-Korps mit 110 Kadetten nach dem Beispiel Dessauers, der schon seit 1710 in Magdeburg eine Kadetten-Kompanie mit 64 Kadetten hatte. Ebenso machte der König wie der Dessauer, der in seinem Fürstentum den ganzen Adel aufgekauft hatte, aus verschuldeten Rittergütern Domänen, die nur Bürgerliche verwalten durften. Als sich die obersten Staatsbehörden in Ressort-Konkurrenz zerstritten, riet Leopold 1722 dem König ihre Zusammenfassung im »General-Oberfinanz-Kriegs- und Domänen-Direktorium«, ab 1. Januar 1723. Seit 1722 leitete er den Generalstab mit drei Generalen der Infanterie und Kavallerie, acht Generalleutnanten, fünfzehn Generalmajoren, vierköpfigem Quartiermeister-Stab, Stabspersonal und Feldkanzlei. Nachdem Generalleutnant v. Grumbkow dirigierender Minister des »Generaldirektoriums« geworden war, wollte Fürst Leopold ihn 1725 durch eine gezielte Beleidigung bloßstellen, so daß der König mühsam vermitteln mußte, weil er Grumbkow nicht entbehren konnte. Aber die Feindschaft blieb, bis Grumbkow 1739 starb.
1731 erließ der Dessauer die erste Instruktion für den Einsatz der Artillerie bei Belagerungen und in der Schlacht. In der Rhein-Kampagne von 1734, an der er mit dem König und Kronprinzen teilnahm, wurde Leopold am 6. Mai neben Prinz Eugen und dem Herzog von Württemberg zum »3. Reichsfeldherrn« ernannt, eine Rangfolge, die ihm nicht gefiel. Am 6. Dezember 1735 bekam er das Gouvernement Küstrin und durfte König und Kronprinz vom 7. Juli bis 18. August 1739 nach Ostpreußen begleiten.
Friedrich der Große verehrte den Fürsten und bewies das wiederholt. Als er aber beim Einmarsch in Schlesien am 16. Dezember 1740 den achtundzwanzig Dienstjahre jüngeren, eben erst zum Feldmarschall beförderten Grafen v. Schwerin das I. Korps befehligen ließ, war sein lebhafter Ehrgeiz doch gekränkt. Seinen Einspruch speiste der König mit gnädigen Versicherungen ab. Am 11. Februar 1741 organisierte er den Grenzschutz in den Ostprovinzen und bekam am 1. April ein Korps zum Schutze der Mark gegen Sachsen und Hannover. Am 13. März 1742 übernahm er die »Oberschlesische Armee«, um Jägerndorf, Troppau und Ratibor zu schützen, dabei seine Söhne Prinz Dietrich als Stellvertreter und Prinz Eugen mit der Kavallerie-Division des rechten Flügels. Nach mehreren ungnädigen Briefen ermahnte ihn der König am 15. April nochmals, keine Parteien in der Armee zu dulden, gute Harmonie zu wahren und des Königs Autorität zu achten. Als im Gefecht bei Kranowitz am 20. Mai d.Js. das Kür.Rgt.5 durch fehlende Vorsicht von Prinz Eugen 37 blutige Ausfälle, 225 Gefangene, 265 Pferde verlor, betrieb der König dessen Ausscheiden, das am 8. Januar 1744 erfolgte. Den Vater tröstete der König mit seiner Hochachtung und schrieb ihm am 15. Februar 1744: »Ew.Liebden Schreiben hat Mich befremdet, da Ich daraus ersehen, wie Dieselben die Gedanken hegen wollen, daß Ich Deroselben weder Befehle geben noch etwas in Meinen Diensten anvertrauen dürfe. Es würde Mir nahegehen, wenn Ew.Lbd. nicht Besseres von Mir hoffen und der Hochachtung vor Dero Person und Meriten völligen Glauben beilegen wollten.«
Ab 25. September 1744 führte er den Oberbefehl über die Truppen zwischen Halle und Magdeburg gegen Sachsen, Ende des Jahres in Schlesien, wo er der Armee des Königs den Rückzug aus Böhmen sicherte. Er schrieb ihm: »Aus Schlesien kann ich mir so wenig 'rausschmeißen lassen wie aus der Mark.« Ab 9. Januar 1745 nahm er Jägerndorf und Troppau wieder. Kaum war des Königs Armee wieder schlagkräftig, zog er ab 27. Juli d.Js. wieder sein Korps bei Magdeburg zusammen mit 22 Bataillonen, 48 Schwadronen. Er führte sein Kommando widerstrebend, während der König einem Eingreifen Rußlands zuvorkommen wollte. Nach dem Erfolg des Königs in der Lausitz setzte er sich ab 23. November so langsam in Marsch, daß es laufend zu heftigen Auseinandersetzungen mit ihm kam, die erst sein Sieg bei Kesselsdorf beendete. Ein Jahr später gab es erneut Schwierigkeiten: » — mögen Ew.Liebden Meinen Ordres Genüge tun, ansonsten es nichts wie Verdruß geben kann,« warnte der König. Drei Wochen vor seinem Tode schrieb er seinem König: »Ich wünsche, daß Gott Ew.Königlichen Majestät brave und großartige Armee zum Trost und Erhebung Dero Lande wie zum Schrecken Dero Feinde in dem größten Gedeihen erhalten möge! Dieser Wunsch geht aus treuem Kriegsmannes-Herzen.«

Generalfeldmarschall Kurt Christoph Graf von Schwerin geb. 26.10.1684 zu Löwitz, Krs.Anklam, gef. 6.5.1757 bei Prag

Die Schwerin, mecklenburgischer Uradel, sind seit 1250 in Pommern ansässig. Sein Vater besaß zwei Güter, war schwedischer Regierungsrat, Erbküchenmeister des Herzogtums Pommern und Schloßhauptmann in Stettin. Seine Mutter stammte aus der Offizier-Familie Ramin. Mit zwölf Jahren verlor er seinen Vater, so daß sein Onkel, General Detlof v. Schwerin, ihn ab 1698 nach Den Haag schickte, dann auf die Universität Leyden. Anschließend studierte er in Rostock und Greifswald, bis er 1700 in Mecklenburg als Fähnrich im Regiment seines Onkels in die Kompanie seines Bruders Detlef eintrat. Mit ihm zog er 1701 in den Spanischen Erbfolgekrieg und wurde 1703 Leutnant. 1704 erlebte er am 2. Juli die verlustreiche Erstürmung des Schellenbergs nördlich Donauwörth und am 13. August die Schlacht bei Höchstädt. Nach den Belagerungen von Landeck/Pfalz und Löwen 1705 wurde er am 10. September Kapitän und Chef seiner Kompanie, um vier Wochen später den Dienst zu quittieren und nach Pommern zu gehen. Am 30. November 1706 kehrte er nach elf Monaten als Oberstleutnant in den Dienst zurück. Ein Jahr später war er mit dreiundzwanzig Jahren Oberst eines Regiments zu Fuß. Bis Ende März 1708 stellte er ein Bataillon auf, das Herzog Friedrich Wilhelm vom 13. April 1709 bis 1712 an Preußen abgab. Am 15. Juli 1708 heiratete er zu Putzar, Krs. Anklam, die fünfzehnjährige Ulrike Eleonore Freiin von Krassow. Am 9. August d.Js. erhielt er bei Ath einen Schuß durch den Arm und erlebte am 11. September 1709 die Schlacht bei Malplaquet und vom 25. September bis 20. Oktober d.Js. die Belagerung von Mons.

Januar 1713 sandte ihn sein Herzog zum schwedischen König Karl XII. nach Bender im türkischen Bessarabien. Schweden hatten am 20. Dezember 1712 bei Gadebusch/Mecklenburg Sachsen und Dänen geschlagen und am 9. Januar 1713 Altona verheert. Mecklenburg war immer Kriegsgebiet, Grund für einen Sonder-Botschafter. Am 5. November 1713 trat er die Heimreise an. Nach Einnahme von Rügen und Stralsund wurde er am 3. September 1718 mit dreiunddreißig Jahren Generalmajor und Befehlshaber des mecklenburgisch-schwerinschen Truppenkorps, ein halbes Jahr darauf Generalleutnant. 1719 konnte er bei Walsmühlen die hannoverschen Truppen nicht aufhalten. So ging er am 10. April 1720 als Generalmajor in preußische Dienste. Mecklenburgs Rolle war vorbei. Schon nach drei Tagen reiste er »in besonderer Sendung« des Königs nach Polen bis zum 26. Mai 1721. Die Instabilität Polens durch die Stationierung russischer Truppen konnte jederzeit bewaffnetes Eingreifen erfordern. Nach einem zweiwöchigen Sondierungs-Auftrag als Gesandter in Dresden Ende des Jahres mußte er erneut vom 7. Juli 1722 bis 2. Januar 1723 zum Reichstag nach Warschau.

Nach seiner Rückkehr machte ihn der König zum Chef des Inf.Rgt.Frhr. v. Schwendy (Nr. 24) in Spandau, dann Frankfurt/Oder. Vom 3. September 1724 bis 14. Dezember d.Js. und 18. Dezember 1725 bis 13. Mai 1726 war er zum dritten und vierten Mal als Gesandter in Polen.

Nach mehr als sechs Jahren als Diplomat mit lebhaftem Verhandlungsgeschick und weltmännischer Kultur kam er zum Friedensdienst. Nachdem er 1725 die Amtshauptmannschaften Jerichow und Flatow erhalten hatte, wurde er am 25. Juli 1730 Gouverneur der Festung Peitz nördlich Cottbus. Drei Monate später bekam er den stellvertretenden Vorsitz des Kriegsgerichtes über Kronprinz Friedrich wegen seines Fluchtversuches vom 4./5. August. Trotz massivem Druck des Königs blieb das Gericht am 28. und 31. Oktober standhaft, daß Katte eine Freiheitsstrafe und der Kronprinz sein Urteil vom König bekommen solle. Der König ging darüber hinweg. Am 30. Juni 1731 wurde Schwerin Generalleutnant. Im September 1733 sandte ihn der König mit einem Regiment zu Fuß (Nr.18) und zwei zu Pferde (Nr.2 und 11) nach Mecklenburg-Schwerin, um die Hannoveraner an der Wegnahme der Festung Dömitz und der Residenz Schwerin zu hindern. Die Hannoveraner räumten ohne Blutvergießen, die Preußen 1734 gegen Verpfändung der Ämter Plau, Eldena, Marnitz und Wredenhagen. Am 8. März 1736 erhielt er den Schwarzen Adler-Orden. Ab 23. Mai 1739 General der Infanterie, beförderte ihn Friedrich II. schon am 30. Juni 1740 zum Feldmarschall und erhob ihn einen Monat später mit der Familie in den Grafenstand. Nachdem er am 20. August 1739 schon Drost der verpfändeten mecklenburgischen Ämter mit einer Jahres-Pension von 1200 Talern geworden war, wurde er am 9. Oktober 1740 Domherr in Minden. Ämter und Einnahmen häuften sich, so daß er kunstverständig in Schwerinsburg ein Schloß bauen konnte.

Am 28. Oktober 1740 eröffnete ihm der König seine Absicht, in Schlesien einzumarschieren und bestimmte ihn zum Führer des I. Korps. Er war tapfer und ein geschickter Truppenführer, der Disziplin und Gerechtigkeit in der Truppe mit guter Menschenbehandlung verband. Beim Einmarsch führte er den rechten Flügel am Gebirge entlang bis zum Jablunka-Paß und drängte die Österreicher nach Mähren. Im Frühjahr 1741 deckte er die Belagerung von Neisse. Als er am 10. April bei Mollwitz den tapferen König zur Überlassung des Kommandos drängte, vertraute er, an Hand und Fuß verwundet, auf die Gefechtskraft der Infanterie. Erste Verstimmungen blieben zurück. Am 3. November tauschte er sein Peitzer Gouvernement mit Neisse und stand bei der Huldigung der schlesischen Stände am 7. November neben dem Thron. Im Winterquartier setzte er sich für die Schonung der schlesischen Gebirgsbevölkerung ein. Das Jahr 1742 brachte neue Zerwürfnisse, nachdem ihm der König harte Vorwürfe wegen seiner Führung gemacht hatte. Als er daraufhin um Krankenurlaub bat, schrieb der König am 27. März: »Ich bedaure sehr, daß Eure Gesundheit dergestalt abnimmt, daß Ihr gefährliche Zufälle besorget. Ich wünsche nichts mehr, als daß Eure Gesundheit bald hergestellt werden möge, da Ich einen Mann von Euren Meriten, Erfahrung und Treue noch lange zu erhalten wünsche.« Auf den Glückwunsch zum Siege von Chotusitz antwortete der König am 23. Mai: »Ich bedaure, daß Eure Krankheit nicht zulassen wollen, teil an der Aktion zu nehmen. Ich hoffe, Euch zu zeigen, daß Ich Euch allstets zugetan verbleibe.« Am 28. Juli d.Js. beurlaubte ihn der König auf seine Güter in Vorpommern 1743 zu Kuren.

Als Schwerin im Herbst nach Spa reiste, wünschte er »glückliche Vollendung« seiner Gesundheit. 1744 führte Schwerin seine Armee aus Schlesien über Braunau, Königgrätz auf Prag und erzwang mit Erbprinz Leopold, den er nicht mochte, am 16. September die Übergabe der Stadt. Nach dem Rückzug verließ er verärgert und erschöpft im November die Armee. Schwer verstimmt schrieb der König am 8. Dezember: »Ich hätte Euch lieber in der Nähe als in der Ferne haben wollen. Ich bin es wohl zufrieden, daß Ihr Euch nach Euren Gütern transportieren lassen. Euch wird die Rede, als ob Ich Euch dimittieret hätte, um so weniger reizen, da Meine Gefühle gegen Euch genugsam bekannt.« Drei Jahre riß jeder Verkehr ab, bis sich Schwerin im Oktober 1747 anläßlich der Beisetzung seines Bruders meldete. In seiner Antwort vom 4. Oktober mahnte ihn der König, »die wahren Freunde zu erkennen, die uns im Unglück nicht verlassen.« In weiterer Annäherung wünschte er ihm am 3. Februar 1748 Vergnügen für die Kur und ein Aufschieben der Rückreise bis zur Regimentsübung im Frühjahr. Erst der 10. August 1749 brachte die Aussöhnung, als Preußen neue Gefahr drohte: »Ich bin merklich berührt, daß Ihr Eure ehrliche Reue bekundet, vor allem in Erledigung der regelwidrigen Sache Eures Neffen. Ich will es gern vergessen. Friedrich.« Als sich sein Zustand 1751 plötzlich verschlimmerte, sandte ihm der König am 16. Januar seinen Leibarzt zur Beseitigung der Gefahr. Am 30. Juni 1754 verschied seine Frau, nachdem alle Kinder jung gestorben waren; nach vier Monaten heiratete er Philippine Luise v. Wakenitz. Am 12. April 1755 beglückwünschte der König die Wiederherstellung seiner Gesundheit: »Ich wünsche herzlich ihre Festigung. Ich war immer überzeugt, daß das Leben eines Generals, so mutig und erfahren wie Ihr, niemals anders enden darf als ruhmreich auf dem Felde der Ehre.«

Als ab 21. Juni 1756 die Mobilmachung begann, weihte der König Schwerin in die Pläne ein und übertrug ihm die 2. Armee zur Deckung Schlesiens während der Wegnahme Sachsens. Am 24. August wurde ihm Kapitän v. Platen als ständiger Adjutant zugewiesen, dazu sein Neffe Wilhelm Frdr. Karl. Mitte September rückte er aus der Grafschaft Glatz über Nachod bis Aujezd vor Elbe und Adler, um Ende Oktober wieder hinter das Grenzgebirge zurückzugehen. Mit Keith, der die benachbarte Observationsarmee in Nordböhmen befehligte, lief die Zusammenarbeit; sie waren — bei aller Rivalität — befreundet. Im Winter ließ er vorsorglich das Proviant-Fuhrwerk der Armee verbessern. Außerdem war er ab 7. Dezember mit dem König und Winterfeldt intensiv mit der Planung des Aufmarsches für 1757 beschäftigt, die erst am 15. April vollendet war. Der konzentrische Einmarsch in Böhmen von vier Armeen auf Prag — wie 1866 — war ihr gewaltiges Ergebnis. Am 29. Januar traf man sich zur Beratung in Haynau; am 20. März legte Schwerin seine Denkschrift vor. Seine Armee, auf 35 300 Mann in 35 Bataillonen, 60 Schwadronen verstärkt, trat ihren Vormarsch an mit vier Kolonnen, eine unter Winterfeldt. Nördlich Prag verzögerte Schwerin die Vereinigung mit dem König am 5. Mai, weil er keine Schlacht wollte, wenn er sie auch für möglich hielt. Am nächsten Tag riß der Zweiundsiebzigjährige seinen linken Flügel angriffsfreudig in den Kampf, bis seine Infanterie bei Sterbohol einen schweren Rückschlag erlitt. Als er sein Regiment weichen sah, ergriff er eine Fahne, ritt vor und wurde von fünf Kartätschenkugeln zu Boden geworfen. Seinen Leichnam wickelte man in das Fahnentuch. Sein Tod wirkte gewaltig auf die Truppe und war ein unersetzlicher Verlust: »Er war unstreitig der größte General unseres Jahrhunderts,« urteilte der König.

Generalfeldmarschall Wilhelm Dietrich von Buddenbrock
geb. 15.3.1672 zu Tilsewischken Krs. Ragnit
gest. 28.3.1757 zu Breslau

Die Buddenbrocks gehörten zu den führenden Familien Ostpreußens, die sich nicht scheuten, noch mit dem polnischen Ober-Lehnsherrn gegen den Großen Kurfürsten zu konspirieren. Buddenbrocks Vater war kurbrandenburgischer Oberstleutnant und Erbherr zweier Güter bei Tilsit an der Memel, starb aber, als er erst fünf Jahre alt war. Seine Mutter Elisabeth Sophie v. Rappe zog ihn auf, bis er am 16. Mai 1689 zur Universität Königsberg ging. Er war vier Jahre älter als der Alte Dessauer. 1690 trat er als Kornett beim Regiment zu Pferde Fürst Johann Georg von Anhalt-Dessau (Kür.Rgt 1) ein, das am Pfälzischen Krieg gegen Frankreich teilnahm. In der Schlacht bei Steenkerke am 3. August 1692 wurde er verwundet, kämpfte aber trotzdem in der Schlacht bei Neerwinden am 29. Januar 1693, wo das Regiment im Zentrum stand und schwere Verluste erlitt. Dann lag es jahrelang vor den Festungen von Brabant. Nach dem Friedensschluß 1697 wurde das Regiment auf drei Kompanien reduziert und Buddenbrock entlassen. Sein Regiment ging nach Anhalt und später nach Ostpreußen. Hier heiratete er 1699 die gleichaltrige Klara Anna Katharina v. Grüter, mit der er drei Söhne und eine Tochter hatte, die dann am 15. August 1737 ihren 34 Jahre älteren Onkel, Generalfeldmarschall v. Roeder, heiratete. Sein Schwiegersohn war sieben Jahre älter als er.
Als der Spanische Erbfolgekrieg ausbrach, schloß er sich 1702 als Volontär dem Regiment an, dessen Chef jetzt General Graf v. Schlippenbach war. Er erlebte die Belagerung von Rheinsberg bis zum 9. Februar 1703 und die Einnahme der schwer umkämpften Festung Bonn am 16. Mai d.Js., nach der er, seit 24. Mai Stabsrittmeister, 1704 eine Kompanie bekam. Im Sommer 1706 zog er unter Graf Lottum nach Flandern, um am 23. Mai an der Schlacht bei Ramillies teilzunehmen. Danach machte er die Belagerung von Menin bis 22. August mit, die härteste seit Kaiserswerth 1702. Am 11. Juli 1708 kämpfte er in der Schlacht von Oudenaarde und am 28. September d.Js. in der von Wynendael, schlug die Bedeckung von Ostende zurück und wirkte an der Einnahme von Lille und Gent mit. Die Brandenburger waren Marlboroughs Kerntruppe. Nach dem Sieg bei Malplaquet am 11. September 1709, wo sich das Regiment tapfer bewährte, erhielt er am 21. März 1710 mit achtunddreißig Jahren seine Beförderung zum Major. Im gleichen Jahr wurde sein Regiment zurückgezogen und sicherte bis 1713 zwischen der Uckermark und Lebus die im »Haager Konzert« März/Mai 1710 neutralisierten norddeutschen Gebiete gegen die Wirren des »Nordischen Krieges«. In dieser Zeit erreichte ihn schon am 5. Februar 1712 die Beförderung zum Oberstleutnant. 1713 starb seine Frau nach nur vierzehnjähriger Ehe.
Als Preußen am 1. Mai 1715 nach Abschluß des Garantie-Vertrages mit Rußland vom 12. Juni 1714 Schweden den Krieg erklärte, zog sein Regiment mit der Armee in den Pommern-Feldzug. Die nächtliche Landung auf Rügen am 15. November d.Js. nach zwölftägiger Wartezeit in Greifswald und dreitägiger Überfahrt bei Gegenwind, unsichtigem Wetter und Sturm war gerade für ein Reiterregiment eine erhebliche Leistung. Buddenbrock wurde am 30. August 1718 Oberst. Das Regiment bekam vom Regiment Heiden seine vierte Schwadron und Ende des Jahres die fünfte. Mit dem 11. Mai 1720 wurde er Kommandeur seines Regiments und am 18. Juli 1724 als Nachfolger des Generalmajors Kuno Ernst v. Bredow sein Chef, nachdem er ihm vierunddreißig Jahre angehörte. Am 2. Juli 1728 empfing er seine Ernennung zum Generalmajor. Unter dem 1. September d.Js. ordnete König Friedrich Wilhelm I. an, der seit 1. März ernannte Befehlshaber in Ostpreußen, Generalleutnant Erhard Ernst v. Roeder, sein nur sieben Jahre älterer Vetter, solle »den Gen.Mjr. v. Buddenbrock zur Bereisung der Kavallerie-Regimenter mitnehmen.« Ab 15. Juli 1729 gab ihm der König die Amtshauptmannschaften in Labiau und Neuhausen.
In der Kronprinzen-Affäre 1730 befahl ihm am 19. August der überaus mißtrauische König, unter wel-

chen Vorsichtsmaßregeln der Kronprinz von Wesel nach Küstrin gebracht werden sollte, vom Rhein zur Oder quer durch die verschiedensten Staatsgebiete. Bewacht von sechs Offizieren, ohne Anhalten, auf kürzestem Wege, gesichert gegen jede Fluchtmöglichkeit sollte der Transport erfolgen, mit der Anweisung, ihn im Falle eines Befreiungsversuches zu töten. Am 29. August erhielt v. Buddenbrock die Kabinetts-Ordre des Königs, in Mittenwalde hinter Zossen anzuhalten und seine Ankunft nach Berlin zu melden, am 31. August, den Kammerdiener Gummersbach festzuschließen. Seine mutigen Worte ins Gesicht des rasenden Königs: »Wenn Ew. Majestät Blut verlangen, so nehmen Sie meines!« können nur in Gesellschaft des Königs gefallen sein, da er weder an Untersuchungen noch am Urteil beteiligt war. Ob der Zusatz: »Seines bekommen Sie nicht, solange ich noch sprechen darf!« wirklich so gesagt wurde, bleibt offen. Fest steht, daß Buddenbrock ab 9. September — zwischen ersten Verhören und Urteil — jährlich 1000 Taler aus der Hofstaatskasse angewiesen erhielt und sein jüngster Sohn Johann Jobst Heinrich, vorher Page bei König Friedrich Wilhelm I., ab 29. Februar 1732 Adjutant des Kronprinzen Friedrich in Neuruppin wurde, später Generalleutnant, Leiter des Kadettenkorps und ab 1764 der »Academie militaire«.

Bei der Rhein-Kampagne 1734, die dem Kronprinzen erste Eindrücke vom Krieg, der österreichischen Armee und von Prinz Eugen vermittelte, begleitete Buddenbrock mit Generalmajor v. Waldow, dem Generaladjutanten v. Derschau, drei Adjutanten und zwei Kabinetts-Sekretären den König ins Feldlager. Am 14. Juli 1739 wurde er Generalleutnant und bekam am 18. August d.Js. den Schwarzen Adler-Orden, dazu noch die Propst-Stelle im Stift St. Waldburg zu Soest. Unter König Friedrich II. wirkte er seit dem 11. Februar 1741 als Stellvertreter des Oberbefehlshabers der in Ostpreußen stehenden Truppen, Generalfeldmarschall v. Roeder, wo er sich sehr um den Ersatz kümmerte, vor allem für die neuen Husaren-Regimenter. Er war ständig bemüht, um das Interesse des Offizierkorps an den Wissenschaften zu heben.

Als die Armee am 16. Mai 1742 das Lager bei Chotusitz bezog, wies Erbprinz Leopold Buddenbrock als Kavallerieführer des rechten Flügels das Südufer des Cirkwitzer Teiches an, gedeckt von den Uferhöhen, von wo eine Flankierung des Gegners möglich war. Um die Überflügelung zu verstärken, ließ Buddenbrock die Zwischenräume seiner Schwadronen erweitern und brach nach Antreten der Österreicher um 7.30 Uhr mit 35 Schwadronen so wuchtig in ihren linken Flügel ein, daß er bis auf das zweite Treffen der Infanterie geworfen war. Drei Regiments-Kommandeure fielen, darunter Oberst v. Maltzahn seines Regiments und sein zweiter Sohn. Die Voraussetzung für den Schlußangriff war geschaffen. Zwei Tage später wurde er General der Kavallerie »wegen besonderer Tapferkeit bei der vor wenigen Tagen vorgefallenen blutigen Bataille« und bekam am 6. November d.Js. mit Zehden seine dritte Amtshauptmannschaft mit jährlich 300 Talern. Er galt inzwischen als einer der besten Kavallerieführer, ab 27. März 1743 mit dem Kommando über die fünf Kürassier- und zwei Dragoner-Regimenter in Schlesien betraut. Als am 5. Oktober d.Js. sein Schwiegersohn und Vetter Feldmarschall v. Roeder starb, schrieb ihm der König: »Ich wünsche nur, daß der Schwiegervater den Schwiegersohn an Jahren weit übersteigen möge!« V. Buddenbrock hatte zwei Monate zuvor mit 71 Jahren Beate Abigail v. Siegroth, verw. Freifrau v. Nostitz, in zweiter Ehe geheiratet.

1744 nahm er an der Belagerung und Einnahme von Prag vom 11. bis 16. September teil und erlebte den anschließenden schweren Rückzug nach Schlesien, wo ihm der König am 29. Dezember das verantwortungsvolle Gouvernement von Breslau anvertraute. Am 16. Januar 1745 machte ihn der König zum Feldmarschall. Bei Hohenfriedeberg führte er am 4. Juni d.Js. wieder den rechten Kavallerieflügel mit 26 Schwadronen Kürassieren und 20 Schwadronen Dragonern, mit dem er die Schlacht eröffnete und bei Pilgramshain die sächsische Kavallerie samt dem überrannten Grenadierkorps völlig in die Flucht schlug. Damit war die rechte Flanke frei für den Infanterieangriff auf die Gule und Günthersdorf.

Als der König sein Heerlager bei Staudenz südostwärts Trautenau verlegen wollte, griff ihn am 30. September d.Js. Karl v. Lothringen mit doppelter Stärke an. Unter dem Zeitdruck des Überfalles stürmte der Dreiundsiebzigjährige vom rechten Flügel mit den Kür.Rgt. 1, 10, 13, 2, 12 und dem Drag.Rgt. 3 im Umfassungsstoß gegen die 553 Meter hohe Graner Koppe und schlug die dreimal so starke österreichische Kavallerie wieder völlig aus dem Felde, während die Infanterie um den Berg rang. Dann griff er mit drei Regimentern noch am linken Flügel ein, bis die Schlacht gewonnen war. Für den Frieden bestimmte ihn sein König zum Kommandierenden General über insgesamt rd. 45 000 Mann in ganz Schlesien unter Beibehaltung des Breslauer Gouvernements. In enger Zusammenarbeit mit dem Minister v. Schlabrendorff sorgte er für die laufende Beobachtung aller Grenzen gegen Österreich, Polen und Sachsen, die Fremdenkontrolle und Abwehr feindlicher Spionageversuche. Da sich der König selbst um Schlesien kümmerte, hatte Buddenbrock ständig mit ihm zu tun. Er zeichnete ihn — wie Dossow und Lehwaldt — mit seinem brillantgefaßten Medaillon-Porträt am blauen Bande aus und lud ihn für Ende August 1753 zum »Großen Campement« nach Spandau ein. Zugleich erhielt er einen ständigen Adjutanten in Leutnant Georg Dietrich v.d. Groeben. In seinem letzten Neujahrs-Glückwunsch schrieb der König am 3. Januar 1757: »Unter den Glückes Wünschen estimiere Ich den Eurigen ganz besonders, da Ich weiß, aus was für einem Mir treu verpflichteten Herzen die Eurigen geschehen. Der Höchste möge Eure Jahre noch fernerhin verlängern!« Seiner Witwe schrieb der König: »Ich habe einen sehr würdigen, besonders meritierten General verloren, der Mir so viele Jahre höchst nützliche und rechtschaffene Dienste erwiesen und der all Mein Vertrauen und Erkenntlichkeit verdienet hat.«

Generalfeldmarschall Christoph Wilhelm von Kalckstein geb. 17.10.1682 zu Ottlau Krs. Marienwerder gest. 2.6.1759 zu Berlin

Die seit dem 15. Jahrhundert in Westpreußen ansässige altpreußische Generalsfamilie hat bis 1945 bleibende, militärische Führungsbegabungen hervorgebracht. Bekannt wurde Christian Ludwig v. Kalckstein auf Knauten und Wogau, der als brandenburgischer Oberst nach zweimaliger Landflucht, Hochverrat und Eidbruch am 8. November 1672 in Memel hingerichtet wurde. Sein Vater war kgl. polnischer Oberstleutnant und Herr auf Knauten und Wogau im Kreise Preuß.Eylau, seine Mutter Marie Agnes, geborene v. Lehwaldt, aus dem Hause Ottlau. 1702 trat er beim hess.-kassel. Grenadier-Regiment ein, in dem er ab 1704 am Spanischen Erbfolgekrieg teilnahm. Bald wurde er bis 1709 als Adjutant beim Erbprinzen von Hessen verwendet. In seinem Gefolge erlebte er den mißglückten Versuch des Landgrafen Karl, Trier und Trarbach zurückzuerobern, Landau zu entsetzen, und die blutige Niederlage bei Spirkelbach. Nach dem Siege von Höchstedt am 13. August 1704 übertrug Marlborough dem Landgrafen die Belagerung der Feste Trarbach. Im Frühjahr 1705 zog das Regiment in die Lombardei zum Prinzen Eugen. Als der Landgraf Castiglione am Gardasee belagerte, besiegten ihn am 8. September 1706 die Franzosen unter General Medavi. Die Einnahme von Toulon am 17. Juli 1707 scheiterte trotz Einsatzes der Flotte, während die Belagerung von Tournai noch am 3. September 1709 zum Erfolge führte. In der eine Woche später folgenden blutigen Schlacht bei Malplaquet kämpften die Hessen am linken Flügel und stürmten den Wald von Lanières, bis sie den rechten Flügel der Franzosen umfaßten.

Einen Monat später trat Kalckstein als Major im Leibregiment zu Fuß in preußische Dienste. Nach glaubhafter Überlieferung hat er den Gleichschritt mitgebracht und exerziert, bis ihn Fürst Leopold von Anhalt übernahm. Er gab dem Gefechtsmarsch Festigkeit. Als die preußischen Truppen unter Fürst Leopold Anfang November 1712 in die Winterquartiere ins Geldernsche rückten, ließ er in der Nacht zum 7. November durch »Kalckstein vom Leibregiment« mit einem Detachement aus 300 Kommandierten im Handstreich die Zitadelle von Moers nehmen, die holländische Besatzung entfernen und die Stadt huldigen. Dieser Erfolg brachte Fürst Leopold »die längst ersehnte Ernennung zum Feldmarschall« ein. Kaum war Friedrich Wilhelm I. König, heiratete er am 6. Juli 1713 in Spandau die achtzehn Jahre jüngere Christophera Erna Lukretia Brandt von Lindau, Tochter eines kursächsischen Oberst, mit der er zwei Söhne und zwei Töchter hatte, von denen der Jüngste später Feldmarschall wurde, die Jüngste Generalleutnant v. Buddenbrock heiratete. Als die Schweden 1715 auf Usedom landeten, zog er in den Pommernkrieg. Nach Blockade der Festung Stralsund begann am 20. Oktober die Belagerung und am 17. Dezember der Angriff. Mit der Kapitulation zog das Regiment ab. Kalckstein war am 16. November Oberstleutnant geworden unter Versetzung zum Infanterie-Regiment v. Glasenapp (Nr.1), dessen Kommandeur er am 17. Oktober 1723 wurde nach Beförderung zum Oberst am 17. August 1718.

An diesem Tage hatte der König ihn unter Aufsicht des sechzigjährigen Generalleutnants Graf v. Finckenstein zum Erzieher des sechsjährigen Kronprinzen Friedrich bestimmt: »Er sei einer der klügsten und aufgeräumtesten Köpfe bei Hofe, reich an guten und munteren Einfällen«. In seiner Instruktion griff der König auf den Erziehungsplan seines Vaters für ihn von 1695 zurück, obwohl er sich damals rabiat gewehrt hatte, erfüllte ihn nur mit seinen Vorstellungen: Der Kronprinz sollte ein frommer Christ, aber zugleich ein »guter Wirt« werden, fähig, »einen Offizier und General zu agieren«, nächst der Gottesfurcht »die wahre Glorie und Begierde zum Ruhm, Ehre und Bravour«. Beide Erzieher waren bewährte Männer mit ausgeprägter Menschlichkeit, Finckenstein übrigens einst Erzieher von Friedrich Wilhelm I. Kalckstein galt »nicht nur als großer Soldat, sondern auch als vorbildlicher Erzieher der Truppe, selbst belesen und bestrebt, die wissenschaftliche Ausbildung von Offizieren zu heben«. Lehndorff kennzeichnete ihn 1757: »Stolz darauf, aus eigener Kraft und ohne das geringste Zutun der Günstlinge und Höflinge eine bedeutende Rolle gespielt zu haben. Die Vorsehung als einzigen Grund aller Ereignisse betrachtend und infolgedessen ruhig all den Dingen entgegensehend, auf die wir uns in diesen Kriegszeiten gefaßt machen müssen.« Auf jeden Fall besaß er besonderes Vertrauen des überstrengen und wechselhaften Vaters.

Fast elf Jahre hat Kalckstein die entscheidenden Entwicklungsjahre seines späteren königlichen Herrn Schritt für Schritt begleitet, immer zwischen dem Sohn, der keine Schwierigkeiten machte, und dem Vater, der sich seinem Sohne unaufhaltsam entfremdete. Die ersten drei Jahre lief alles gut. Der Kronprinz kommandierte seine Kadettenkompanie, fand Lob bei den Vorführungen und bekam 1720 eine zweite dazu. Am 3. September 1721 erließ der König eine neue Erziehungsordnung, die Schwerpunkte setzte, aber auch die erste Kritik zeigte, weil sich der Sohn nicht so formen ließ, wie der Vater es mit allen Mitteln wollte. Ihn trieb angesichts der Unsicherheit des Staates die panische Angst, Friedrich II. könnte nach Friedrich I. geraten und das Erbe seiner Celler Urgroßmutter mitbekommen haben: »Der Prinz muß auf alle Weise von aufgeblasenem Stolz und Hochmut wie auch allen Ausgaben, welche sich zu leicht einschleichen, abwendig gemacht, hingegen zum Haushalten, Sparsamkeit und Demut angehalten werden, daß er ein guter Wirt werde. Er ist auch von Opern, Komödien und anderen weltlichen Eitelkeiten abzuhalten. Dies um so mehr, als dem Prinzen andere böse Neigungen ausgetrieben werden müssen«. Ab 1722 verschlechterte sich das Verhältnis binnen weniger Wochen. Kalckstein, der immer wieder zu vermitteln suchte, erhielt immer häufiger verschärfte Anordnungen. 1725 verstärkte sich der innere Widerstand des Kronprinzen gegen den ständigen Druck und kleinlich fixierten Tageslauf, so daß Kalckstein Befehl erhielt, den Prinzen Tag und Nacht zu überwachen und abendliches Lesen zu verhindern. Vier Gardeoffiziere wurden extra als Überwachung kommandiert. Die Dresden-Reise 1728 brachte dann eine gewisse Entspannung, ehe es 1730 zum völligen Bruch zwischen Sohn und Vater kam, der Kalckstein tief erschütterte.

Nach dem frühen Tode seiner Frau am 25. Januar 1729 entband ihn der König am 29. März d.Js. nach der Konfirmation des Kronprinzen von seinem Auftrag und machte ihn zum Chef des Infanterie-Regiments Graf Rutowski (Nr.25), in der Berliner Friedrichstadt. Dreißig Jahre lang erwies er sich voll Ruhe und Selbstbewußtsein als vorbildlicher Erzieher seines Regiments, das zu den Kerntruppen der Armee gehörte. Am 2. Mai 1733 wurde er zum Generalmajor befördert und bekam am 5. November 1736 die Oberaufsicht über das am 13. Mai 1710 gegründete königliche Krankenhaus Charité, das nach Vorschlägen des Generalstabs-Medicus Dr. Joh. Th. Eller, Chef des Sanitätspersonals, unter Mithilfe von Geheimrat Mylius verbessert werden sollte. Am 28. Mai 1739 machte ihn der König zum Vorsitzenden der Kommission zur Schlichtung aller zwischen den Regimentern bei der Werbung aufgetretenen Streitigkeiten, ein Zeichen schiedsrichterlicher Fähigkeiten. Wie sehr ihm der König vertraute, zeigte sich im Dezember 1737, als er dem Dessauer nach dem plötzlichen Tode seines ältesten Sohnes Gustav Mut zusprechen und ihm des Königs »wahre Freundschaft und Mitleid nochmals versichern sollte, damit Gott und ein fester Entschluß, sich in seinen Willen zu finden, die beste Beruhigung machen«.

Der 3. Februar 1741 brachte ihm die Beförderung zum Generalleutnant. In der Schlacht bei Mollwitz kommandierte er den linken Flügel des ersten Treffens unter Schwerin mit 10 Bataillonen, der zurückgehalten war, aber mit seiner Schwenkung dann den Sieg vollendete. Unmittelbar danach übernahm er mit 9 Bataillonen, 6 Schwadronen die Belagerung von Brieg, von 60 Geschützen Lingers und den Pionieren Walraves samt 2000 Arbeitern unterstützt. Am 4. Mai fiel die Festung mit 70 Geschützen, Granaten, Pulver, 3000 Gewehren und Vorräten. Fünf Tage später bekam er den Schwarzen Adler-Orden. Bei Chotusitz führte er im Zentrum das erste Treffen mit 13 Bataillonen, das 10.30 Uhr vorrückte und mit der Schwenkung gegen das Dorf die Entscheidung brachte. Nach Kriegsende gab ihm der König die Drostei Dinslaken im Herzogtum Kleve »als Zeichen Meiner Zufriedenheit. Es ist ein Teil Meiner Schulden, von denen ich Mich Euch gegenüber frei mache«. Am 16. Januar 1745 beförderte ihn der König zum General der Infanterie. Bei Hohenfriedeberg befehligte er das zweite Treffen mit 28 Bataillonen, das nach dem Erfolg der Kavallerie erst der Vorhut du Moulins folgte, dann mit 10 Bataillonen nach Südwesten drehte und die Sachsen umfaßte. Bei Soor führte er am linken Flügel südlich Burkersdorf den Infanterie-Angriff gegen den linken Flügel der Österreicher, die bis 11.00 Uhr ihre Stellung räumten. Dafür machte ihn der König Ende des Jahres zum Gouverneur der wichtigen Festung Glogau.

Als der König am 24. Mai 1747 sechs verdiente Generale zu Feldmarschällen ernannte, stand Kalckstein an erster Stelle; er achtete seinen alten Erzieher hoch und bewies ihm immer wieder seine Wertschätzung. Am 20. Januar 1752 sprach er ihm eine Pension von 1000 Talern jährlich zu. Nachdem er im gleichen Jahr Erbherr von Knauten, Wogau, Mühlhausen und Schloditten geworden war, gab ihm der König zehn Wochen Urlaub auf seine Güter: »Ich wünsche nur, daß Ihr alle Sorgfalt auf Eure Person nehmen möget, um gesund und wohl zurückzukehren.« 1756 bat der König den Vierundsiebzigjährigen, ruhig zu Hause zu bleiben und nur dann der Armee zu folgen, wenn seine Kräfte es zuließen. 1758 machte er ihn noch zum Vormund der Söhne von Prinz August Wilhelm. Nach seinem Tode am 2. Juni 1759 in Berlin schrieb der König: »Das Vorbild eines ehrbaren Mannes und Staatsbürgers mit Herz und Vaterlandsliebe!«

Generalfeldmarschall Henning Alexander von Kleist geb. 4.5.1677 zu Raddatz Krs. Neustettin gest. 21.8.1749 zu Berlin

Die Kleist gingen im 13. Jahrhundert von der Altmark nach Ost-Pommern, wo sie bis 1945 grundgesessen blieben. Ab Anfang des 18. Jahrhunderts entwickelten sie sich zu einer der namhaftesten Offizier- und Generals-Familien, die schon von 1740 bis 1745 58 tote Angehörige verlor und bis 1806 allein 12 Generale stellte. Sein Vater Joachim Daniel war Herr auf Raddatz, seine Mutter Maria Katharina, geborene v. Ramel, die mit 41 Jahren verstarb, als er gerade erst acht Jahre alt war. Mit einundzwanzig Jahren trat er als Fähnrich im Regiment zu Fuß Alt-Anhalt (Nr.3) ein, dessen Chef, seit sechs Jahren Fürst Leopold von Anhalt-Dessau, es zu einem Muster-Regiment gemacht hatte. Nach Versammlung des brandenburgischen Hilfskorps im Lager Geldern rückte er, seit 1702 Leutnant, am 1. Juli 1703 mit dem Regiment in den Spanischen Erbfolgekrieg, zuerst am Rhein, dann in den österreichischen Niederlanden. Nach den Belagerungen von Kaiserswerth, Venlo und Roermond erlebte er vom 2. bis 15. August Belagerung und Einnahme der Festung Huy an der Maas, danach die Niederlage von Höchstädt am 20. September d.Js. wo es in der Nachhut unter den heftigen Angriffen der französischen und bayerischen Kavallerie hart herging. Das Regiment fand wegen seiner standhaften Kampfkraft überall Beachtung. Im Juni 1704 marschierte es unter Prinz Eugen zum Oberrhein und sicherte die Stollhofener Linie, ehe es sich am 13. August an der Donau bei Höchstädt unter Führung des Fürsten Leopold wieder auszeichnete. Der blutige Sieg brachte die Entscheidung des Krieges.

Nach Winterquartier im Bayerischen Wald marschierte er unter Generalmajor v. Stillen durch Tirol nach Verona und stand Ende Mai 1705 westlich des Gardasees. Am 25. Juli wurde er Kapitän und Kompaniechef. Drei Wochen später nahm er bei Cassano an der Adda an den blutigen, aber vergeblichen Angriffen über ihre Kanäle teil. Am 19. April 1706 überfielen die Franzosen bei Calcinato die Verbündeten; die hartnäckige Ortsverteidigung der Preußen rettete den Rückzug der Kaiserlichen. Die Preußen verloren ein Drittel, das Regiment sechs Fahnen. Bei der Vernichtung der französischen Belagerer vor Turin am 7. September kämpfte das Regiment im ersten Treffen am rechten Flügel in blutigem Handgemenge. Am 6. Oktober bemächtigte sich Oberst Johann Georg v. Schwerin, sein Regimentskommandeur, des Werkes Pizzighettone. Der Vormarsch auf Toulon endete am 22. August 1707 ergebnislos. Auf dem Rückmarsch eroberten die Preußen am 3. Oktober die Stadt Susa.

Bei Oudenarde kam es am 11. Juli 1708 an der Schelde zur Niederlage der Franzosen. Die Preußen griffen am rechten Flügel zwischen dänischen und hannoverschen Bataillonen an. Vom 22. August bis 22. Oktober erlebte Kleist die erfolgreiche Belagerung von Lille, die trotz Beschießung durch mehr als 100 Geschütze blutige Opfer kostete. 1709 nahm er an der Einnahme von Tournai am 29. Juli teil. In der Schlacht bei Malplaquet am 11. September d.Js. griffen sieben preußische Bataillone unter General v. Finckenstein mit Engländern und Hannoveranern das Zentrum der Franzosen hinter starken Feldbefestigungen erfolgreich an. Nach der Wegnahme von Mons bezog man in Lille Winterquartiere. Einen Tag nach Malplaquet bekam er seine Beförderung zum Major. 1710 sah er die Kapitulation von Douay am 26. Juni, dann verzettelte sich der Krieg. Am 23. März d.Js. hatte ihm der König für seine Leistungen die Amtshauptmannschaften Zossen und Trebbin südlich Berlin zugesprochen. Knapp drei Monate vor Friedensschluß wurde er am 28. Januar 1713 Oberstleutnant. In vierzehn Dienstjahren hatte er bereits neuneinhalb Jahre Kriegserfahrung.

Die Rekruten seines stolzen Regiments, das bis 1740 nach der Garde als »bestes der Armee« galt, kamen aus Halberstadt, Hohenstein und Magdeburg. Wenn es auch »Werbung« hieß, weil der Soldat Handgeld bekam, geschah die Aufbringung meist durch Zwang. König Friedrich Wilhelm I. gab dem Gewohnheitsrecht mit seiner Kantonverfassung vom 9. Mai 1714 nicht nur eine rechtliche Grundlage, sondern schuf ein neues Verwaltungssystem und eine ethische Verpflichtung: »nach Geburt und Gottes Ordnung mit Gut und Blut zu dienen schuldig und verpflichtet«. An dem von den Schweden eröffneten Pommern-Feldzug nahm sein Regiment mit zwei Bataillonen teil; sein Bataillon belagerte Stralsund, das andere landete mit auf Rügen. Kaum hatten die letzten Schweden im April 1716 Deutschland verlassen, heiratete er die dreiundzwanzig Jahre jüngere Albertine Marie v. Biedersee, mit der er elf Kinder hatte, davon vier Söhne. Im Frieden zeigte er sich ebenso streng und gewissenhaft im Dienst wie hervorragend in der Ausbildung, nachdem er in den Kriegsjahren seine Unerschrockenheit immer wieder bewiesen hatte. Am 6. Oktober 1718 erhielt er seine Beförderung zum Oberst, seine Ernennung zum Kommandeur seines Regimentes Alt-Anhalt und den Orden de la générosité. Der Dessauer war ihm wohlgesonnen, sein König nicht minder.

Auf Wunsch des Prinzen Eugen von Savoyen bat er am 22. April 1722 um Entlassung aus dem preußischen Dienst, um in den Dienst des Kaisers überzutreten. Die Türkenkriege waren abgeflaut, der Dessauer ein Freund Eugens. Anhalt hatte als Reichskontingent wiederholt Hilfstruppen gestellt. Eugen war Präsident des Hofkriegsrates und baute. Mit dem 1. Juli 1726 kehrte er zurück und übernahm das Infanterie-Regiment von Stillen (Nr.20) als Kommandeur in Magdeburg. Als sich Hannover 1729 in Ostfriesland und Mecklenburg einmischte, einen Grenzstreit entfesselte und preußische Werber verhaftete, so daß Preußen mobilisierte, ging Kleist am 16. September d.Js. als preußischer Vertreter nach Braunschweig zu schiedsrichterlichen Verhandlungen, bei denen Preußen nachgab, um einen Krieg zu vermeiden. Am 24. Oktober endete seine Mission. Fünf Monate später ernannte ihn der König zum Chef des Infanterie-Regiments v. Loeben (Nr.26) in Berlin. Am 23. Juni 1731 verstarb seine Frau in Berlin mit 31 Jahren. Der König beförderte ihn am 12. August 1733 zum Generalmajor und machte ihn zum Drost zu Bislich, Krs. Rees, 1734 auch zum Amtshauptmann zu Groeningen, Krs. Oschersleben. Ab 30. Juni d.Js. begleitete er den Kronprinzen zum Hilfskorps Roeders am Oberrhein und sah Prinz Eugen unter vielen Fürsten wieder. Als 1738 ein neuer Feld-Etat aufgestellt wurde, kümmerte sich Kleist um die Einhaltung der Enrollierungs-Kantons, Ausnahmen, Abschiede und das Ersatzwesen, dazu um die Werbung im nichtpreußischen Ausland. Am 16. Dezember 1740 marschierte er mit seinem Regiment unter Oberstlt. de Hautcharmoy am rechten Flügel unter Generalleutnant Graf v.d. Schulenburg über Liegnitz auf die Gebirge Schlesiens zu. Dann wandte sich der König gegen Breslau. Als sich die Österreicher bei Ohlau und Brieg konzentrierten, nahm Kleist mit zwölf Grenadier-Kompanien am 8. Januar 1741 Ohlau. Anschließend schloß er mit je vier Bataillonen und Schwadronen die Festung Brieg ein und ließ am 15. Januar Oppeln besetzen, bis ihn der König am 5. April wegen des Anmarsches der Österreicher zur Armee zurückholte. Bei Mollwitz befehligte er am rechten Flügel die eingeschobenen Grenadier-Bataillone, die eisern hielten und die Katastrophe abwendeten, wobei er schwer verwundet wurde. Vier Tage später beförderte ihn der König zum Generalleutnant »wegen Deren ungemeinen Tapferkeit und Bravour, welche Sie bei letzter Aktion gezeiget«. Er schickte ihn am 12. Mai nach Brieg mit dem Bemerken, »und wird Mich Euer baldiges völliges Retablissement von Herzen erfreuen«. Am 5. Juni d.Js. folgten die Ernennung zum Gouverneur von Kolberg und der Schwarze Adler-Orden, »damit Ich Euch eine überzeugende Probe von Meiner Gnade und Erkenntlichkeit wegen Eurer treuen Dienste geben kann«, dazu am 13. Juli der Pour-le-merite für Mollwitz.

Der König forderte ihn am 6. Oktober auf, zur Genesung weiter in Brieg zu bleiben, am 26. November, seinen Sohn als Offizieranwärter nach Berlin zu schicken und aufzupassen, ob er nicht noch weitere Offiziere aus auswärtigen Diensten für die Armee gewinnen könne. Kleist hat also seine mitteldeutschen Beziehungen und Verbindungen nach Österreich für den König genutzt, der Offiziere für den Ausgleich der Verluste, aber auch für weitere Heeres-Verstärkungen, dringend brauchte. Auf den Glückwunsch für den Sieg bei Chotusitz antwortete der König am 30. Mai 1742 aus dem Felde: »Euer unter dem 21. dieses (Monats) über die erfochtene Bataille bei Chotusitz bezeigtes Vergnügen gereichet Mir zu gnädigem Wohlgefallen. Ich danke Euch und versichere anbei, daß Ich Mir dero alt wohl verdiente Generals allemal mit Erkenntlichkeit erinnere.« In den zwei Friedensjahren kümmerte sich Kleist auch um seine Güter. Da er ein frommer Mann war, ließ er den von ihm im 1. Schlesischen Kriege erbeuteten wertvollen Siegeswagen, 1683 ein Dankesgeschenk an König Sobieski von Polen für den Entsatz von Wien, für die Kirche seines Dorfes Raddatz zu einer Kanzel umarbeiten, durchaus sinnvoll.

1744 zog er noch einmal mit in den 2. Schlesischen Krieg nach Böhmen und erlebte die Einschließung von Prag ab Anfang September, die Erstürmung des Ziska-Berges mit seinen Schanzen und die Kapitulation der Hauptstadt am 16. September. Den vom Wetter, Seuchen und schweren Strapazen begleiteten Rückzug hat er nur am Rande mitgemacht. Nach der Rückkehr ernannte ihn der König am 16. Januar 1745 zum General der Infanterie. An Hohenfriedeberg und Soor nahm er nicht mehr teil. Er sorgte aber für die Durchsetzung der Kantonverfassung auch in Schlesien, wenn auch bestimmte Städte, die sechs Gebirgskreise und einzelne Berufe ausgenommen blieben. Innerhalb ihrer Regiments-Kantone teilten die Kommandeure ihren Ersatz jetzt selbst auf. Am 24. Mai 1747 ernannte ihn der König mit fünf anderen verdienten Generalen zum Feldmarschall; Kleist war siebzig Jahre. Am 21. August 1749 verschied er zu Berlin und wurde in der Garnison-Kirche neben seiner Frau beigesetzt. Ohne ruhmreiche Waffentaten gehörte Kleist zu den bedeutenden Generalen des 18. Jahrhunderts.

Generalfeldmarschall Friedrich Ludwig Burggraf und Graf zu Dohna-Carwinden geb. 6.4.1694 zu Dresden gest. 6.1.1749 zu Wesel

Die altadlige Familie Dohna entstammt dem Vogtland, besaß ab 1144 die Burggrafschaft Dohna, Krs. Pirna und war seit 1469 in Ostpreußen ansässig. Sie ist mindestens ebenso alt wie die Hohenzollern. Die nach ihm erloschene Linie Carwinden, eine von fünf, war schwedisch versippt. Sein Urgroßvater Oxenstierna, Vetter des schwedischen Reichskanzlers, war Reichsschatzmeister und Reichsadmiral, seit 1680 Leiter der schwedischen Politik, sein Großvater Dohna schwedischer Feldmarschall, Vizegouverneur von Bremen und Verden sowie Botschafter und 1667 Friedensbevollmächtigter in Breda, sein Vater sächsischer Oberst, schwedischer Generalleutnant und Präsident des Wismarer Tribunals, preußischer Generalleutnant, dazu schwedischer Gesandter und preußischer Gesandter in Stockholm. Wie seine Tante und später er selbst, hatte sein Vater eine Verwandte aus der preußischen Linie Dohna-Schlobitten geheiratet. Schwedens Rolle war im Abnehmen. Sein Vater besaß ostwärts Wismar Carwinden, Neukloster und Mellingeholm sowie in Schweden Hjulsta und Län Uppsala. Von fünf Kindern war er der zweite Sohn aus erster Ehe. Sein Bruder und dessen Nachkommen gingen nach Schweden. Mit knapp fünfzehn Jahren trat er als Fähnrich im Infanterie-Regiment Graf Dönhoff (Nr.2) ein, das mit einem Bataillon in Italien, mit einem in den Niederlanden kämpfte. Er erlebte die Übergabe von Tournai am 29. Juli 1709 und bei Malplaquet am 11. September d.Js. den Angriff unter Finckenstein gegen die Franzosen sowie die Abwehr ihres Gegenangriffes im letzten Augenblick, die die Lage wiederherstellte. 1710 war sein Regiment bei der Belagerung von Douay, das am 26. Juni kapitulierte. Am 3. Februar 1711 bat er als Leutnant um Dienstentlassung, um als Kapitän beim kursächsischen Regiment Sachsen-Weißenfels einzutreten, das seit 1705 in Langensalza stand.

Obwohl der Nordische Krieg wieder auflebte und die sächsischen Regimenter bei Höchstädt und in Flandern gut gekämpft hatten, hatte sich ihr Kampfwert gegen Russen und Schweden als gering erwiesen. Eine Reform wurde dringender, zudem die Verstärkung der Armee. Das mag Dohnas Karriere beschleunigt haben. Als er am 26. Dezember 1713 in preußische Dienste zurückwechselte, wurde er als Oberstleutnant mit Patent vom 28. November d.Js. ins Infanterie-Regiment Graf Dohna (Nr.16) seines angeheirateten Schlobittener Onkels Alexander übernommen, der gerade Feldmarschall geworden und einst Erzieher des neuen Königs Friedrich Wilhelm I. gewesen war. Im Pommern-Feldzug 1715 blieb das Regiment allein zur Sicherheit Ostpreußens zurück, da der König ein Bündnis mit den Russen abgeschlossen hatte. Am 9. März 1721 wurde er Kommandeur seines Regiments, drei Monate später nach zwölf Dienstjahren mit siebenundzwanzig Jahren Oberst. Am 16. Dezember d.Js. feierte er in Königsberg mit seiner Cousine Sophie Wilhelmine, Burggräfin und Gräfin zu Dohna-Schlobitten, die drei Jahre jünger war, Hochzeit. Von fünf Kindern wurde nur die älteste Tochter groß, die in kurzer Ehe den preußischen General Karl Ludwig Graf zu Wied-Neuwied heiratete. Am 14. September 1733 gab ihm der König die Chef-Stelle des Infanterie-Regiments v.d. Mosel (Nr. 28) in Wesel.

Weder an der Mobilisierung 1733 noch am Rhein-Feldzug 1734 war sein Regiment beteiligt. Im Juli 1735 erkrankte er an Herz und Nieren, so daß er zur Wiederherstellung seiner Gesundheit nach Bad Wildungen gehen mußte. Am 15. Juli 1737 beförderte ihn der König zum Generalmajor. Am 4. September 1740 erlebte er die Huldigung Wesels an den neuen König Friedrich II., der gleichzeitig den Bischof von Lüttich öffentlich aufforderte, die Baronie Herstal freizugeben, neue Töne. Als sich Dohna beim König über Schwierigkeiten mit den Offizieren seines Regiments beklagte, antwortete er ihm am 5. Dezember d.Js.: »Ich habe Euer Schreiben vom 30. November erhalten und ersehe daraus, daß Ihr abermals über einige Officiers Eures Regiments Unzufriedenheit bezeiget. Ich weiß nicht, wie es zugehet, daß Ihr immer mit Euren Officiers im Prozeß lieget, zumal Ich nicht glauben kann, daß Ihr allein so schlechte und ungezogene Leute haben sollet. Es wird Mir sehr lieb sein, wenn Ich künftig mit dergleichen von Euch verschonet bleibe.« Bei Kriegsausbruch am 16. Dezember d.Js. blieb sein Regiment bis Ende 1741 in Wesel, um das Herzogtum Kleve, den westlichsten Besitz, zu sichern.

Schon am 27. November 1741 wies ihn der König an, keine Franzosen mehr neu anzuwerben, »nur rechte Franzosen, so aus Frankreich kommen«, Schweizer und Mömpelgarder seien nicht gemeint. Vier Wochen später kam der Befehl, er solle dafür sorgen, daß sein Weseler Regiment (Nr.28) am 12. Januar 1742 von Wesel nach Berlin abmarschiere. Es war unter Umwandlung in ein Musketier-Regiment unter Oberst de Hautcharmoy für Brieg bestimmt, die östlichste Festung in Schlesien nördlich der Oder. Er hatte bis auf weiteres in Wesel zu bleiben: »Die Veränderung hat notwendig geschehen müssen, da Ich das Regiment brauche. Ich habe zugleich nötig befunden, einen Mann in Wesel zu lassen, der sowohl das neu zu errichtende Regiment bald zum Stande und in Ordnung bringet als Mir auch sonst dort ersprießliche Dienste leisten kann. Daher Ihr Euch keine Gedanken von einiger Ungnade zu machen habet. Ich werde Euch einige Officiers zurückschicken, um Euch bei der Formierung zu assistieren.« Dohna durfte von jeder Kompanie zehn Mann als Stamm zurückhalten. Ein Teil waren Rekruten aus Württemberg, die Mehrzahl kam aus Werbung im Reich. Am 30. Januar 1742 wurde er Chef des neuen Infanterie-Regiments (Nr.44). In seinen Anordnungen für die Aufstellung versicherte der König: »Ich versichere Euch nochmals, daß Ich von keiner Ungnade noch Unzufriedenheit gegen Euch das geringste weiß noch deswegen die Veränderung mit dem Regiment vorgenommen, vielmehr mit Eurem Dienst und Eurer Sorgfalt zufrieden zu sein Ursache habe. Sobald das Regiment komplett ist, werde ich Euch zum Generalleutnant deklarieren.« Im Juli stand das Regiment, am 1. September wurde er mit Patent vom 9. Juni befördert, vom König am 24. September bestätigt: »Es gereicht Mir zu gnädigstem Gefallen, daß Ihr Euer Regiment bereits komplettieret und daß unter dem letzten Transport schöne große Leute sein sollen.« Seine Beförderung zielte schon auf seinen nächsten Auftrag.

Dohna sollte Sonder-Gesandter in Wien werden. Der König schrieb am 4. November: »Wenn Ihr in Wien angekommen sein und Eure Sachen eingerichtet haben werdet, sollet Ihr fünf große türkische Tafel-Zelte einkaufen und Mir nach Berlin schicken. Podewils (Minister des auswärt. Departements) hat Euch über alle Punkte in Meinem Namen instruiert.« Anfang Dezember d.Js. traf er dort ein. Es ging darum, nach dem Bündnis mit England vom 29. November d.Js. der Bedrohung Bayerns durch Österreich und den Niederlagen der Franzosen eine Reichsintervention unter preußischer Führung zugunsten Kaiser Karl VII. entgegenzustellen unter Rückendeckung Rußlands. Der König wollte dem deutschen Reich endlich Frieden bringen und dem gewählten Kaiser gegen Österreich Geltung verschaffen. Zugleich wollte er maßgebenden Einfluß auf die Entwicklung gewinnen, um die Stellung Preußens gegenüber den Verbündeten Englands zu halten. Mit der preußischen Armee als Kern sollte das Reichsheer einberufen werden, unter dem König als »Feldherrn des Kaisers«.

Frankreich blieb aus dem Spiel, Österreich wäre isoliert gewesen. Anfang Februar 1743 erwirkte Dohna die Erlaubnis zur Teilnahme preußischer Offiziere am Feldzuge Österreichs in Bayern, zwecks Ausforschung und Abwerbung von Offizieren, wofür er dann dem Erzherzog den Dank des Königs sagen mußte. Am 12. Februar mahnte ihn der König: »Ihr sollet keinen Tag vergehen lassen, ohne Mir zu berichten.« Dann bestellte er ihn für den 28. März zum Bericht nach Neisse und gab ihm am 9. April 200 Taler für seine Rückreise über Prag. Nach dem Friedensschluß und Ratifizierung des Grenzregulierungs-Traktates erreichte er am 14. August den ausdrücklichen Verzicht der Stände Böhmens auf Schlesien. Das geheime Bündnis Sachsens mit Österreich am 20. Dezember d.Js. machte dem König klar, daß er erneut werde kämpfen müssen, ehe Österreich wieder erstarkte. Deshalb sandte er, während Dohna in Wien blieb, am 2. Februar 1744 Graf Rothenburg nach Versailles, der bis zum 5. Juni d.Js. ein Bündnis erreichte. Die achtzehn Monate dauernde Friedenspause hatte er zur Verstärkung und Verbesserung der Armee genutzt. Ehe am 17. August d.Js. der Krieg erneut ausbrach, kehrte Dohna zurück. Am Feldzug konnte er wegen seines schlechten Gesundheitszustandes nicht aktiv teilnehmen, obwohl er erst fünfzig Jahre alt war. Eine Woche nach dem Siege von Hohenfriedeberg beförderte ihn der König 1745 trotzdem zum General der Infanterie in Anerkennung seiner diplomatischen Erfolge. Nach dem Frieden zu Dresden am 25. Dezember 1745 schrieb er ihm am 20. April 1746: »Ich bedaure, daß Eure beharrlichen Zufälle und kränklichen Umstände vor jetzo nicht zugeben wollen, daß Ihr den Euch sonst zugedacht gewesenen Posten zu Wien übernehmen und Euch solcher Funktion unterziehen könnet, so habe Ich Euch aus diesen Ursachen davon in Gnaden dispensieren und zugleich hierdurch erlauben wollen, wiederum nach Wesel zu Eurem Regiment zurückzugehen. Ich werde Mich noch Eurer gnädigst erinnern.« Der König war also mit seinen Leistungen von 1742 bis 1744 durchaus zufrieden und hatte eine Erneuerung des Auftrages erwogen. Am 10. September d.Js. verlieh er ihm den Schwarzen Adler-Orden, den sonst schon Generalleutnante erhielten. Daß er ihn am 24. Mai 1747 mit in die Gruppe verdienter Generale einbezog, die er zum Generalfeldmarschall ernannte, war ein Zeichen höchster Wertschätzung. Eineinhalb Jahre später starb er am 6. Januar 1749 mit fast fünfundfünfzig Jahren in Wesel, wiewohl er Pfandherr auf Samrodt war.

Generalfeldmarschall Joachim Christoph Friedrich von Jeetze geb. 16.9.1673 zu Hohenwulsch, Krs. Stendal gest. 11.9.1752 zu Potsdam

Jeetze war typischer Altmärker, jenes Landesteiles westlich der Elbe, von dem Albrecht der Bär Brandenburg eroberte. Die altadlige Familie war zwischen Stendal, Osterburg und Kalbe in den Dörfern Flessau, Hohenwulsch, Büste, Poritz, Döllnitz und Jeetze ansässig. Zur Zeit Friedrich des Großen und seines Vaters lebten fünf Offiziere aus drei Familien dieses Namens: einer fiel als Oberstleutnant 1705 bei Cassano. Er wurde Feldmarschall, zwei 1748 und 1754 Generalmajore und sein zweiter Sohn war 1742 bis 1754 Kommandeur von Grenadier-Bataillonen, stand im I. Bataillon Garde. Adam Friedrich, der erste der Generalmajore, wirkte am 27. Oktober 1730 beim Kriegsgerichtsurteil der Kapitäne gegen die Helfer des Kronprinzen mit.

Jeetzes Vater war Herr auf Hohenwulsch, seine Mutter eine geborene v. Vintzelberg. Mit dreizehn Jahren kam er als Page zum Großen Kurfürsten an den Hof in Potsdam. Nach seinem Tode am 9. Mai 1688 trat er als Freiwilliger im Infanterie-Regiment Markgraf Philipp Wilhelm von Brandenburg-Schwedt (Nr.12) in Potsdam ein, das drei Jahre zuvor aufgestellt worden war. Sein Regiments-Chef war der älteste Sohn des Großen Kurfürsten aus seiner zweiten Ehe und damit Stiefbruder des Kurfürsten Friedrich III., ab 1701 König. Seit 1689 Fähnrich, erlebte er den Pfälzischen Krieg gegen Frankreich, zunächst die Wegnahme von Rheinsberg, dann die kurze Belagerung von Kaiserswerth bis 25. Juni, danach ab 11. Juli die Belagerung von Bonn, die erst am 12. Oktober zur Einnahme führte, als der Kurfürst den konzentrischen Angriff durchsetzte. Die Brandenburger hatten auf den Poppelsdorfer Höhen ehrenvoll gekämpft.

1690 marschierte sein Bataillon — das andere lag in Landsberg/Warthe — mit der Armee nach Brüssel, um die Truppen des Fürsten von Waldeck aufzunehmen. Am 22 Juli erfolgte der Maas-Übergang bei Visé und am 2. August die Vereinigung bei Wavre. Zu weiterem Vorgehen konnte man sich nicht entschließen. 1691 verging bis auf den Verlust von Mons mit Märschen. Im Mai 1692 wurde ein Bataillon in Namur mit eingeschlossen; am 30. Juni mußte sich die Festung den Franzosen ergeben. Im April 1693 marschierte es von Aachen zur Versammlung des preußischen Korps bis zur Ourthe, nahm aber an der Niederlage von Neerwinden nicht teil, da es in Lüttich lag. Jeetze wurde hier Leutnant. 1694 stürmte sein Bataillon die Festung Huy mit, die am 27. September kapitulierte, und rückte dann wieder nach Lüttich. 1695 folgte vom 17. Juli bis 2. September die Eroberung von Namur. Das Jahr 1696 verging tatenlos, 1697 brachte Frieden und Rückmarsch in die Heimat, Jeetze die Beförderung zum Premierleutnant. Dann lag das endlich vereinigte Regiment im Quartier in den mittleren Provinzen. Am Ende der kurzen Friedensperiode wurden auf Beschluß des Kriegsrates vom 5. Dezember die vom Regiment entwickelten Gewehr- und Ladegriffe einheitlich für die ganze Armee übernommen und zur Grundlage des ersten preußischen Exerzier-Reglements vom 18. Dezember 1702 gemacht.

Als die Franzosen Ende 1701 an den Rhein vordrangen, war der Spanische Erbfolgekrieg unvermeidlich. Zuerst schloß sein Regiment Kaiserswerth ab 16. April 1702 von Norden mit ein und nahm es nach massiver Beschießung am 15. Juni. Nachdem die Franzosen am 28. Juli über die Maas gedrängt waren, wurde am 22. September Venlo erobert und am 7. Oktober Roermonde besetzt. Auf zehn Kompanien aufgestockt, belagerte es ab 21. April 1703 zunächst Geldern mit, rückte dann aber am 1. Juli unter dem Dessauer nach Süden bis Haunsheim zur Reichsarmee unter Markgraf Ludwig von Baden. Am 5. September nahm sie Augsburg; am 20. September folgte die Niederlage bei Höchstädt, nach der das Regiment den Rückzug in hinhaltendem Gefecht führte mit schnellerem Feuer durch den gerade eingeführten Eisernen Ladestock. Die Flanke sicherte das erste schwadronierte Grenadier-Bataillon unter Hauptmann v.d. Mühlen vom Regiment. Am 3. August 1704 erreichte es bei Höchstädt die Donau, wo die Entscheidungsschlacht entbrannte. Die Preußen griffen auf dem rechten Flügel das befestigte Lutzingen an. Trotz schweren Artilleriefeuers und doppelter Überlegenheit der Bayern gelang es, sie auf den Ortsrand zurückzuwerfen. Als nachmittags die feindliche Kavallerie die Preußen auf die Ausgangsstellung zurückwarf, wurde Jeetze durch einen Schuß in den Unterleib schwer verwundet.

Dennoch konnte er im März 1705 mit nach Verona marschieren, um am 16. August in den verlustreichen Angriff über die Kanäle der Adda bei Cassano zu geraten. Sein Onkel Dietrich Daniel v. Jeetze fiel als Regimentskommandeur. Dann kam es am 7. September 1709 zum Sieg bei Turin, bei dem sein Bataillon im ersten Treffen links erfolgreich angriff. 1707 schloß sich über 265 Kilometer Entfernung der Vormarsch auf Toulon an, der nach vergeblichen Kämpfen und Hunger auf dem Rückmarsch ab 22. August am 3. Oktober die Eroberung von Susa brachte. Im Winter 1707/08 durfte er mit den drei auszutauschenden Bataillonen in die Heimat reisen, um am 13. Mai Dorothea Sophie v. Borstell aus der Gegend von Stendal zu heiraten; sie folgte ihm später nach Italien. Bis zum Vorstoß von Susa über den Mt.Cenis zur Arc war er wieder zurück und nahm mit die Sperrforts von Exilles und Fenestrelle ein. Mitte August erfolgte der Rückmarsch. Am 15. September wurde er nach zwanzig Dienstjahren Kapitän und Kompanie-Chef. Die Feldzüge 1709 bis 1711 verliefen nur im Juli und August um den Mt. Cenis sehr mühsam, aber ergebnislos. Am 1. Juli 1710 wurde in Mantua sein zweiter Sohn geboren. 1712 schlief der Krieg ein. Am 22. Februar wurde er Major und 1713 nach Rückkehr im April am 6. Oktober Oberstleutnant.

1715 stand sein Regiment als Besatzung in Stettin, nachdem die schwedische Garnison am 29. September 1713 abgezogen war. Es wurde zum Feldzug herangezogen. An der Landung auf Rügen nahm nur eine Kompanie teil. Ab 1716 bezog es Garnison in Prenzlau; der Ersatz kam aus der Uckermark. Seine Beförderung zum Oberst erhielt er am 2. September 1722 und am 26. August 1725 das Infanterie-Regiment Graf von Lottum (Nr.25) in Anklam, Demmin, Strasburg in der Nachbarschaft als Kommandeur. Zwei Jahre darauf wechselte er als Kommandeur zum Infanterie-Regiment Graf von Finckenstein (Nr.14) nach Heiligenbeil/Ostpreußen. Sechs Jahre später gab ihm der König die Chef-Stelle des Infanterie-Regiments von Thile (Nr.30) wieder in Anklam und schrieb am 14. Februar 1733: »Ich bin sicher, daß Ihr das Regiment nicht allein im Stande erhalten, sondern immer mehr und mehr verbessern werdet.« 1734 hatte er sein Regiment ab Ende April im Hilfskorps an den Oberrhein zu führen. Anläßlich der Revue in Stettin am 15. Juli 1737 ernannte ihn der König mit Patent vom 15. Januar zum Generalmajor.

Am 16. Dezember 1740 marschierte er mit seinem Regiment am linken Flügel des Schwerin'schen Korps über Glogau auf Breslau und nahm ab 4. Januar 1741 mit vier Bataillonen, drei Schwadronen die kleineren Städte nördlich der Oder ein und stürmte am 9. März Glogau mit. Am 15. März nahm er mit drei Bataillonen Zuckmantel. Am 10. April befehligte er bei Mollwitz den linken Infanterie-Flügel des ersten Treffens, wobei er sich hervorragend bewährte. Danach wirkte er an der Belagerung von Brieg bis 4. Mai mit. Die bei Mollwitz gefangenen Österreicher sollten dort unter seiner Aufsicht gesammelt werden. Am 4. Juni machte ihn der König für seine unbeschreibliche persönliche Tapferkeit, Engagement und Vorwärtsdrang zum Generalleutnant und verlieh ihm den Schwarzen Adler-Orden. Beim Einmarsch in Mähren Ende des Jahres bewährte er sich erneut. Sein Vertrauen und seine Dankbarkeit zeigte ihm der König durch die Gewährung der Amtshauptmannschaft von Wolmirstedt und die Gouverneurs-Stelle in Peitz. In der Schlacht von Chotusitz am 17. Mai 1742 führte er die Brigade am linken Flügel des ersten Treffens, die im verbissenen Ortskampf das Dorf stundenlang verteidigte, die Österreicher auf sich zog, räumen mußte und es wieder nahm, wobei ihm das Pferd unter dem Leibe erschossen wurde. Anschließend verfolgte er den Feind. Seine Soldaten folgten ihm bedingungslos.

1744 kommandierte er mit bei der Einnahme von Prag, der der deprimierende Rückzug folgte. Bereits am 30. September war er bei Tabor schwer erkrankt, blieb aber bei der Truppe. Am 14. Februar 1745 ließ er durch Lehwaldt bei Habelschwerdt die Österreicher zurückschlagen, ein Sieg, der die Zuversicht der Armee beträchtlich hob. Schon am 16. Januar d.Js. hatte ihn der König zum General der Infanterie befördert. In der Schlacht von Hohenfriedeberg am 4. Juni d.Js., die praktisch den Zweiten Schlesischen Krieg entschied, führte der fast Zweiundsiebzigjährige das Zentrum des ersten Treffens mit zehn Bataillonen, die mit Wucht den linken Flügel der Österreicher in und um Günthersdorf angriffen, bis an seinem linken Flügel die Bayreuth-Dragoner in die Frontlücke des Feindes stießen. Bei Soor befehligte er am 30. September den rechten Infanterie-Flügel mit vierzehn Bataillonen der Brigaden Blanckensee und Prinz Heinrich im blutigen Ringen um die Graner Koppe und bis zum Nordrand von Burkersdorf, das den Feind trotz aller Überlegenheit aus seiner beherrschenden Stellung warf. Jeetze war ein vorbildlich mitreißender Truppenführer, der seinem Gegner unter allen Umständen das Gesetz des Handelns aufzwingen wollte. Unermüdlich fleißig in Dienst und Truppenführung hatte er nicht umsonst das ständige Vertrauen dreier Könige besessen. Am 21. Mai 1746 erlaubte ihm der König, wegen seines Alters und der Gesundheit, auf Lebenszeit auf seine Güter Hohenwulsch und Büste, Poritz, Döllnitz, die er seit 1709 besaß, zu gehen, ohne sein Regiment aufzugeben. Am 26. Mai 1747 machte er ihn zum Generalfeldmarschall. Der König blieb in laufendem Briefwechsel mit ihm, so am 30. April 1751: »Ich habe mit Vergnügen ersehen, daß Ihr gesund bei Eurem Regiment angekommen. Die gute Anzeige machet Mir Hoffnung, Euch wiederum vor Eurem Regiment zu sehen.« 1752 als Gast des Königs in Potsdam, traf ihn am 11. September der Schlag. Es war bei seinem König gestorben.

Generalfeldmarschall Dietrich Fürst von Anhalt-Dessau geb. 2.8.1702 zu Dessau gest. 2.12.1769 zu Dessau

Das Fürstentum Anhalt zwischen Harz und Elbe verband Magdeburg mit Halle und sicherte den Zugang nach Braunschweig wie nach Thüringen. Seit Mitte des 17. Jahrhunderts waren Anhalts Fürsten eng mit Brandenburg-Preußen verbunden. Sein Vater war der regierende Fürst Leopold, seine Mutter Anna Luise Föse, Apothekerstochter aus Dessau. Nach den Brüdern Wilhelm Gustav und Leopold Maximilian war er der dritte Sohn. Mit Beendigung der Hofmeister-Erziehung ging er vierzehnjährig — anders als seine Brüder — als Kapitän in holländische Dienste, vielleicht über Beziehungen dank seiner oranischen Großmutter. Als er mit sechzehn Jahren am 16. August 1718 in preußische Dienste übertrat, wurde er als Oberstleutnant im Infanterie-Regiment Fürst Leopold von Anhalt-Dessau (Nr. 3), das schon sein Großvater gehabt hatte, eingestellt. Wie Vater und Brüder war er ein befähigter Soldat, der seine Aufgabe mit Leidenschaft erfüllte, zumal er ja auch dienstlich der rastlos aktiven Aufsicht seines Vaters unterstand. Am 22. April 1722 zum Kommandeur des Regiments ernannt, folgte knapp zwei Monate später mit kaum zwanzig Jahren die Beförderung zum Oberst. Als Vetter stand er König Friedrich Wilhelm I. nahe.

Der Vater sorgte dafür, daß sein Regiment wie die Königs-Garde nicht nur drei Bataillone mit je einer Grenadier-Kompanie besaß, also stärker als die anderen Regimenter war, sondern zugleich die Rolle als Exerzier- und Lehr-Regiment behielt, wie es seiner frühen und langen Erfahrung, seinem Können und seinem empfindlichen Ehrgeiz entsprach. Er setzte seine Erfahrungen umgehend in die Praxis um, seien es Anweisungen zum Handeln, Vorschriften oder Verbesserungen von Waffen, Ausbildung, Ausrüstung bis ins kleinste. Sein Regiment war ihm wichtiger als die fürstliche Hofhaltung. Trotz aller Freundschaft fühlte er sich hier als Konkurrent zu König Friedrich Wilhelm I., dem er als schlachtenergrauter Befehlshaber nach 22 Schlachten und 27 Belagerungen bei nur einem Streifschuß vieles voraus hatte. So hat er auch seine Söhne erzogen, immer wieder das Grundsätzliche mit dem Einzelnen und umgekehrt zu verbinden, dazu tapferes Vorangehen und zupackenden Angriffsgeist. Ihr Verhältnis zu König Friedrich II. entwickelte sich jedoch unterschiedlich: von Erbprinz Wilhelm Gustav abgesehen, der schon 1737 starb, standen zwar die Prinzen Leopold Maximilian und Moritz in hohem Ansehen, aber Prinz Friedrich Heinrich Eugen wurde am 8. Januar 1744 entlassen, Maximilians Sohn Leopold Friedrich Franz bat am 12. August 1757 um seine Entlassung, und Dietrich war aus verschiedenen Gründen 1750 ausgeschieden, wenn auch der König wohlgesonnen blieb. Anhalt hat des Königs Verärgerung ab Ende 1758 scharf zu spüren bekommen, »wie Ausland«.

Als es 1729 zu Spannungen mit Hannover kam, war sein Regiment bei der Mobilisierung im August dabei. Am 27. Mai 1730 gab ihm der König die Chef-Stelle des Infanterie-Regiments Hessen-Kassel (Nr.10), seit 1714 in Bielefeld und Herford, das siebenundzwanzig Jahre Prinzen von Hessen-Kassel als Chefs gehabt hatte. Am 13. Juli 1733 erklärte sich der König bereit, mit 50 000 Mann für Reich und Habsburg gegen Frankreich zu marschieren. Aber im Herbst lehnte Wien aus Mißtrauen ab. Für 1734 war sein Regiment nicht vorgesehen. Dafür durfte er ab 8. April mit dem König, dem Kronprinzen und vielen Fürsten ins Feldlager des Prinzen Eugen reisen, hatte er doch bisher keinen Feldzug miterlebt. Ebenso erhielt er 1735 die Erlaubnis, am Feldzug am Oberrhein teilzunehmen. Wenn auch sein Verlauf handlungsarm blieb, so sammelte er doch wichtige Beobachtungen, Eindrücke und praktische Einzel-Erfahrungen, wie z.B. über Führungsprobleme, Einsatz von Husaren, Streifkorps und Flußübergänge. Am 23. Juli 1738 ernannte ihn der König zum Generalmajor.

Beim Einmarsch in Schlesien 1740 waren weder er noch sein Regiment beteiligt. Zur Verstärkung formierte der König Anfang 1741 ein III. Korps unter Generalleutnant v.d. Marwitz mit 13 Bataillonen, dazu 4 für Besatzungszwecke, 25 Schwadronen. Prinz

Dietrich trat mit seinem Regiment und Generalmajor Markgraf Heinrich von Brandenburg-Schwedt dazu; sie überschritten Anfang März bei Grünberg die Grenze und erreichten bis Mitte des Monats Schweidnitz. Bei Mollwitz bildeten diese Regimenter die inneren Flügel der Infanterie des ersten Treffens, dessen rechten Flügel Prinz Dietrich unter v.d. Marwitz führte. Die massive Attacke der österreichischen Kavallerie unter General Römer traf gerade seine Regimenter Garde, Kleist, Markgraf Karl, Kalckstein und die Kleist-Grenadiere, die »mauerfest« standhielten und nach der Zertrümmerung des rechten Kavallerie-Flügels die Niederlage abwendeten. Prinz Dietrich hatte sich mit Adjutanten und geringer Begleitung in eine Lücke geworfen, um den Durchbruch von dreißig feindlichen Dragonern erfolgreich zu verhindern. Dabei war er im vollen Galopp mit einem Dragoner zusammengeprallt. Der Österreicher war tot; er hatte sich eine Reihe schwerer Verletzungen zugezogen. Dennoch blieb er im Dienst und Einsatz.
Dann ging es darum, den Preis für Mollwitz, die Festung Brieg, einzutreiben. Als Vertreter Kalcksteins führte er neun Bataillone, sechs Schwadronen ab 11. April heran, die am 20. April die Festung abriegelten. Nach schwerem Artillerie-Beschuß ergab sie sich am 4. Mai. Während des Vorgehens auf Grottkau wie während des Lagers von Strehlen ab 19. Juni, von dem aus Brieg, Schweidnitz mit seinen Magazinen und die Hauptstadt Breslau gedeckt werden konnten, führte er im Auftrage des Königs wiederholt sehr erfolgreiche Beitreibungen durch, bei denen immer wieder feindliche Husaren auftauchten, so z.B. am 12. bis 16. Juni um Grottkau. Auch dafür war weder ein General noch ein Prinz zu schade. Danach beauftragte ihn der König, in Grottkau über den Austausch der 2384 österreichischen Gefangenen gegen die 1439 gefangenen Preußen in der Hand der Österreicher als Vorsitzender einer Kommission zu verhandeln und dabei möglichst dem Gegner des Königs Bereitschaft zu einem Bündnis mit Österreich zu verdeutlichen und die Meinung des Gegners hierüber zu erfahren.
Seine Beobachtungen führten dann zum Protokoll von Klein-Schnellendorf am 9. Oktober d.Js., in dem geheim der Abzug der Österreicher und die Kapitulation von Neisse nach kurzer Belagerung vereinbart wurden. Die vorletzte Festung Schlesiens wurde unter seinem Bruder Leopold ab 18. Oktober eingeschlossen und der Angriff von Südwesten her vorbereitet. 13 Bataillone, 12 Schwadronen und 22 Geschütze standen bereit. Nachdem er am 21. Oktober Generalleutnant geworden war unter gleichzeitiger Verleihung des Schwarzen Adler-Ordens, erhielt er am 22. Oktober den Oberbefehl über das Belagerungskorps, da sein Bruder Leopold nach Böhmen mußte. Bis 27. Oktober waren die Vorbereitungen zum Sturm abgeschlossen, ab 28. setzte die Beschießung ein, und am 1. November ergaben sich Festung und Stadt. Generalmajor Walrave war neuer Kommandant mit den Infanterie-Regimentern v. Sydow (Nr.23) und Markgraf Heinrich von Brandenburg-Schwedt (Nr.12). Er hatte seinen ersten Feldzug erfolgreich bestanden.

Der König stieß noch im Winter 1742 von Olmütz bis tief nach Südmähren über die Thaya vor bis kurz vor die Donau, obwohl Brünn noch in der Hand des Feindes war. Prinz Dietrich erhielt ab 7. März zur Verstärkung unterstellt die Infanterie-Regimenter Prinz Moritz (Nr.22), v. Sydow (Nr.23), die Grenadier-Bataillone v. Kleist und v. Geist, dazu die Kürassier-Regimenter 9 und 11 sowie das Dragoner-Regiment 1, insgesamt 8 Bataillone, 30 Schwadronen, um ostwärts der March von 10. bis 21. März das Beskiden-Vorland von Göding über Skalitz, Ung.Brod bis Wal.Meseritsch an der oberen Beczwa von ungarischen Freischärlern zu säubern. Der Winterfeldzug war äußerst anstrengend. Am 22. März kehrte sein Korps zur Armee zurück; ab 27. März stellte er für Oberschlesien eine neue Armee auf, die sein Vater Anfang Mai übernahm, nachdem der König den Feldzug in Mähren beendet hatte. Am 23. April räumte er Olmütz und ging auf Jägerndorf-Ratibor zurück. Die Truppe brauchte Ruhe. 1744 stand er wieder mit schlesischen und ostpreußischen Regimentern in Oberschlesien, beschränkte sich als Stellvertreter im Korps Marwitz aber auf die Grenzsicherung zwischen Glatz und Troppau. Am 22. Mai 1745 wirkte er beim Durchbruch von Jägerndorf mit. Bei Hohenfriedeberg war er stellvertretender Befehlshaber unter seinem Bruder Leopold am rechten Flügel und griff die Gule und Günthersdorf an mit dem Auftrag, bis südlich Rohnstock durchzustoßen. Am 16. Juli beförderte ihn der König zum General der Infanterie. Sechs Wochen später führte er seinem Vater in langem Fußmarsch ins Lager Wieskau bei Köthen 6 Bataillone, 18 Schwadronen als Verstärkung aus Schlesien zu. Am 24. Mai 1747 ernannte ihn der König zum Generalfeldmarschall.

Ein Jahr später erbat er wegen seiner Gesundheit den Abschied, den der König ablehnte. Am 20. Januar 1750 wünschte er gute Besserung. Als sich sein Leiden verschlimmerte, stimmte er am 27. Dezember d.Js. doch zu und schrieb: »Ich hoffe, wenn Ew.Liebden zu meinem Leidwesen Rückzug nach Dessau nehmen müssen, daß dieselben Mich nicht gänzlich vergessen und Mir dann und wann das Vergnügen machen, Sie bei Mir zu sehen. Ich werde Ew.Liebden stets wie einen bei Meiner Armee stehenden Offizier hochachten. Ew.Liebden wollen das Portepee wie zu allen Zeiten tragen, wobei Ich die wiederholte Versicherung gebe, daß, wenn dero Gesundheit sich völlig wiederherstellen wird, das Regiment, so Ew.Liebden gehabt, allzeit wieder Ew.Liebden kommandieren soll.« Nach dem Tode seines Bruders Leopold führte er — unverheiratet — vom 16. Dezember 1751 bis 20. Oktober 1758 die Regierung seines Landes, gerecht, gütig, immer hilfsbereit als gläubiger Christ. 1754 war der König bei ihm zu Gast, der ihn als tapferen, tüchtigen Soldaten schätzte. Bis 1756 besuchte er jährlich die Revue in Magdeburg. Er verselbständigte die Verwaltung, regierte umsichtig und war seinen sechs Neffen und Nichten ein treuer Vormund. Auf seinen Gedenkstein setzten sie: »Freigiebiger Mann, tapferer Krieger, guter Oheim, redlicher Vormund«.

Generalfeldmarschall Friedrich Leopold Graf von Geßler geb. 24.6.1688 zu Schwägerau, Krs. Insterburg gest. 22.8.1762 zu Brieg

Geßler stammte aus dem Teil Ostpreußens, der einst Preußisch Litthauen hieß und von König Friedrich Wilhelm I. bevorzugt aufgebaut wurde. Sein Vater war Erbherr auf Schwägerau und als Oberst Kommandeur des Dragoner-Regiments Markgraf Friedrich von Ansbach (Nr.1), seine Mutter Gertrud v. Gattenhoffen aus Norkitten am Pregel unweit Wehlau. Die Familien der Eltern stammten wohl aus Süddeutschland. Nach dem Tode des Vaters am 30. November 1704 nahm er mit sechzehn österreichische Dienste, vielleicht durch Verwandte vermittelt. Ehe er nach Italien kam, ging er 1706 in preußische Dienste und trat beim Infanterie-Regiment Herzog Friedrich Ludwig von Holstein-Beck (Nr.11) ein, das Ostpreußen sicherte. Am 6. Juni 1707 wurde er Fähnrich und marschierte 1708 in seinem Bataillon als Austausch nach Süden, während das andere erst 1711 in die Uckermark verlegt wurde. In Piemont erlebte er die Einnahme der Forts Fenestrelle und Exilles, die die Täler der Dora westlich Susa sowie des Chisone nach Chambéry sperrten. Auf dem Rückmarsch kam es am 11. August bei Cesanne südlich vom Mont Genèvre zu einem Nachhut-Gefecht. Das rauhe Wetter erzwang ein Ende der Kämpfe. Den Winter verbrachte er im Kirchenstaat in Perugia. Kaiser Joseph I. wollte der feindseligen Haltung des Papstes Nachdruck entgegensetzen. 1709 war das Ziel die obere Rhone. Im Vormarsch über den Mont Cenis erreichten die preußischen Bataillone am 28. Juli Conflans im Tal der Isère. Nach dem Treffen bei Vachette an der Durance am 28. August erfolgte am 24. September der Rückmarsch über den Kleinen St.Bernhard und das Aosta-Tal. 1710 gingen die Verbündeten im Stura-Tal gegen Barcelonette vor.

Seit 4. April d.Js. Leutnant und drei Monate später auf Grund seiner bewiesenen Fähigkeiten Kapitän, kündigte er auf der Stelle den Dienst, reiste nach Preußen zurück und bewarb sich im Dragoner-Regiment v. Pannwitz (Kür.Rgt.12), das 1704 in Ostpreußen aufgestellt worden war. Anfang Mai 1711 stand das Regiment mit drei Eskadrons bei Douay, um die Scarpe zu überschreiten und über Lens und Bethune auf Arras vorzustoßen. Als es gelang, über die Sensée zu gehen, wurde ab 7. August Bouchain eingeschlossen, das sich am 13. September ergab. Hier wurde Geßler durch einen Schuß in den linken Fuß verwundet. Ende des Jahres wurde er Stabskapitän und schon sechs Wochen später am 29. Januar 1712 Kapitän und Kompanie-Chef. Dreimal hatte er neuen Anlauf genommen, bis er Reiter-Offizier war! Das Regiment rückte wieder mit vier Eskadrons aus, ging Ende Mai bei Bouchain über die Schelde und belagerte le Quesnoy, das am 4. Juli kapitulierte und ab 16. Juli Landrecies, dessen Einnahme ab Anfang August aufgegeben werden mußte. Im Winterquartier in Geldern verloren am 7. Februar 1713 zwei Kompanien durch Überfall der Franzosen bei Rheydt 86 Pferde.

Im Juni d.Js. marschierte das Regiment nach Ostpreußen, um aufgefüllt zu werden. Am 21. Januar 1714 war er mit sechsundzwanzig Jahren Major. Während des Pommern-Feldzuges 1715 gehörte sein Regiment zum Korps Arnim, das bei Wollin eine Wegnahme der Insel durch die Schweden und ihren Durchbruch nach Polen unterbinden sollte. Am 22. August stürmte es mit großer Tapferkeit, aber erheblichen Verlusten in erbittertem Kampf Peenemünde, dessen Besitz Voraussetzung für die Landung auf Rügen war. Nach Ende des Feldzuges heiratete er Anna Eleonore Gräfin v. Stanislawsky-Seeguth aus Moditten bei Königsberg, eine Polin, die recht exzentrisch war und 1746 nach Verurteilung zu sechs Jahren Haft wegen Mißhandlung ihrer Mägde in die Verbannung mußte. Er hatte mit ihr mehr als sechs Kinder.

Am 1. Mai 1720 erhielt er seine Beförderung zum Oberstleutnant und Kommandeur seines Regiments, das auf fünf Eskadrons verstärkt war. Wegen seiner »bewiesenen vorzüglichen Tapferkeit« im Feldzug hatte es der König am 6. August 1715 zum »Regiment zu Pferde« erhoben. Unermüdlich exerzierte er es, ganz nach Geschmack des Königs, mit dem er wiederholt Verbesserungen über verschiedene Übungsberei-

che erörterte. Die Taktik der schweren Schlachten-Kavallerie war in der Weiterentwicklung. Nach sechs Jahren erhielt er das Grenadier-Regiment zu Pferde Graf v.d. Schulenburg-Beetzendorff als zweite Kommandeur-Stelle, um am 21. September 1729 Oberst zu werden. Als sich seine Frau am 24. September 1732 beim König über ihn beschwerte, antwortete dieser am 5. Oktober: »Ich habe ungern ersehen, was Ihr wider Euren Mann vorstellet. Wie Ich Euch bisher für eine vernünftige und christliche Frau gehalten, so sehr befremdet Mich Art und Weise Eures Unternehmens, daß Ihr gar auf Trennung dringen wollet. Ihr wisset, daß Euer Mann Euer Schutz und Beistand ist, mit dem Ihr lebenslang Gutes und Böses auszustehen Euch verpflichtet. Ihr wisset, daß Ihr auch seine Fehler zu erdulden verbunden seid. Die vielen Kinder verknüpfen Euch noch mehr und sollet Ihr derentwegen alles zum Besten kehren. Da die Männer so beschaffen, daß sie eher durch Sanftmut gewonnen werden als durch beißende Vorwürfe, so rät Euch auch die Klugheit, den gelindesten Weg zu erwählen. Suchet Eures Mannes Herz wieder zu gewinnen, lasset vor allen Dingen von einer Scheidung, so von keinem guten Geist herkommen. So wird Euch wieder Gott helfen. Ich versichere, daß Ich keinem Menschen von Eurem Schreiben etwas eröffnet habe, Ihr müßt also desgleichen tun.«
Am 8. Mai 1733 bekam er nach dreizehn Jahren als Regiments-Kommandeur das Kürassier-Regiment v. Blanckensee (Nr.4) in Mohrungen als Chef und wurde erst sechs Jahre später, am 14. Juli 1739 Generalmajor. Der neue König Friedrich II. zog ihn im Oktober und November 1740 wiederholt zu Gesprächen und Beratungen nach Berlin und Rheinsberg. Es ging um die Vermehrung der Dragoner, die Stärkung der Stellung der Regiments-Kommandeure wie den geplanten Einmarsch in Schlesien. Am 19. Dezember d.Js. bekam er den Auftrag, in Polen durch Oberstleutnant v. Natzmer leichte Eskadrons anzuwerben. Am 24. Dezember 1740 betraute ihn der König mit dem Kommando über die Kür.Rgt. 1 in Bischofswerder und 4 in Rügenwalde mit dem Sitz in Neustettin, mit denen er im Januar 1741 zum III. Korps nach Schlesien marschierte. Die aus Süd-Ostpreußen mitgeführten 400 Walachen formierte er in Landsberg/Warthe zu drei Eskadrons mit Lanzen. Am 8. April erreichte er Ohlau, von wo ihn der König vergeblich heranzuholen versuchte. Bei Mollwitz traf er nach 18.00 Uhr mit seinen zehn Schwadronen zu spät ein, weil ihn »feindliche Husaren aufgehalten« hatten. Der König sagte, nur eine Straße sei gesperrt gewesen.
Während der König nach der Mollwitzer Erfahrung »die Kavallerie mehr zum wahren Dienst im Felde abrichtete« und ihre Taktik bis Ende August verbesserte, betrieb Geßler gewaltsame Aufklärung, so z.B. am 14. April von Mollwitz bis hinter Strehlen und am 20. August von Strehlen bis Schweidnitz. Ab 22. Oktober d.Js. rückte er unter Erbprinz Leopold mit seiner Brigade über Glatz bis 6. November nach Jungbunzlau. Bei Chotusitz führte er unter Buddenbrock den rechten Kavallerie-Flügel, der die Schlacht eröffnete und den linken Flügel der österreichischen Infanterie schwer erschütterte. Hier begann sein Ruhm. Eine Woche später war er Generalleutnant und trug den Schwarzen Adler-Orden. Seinen Antrag auf Standeserhöhung zum Grafen für seine ganze Familie vom 9. Januar 1743 schlug der König ab: »Weil die Sache keine Eile hat, erspare Ich Meinen Entschluß. Ich zweifle nicht, Ihr werdet Euer Äußerstes tun, Euer Regiment in guten und kompletten Stand zu setzen.« Als er im nächsten Winter schwer erkrankte, schrieb der König: »Es tut Mir leid, daß Euch Krankheit hindert, Gebrauch von Eurem Urlaub zu machen. Ich erlaube Euch, den Februar dort zu bleiben. Anfang März müßt Ihr beim Regiment sein. Ihr werdet dasselbe in ebenso schlechter Beschaffenheit finden, wie Ich es letztens angetroffen.«
1744 zog er mit seinen Regimentern im I. Korps des Königs nach Böhmen. Bei Hohenfriedeberg 1745 führte er das zweite Kavallerie-Treffen links. Als die Bayreuther wegen des Staus am Striegauer Wasser hinter die Infanterie gerieten, folgte er mit ihnen dem Infanterie-Regiment Anhalt-Zerbst bis vor die Frontlücke, in die seine berühmte Attacke stieß: sieben Regimenter überrannt, der rechte Flügel der Österreicher zerbrochen, 4000 Gefangene! Zwei Monate danach war er Graf mit einem dedizierten Wappen.
Von Ende August bis 6. Oktober marschierte er mit sechs Bataillonen, zehn Schwadronen auf Umwegen zum Dessauer ins Lager Dieskau. Bei Kesselsdorf kommandierte er den rechten Flügel und zerschlug nach Wegnahme des Dorfes den linken Flügel der Sachsen. Am 26. Mai 1747 ernannte ihn der König zum General der Kavallerie, am 21. Dezember 1751 zum Generalfeldmarschall. Als er vom 1. bis 4. September 1753 das große Kavallerie-Manöver bei Döberitz leitete, war er seit 26. August Gast des Königs. Bei Lobositz kommandierte er die gesamte Kavallerie mit mehr als zwölf Regimentern, die mit wuchtigen Attacken die siegreiche Schlacht eröffneten.
Privat hatte er mehr Schwierigkeiten, so daß der König oft eingriff: 1746 war es eine Dummheit seines ältesten Sohnes mit einer jungen Dame. »Hättet Ihr ihn in seiner Jugend kürzer gehalten, so brauchtet Ihr den jetzigen Verdruß nicht zu ertragen«. 1747 war es mangelnde Konduite des anderen Sohnes, dem der König die Heirat trotzdem nicht verweigerte. 1748 war der König schwer verstimmt wegen Zank unter den Offizieren seines Regiments: »Ich habe zu Meinem Mißfallen angemerket, daß bei Eurem Regiment vor allem anderen viel Zank, Disput und Unruhe ist und die Subordination fehlen muß, maßen es schändlich ist, daß bei Eurem Regiment ständig so grobe Unordnungen sein müssen.« Als der König bei der Revue von »Saufregiment« sprach, steckte er den Degen ein und ritt nach Hause. 1749 kaufte er den bankrotten Besitz Gröditzberg, setzte aber den halbfertigen Bau des Schlosses fort unter Bedrückung der Bauern, bis er 1753 wieder verkaufen mußte. Am 10. Januar 1758 schied er mit der bescheidenen Pension von 2000 Talern aus, da er Amtshauptmann zu Sehesten und Herr dreier Güter geworden war. Er war ein bedeutender Reiterführer.

General der Infanterie Karl Friedrich Albrecht Markgraf von Brandenburg geb. 10.5.1705 zu Berlin gest. 22.6.1762 zu Breslau

Wer Enkel des Großen Kurfürsten aus zweiter Ehe und damit Vetter König Friedrich Wilhelm I. war, dessen Weg war in Preußen vorgezeichnet. Als ältester Sohn des Generals der Infanterie Albrecht Friedrich Markgraf von Brandenburg (1672-1731), der 1702/03 das preußische Hilfskorps geführt hatte, hatte er sechs Geschwister. Seine Mutter war Marie Dorothea Prinzessin von Kurland (1684-1743), Tochter Herzog Friedrich Kasimirs; sie hatte 1703 geheiratet. Er hatte als Herrenmeister des Johanniter-Orden von 1696 bis 1731 die Stellung eines Reichsfürsten inne, allerdings eng verbunden mit dem Hause Brandenburg. Bereits mit zwei Jahren erhielt er als Hausorden den Schwarzen Adler-Orden. Mit neun Jahren wurde er Kapitän im Infanterie-Regiment Markgraf Albrecht (Nr.19), dessen Chef sein Vater seit dem 4. Februar 1702 war. Am 25. Juni 1722 beförderte ihn der König zum Oberstleutnant. Trotz aller Jugendlichkeit des Prinzen waren die Zeiten als Kapitän und Oberst mit Recht betont länger. Seine Garnisonen lagen in Königsberg, Alt Landsberg, Berlinchen, Soldin, ab 1738 in Berlin. Der Ersatz kam auch aus der Neumark. Als »Haus-Truppe« führte das Regiment in seiner sechzigjährigen Verbundenheit mit dem Johanniter-Orden nicht nur auf Fahnen, Grenadiermützen, Ringkragen, sondern auch auf Taschenblechen, Tambourschnüren und Trommelreifen das achtspitzige Kreuz. Mit knapp zwanzig Jahren ernannte ihn der König zum Kommandeur seines Regiments, obwohl er erst vier Jahre später Oberst wurde. Am 7. April 1727 nahm ihn der Johanniter-Orden auf. Ohne Frage war Markgraf Karl der Begabteste aus seiner Linie.

Kaum drei Wochen nach der Hinrichtung Kattes, während der König noch um Versöhnung mit dem Kronprinzen rang, bewilligte ihm der sparsame Monarch eine monatliche Zulage von 500 Talern aus der Hofstaatskasse. Der Tod seines Vaters 1731 brachte ihm seine Nachfolge am 24. Juni, nicht nur als Chef seines Regiments, sondern sieben Wochen später auch bei der Wahl zum Herrenmeister der »Balley Brandenburg des Ritterlichen Ordens St.Johannis vom Spital zu Jerusalem«, die zuständig für Deutschland war und damals über erheblichen Grundbesitz verfügte. Obwohl sein Regiment 1734 nicht zum Hilfskorps unter General v. Roeder gehörte, wurde auch er ab 3. April zur Teilnahme ins Lager des Prinzen Eugen kommandiert. Beim Abrücken des preußischen Korps in die Winterquartiere in Westfalen, Sauer- und Münsterland erlaubte er sich eigenmächtig einen Abstecher zu seiner seit 1723 mit dem Herzog von Eisenach verheirateten Schwester, den der König am 8. Oktober d.Js. scharf rügte: »Es wäre Mir angenehm gewesen und Ew.Liebden würden besser getan haben, wenn Sie nicht ohne Meinen Vorbewußt von der Armee gegangen, sondern darüber Meine Order zuvor abgewartet hätten.« Trotz naher Verwandtschaft zum König und Fürst Leopold von Anhalt-Dessau durfte das nicht durchgehen. Am 7. Mai 1735 kehrte er nach Berlin zurück. Fünf Jahre darauf war Friedrich II. König. Mit zu den ersten Beförderungen gehörte seine Ernennung zum Generalmajor am 25. Juli 1740, nach elf Jahren als Oberst und neun Jahren als Regiments-Chef.

Am Einmarsch in Schlesien nahm er mit seinem Regiment im II. Korps des Herzogs von Holstein-Beck teil, das zur Belagerung der Festung Glogau bestimmt war und am 29. Dezember die Einschließungstruppen ablöste. Er übernahm die Stellvertretung des Befehlshabers Erbprinz Leopold. Im Frühjahr 1741 drängte der König auf Einnahme: »Machen Sie ein Ende.« Am 9. März erlebte er mit ihrer nächtlichen Erstürmung bei Glatteis in seinem II. Bataillon seine Feuertaufe. Nach einem Verlust von 9 Toten, 42 Verwundeten war binnen 45 Minuten alles vorbei. Bei Mollwitz kommandierte er am 10. April d.Js. den inneren linken Infanterie-Flügel des ersten Treffens mit sechs Bataillonen unter Kalckstein, den die zweite Kavallerie-Attacke traf, vor allem sein Regiment, dessen Kommandeur, Oberst Markgraf Friedrich von Brandenburg, fiel. Die umfassende Rechtsschwenkung des linken Flügels entschied die Schlacht. Bei Chotusitz bildete er mit den Regimentern Garde und Lehwaldt den rechten Flügel des zweiten Treffens unter Erbprinz Leopold, der nach dem Festbeißen des Feindes im Dorf nach Südosten drehte und die Österreicher gegen die Brslenka-Niederung drängte. Zwei Tage danach wurde er Generalleutnant, »da Dieselben bei der Bataille so viele Merkmale von Ihrer Bravour und tapferen Führung abgelegt«. Der König hatte seine Zuverlässigkeit, Einsicht und Sorgfalt schon schätzen gelernt.

Nachdem 1743 seine Mutter gestorben war, wurde das Jahr 1744 sein persönliches Schicksalsjahr. Zunächst legitimierte der König seine beiden natürlichen Kinder am 7. Januar unter dem Namen »von Carlowitz« und zwei Wochen später auch ihre Mutter unter demselben Namen mit dem gleichen Wappen. Der König wollte klare Verhältnisse. Dann inspizierte er in Wesel in seinem Auftrag die drei Regimenter, die sich in guter Verfassung erwiesen. Auf seine Verlobung mit Prinzessin Marie Amalie von Hessen-Kassel im Juni schrieb der König am 13. Juni: »Ich freue Mich herzlich über den glücklichen Erfolg Eurer Verlobung. Ich wünsche Euch von ganzem Herzen Glück und bin sicher, daß dieses Ereignis Euch mit Befriedigung erfüllen und für Unser Haus vorteilhaft sein wird. Ich nehme den denkbarsten Anteil und wünsche nur Glück, zu dem Ihr zweifellos alles beitragen werdet, wozu Ihr imstande seid!« Am 27. Juni durfte er das vom Orden 1737 gekaufte Palais am Wilhelms-Platz in Berlin (sp. Propaganda-Ministerium) als Eigentum erwerben, wobei der Orden seinen Anteil an ihn abtreten sollte. Als er seinen Hofstaat vorbereitete, schrieb der König am 6. Juli: »Ihr könnt auf Meine Zusage und Eifer zählen, daß Ich immer an Euch Wohlgefallen haben werde.« Am Tage seiner Vermählung am 19. Dezember d.Js. starb überraschend seine Braut.

1744 marschierte sein Regiment im I. Korps des Königs nach Böhmen; er selbst stieß später zur Armee und übernahm Anfang März 1745 vom Grafen v. Nassau den Befehl in Oberschlesien, das ständig von Husaren und Freischärlern beunruhigt wurde. Von Mitte April bis Mitte Mai erlitten sie erhebliche Schläge. Als er bei Jägerndorf von Esterhazy bedroht wurde, rief ihn der König ins Lager Frankenstein zurück, obwohl der Feind die Straßen schon besetzt hatte. Mit Zietens Hilfe gelang ihm rechtzeitig der Durchbruch durch 100 Kilometer Bergwald unter Mitnahme des Magazins auf 300 Wagen. Bei Hohenfriedeberg kommandierte er den linken Infanterie-Flügel mit 13 Bataillonen im ersten Treffen, der Thomaswaldau nahm und dann mit den Brigaden Münchow, Bredow, Polenz den rechten Flügel des Feindes warf. Bei Soor schlug er mit den sechs Bataillonen am linken Flügel des ersten Treffens südlich Burkersdorf den Feind im Bajonett-Angriff aus dem Felde. Am 24. Mai 1747 machte ihn der König zum General der Infanterie; er hatte seine Fähigkeiten bewiesen.

Jahrelang bemühte sich der König, ihn zu verheiraten, er verhielt sich aber immer ablehnend. 1748 gestattete er ihm den Umzug seiner verwitweten Schwester, Herzogin von Eisenach, ins Johanniter-Schloß Sonnenburg: »Ich wünsche, daß sie mit ihrem Vermögen etwas ordentlicher verfahren möchte, damit Ew.Liebden sich nach ihrem Ableben einer guten Erbschaft erfreuen können«. Als der König glaubte, die richtige Frau für ihn gefunden zu haben, und er wieder auswich, schrieb er am 8. Januar 1749: »Ich verhehle nicht, daß das bißchen Neigung, das Ihr für eine Heirat erkennen ließet, als Ich Euch dringend darum bat, Mir die Genugtuung brachte, Euch zu gewinnen. Es hat mich wahrlich berührt, daß Ihr nichts dafür getan habt, aus der reinsten Absicht, Euch glücklich und zufrieden zu sehen, bewahrt vor Unzuträglichkeiten, nachdem Ihr abgesagt habt. Das kann Mich nicht hindern, sie Euch doch noch vorzustellen, falls Ihr nicht an eine passende Heirat gedacht habt. In der Vergangenheit waren die Markgrafen Eures Hauses verpflichtet, um die Zustimmung des Chefs der Familie für eine Heirat zu bitten. Ich handle völlig gegensätzlich aus der Überzeugung, daß das Gedeihen Unserer Familie eine große Anzahl erfordert. Deshalb halte ich Meine nahen Verwandten an, sich zu verheiraten statt sie daran zu hindern. Seht Mein Vorgehen immer als ein Zeichen der Liebe und Verbundenheit, sowohl für Euch als Person, wie aus der Distanz. Überlegt das gut in der Gewißheit Meiner unveränderlichen Gefühle!« Seine Beschwerde nach Beförderung von Lehwaldt und Graf Geßler zu Feldmarschällen beschied der König: »Er hat keinen Grund, sich zu beklagen, daß die Generale v. Lehwaldt und Graf Geßler Generalfeldmarschälle geworden sind und Er nicht. Er soll sich erinnern, daß zu allen Zeiten die Markgrafen von Brandenburg niemals auf diesen Grad Anspruch erhoben hätten, auch Sein Vater mit seinem Rang zufrieden war und viele ehrliche Männer befördert gesehen hat, ohne selbst das gleiche zu verlangen.«

1756 führte er den Befehl über das Einschließungskorps vor Pirna ab 10. September und erreichte durch sein Vorgehen auf die Hochebene von Struppen am 16. Oktober die Kapitulation. Zeitweise galt er als Konkurrenz des Thronfolgers. Anfang März 1758 traf er, wieder genesen, in Jauer ein und wirkte bei den Belagerungen von Schweidnitz und Olmütz mit. Am 10. August übergab ihm der König den Oberbefehl in Schlesien. Nachdem er den König am 8. September bei Elsterwerda getroffen hatte, kommandierte er bei Hochkirch unter Fürst Moritz den linken Flügel und bildete trotz Verwundung nördlich Pommritz die Auffanglinie. Nach dem Entsatz von Neisse marschierte er mit dem König nach Dresden. Ab 29. November stand er mit der Armee des Königs bei Wilsdruff. Bei Liegnitz und Torgau führte er stellvertretend die Armee des Königs, wobei er am 3. November wieder verwundet wurde. 1761 zog er mit ihm ins Lager Bunzelwitz. Ehe 1762 die Russen eintrafen, starb er an seinen Wunden. Er verkörperte das Wort des Königs: »Fürsten brauchen Festigkeit der Seele.« Nach Bezahlung aller Schulden schenkte er seine Länder und Einkünfte seinem Bruder Heinrich für den Sieg von Freiberg, dabei die Güter Wegeleben und Westerburg mit einem Jahreseinkommen von 10 000 Talern.

Generalfeldmarschall Johann von Lehwaldt geb. 24.6.1685 zu Legitten, Krs. Labiau gest. 16.11.1768 zu Königsberg/Pr.

Lehwaldt wurde zum Verteidiger Ostpreußens. Sein Vater war Gutsherr; seine Mutter Marie Esther stammte aus der altpreußischen Familie der Freiherrn von der Trenck. Mit vierzehn Jahren trat er in das Bataillon »Weiße Grenadier-Garde« (Nr.18) ein. 1703 wurde es unter Oberst v. Tettau durch fünf Kompanien der Garde zum Regiment verstärkt. Ab Sommer 1702 nahm er am Spanischen Erbfolgekrieg in den Niederlanden teil und fand seine Feuertaufe bei Venlo, das am 22. September fiel. Am 7. Oktober d.Js. wurde Roermond eingenommen. Rheinsberg hielt sich bis 7. Februar 1703. Die Belagerung von Geldern zog sich bis zum 12. Dezember d.Js. hin. Im Frühjahr 1704 ging er mit Verstärkungen nach Süddeutschland, um am 13. August bei Höchstädt seine erste Schlacht zu erleben. Am 16. September war er endlich Fähnrich. 1705 kämpfte er im Korps Arnim in Pfalz und Elsaß, wo er an der Belagerung von Hagenau vom 29. September bis 6. Oktober teilnahm.
Mit dem 1. Mai 1706 wurde er zum Infanterie-Regiment Kronprinz (Nr.6) versetzt, um Leutnant zu werden. Anfang Juni ging das Korps unter Lottum ins Lager Helchin, dabei sein Regiment, das der Kronprinz mehrere Wochen besuchte. Hier hat er den drei Jahre jüngeren Regiments-Chef näher kennengelernt. Das vertrauliche Verhältnis hielt bis zum Tode Friedrich Wilhelm I. Gemeinsam erlebten sie die Belagerung von Menin vom 23. Juli bis 23. August. Am 11. Juli 1708 kämpfte er in der Schlacht bei Oudenarde und belagerte Lille vom 22. August bis 22. Oktober und Gent im Dezember mit. Nach der Einnahme von Tournai am 29. Juli 1709 geriet er am 11. September in die Schlacht von Malplaquet, wo die Eroberung des Waldes von Taisnieres durch die Preußen die Entscheidung brachte. Seit 1710 sandte er dem Kronprinzen Berichte über sein Regiment. Dann war er bei der Einnahme von Douay am 26. Juni 1710 dabei, von Aire am 9. November und am 13. September 1711 von Bouchain, nachdem er seit dem 27. Februar Kapitän und Kompanie-Chef war. Da Preußen bedroht war, zog sein Regiment 1712 nicht mehr nach Westen. In seiner Ausbildungs- und Lehrzeit hatte er drei Schlachten und neun Belagerungen mitgemacht.
Nach Antritt des neuen Königs und Friedensschluß wurde er am 11. Juni 1713 Major im Infanterie-Regiment von Kameke (Nr.23), das ostwärts Berlin lag, seit 1716 in der Hauptstadt. 1714 heiratete er Elisabeth Charlotte v. Runkel verw. v. Seydel, mit der er fünf Kinder hatte. Im Pommernfeldzug 1715 stand er vor Stralsund, das am 23. Dezember kapitulierte. Am 12. Juni 1717 zum Infanterie-Regiment Prinz Georg von Hessen-Kassel (Nr.10) versetzt, dessen Chefs seit 1703 Schwager des Königs waren, wurde er sechzehn Monate später zum Oberstleutnant befördert. Sein neues Regiment stand in Bielefeld, Herford und Minden. Seit 3. Januar 1723 sein Kommandeur, erhielt er erst sechs Jahre später seine Beförderung zum Oberst. Als im August 1729 ein Krieg mit Hannover drohte, sicherte er vom 20. August bis 12. September Wesel als Kriegsbesatzung. Noch als Oberst erhielt er am 17. August 1738 die Chef-Stelle des Infanterie-Regiments Jung-Kleist (Nr.14), 1626 gegründet. Es stand in Bartenstein, Heiligenbeil.
König Friedrich II., der das gute Verhältnis zu Lehwaldt übernahm, beförderte ihn schon am 30. Juli 1740 zum Generalmajor, nachdem er zwölf Jahre Oberst gewesen war. Am Einmarsch in Schlesien 1740 nahm er nicht teil. Dafür trat sein Regiment Anfang April 1741 zum Observations-Korps des Dessauers in Göttin südlich Brandenburg, das im Oktober aufgelöst wurde. Mitte April 1742 zog er an die obere Elbe, um bei Chotusitz am linken Flügel unter Jeetze die Regimenter la Motte und Prinz Leopold im erbitterten Ortskampf zu führen, bis der König mit dem rechten Flügel die Entscheidung brachte. Einen Monat später erhielt er den Pour-le-merite und die Amtshauptmannschaft Tangermünde, am 6. April 1743 die Stelle eines Kanonikus am Stift zu Halberstadt und am 4. Februar 1744 den Schwarzen Adler-Orden. Seit 1.

Februar 1743 für die Grenadiere der ostpreußischen Garnison-Regimenter verantwortlich, hatte er ab 7. März die Grenadiere der Inf.Rgt. 1, 2 und 11 in Königsberg zu konzentrieren. Am 14. Mai wurde er Generalleutnant, sieben Monate vorpatentiert, und Gouverneur von Pillau, territoriale Funktion und Einkünfte.

Ab 22. August 1744 gehörte er mit seinem Regiment zum II. Korps v.d. Marwitz, das Oberschlesien zwischen Jägerndorf und Glatz deckte. Die energische Abwehr feindlicher Vorstöße nach dem bitteren Rückzug aus Böhmen war sein Verdienst, besonders der Gegenangriff mit 14 Bataillonen, 14 Eskadrons gegen die Höhen von Plomnitz südostwärts Habelschwerdt am 14. Februar 1745. Gerade zu dieser Zeit war der König dankbar für solche Erfolge und schrieb ihm fünf Tage danach: »Ich bin von Euch ungemein zufrieden und werde Mich dessen lebenslang erinnern. Ich gebe Euch zu erwägen, ob Ihr nicht Eure Truppen in die Gegend von Nachod und Neustadt in Böhmen verlegen könnet. Mein Generaladjutant Graf von Schmettau wird Euch an die Hand gehen. Alle Officiers sollet Ihr grüßen und Meiner satisfaction versichern.« Bei Hohenfriedeberg führte er im ersten Treffen den linken Infanterie-Flügel unter Markgraf Karl bei Thomaswaldau erfolgreich. Ende September sicherte er während der Schlacht bei Soor die Grenze bei Trautenau. Am 27. November detachierte ihn der König mit 10 Bataillonen, 50 Schwadronen nach Bautzen, so daß er am 15. Dezember bei Kesselsdorf mit 12 Bataillonen des rechten Flügels im ersten Treffen vom Brückel-Grund flankierend das brennende Dorf wegnehmen konnte.

Am 24. Mai 1747 beförderte ihn der König zum General der Infanterie, machte ihn am 14. Juli 1748 auch zum Gouverneur von Memel und übertrug ihm als »General-en chef« im Frieden das völlige Kommando über die Truppen in Ostpreußen, insgesamt 20 Bataillone, 50 Schwadronen. Angesichts der Kriegsgefahr schärfte der König am 6. März 1749 allen ein, Lehwaldts Befehle zu befolgen, »als ob Ich in Person zugegen und solche selbst erteilet hätte«. Im Kriegsfalle übernahm er die uneingeschränkte Gewalt auch über die Zivilbehörden, außerhalb der Kontrolle des Generaldirektoriums, eine bewußt delegierte Ausnahmestellung. Er hatte Nachrichten-Aufklärung zu betreiben und russische Truppenbewegungen zu beobachten, Ausbildung und Zustand der Truppe zu kontrollieren, Revuen und Manöver abzuhalten und alle Kriegsvorbereitungen zu treffen. Er war Statthalter des Königs, der ihn am 22. Januar 1751 zum Generalfeldmarschall ernannte mit jährlich 1000 Talern, »aus besonders gnädiger Intention in Anbetracht Eurer seit Jahren geleisteten, nützlichen Dienste«. Am 13. März 1749 gab der König seine Zustimmung zur Heirat mit Anna Sophie Agnes v. Buddenbrock, Tochter Buddenbrocks und Witwe Roeders, die im Königsberger Schlosse gefeiert wurde. Bald darauf erhielt er das Medaillonbild des Königs, brillantgefaßt, am blauen Bande zu tragen, die höchste Auszeichnung, die der König vergab.

Anläßlich der Revuen schrieb der König am 15. Januar 1750: »Ich habe Euch benachrichtigen wollen, daß vor der Hand keine Unruhen zu besorgen sind, ob es gleich russischerseits an Getöse, Großtuereien und Geschrei nicht fehlen möchte. Welchem ohngeachtet Ich dem 8. Juni in das Lager der Kavallerie von Wehlau einzutreffen gedenke, darauf aber nach Königsberg zu gehen, um die Revuen der Infanterie vorzunehmen. Ich werde einen Offizier nebst Ingenieurs schicken, welche den Platz aussuchen und davon Pläne aufnehmen. Wenn verlautet, daß die Russen ein beträchtliches Korps in Kurland postieren, so sollt Ihr Euch nicht daran kehren, vielmehr zu erfahren suchen, wie stark es sein dürfte und was passiert, doch nur unter der Hand, als wenn sie gar nicht da wären, weil Ich gewiß bin, daß es höchstens Angeberei ist.« Der König unterschätzte die Russen lange.

Am 19. Juni 1756 meldete er die Russen im Anmarsch. Während der Mobilmachung trug ihm der König auf, nach dem Siege über die Russen »zur Indemnisation wegen zugefügter Schäden durch den Krieg auf dem Besitz von ganz Polnisch Preußen (Ermland) zu bestehen«; also sogar Friedensverhandlungen zu führen. Erst bei Groß Jägersdorf kam es am 30. August 1757 zur Begegnungsschlacht, bei der er, wie der König forderte, »mit Force den anderen zu Leibe ging, sie zu einer Bataille zu obligieren«. Sein schwaches Korps lief sich im Wald und in der russischen Flankierung fest. Ab 6. Oktober d.Js. hatte er sich gegen die Schweden zu wenden und warf sie bei Anklam, Demmin, Greifswald und der Peenemünder Schanze zurück. Auf wiederholten Antrag entband den 73jährigen der König am 24. März 1758 von seinem Truppen-Kommando: »Es gehet Mir sehr nahe, daß Euer ruhmwürdig hohes Alter Euch nicht mehr erlauben will, im Dienste Eurem Kommando so vorzustehen, wie Ihr zu Meiner vollkommensten Satisfaction getan habet. So kann Ich nicht umhin, Eurem Gesuch nachzukommen und Euch auf das allergnädigste von Eurem Kommando zu befreien.« Sein Nachfolger war Generalleutnant Graf zu Dohna. Sein Regiment und alle Einkünfte blieben ihm. Er ging als Gouverneur nach Berlin, wo ihn Generalleutnant v. Rochow unterstützte. Als die Russen Ostpreußen eroberten, wie eine inkorporierte Provinz behandelten und sogar ein »Auswanderungs-Edikt« erließen, antwortete er mit einem Gegen-Manifest.

Nach dem Überfall der Russen ab 3. Oktober, der Österreicher am 8. Oktober 1760 auf Berlin wurde nach kurzem Kampf die Stadt am 9. Oktober übergeben. Sie fiel bis 12. Oktober brutaler Plünderung anheim, nachdem die meisten Werte gerettet waren. Im Mai 1762 übernahm Lehwaldt wieder sein Gouvernement in Königsberg, das Österreich noch am 1. April 1760 Rußland vertraglich zugesichert hatte. Nach dem Staatsstreich in Petersburg gab es Schwierigkeiten mit dem Abzug russischer Truppen. Anläßlich seines Todes befahl der König den Stabsoffizieren seines Regiments achttägige Trauer. Der Witwe schrieb er: »Ich habe einen sehr fähigen, würdigen, braven Offizier und rechtschaffenen, redlichen Diener verloren!«

General der Infanterie Peter du Moulin geb. 1681 zu Wesel gest. 10.8.1756 zu Stendal

Du Moulin entstammte nicht dem Landadel, sondern wuchs als Hugenotten-Nachkomme und Offizierssohn in Garnison-Städten auf. Sein Großvater Jacob war Mitte des 17. Jahrhunderts für Herzog Jakob von Kurland, Schwager des Großen Kurfürsten, zum Fort St.Andreas am Gambia-Fluß gesegelt und hatte Geschäfte gemacht. Sein Vater Theophil ging in kurbrandenburgischen Dienst, stand in Wesel und kam 1681 nach Verlegung der »Brandenburgisch-Afrikanischen Handelsgesellschaft« von Pillau nach Emden als Oberst und Kommandant dorthin. Nach Wegnahme des Schlosses Greetsiel am 15. November d.Js. durch Obstlt. v. Brandt übernahm er als Oberstwachtmeister die »Marine-Miliz«, die er auf vier Kompanien aufstockte zum »Kurfürstlichen Marine-Bataillon« als Schiffs- und Fort-Besatzungen in Afrika wie im Mutterland. Inzwischen war Peter mit vierzehn Jahren im Infanterie-Regiment Prinz Leopold von Anhalt-Dessau (Nr.3) eingetreten, das dieser zwei Jahre zuvor übernommen hatte und im Pfälzischen Erbfolgekrieg in die Niederlande führte. Vor dem Abmarsch am 1. Juli 1703 zur Reichsarmee an die Donau wurde er Fähnrich. Er erlebte die Belagerung von Huy im August und die Niederlage bei Höchstädt am 20. September, wo das preußische Hilfskorps die Reichsarmee vor dem Schlimmsten bewahrte.
1704 nahm ihn der Fürst zu seinem Adjutanten, so daß er am 13. August bei Höchstädt die unerschrockenen Angriffe des Dessauers Seite an Seite erlebte. 1705 ging der Marsch zum Gardasee. Am 16. August nahm er an der blutigen Niederlage in den Adda-Kanälen bei Cassano teil. 1706 stürmte er mit dem Fürsten am 5. September das Schloß Pianezza westlich Turin durch einen unterirdischen Gang. Zwei Tage später nahm er am Entsatz-Angriff auf Turin am linken Flügel teil, der nach blutigem Handgemenge die französischen Belagerer zersprengte. Danach fielen Mailand und Piemont den Siegern zu. 1707 folgte der lange Marsch bis nach Toulon, der ohne Ergebnis blieb. Am 3. Oktober erlebte er die Eroberung von Susa und wurde am 6. Dezember d.Js. Stabskapitän. Während sein Regiment Winterquartiere bezog, kehrte er mit dem Fürsten zurück, um ab 1709 mit Erlaubnis des Königs dem Feldzug im Westen mit dem Kronprinzen beizuwohnen. Sie sahen die Belagerung von Tournai, die Einschließung von Mons und am 11. September die Schlacht bei Malplaquet mit den schweren Verlusten, ein unvergessener Eindruck für den Kronprinzen.
Als der Fürst im Januar 1710 das Korps im Westen mit seinen knapp 17 000 Mann übernahm, lernte er die Generalleutnante Graf Finckenstein und v. Natzmer als Kommandeure der Infanterie und Kavallerie sowie Oberst de Montargues als Generalquartiermeister in täglicher Zusammenarbeit kennen. Ab 4. Mai belagerte es Douai, das am 26. Juni kapitulierte, nachdem die Preußen den gedeckten Weg erstürmt hatten. Nach der Einnahme von Bethune am 29. August folgte die Eroberung von Aire bis 9. November, in Regenwetter und Schlamm. Der Feldzug 1711 erschöpfte sich mit der Wegnahme von Bouchain am 13. September, während die Heimat ständig fremden Truppen ausgeliefert war. Obwohl 1712 die englischen Hilfsgelder wegfielen, blieb das Korps bei Prinz Eugen. Am 24. Juni verließ er den Fürsten, weil er nach siebzehn Jahren Erfahrung in Truppe und Führung Kapitän geworden war und eine Kompanie erhalten hatte, mit der er Ende April 1715 in den Pommern-Feldzug ging. Am 18. Dezember wurde er Major und ins Infanterie-Regiment Prinz Leopold von Anhalt-Dessau (Nr.27) versetzt, das aus dem Garde-Regiment, seinem Regiment und deutschen Gefangenen neu aufgestellt wurde. Seine Garnison wurde Stendal.
Am 19. Juli 1717 heiratete er zu Magdeburg die achtzehnjährige Marie Sibylle v. Huß, Tochter des Stadtpräsidenten und Hofrates Karl Adolph v. Huß. Er hatte mit ihr zwei Töchter und drei Söhne, von denen später zwei als Offiziere ihren Verwundungen erlagen. Als seine älteste Tochter Sibylle Luise Charlotte 1744 den Leutnant v. Grumbkow heiraten wollte, warnte ihn der König, »weil dieser noch zu jung, gar kein Wirt und unzuverlässig ist«. Du Moulin beher-

zigte den Rat, und sie heiratete zwei Jahre später einen Offizier seines Regiments. Hier wird der Zusammenhang zwischen unordentlicher Lebensführung und Unregelmäßigkeiten im Dienst unter Vernachlässigung der Einsatzfähigkeit deutlich. Nachdem er seit dem 16. März 1722 Oberstleutnant war, bekam er am 26. Oktober 1728 seine Beförderung zum Oberst. 1729 heiratete Rittmeister Christoph Ludwig v. Stille, später Erzieher der Prinzen Heinrich und Ferdinand und hervorragender Kavallerieführer, die Schwester seiner Frau, Charlotte Sophie v. Huß. Während der Mobilmachung gegen Hannover ab 30. Juli d.Js. ernannte ihn der König anstelle des Generalmajors v. Montargues zum neuen Generalquartiermeister. Auf seine Bedenken schrieb der König am 26. September: »Ich machte Euch nicht allein zum Generalquartiermeister, sondern auch zum Obersten und gewähre Euch eine Zulage von 50 Talern monatlich.« 1731 folgte die Amtshauptmannschaft Kolbatz. Auch in seine Familienangelegenheiten griff der König hilfreich ein. In der Krise mit dem Kaiser 1732 ging er als Sonder-Gesandter nach Den Haag. Ab 8. April 1734 erkundete er, ob Hannover tatsächlich an den Oberrhein marschierte. Am 21. Juli 1735 Kommandeur seines Regiments, hatte er am 25. November d.Js. die vom Oberrhein heimkehrenden Regimenter bei Halberstadt an der Seite des Königs zu besichtigen.

Zwei Tage nach der Todesnachricht von Kaiser Karl VI. rief ihn der neue König nach Rheinsberg. Er sollte sofort nach Österreich gehen und dort die Lage erkunden. Ein Krieg war noch vermeidbar. Daher nahm er an dem Einmarsch in Schlesien 1740 nicht teil. Erst im Februar 1741 stieß er mit seinem Regiment zum III. Korps v.d. Marwitz, das im März Schweidnitz erreichte. Bei Mollwitz kämpfte er im ersten Treffen in der Mitte des linken Flügels unter Markgraf Karl, der dann den Schlußangriff führte. Am 5. Juni d.Js. wurde er Generalmajor, nachdem er vier Tage nach dem Sieg das am 25. Juni 1740 aufgestellte Infanterie-Regiment Camas (Nr.37) als Chef erhalten hatte. Es hatte Breslau besetzt und übernahm am 10. August die Stadtgarde als neues Garnison-Regiment. 1742 löste ihn Schmettau als Quartiermeister ab. Während sein Regiment im Februar nach Ratibor marschierte, sicherte er bei der Schlacht von Chotusitz vom 14. bis 26. Mai den Rücken der Armee nach Norden mit dem Infanterie-Regiment v. Kalckstein (Nr.25) und das wichtige Pardubitzer Magazin, das am 24. Mai von feindlichen Husaren überfallen wurde. Mit Ende des Feldzuges am 11. Juni d.Js. erhielt sein Regiment die Festung Glogau als Garnison. Sechs Wochen später setzte ihn der König als Festungs-Kommandanten ein und übertrug ihm am 27. November als Dank die Amtshauptmannschaft Raden bei Rinteln.

1744 gehörte er mit seinem Regiment zum I. Korps des Königs, das vom 11. bis 16. September Prag einschloß und eroberte. Auf dem Rückzug nach Schlesien, der an 17 000 Deserteure und Überläufer kostete, bekam er am 14. November seine Beförderung zum Generalleutnant mit Vorpatent um fast zweieinhalb Jahre, »da es Mir jederzeit ein wahres Vergnügen ist, wohlverdienten Personen ein Zeichen Meiner Hervorhebung zu geben«. Seine große Stunde schlug 1745, als der König dem 64jährigen am 1. Mai das Korps von Generalleutnant Graf Truchses mit 10 Grenadier-Bataillonen, erst 30, dann 40 Schwadronen vor den Schweidnitzer Gebirgsausgängen übertrug, und ihm den Oberst v. Winterfeldt assistierte.

Rege Erkundungsvorstöße und lebhafter Nachrichtendienst klärten systematisch das Feindbild, Überfälle und örtliche Angriffe hinderten den Gegner am Heraustreten aus den Bergen, bis der König seine Kräfte herangezogen hatte. Als am 26. Mai die österreichische Hauptarmee anrückte, räumte er mit seinen 9 Grenadier-Bataillonen, 30 Schwadronen Landeshut, wo Winterfeldt vier Tage zuvor den Feind bis Grüssau zurückgeworfen hatte, und ging über Freiburg zurück, während der König am 30. Juni bis Faulbrück näherkam. Am 1. Juni bezog er mit seiner kampfkräftigen Vorausabteilung, verstärkt durch vier schwere Geschütze, ein Lager bei Stanowitz, fähig zur raschen Vorwegnahme der Striegauer Berge und Beobachtung der Gebirgsausgänge. Am Vorabend von Hohenfriedeberg vertrieb er die feindliche Aufklärung, nahm Striegau und die Berge und am Morgen noch während des feindlichen Anmarsches den Breiten Berg, so daß der rechte Flügel gesichert war zum Einbruch in die Flanke des Gegners, der dann mit dem zweiten Treffen stattfand. Mit Recht verlieh ihm der König auf dem Schlachtfeld den Schwarzen Adler-Orden. Von der oberen Elbe aus entsetzte er am 14. August die eingeschlossene Besatzung von Neustadt an der Mettau. 1746 durfte er seinen Adjutanten behalten. Am 1. Oktober schenkte ihm der König einen Plan von Soor und Kesselsdorf, am 16. Oktober gab er ihm das Lehen Welle in Anhalt als Geschenk. Am 19. Mai 1750 ernannte ihn der König zum General der Infanterie, so daß er auf eine jährliche Einnahme von 4000 Talern kam. Als 1751 der Sohn des Dessauers, Schmettau, Rothenburg und andere bedeutende Generale starben, schrieb er am 27. Dezember dem König, der am 31. Dezember antwortete: »Ich war sehr gerührt zu sehen, daß Ihr so Anteil nehmt an dem Verlust einiger tüchtiger und fähiger Generale, den ich unendlich bedaure. Ich bin Euch sehr dankbar, auch für die Wünsche zum Neuen Jahr. Ich bin von Eurer Ergebenheit überzeugt; und Ihr macht Mir dadurch eine große Freude, daß Ich Euch bald wieder völlig hergestellt sehen kann. Ich wünsche es nicht weniger herzlich!« Als ihm der König am 12. April 1754 das Gouvernement Neuchâtel anbot, lehnte er bescheiden ab und bat am 12. September 1755 mit 74 Jahren um Entlassung aus dem Dienst, die der König mit 1000 Talern Pension aus den Einkünften seines Regiments gewährte. Nach seinem Tode schrieb er seinem Sohn Friedrich Wilhelm, Major im Füsilier-Regiment 47: »Das Absterben Ihres würdigen Vaters tut Mir recht leid. Ihr könnt versichert sein, daß Ich aufrichtigen Anteil nehme und die Mir und Meinem Hause geleistete treuen und nützlichen Dienste gegen Eure Familie bei aller Gelegenheit in Gnaden erkennen werde.«

Generalfeldmarschall
Samuel Graf von Schmettau
geb. 24.3.1684 zu Berlin
gest. 18.8.1751 zu Berlin

Schmettau war preußischer Feldmarschall, ohne je in Preußen eine Truppe geführt zu haben. Sein Vater stammte aus einer im Kreise Ohlau in Schlesien ansässigen Familie, ging als jüngster Sohn in Kurfürstlich Brandenburgischen Staatsdienst, wurde Geheimrat und starb 1707 als Kgl. Preußischer Amts-Kammerrat der Botschaft in London. Seine Mutter war Marie de la Fontaine aus einer Hugenotten-Familie. Obwohl preußischer Untertan, trat er mit fünfzehn Jahren in das dänische Kürassier-Regiment Schmettau seines Onkels Wilhelm ein, mit dem er im Nordischen Krieg gegen Schweden zog. Im Jahre 1703 wurde er Leutnant im Markgräflich Ansbachschen Dragoner-Regiment, dessen Chef sein Onkel Gottlieb v. Schmettau war. Im Spanischen Erbfolgekrieg nahm er an der Schlacht bei Höchstädt am 13. August 1704 teil, um danach bereits Kapitän und Kompanie-Chef zu werden. Seit 1707 schon Major, wurde er ein Jahr später Oberstleutnant und Generaladjutant des Erbprinzen von Hessen. An seiner Seite erlebte er die Belagerung von Tournai bis 3. September 1709 und am 11. September d.Js. auf dem linken Flügel die schwere Schlacht von Malplaquet, in der die Norddeutschen mit Engländern und Niederländern die Franzosen schlugen.
1714 ging er mit seinem Regiment in kursächsisch-polnische Dienste. Im Pommern-Feldzug 1715 zeichnete er sich an der Belagerungsfront von Stralsund besonders aus. Danach marschierte er nach Polen, wo er Gefechte bei Konitz und Plonsk gegen die Konföderierten bestand. Als im Warschauer Pazifikations-Traktat vom 3. November 1716 die sächsischen Truppen Polen verlassen mußten, trat er am 7. April 1717 in Kaiserlichen Dienst, obwohl er am 22. Oktober 1716 zum Oberst der Artillerie ernannt worden war.
Sein Regiment war im kursächsischen Hilfskorps nach Ungarn gezogen, wo es am 16. August 1717 den Sieg Prinz Eugens bei Belgrad erlebte. Dabei wurde er mit dem Kurprinzen Karl Albrecht von Bayern bekannt, der sein Hilfskorps begleitete und von 1742 bis 1745 der Deutsche Kaiser Karl VII. wurde. Nach dem Frieden von Passarowitz am 21. Juli 1718, der Österreichs Stellung auf dem Balkan festigte, wurde er am 22. März 1719 Generalfeldwachtmeister und ging als Generalquartiermeister nach Sizilien, das nach dem Königreich Neapel erobert werden sollte.
Er hatte sich zum besonders begabten, tüchtigen und tapferen Führer entwickelt, dazu Artillerist und Festungsbauer, den nur die besondere Gunst des Prinzen Eugen von Savoyen und des Kaisers gegen viele Neider seines raschen Aufstieges und persönliche Feinde hielt. 1720 leitete er die Belagerung von Messina. Gleichzeitig nahm er eine Karte von Sizilien auf. Er war längst zum wissenschaftlichen Kartografen geworden. 1732 führte er den Feldzug auf Korsika gegen Sardinien und Frankreich. Am 27. Oktober 1733 wurde er Feldmarschalleutnant und eine Woche später Chef des Infanterie-Regiments O'Gilvy (Nr.46), mit dem er 1734/35 am Feldzug am Oberrhein teilnahm. Hier lernte ihn König Friedrich Wilhelm I. kennen und empfahl ihn seinem Sohne am 13. Juni 1734: »Mit dem General v. Schmettau soll Er wegen des Dienstes fleißig umgehen und gute Freundschaft halten. Wenn er ausreitet, ein Lager abzustechen oder was zu erkunden oder wenn er sonst Dispositiones machet, soll er ihn nicht aus den Händen lassen und nach allem fragen. Außer dem Dienst aber soll Er sich wohl vor ihm hüten und sich mit ihm in kein Spiel, Schacherei, noch dergleichen einlassen, weil Ihm der Schmettau gewiß betrügen und Er sich nur bloßstellen würde, daß die ganze Welt Ihn auslacht.« Es gab wiederholt Vorwürfe wegen seiner Lebensführung, gegen die er sich stets zu rechtfertigen verstand, so daß sie seiner Laufbahn nicht schadeten. Am 15. April 1735 wurde er Feldzeugmeister.
In den zwanziger Jahren hatte er Marie Charlotte v. Boyen geheiratet, mit der er zwei Kinder hatte. Nach ihrem Tode 1739 schloß er die Ehe mit Marie Johanna v. Rüffer, aus der drei Kinder hervorgingen. Sein jüngster Sohn wurde ebenfalls ein bedeutender Kartograf. Nach dem Tode seines Gönners Prinz Eugen am 21. April 1736 nahm er von 1737 bis September 1739 an

dem Feldzug gegen die Türken teil, der ihn nach Siebenbürgen führte und zum Gouverneur von Temesvar machte. Trotz seiner 22 Gefechte und Schlachten wie 31 Belagerungen sah er sich vom Kommando des Feldheeres ausgeschlossen, als auch Kaiser Karl VI. am 20. Oktober 1740 starb. Sein Übertritt nach Venezien schlug fehl. Seine Schwester wandte sich an den König mit der Bitte um Übernahme ihrer Brüder. Er veranlaßte seinen Gesandten in Wien, beide Urlaub zu nehmen, obwohl er am 19. März 1741 noch Kaiserlicher Feldmarschall geworden war. Bevor der Urlaub genehmigt war, hatte ihn der König am 12. Juni d.Js. als Generalfeldmarschall mit 10 000 Talern Gehalt übernommen, dazu als »Grand maitre d'artillerie«. Wie wenig er damit zu tun hatte, zeigte der Brief des Königs vom 14. August 1742: »Ihr habt Mich in Eurem Schreiben vom 11. d.M. fragen wollen hinsichtlich der Artillerie-Offiziere. Ihr wißt, daß, als Ihr in Meinen Dienst getreten seid, dies unter dem Vorbehalt gewesen ist, Ich würde Euch verwenden ganz nach Meinem Belieben. Daher hoffe Ich, daß Ihr Euch nicht in Angelegenheiten der Artillerie einmischen werdet, bis Ich Euch Aufträge geben werde!«

Der König verwandte Schmettau als Sonder-Botschafter, der auch am Geheim-Vertrag mit Österreich von Klein-Schnellendorf vom 9. Oktober 1741 mitgewirkt hat. Am 18. Januar 1742 zeichnete er ihn mit dem Schwarzen Adler-Orden aus, weil er seit Ende Juli 1741 Preußen als bevollmächtigter Minister in München am Hof des dann am 24. Januar 1742 einstimmig zum Kaiser gewählten Karl VII., Kurfürst von Bayern, seit 29. Dezember 1741 König von Böhmen, den er von Belgrad kannte, geschickt vertreten hatte. Der König versuchte die Reichsfürsten auf Seiten des Kaisers gegen Österreich zu einigen. Als München am 14. Februar 1742 in die Hand der Österreicher fiel, folgte er ihm nach Frankfurt, wo er sich am 13. Juli vom Kaiser die Erhebung in den Reichsgrafenstand für seine ganze Familie erbat. Der König war darüber sehr ungehalten: »Ich habe Euren Brief erhalten, in dem Ihr die Gründe darlegt, den Titel eines Reichsgrafen anzunehmen. Aber Ihr wißt selbst, daß es in der ganzen Welt unüblich ist, daß eine Person, die im Dienst eines Fürsten steht, sich selbst meldet, um sich eine Rangerhöhung oder dergleichen verleihen zu lassen ohne die ausdrückliche Erlaubnis seines Herrschers. Es ist immer die Maxime meines Hofes gewesen, daß niemand das Recht hat, der Verleihung einer Würde zu widersprechen. In diesem Falle hat Er getan, als wenn es zuvor die Bewilligung seines Herrn gegeben hätte. Potsdam, 20. Juli 1742.«

Als die Österreicher mit ihren Verbündeten am 27. Juni 1743 die Franzosen bei Dettingen schlugen und Bayern wieder einnahmen, beschwor der König den Kaiser, festzubleiben und schuf mit drei Verträgen zwischen dem 22. Mai und 5. Juni 1744 eine neue Koalition mit Frankreich, Bayern, Pfalz, Hessen-Kassel gegen Österreich, die ab 17. August zum Zweiten Schlesischen Krieg führte. Schmettau war als Gesandter in Paris daran intensiv beteiligt und befürwortete den nächsten Waffengang. Anfang Juli sandte ihn der König ins französische Hauptquartier nach Metz, um für zügiges Handeln zu sorgen. Als ihm in Paris von den Österreichern geheime Verhandlungs-Dokumente gestohlen und veröffentlicht wurden, beendete der König sofort seine diplomatische Verwendung und ließ ihn im Ausland nur noch Kunstwerke und Rekruten einkaufen, wofür seine weitgespannten Beziehungen auch nützlich waren. Seine Nachrichten aus den Niederlanden waren für den König wertlos. Seinen Plan für einen allgemeinen Frieden in Europa fertigte er ab: »Was Euren Friedensplan für Europa betrifft, sehe Ich nicht, weswegen man sich darüber den Kopf zerbrechen muß. Überlassen Sie diese Sorge eher den Verantwortlichen und Gleichgewichts-Künstlern, die das alles nach ihrer Gewohnheit regeln werden!« Immer neue artilleristische Erfindungen lehnten der König und General v. Linger ebenso ab. Am 13. August 1745 übernahm er in Berlin im »Defensions-Plan« die Aufsicht über den Abschnitt zwischen Oberbaum und Halleschem Tor.

Seine größte Tätigkeit entfaltete er als Kurator der »Akademie der Wissenschaft« ab 29. Oktober 1743, deren Erweiterung seinen Anregungen folgte, die der König dankbar annahm. Schon im Herbst 1742 hatte er mit Minister v. Borcke in Berlin eine private »Société Littéraire« gegründet, die in die Reformpläne des Königs einmündete, so daß beide am 13. November 1743 vereinigt wurden. Ihr Präsident Maupertuis gab der Akademie 1746 neue Satzungen; Schmettau sorgte dafür, daß sie eine philosophische Klasse und damit eine aufklärerische Richtung erhielt, die für ganz Europa Bedeutung gewann und die französische mit der deutschen Aufklärung verband. Leistung und Ruf verbesserten sich sehr. 1760 wurde Lessing ihr Mitglied. Obwohl ihr zahlreiche Offiziere und führende Generale wie die Brüder Keith, Konrad v.d. Goltz, v. Bredow, v. Knobelsdorff, v. Keyserlingk angehörten, erfüllte sich Schmettaus Hoffnung einer Verbindung zwischen Offizierskorps und Akademie nicht. Die ihr angehörten, waren Schmettau ähnlich: interessiert und aufgeschlossen, wissenschaftlich gebildet, gewandte Weltmänner und literarisch oder künstlerisch tätig. Er war Preußens bedeutendster Kartograf, der den ersten guten Plan von Berlin und 1751 von Ostfriesland erstellte. Nach seinem Tode mußte sein Bruder am 21. August 1751 dem König sämtliche Karten aushändigen. In seinen »Memoires secrets« hat er seine Erfahrungen verarbeitet, aber auch scharfe Kritik geübt, so z.B. am Alten Dessauer und seinem bedächtigen Marsch nach Kesselsdorf 1745.

Seiner Witwe schrieb der König am 19. August 1751: »Ich teile herzlich Euren Schmerz. Ich verliere einen verdienstvollen Offizier, dessen Talente und Qualitäten Meine Hochachtung und Mein Wohlwollen verdient haben. Ihr könnt darauf rechnen, daß Ich für Euch und Eure Familie sorgen werde, indem Ich Euch eine Pension von 2000 Talern jährlich einräume, damit Ihr Euren Kindern eine gute Erziehung geben könnt. Sie wird Euch von der Domänen-Hauptkasse gezahlt werden.« Am 5. Mai 1754 schenkte er ihr für ihren Hausbau in Berlin das gesamte Material.

Generalleutnant
Friedrich Rudolf Graf von Rothenburg
geb. 5.3.1710 zu Schles. Nettkow, Krs. Grünberg
gest. 29.12.1751 zu Berlin

Schlesisch Nettkow am linken Oderufer war von 1329 bis 1788 ununterbrochen in der Hand der Familie, bis Herzog Peter von Kurland und Sagan die Herrschaft erwarb. 1482 fiel es mit dem Herzogtum Crossen an Brandenburg. Für die 1559 um ihr Jagdschloß entstandene gewerbefleißige Ansiedlung gewährte Kurfürst Friedrich III. 1690 Markt- und Stadtrechte und gab ihr den Namen des Grundherrn. Sein Vater Alexander Rudolf war Herr auf Rothenburg/Oder, Besitzer von acht Gütern beiderseits der schlesisch-brandenburgischen Grenze und Landrat des Kreises Crossen, sein Onkel Konrad Alexander General und französischer Diplomat, seine Mutter Eva Sophie v. Falkenhayn aus Seiche. 1736 zahlte sein Vater 500 Taler in die Rekruten-Kasse, wofür ihn der König am 24. April in den Grafenstand erhob. Schon mit zwei Jahren verlor er seine Mutter; sie war 27 Jahre. Mit gerade vierzehn Jahren immatrikulierte er sich auf der nahen Universität Frankfurt/Oder am 20. Mai 1724 und bezog ein Jahr danach die Universität Lunéville/Lothringen, das damals noch zum Deutschen Reich gehörte. Er war vor allem literarisch interessiert und gut gebildet. Während seines zweieinhalbjährigen Aufenthaltes nahm er erste Beziehungen zum französischen Hof auf. 1727 trat er in den Dienst der Armee, deren Leistung seit Louvois zur besten Europas gehörte. Er hat die typische Kavalier-Erziehung genossen.

Schon nach einem Jahr war er Kapitän im Infanterie-Regiment v. Rosen. 1730 wurde er zur Begleitung seines Onkels Konrad Alexander, der sich schon Rottenbourg schrieb, in diplomatischer Mission nach Spanien befohlen, mit zwanzig Jahren. Zwei Jahre später mußte er mit seinem Regiment nach Algier in den Feldzug gegen die Spanier, wo er am Treffen bei Oran und an der Einnahme von Massalquivir teilnahm. Im Polnischen Erbfolgekrieg 1734 bis 1735 war er Oberstleutnant und Adjutant und erlebte die Einnahme von Philippsburg am 18. Juli 1734. Am 14. Juli 1735 heiratete er in Paris Gabriele Anna Marquise le Beaudeau de Parabère mit neunzehn Jahren, Tochter der Mätresse Marie-Madeleine, geborenen Comtesse de La Vieuville, des Herzogs Philipp II. von Orleans, der 1715 bis 1723 für den unmündigen Ludwig XV. regiert hatte. Damit hatte er persönlichste Verbindungen zum französischen Hof. Sie hatten eine Tochter, ein Sohn starb früh. 1739 wurde er Oberst. Gleich nach der Thronbesteigung des Königs am 31. Mai 1740 wandte er sich an ihn; er zitierte ihn sofort nach Berlin.

Ehe er eintraf, war der König am 13. Dezember in sein Hauptquartier Crossen abgereist. Von dort schrieb er ihm am 16. Dezember kurz vor dem Einmarsch: »Ich habe mit Freude gesehen, daß Ihr bei Eurer Ankunft erleichtert wart, weil Ihr Zweifel hattet, ob Ihr imstande sein würdet, nach Berlin zu kommen.

Ich hoffe, daß Ihr niemals Euren Entschluß bereut, Mein Land Frankreich vorgezogen zu haben. Hoffentlich wird Euer Beispiel Eure Frau ebenfalls dahin bringen. Die Mittel, die Ihr Mir sandten, werde Ich beachten; Ich zweifle nicht an ihrer Wirkung, sehe es aber lieber, wenn weder Ich noch Ihr sie jemals nötig haben. Euren Paß für die Ankunft Eurer Möbel in Berlin schicke ich mit.« Bei Mollwitz führte er mit vier Dragoner- und drei Husaren-Schwadronen die Avantgarde, die bei Neudorf auf den Feind stieß und dann am rechten Flügel aufmarschierte. Als der König das Schlachtfeld verließ, war — außer zwei Adjutanten und einem Pagen — Rothenburg sein Begleiter bis vor Oppeln und zurück nach Löwen. Am 20. April 1741 wurde er als Oberst übernommen und bekam als Chef das Dragoner-Regiment v.d. Schulenburg (Nr.3), das kurz vorher geteilt worden war. Vier Wochen später wurde sein Patent auf den 15. Dezember 1739 zurückdatiert. Ende August erhielt sein Regiment silberne Pauken. Am 31. Oktober d.Js. war er mit einunddreißig Jahren Generalmajor.

1742 reiste er mit dem König am 18. Januar nach Dresden, Schmettau folgte nach, um das Vorgehen der Verbündeten und die Unterstellung des sächsischen Korps unter den König zu besprechen, die sich am 10. Februar bei Groß-Bitesch vereinigten. Altersgleich und von französischer Kultur bestimmt, war er ein enger Vertrauter des Königs. Als die Sachsen Ende April ausschieden, kehrte er Anfang Mai zum König zurück. Bei Chotusitz traf er morgens mit seinen Dragonern rechtzeitig ein und bildete das zweite Treffen Buddenbrocks, dem das Hus.Rgt.1 im Einbruch in den feindlichen Infanterie-Flügel folgte. Im Handgemenge wurde er schwer verwundet.

Am 20. Juli d.Js. schrieb ihm der König: »Ich habe Eurem Brief des 15. entnommen, daß Ihr glücklich bei Euch angekommen seid. Ich bin dafür besonders empfänglich, da Ich Mich in großer Ungewißheit befand, keinerlei Nachrichten von Eurer Gesundheit zu haben. Deshalb werdet Ihr Mir von Zeit zu Zeit mitteilen, was Ihr macht und wie Ihr Euch befindet. Wenn Meine Wünsche Erfolg haben, werdet Ihr bald Eure vollkommene Gesundheit wieder erreichen.« Auf dem Schlachtfelde hatte ihm — obwohl erst Generalmajor — der König den Schwarzen Adler-Orden angeheftet. In Rheinsberg wie später Sanssouci war Rothenburg sein ständiger Gast in der Tafelrunde, obwohl er noch dauernd an seiner Verwundung litt, woran der König aufrichtig Anteil nahm.
Da Rothenburg jedes Jahr mehrere Wochen bei seinen Verwandten in Paris verbrachte und nach wie vor gute Beziehungen zum Königshaus besaß, beauftragte ihn der König am 2. Februar 1744, unauffällig Bündnis-Verhandlungen als Sonder-Botschafter zu führen, die Kaiser Karl VII. Böhmen einbringen sollten, obwohl Frankreich seinen eigenmächtigen Friedensschluß 1742 noch nicht vergessen hatte. Zuvor übte der König mit ihm den Dialog, indem er wie ein französischer Minister alle denkbaren Einwände durchprobte. Danach rief er aus: »So müssen Sie sprechen, dann sind Sie des Erfolges sicher!« Am 5. Juni war das gegen Österreich und England gerichtete Bündnis von Versailles besiegelt. Zuvor hatte er dem König das Berliner Ballettkorps vermittelt, Pomaden und Puder übersandt und die Publizierung bissiger Epigramme und eines Briefes von Voltaire übernommen, die diesen lächerlich machten wegen seiner diplomatischen Mission im August 1742. Kein Wunder, daß der englische Gesandte am 26. Januar 1745 nach London schrieb: »Rothenburg wird hier tödlich gehaßt, man zeiht ihn der Ränke und Verleumdung sowie Verkleinerung anderer«, was so allgemein sicher ungerecht war. So nahe Rothenburg dem König auch stand, er hätte niemals einen Einfluß seines Freundes geduldet, um andere bei ihm herabzusetzen. Aber seine besondere Stellung beim König brachte ihm viel Neid ein.

Am 27. Dezember bekam er die Amtshauptmannschaft Bochum und wurde am 16. Januar 1745 mit 34 Jahren Generalleutnant. Bei Hohenfriedeberg kommandierte er unter Buddenbrock den rechten Kavallerie-Flügel mit 38 Schwadronen, der die sächsische Kavallerie schlug. Bei Soor ließ er sich wegen Krankheit auf einer Hängematte in die Schlacht tragen. Als die Tragestangen zerschossen waren, bestieg er ein Pferd und hielt bis zum Ende durch.
1747 kaufte er sich in Berlin ein Haus und förderte als gläubiger Katholik den durch Legay in demselben Jahr begonnenen Bau der St. Hedwigskirche. 1748 reiste er in die Niederlande und sandte Informationen über die französische Armee, die der König als »wichtige Anzeichen« wertete. Obwohl er 1749 wieder kränker wurde, schrieb der König am 10. Mai: »Ich habe mit Freude erfahren, daß Eure Gesundheit wiederhergestellt ist, so daß Ihr im Stande seid, Eurem Regiment zur Verfügung zu stehen. Bitte tragt alle nur mögliche Sorge, was Eure Gesundheit mehr und mehr festigt. Ich danke Euch für Eure Aufmerksamkeit, daß Ihr Mir die merkwürdigen Einzelheiten der Entlassung des Grafen Maurepas (Jean-Frederic M., frz. Minister) zukommen ließet.«

Am 3. Juni äußerte er: »Ich bin sehr befriedigt, daß sich Euer Zustand mehr und mehr bessert. Ich bin überzeugt, daß der Dienst und das Regiment viel dazu beitragen. Auch Ich bin wieder gesund. Ein schwerer Gichtanfall hat Mich zehn bis zwölf Tage elend genug gemacht. Aber so, wie sie nachläßt, hoffe ich, bald davon befreit zu sein. Am Ende habe Ich ersehen, daß Ihr Euer Regiment täglich exerzieren laßt. Ich zweifle nicht, daß Ihr es bis zu der Vollkommenheit führen werdet, wie Ich Meine Cavallerie zu sehen wünsche.«

Acht Tage später folgte: »Ich bin sehr gerührt, wie Ihr Euch für Meine Gesundheit und Schmerzen interessiert. Dieses Mal bin ich billig von der Gicht weggekommen und geheilt. Aber ein unheilvolles Fieber hat Platz gegriffen und ist sehr lästig. Ich hoffe, bald davon befreit zu sein.« Am 7. Februar 1751 schrieb er ihm: »Ihr kennt Meine Gefühle für Euch, daß Ich alles tue für Neuigkeiten von Eurem Zustand. Ich freue Mich, daß Euch die genaue Befolgung der ärztlichen Vorschriften hilft und weiterbringt. Ihr wißt, daß Rückfälle gefährlicher sind als die Krankheit. Ich will nicht, daß Ihr Euch der Luft aussetzt, bis Eure Kräfte zurückgekehrt sind. Nur der Arzt bestimmt, was Ihr wagen könnt, ohne Gefahr zu laufen.« Nach seinem Tode, der dem König sehr naheging, schrieb er seiner Schwester Wilhelmine, Markgräfin in Bayreuth: »Gestern ist Rothenburg in Meinen Armen verschieden. Ich sehe nichts als Meinen Schmerz. All Mein Denken heftet sich an den Verlust eines Freundes, mit dem Ich zwölf Jahre in engster Freundschaft gelebt habe.«

General der Infanterie August Wilhelm Prinz von Preußen geb. 9.8.1722 zu Berlin, gest. 12.6.1758 zu Oranienburg

Prinz August Wilhelm war als ältester Bruder des Königs Thronfolger, aber zugleich der unglücklichste der Brüder. Zur Geburt wurde ihm der Schwarze Adler-Orden verliehen. Als es 1730 zur Katastrophe des Kronprinzen kam, erhielt er mit acht Jahren die Chef-Stelle des »Regiment Kronprinz zu Pferde« (Kür.Rgt. 2), das jetzt »Prinz Wilhelm zu Pferde« hieß. Mit neun Jahren wurde er Statthalter von Pommern für jährlich 2000 Taler, von denen sein Gouverneur, Major v. Rettberg, 800 bekam. Am zehnten Geburtstag durfte er bei der Leibkompanie des väterlichen Regiments (Inf.Rgt. 6) als Leutnant richtigen Dienst antreten. Ab 6. Mai 1735 stand er einige Zeit bei seinem Regiment, wofür sein Kommandeur, Oberst v. Wreech, eingehende Anweisungen des Königs für seine Ausbildung erhielt. Danach leistete er als Kapitän bis 4. Mai 1738 wieder Dienst beim Regiment des Königs. Am 6. März 1739 wurde er zum Oberstleutnant befördert mit Vorpatentierung auf den 7. Juli 1732, also auf neun Jahre.
Nach dem Einmarsch in Schlesien befahl ihn der König am 10. Januar 1741 zur Besichtigung der Truppen zwischen Ohlau und bei Klein-Oels, als er auf Ottmachau vorging. Zwei Monate später ging er mit v. Rettberg zu seinem mit dem III. Korps eingerückten Kürassier-Regiment, um dem Exerzieren beizuwohnen. Nach seiner Rückkehr am 18. März schrieb der König an Rettberg: »Es ist Mir angenehm, daß Mein Bruder sich Mühe und Geltung beim Regiment gemacht.« Einen Tag vor Mollwitz sandte ihm der König für den Fall seines Todes einen Abschiedsbrief: »Der morgende Tag muß über unser Geschick entscheiden. Sterbe Ich, so vergiß einen Bruder nicht, der Dich immer zärtlichst geliebt hat. Gedenke Meiner immer, aber tröste Dich über Meinen Verlust. Du bist Mein einziger Erbe, alles andere hängt von Dir ab. Dein treuer Bruder und Diener bis in den Tod.«
Der Prinz hatte sich zu einem wohlwollenden, allseits beliebten und folgsamen Mann ohne Arg entwickelt, der besonders mit seinem willensstärkeren jüngsten Bruder Heinrich sehr eng verbunden war. Am 16. Mai 1741 versicherte der König erneut: »Ich hänge zu sehr an Euch, als daß Ich Euch zu kurz kommen lasse!« Am 6. Januar 1742 verheiratete er ihn im Weißen Saal des Berliner Schlosses mit Prinzessin Luise Amalie von Braunschweig-Wolfenbüttel, seiner sechs Monate älteren Schwägerin. Neben dem König und seiner Schwester Philippine Charlotte war es die dritte Verbindung mit diesem Fürstenhaus. Sie hatten drei Söhne, eine Tochter, von denen der jüngste früh starb. Acht Tage später wurde er Generalmajor.

Am 22. März d.Js. stellte ihm der König anheim, am Feldzug teilzunehmen, und befahl ihn dann am 18. April nach Glatz zur Meldung bei ihm im Hauptquartier Chrudim. Nachdem er am 10. November auch Chef des Infanterie-Regiments v. Gersdorff (Nr. 18) Spandau geworden war, schrieb ihm der König: »Ihr könnt ganz sicher sein, daß Ich Euch liebe und danach suche, Euch eine Freude zu machen sowie sich Gelegenheit bietet.« Als er Ende 1743 auf dem Heimweg von seinem Regiment war, bat der König: »Ich hoffe, daß Euer Rückweg nicht an Potsdam vorbeiführt!« Am 9. Mai 1744 war der König sehr erfreut, seine Kürassiere »in so guter Ordnung« gefunden zu haben. Einige Offiziere sollten dafür in Potsdam den Übungen der Garde du Corps beiwohnen: »Schließlich erwarte Ich mit Ungeduld Eure Rückkehr, um Euch Meine Zuneigung persönlich zu beweisen!«
Obwohl er politisch und militärisch eigentlich ganz unvorbereitet war, erklärte ihn der König laut Erbfolgegesetz am 30. Juni offiziell zum Thronfolger mit

Hofhaltung in Oranienburg für fast 8000 Taler im Jahr. Seine Pflichten waren entscheidend verändert. Am 16. Januar 1745 wurde er mit zweiundzwanzig Jahren Generalleutnant: »Nachdem Wir gut befunden haben, Unseres Prinzen von Preußen Liebden von Unserer aufrichtigen Zufriedenheit ein abermaliges Kennzeichen zu geben, sind Wir um so mehr dazu bewogen worden, da wir von Ihrem rühmlichen Eifer und besonderer Hingabe, so Dieselben der Ehre Unserer Waffen und zugleich Ihrem eigenen Ruhm erwiesen, vollkommen überzeugt sind.« Der Leser dürfte es weniger sein. Bei Hohenfriedeberg kommandierte er in seiner ersten Schlacht eine Brigade in der Mitte des zweiten Treffens, die sich in der Gule auf seinen Zuruf mit dem Bajonett auf den Feind warf und Günthersdorf angriff. Er habe »wie ein Löwe gekämpft«, lobte der König. Bei Soor führte er die rechte Brigade des ersten Treffens, befand sich aber während der Schlacht neben dem König. Beim triumphalen Einzug in Berlin nach Friedensschluß war er sein Gast.

In den Friedensjahren verliebte sich der Prinz in die ehrbare Sophie Marie v. Pannwitz. Als er sich aber scheiden lassen wollte, griff der König ein, verheiratete sie gut und entfernte das Paar vom Hofe. Später hielt er ihm vor, »er möge das Zeug dazu haben, einen Harem von Hofdamen zu hüten«. Als er ab und zu versuchte, für seinen Bruder Heinrich einzutreten, wies ihn der König zurück. Ein guter Mensch und persönlich tapfer, zeigte er wenig Ehrgeiz und Zielbewußtsein, dafür Unentschlossenheit und Beeinflußbarkeit. Der König sah ihn richtig, wenn er urteilte: »Mein Bruder besitzt Esprit, ist wohl unterrichtet und hat das beste Herz der Welt, aber keine Entschlußfähigkeit. Dabei ist er sehr ängstlich und geht kräftigen Entscheidungen gern aus dem Wege«. 1756 wandte er sich der Prinz gegen den Feldzug, damit »das künftige Erbe seines Sohnes nicht aufs Spiel gesetzt werde.« Am 21. Juni d.Js. wurde er General der Infanterie.

Den Schlachten von Lobositz und Kolin wohnte er bei, ohne erkennbare Führungsposition. Immer wieder fragte er, er als ältester preußische Prinz erhalte keine verantwortliche Befehlsgewalt und keine Gelegenheit, seine Fähigkeiten zu beweisen. Während Dienstjüngere jede Gelegenheit hierfür bekämen, fühle er sich zurückgesetzt. Am 16. Februar 1757 kritisierte er sogar die angeblich frühe Beförderung seines Bruders Heinrich zum Generalleutnant mit demselben Datum wie die seinige zum General der Infanterie. Nach der Niederlage von Kolin, die er wie Heinrich mit Genugtuung sah, fiel ihm ab 28. Juni d.Js. die Rückführung des Korps Anhalt mit 52 Bataillonen, 80 Schwadronen in die Lausitz zu, beraten von Schmettau und Winterfeldt, die sich feind waren. Endlich gab ihm der König ein wichtiges Kommando! Von Daun heftig bedrängt, kam es zu sinnlosen und verlustreichen Märschen, die ihn den Paß von Gabel, die Artillerie, den Fuhrpark, das Magazin Zittau mit 1,2 Millionen Portionen und am 23. Juli die wichtige Stadt selbst kosteten.

Der König hatte wiederholt gewarnt. Die Ursache waren Unschlüssigkeit und tagelanger Kriegsrat. Als das Korps in völliger Auflösung Bautzen erreicht hatte, schrieb der König: »Sie lassen Mich das Vertrauen teuer bezahlen. Sie werden stets nur ein erbärmlicher General sein. Solange Ich lebe, sollen Sie den Staat nicht mehr schädigen!« Als sich beide am 29. Juli trafen und der Prinz melden wollte, ließ ihn der König voll Mißachtung stehen. Seine Äußerung über Goltz, eigentlich verdiene er Kriegsgericht und den Tod, hat der König heftig bestritten. Aber er hat ihn auf der Stelle kassiert, was unvermeidlich war und mit Schmach entlassen, was in anderer Form möglich gewesen wäre. Am 30. Juli schrieb er dem König: »Die Briefe zeigen Mir, daß Ich nach Eurer Meinung Ehre und Reputation verloren habe.« Der König erwiderte: »Ihr habt Meine Sache in verzweifelte Lage gebracht, nicht der Feind, sondern Eure Maßregeln. Meine Generals sind nicht zu entschuldigen. Ich beschwere Mich nicht über Euer Herz, wohl über Eure Unfähigkeit und Mangel an Beurteilung.« Auf Verhandlungen ging er nicht mehr ein. Es bleibt unklar, warum der König in dieser Lage einem solchen Menschen, den er richtig einschätzte, einen so schwierigen Oberbefehl gab und zuließ, daß er sich selbst und seine Armee ruinierte, statt ihn einfach abzulösen. Vielleicht spielten untergründige Erinnerungen an 1730 mit.

Der Prinz fühlte sich als Sündenbock und verließ gebrochen die Armee. In zahlreichen Briefen klagte er öffentlich und privat über Krankheiten, Ungerechtigkeit und die Absicht des Königs, ihn zu ruinieren. Sein Bruder Heinrich ergriff Partei und entfremdete sich dem König. Seinen Rat, an Roßbach teilzunehmen, wie der Aufforderung des Königs nach Leuthen, wieder zur Armee zu kommen, befolgte er nicht. Vier Wochen vor seinem Tode schrieb er: »Solange die glorreiche Regierung des Königs dauert, betrachte Ich Mich von der Liste derer gestrichen, die sich abmühen, seinen Ruhm zu vergrößern. Vielleicht hat Mich das Schicksal aus einer Situation gerettet, in der Ich Mein ganzes Nichtwissen und Nichtkönnen zur Schau gestellt hätte. Manchmal denke ich an die Schande, daß ich so unnütz lebe.« Nach seinem frühen Tode zeigte sich, daß er einen Gehirntumor hatte, was vieles erklärte.

Der König war darüber tief betroffen und gab dem Aderlassen der Ärzte und einem Schlaganfall die Schuld. Er trauerte sehr »um seines ausgezeichneten Herzens, seiner Zuneigung zu Mir und seines Eifers für das Vaterland willen«, suchte sich aber innerlich zu rechtfertigen, zumal Heinrich ihn schuldig sprach. 1791 errichtete er in Rheinsberg ein Kriegsehrenmal für seinen Bruder mit allen erfolglosen Generalen, die der König kassiert hatte.

Als seine Witwe fast fünf Monate später einen Sohn gebar, der nach drei Monaten starb, kümmerte sich der König besonders um sie: »Ich bin davon sehr ergriffen, da Ich dieses Unglück überhaupt nicht erwartet habe. Ich bitte Euch, ein Ereignis nicht zu sehr zu Herzen zu nehmen, das zu unserem Mensch-Sein gehört. Die göttliche Vorsehung möge uns das bewahren, was für Unseren gemeinsamen Trost am liebsten ist!« 24. Februar 1759

General der Infanterie August Wilhelm Herzog zu Braunschweig-Wolfenbüttel geb. 10.10.1715 zu Braunschweig gest. 2.8.1781 zu Stettin

Der Herzog von Bevern, wie er bis 1735 hieß, entstammte der 1667 durch Ferdinand Albrecht I., Bruder Herzog Anton Ulrichs, begründeten Wolfenbütteler Nebenlinie, die 1735 die Erbfolge antrat. Sein ältester Onkel war Reichs-Generalfeldmarschall und Freund des Soldatenkönigs, er ein Onkel der Königin Elisabeth Christine. Mit vier Jahren erhielt er die Anwartschaft auf die Komturei Süpplingenburg, Krs. Helmstedt, die vom Johanniterorden stammte. Am 24. Juni 1731 bekam er nach Abgang von Kapitän v. Tresckow dessen Stelle als Kompaniechef im Infanterie-Regiment v. Kalckstein (Nr.25), das in Berlin lag. König Friedrich Wilhelm I. förderte ihn besonders und sorgte für seine Ausbildung im Fechten wie in den Wissenschaften. Am 25. Juni d.Js. erteilte er dem Fechtmeister den direkten Auftrag, »den Kapitän Prinz v. Bevern im Fechten treu und gehörig zu unterrichten,« und dem Ingenieur-Kapitän Frauendorff, ihn »mit aller Treue in der Mathematik und Fortification zu unterrichten.« Mit siebzehn Jahren ging er im Herbst 1733 auf Werbung nach Holstein. Im Frühjahr 1734 wurde er als Major — eine Auszeichnung — mit zur Teilnahme am Rheinfeldzug des Prinzen Eugen kommandiert, hatte aber bis 6. Oktober d.Js. zum Regiment zurückzukehren. Ab 5. Mai 1735 war er mit neunzehn Jahren Oberstleutnant. 1738 befahl ihn der König zur Teilnahme an den Revuen in Potsdam und Halle.

Mit dem Regierungsantritt Friedrich II. am 31. Mai 1740 trat Bevern sofort in nähere Beziehung zu ihm. Nachdem er am 24. Juni d.Js. Kommandeur seines Regiments geworden war, wurde er am 30. Juli zum Oberst befördert. Sein Regiment zog erst im Februar/März 1741 mit dem III. Korps v.d. Marwitz nach Schlesien. Bei Mollwitz kämpfte er mit dem I. Bataillon an dem inneren Flügel des ersten Infanterie-Treffens rechts und wurde bei dem schweren Handgemenge verwundet. Am 1. Juni gab ihm der König die Chef-Stelle des am 2. Mai in Lauffen/Neckar unter Oberst v. Nostiz aus württembergischem Dienst übernommenen Füsilier-Regiments Nr. 41, das am 31. Mai zu Schiff Wesel erreichte und von ihm formiert wurde. Schon am 31. Oktober übernahm er als Chef für vierzig Jahre das Infanterie-Regiment v. Bredow (Nr.7), dessen Garnison Stettin war. Am 7. März 1742 bestätigte ihm der König: »Es gereicht Mir zu gnädigem Gefallen, daß Euer Liebden mit so viel Ernst an der Verbesserung Ihres Regiments arbeiten.« Bei Chotusitz kämpfte sein Regiment am linken Flügel des ersten Treffens, um den sich der Schlußangriff drehte. Mit dem 22. April 1743 wurde er Generalmajor.

1744 marschierte er im I. Korps des Königs nach Böhmen, erlebte die Belagerung und Kapitulation von Prag am 16. September sowie den mühsamen Rückzug. Bei Hohenfriedeberg stand er mit seiner Brigade im Zentrum des zweiten Treffens neben Prinz August Wilhelm, die dann unter Graf Truchses den schweren Kampf um die Gule führte. Am 23. November 1745, dem Tage von Kath. Hennersdorf, überschritt er in der Armee des Königs den Bober zum Vorstoß in die Lausitz. Seit 12. März 1746 Kommandant von Stettin, machte ihn der König ab 20. Juli 1747 zum Gouverneur der Festung und am 17. Mai 1750 zum Generalleutnant unter gleichzeitiger Verleihung des Schwarzen Adler-Ordens. Er galt als einer der besten Ausbilder der Armee. Ab 3. November 1755 ließ er die Stabs- und Subaltern-Offiziere seines Regiments täglich zwei Stunden durch Professor Nicolaus Maaß in Mathematik, Feldmeßkunst und Ingenieurwesen unterrichten. Trotz der langen Friedenszeit blieb er unverheiratet. 1756 gehörte er zu den Generalen, die einen Adjutanten bekamen.

Beim Einmarsch in Sachsen 1756 führte er den linken Flügel der Armee des Königs und rückte bis nordöstlich Pirna vor. Bei Lobositz kommandierte er die Bataillone am Lobosch-Berg, die geschickt und tapfer das

Feuergefecht führten, bis sie mittags mit ihrem Bajonettangriff die Schlacht entschieden. Seine Tapferkeit war sprichwörtlich geworden. Ende Februar 1757 drängte er bei Zittau den Gegner zurück und sicherte diesen Zugang nach Böhmen, zumal er am 20. April durch die Neiße-Senke dort einmarschieren sollte. Am 21. April schlug er in dem Gefecht von Reichenberg Königsegg aus dem Felde und vereinigte sich am 27. April mit Schwerin bei Jungbunzlau. Bei Prag führte er mit seinen 10 Bataillonen vom rechten Flügel des ersten Treffens den vom König angesetzten Stoß auf Kej und Hrdlorzez an, der die Entscheidung herbeiführte. Nach dem teuer erkauften Sieg betraute ihn der König, mit 18 Bataillonen, 90 Schwadronen die Belagerung Prags gegen Dauns Entsatzheer zu decken, wobei er bis Kuttenberg vorging. Als Daun ihn umgehen wollte, zog er sich sehr geschickt auf Kolin zurück.
In der Schlacht kommandierte er den rechten Flügel, der als Reserve zurückgehalten wurde. Als sie verloren war, sicherte er mit 8 Bataillonen, 15 Schwadronen zwischen Brzezan und Planjan den Rückzugsweg, so daß wichtige Teile der Armee gerettet wurden. Nach der Teilung der Armee Ende Juni erlebte er den glücklosen Rückmarsch bis Bautzen unter Prinz August Wilhelm. Am 24. August übergab ihm der König zwei Drittel seiner Truppen bei Görlitz, um Schlesien, Sachsen, die Mark und Berlin zu schützen. Bisher als einer der besten Truppenführer sehr bewährt, übernahm er eine Armee, deren Führung große Verantwortung und selbständige Entschlüsse verlangte. Er fühlte sich der schwierigen Aufgabe nicht ganz gewachsen, war ziemlich niedergeschlagen und versuchte, dem König den Auftrag aszureden, der ihm Winterfeldt zur Verfügung stellte. Deshalb suchte er später den Rat seiner Generale und war unsicher.

Beim Überfall auf den Brückenkopf Moys am 7. September fiel sein Berater Winterfeldt, während er ohne Feindaufklärung westlich der Neiße verharrte. Statt den Bober-Abschnitt für den Feind zu sperren, marschierte er auf Liegnitz, wo ihm der Feind die Verbindung nach Breslau verlegte. Dann überschritt er zweimal die Oder, um sich südwestlich Breslau fast zwei Monate hinter die kaum befestigte Lohe zu legen. Als am 12. November Schweidnitz gefallen war, folgte zehn Tage später der Schlag mit dreifacher Überlegenheit, der die Niederlage besiegelte, zumal seine Führung verlorenging. Der König hielt ihm alle Mißerfolge erzürnt vor: »Sie werden Mich um ganz Schlesien bringen, Meine Armee decouragieren, Mich in Verlust von Land und Leute setzen. Ich habe Sie vor timide Ratgeber und Conseils gewarnt.« Er ging auf das nördliche Oder-Ufer zurück. Als er am 24. November im Nebel mit einem Knecht zu den Vorposten ritt, wurde er gefangen, man munkelte, nicht ohne Absicht. Am 25. November fiel auch Breslau.

Im Mai 1758 sandte ihn Maria Theresia als Verwandten dem König zurück, der ihr einen österreichischen General übergab. Ohne weitere Ungnade des Königs erhielt er sein früheres Gouvernement in Stettin, das ihm nicht so behagte. Seit 28. Februar 1759 General der Infanterie, glaubte er sich zurückgesetzt und drängte auf ein Kommando im Felde, was der König zunächst mehrfach ablehnte. Er formierte seine Garnison und organisierte die Haff-Flottille. Versuche über seinen Bruder, nach Dänemark zu gehen, zerschlugen sich. Bis 1761 hat er die Odermündung erfolgreich gesichert. Am 16. Mai 1762 schloß er den Waffenstillstand mit den Russen. Nach dem Frieden mit Schweden zog ihn der König mit Garnison- und Provinzial-Truppen nach Schlesien. Mitte Juni sandte er ihn mit 22 Bataillonen, 35 Schwadronen über Cosel bis Troppau. Nach dem Sieg bei Leutmannsdorf/Burkersdorf am 21. Juli rief ihn der König heran bis Reichenbach, um jeden Entsatz von Schweidnitz zu unterbinden. Am 16. August wehrte er auf den Höhen nördlich Peilau Durchbruchsversuche Dauns ab, bis der König zu Hilfe kam und Herzog Friedrich Eugen von Württemberg mit acht Kavallerie-Regimentern die feindliche Reiterei zersprengte. Am 10. Oktober ergab sich die Festung Schweidnitz.

Bevern blieb bis Ende des Krieges Befehlshaber der Armee in Schlesien und in der Lausitz. Er wurde nicht Feldmarschall, weil Prinz Heinrich als Dienstälterer die Beförderung blockierte und der König zu diesem Spitzen-Grad nicht mehr beförderte, wenn auch sein jüngerer Vetter Ferdinand noch Ende 1758 Feldmarschall geworden war. Nach dem Kriege war er erneut Gouverneur von Stettin, mit seinem Regiment. Als er 1774 nach Kritik des jüngeren Inspekteurs an seinem Regiment dem König dessen Verhalten im Kriege rechtfertigte, antwortete er am 16. Januar: »So sehr auch Ew. Liebden bemühet sind, so ist eine unleugbare Wahrheit, daß das Regiment bei Zorndorf davongegangen und Ich solches erst den anderen Tag wiedergesehen habe. Dergleichen läßt sich ebensowenig rechtfertigen als verbessern. Ew. Liebden können daher Meine fortdauernde Empfindlichkeit, sobald Sie sich in Meine Stelle setzen, unmöglich mißbilligen.«

1778 sollte er in Stettin bleiben, »um auf die Schweden achtzugeben«. Er drängte auf ein Feld-Kommando und drohte, sonst sein Gouvernement niederzulegen. Am 23. April schrieb ihm der König: »Ich habe ungern ersehen, wenn Dieselben sich hinweg begeben wollten, es Mir nahe gehen würde, wenn Ew. Liebden alles Kommando niederlegen sollten.« Als Bevern einlenkte, war der König zufrieden. Ab 1779 kränkelte er zunehmend, woran der König sehr Anteil nahm: »Ich ersuche Ew. Liebden, daß Sie sich wegen des Exerzierens Dero Regiments nicht genieren wollen, wenn Dieselben nicht so oft dabei zugegen sind. Haben Ew. Liebden nur die Gutheit, dero Wiederherstellung gehörig abzuwarten!« 30. März 1780. Nach seinem Tode sprach der König seinem Bruder Herzog Friedrich Karl Ferdinand, Gouverneur von Kopenhagen, sein herzliches Beileid aus.

Generalfeldmarschall Ferdinand Herzog zu Braunschweig-Wolfenbüttel geb. 12.1.1721 auf dem Westhofe zu Braunschweig gest. 3.7.1792 ebenda

Auch er stammte aus der Bevern'schen Linie, vom Großvater begründet. Sein Vater war Herzog Ferdinand Albrecht II., ab 1735 Herzog von Wolfenbüttel, Reichs-Generalfeldmarschall, seine Mutter Antoinette Amalie, Wolfenbütteler Erbin, Schwägerin Kaiser Karl VI.. Maria Theresia war seine Kusine ersten Grades. Erste militärische Erziehung vermittelte ihm Oberstleutnant v. Blum. Die Hochzeit seiner Schwester Elisabeth Christine mit Kronprinz Friedrich II. von Preußen am 12. Juni 1733 machte ihn zum Schwager. Kurz darauf heiratete sein Bruder Karl des Königs Schwester Philippine Charlotte. Auf Wunsch König Friedrich Wilhelm I. nahm ihn am 8. August 1735 der Johanniter-Orden auf. Nach dem Tod seines Vaters am 3. September d.Js. wurder er am 19. Oktober Kapitän im braunschweigischen Infanterie-Regiment v. Volkening, in dem er 1740 die Chef-Stelle einer Grenadier-Kompanie erhielt.

Vier Wochen nach Regierungsantritt seines königlichen Schwagers wurde er mit neunzehn Jahren Oberst und Chef des gleichzeitig am 29. Juni d.Js. neu aufgestellten Füsilier-Regiments Nr. 39. In Templin und Soldin traten Mannschaften aus dem braunschweigischen Regiment Sommerlatte, eben aus Ungarn zurück, Unteroffiziere aus fremdem Dienst, Offiziere aus Feldregimentern sowie Grenadiere aus den Garnison-Bataillonen Memel und Pillau zusammen. Obwohl sich die Königin mehrfach an Herzog Karl von Braunschweig, ihren Bruder, wandte, wurde es erst im Juli 1741 vollzählig. Am 30. Juli bekam er als Oberst den Schwarzen Adler-Orden. Im Dezember d.Js. formierte er auf Befehl einzelne Garnison-Kompanien zum »Neuen Garnison-Regiment«, nachdem sein Regiment ab September nach Magdeburg verlegt war.

Der König war mit ihm herzlich befreundet. Er schätzte ihn sehr, weil er mit seiner Begabung entschlossene Tapferkeit verbände, das sei erblich in seiner Familie. Er war ihm in vielem ähnlich und in seinen Fähigkeiten gewachsen. Mit dreiundzwanzig Jahren ernannte ihn der König am 22. April 1743 zum Generalmajor. Er war voller Selbstvertrauen und Optimismus in dem Bewußtsein, wie der fünf Jahre jüngere Prinz Heinrich ein kommender Mann zu sein. Beide verband Offenheit und Achtung, wenn ihm auch Heinrichs Freundeskreis weniger gefiel. Die Brüder der Königin und des Königs hielten zusammen.

1744 marschierte er im I. Korps nach Böhmen bis zur Einnahme von Prag und nahm am Rückzug teil. Am 17. Dezember machte ihn der König zum Kommandeur des I./Inf.Rgt. 15, der Leibgarde, um ihn im Felde und in Potsdam dauernd in der Nähe zu haben. Beim Aufmarsch zur Schlacht bei Hohenfriedeberg hing seine Brigade in der Mitte des ersten Treffens in der Luft und geriet in eine bedenkliche Lage. Dann führte er den entscheidenden Angriff von Südosten gegen Günthersdorf, während die Brigade Münchow und die Bayreuth-Dragoner die Lücke links füllten. Bei Soor kommandierte er am linken Flügel die Garde-Brigade und die Schlichtings, die er aus dem Hohlweg südlich Burkersdorf trotz schweren Feuers zum Bajonett-Angriff vorriß, wobei er trotz Verwundung mehrere Geschütze eroberte.

1746 verlieh ihm der König die Anwartschaft auf die Standesherrschaft Pleß O/S. 1748 erreichte er im Potsdamer Lazarett eine verbesserte Krankenversorgung. Am 14. Mai 1750 wurde er Generalleutnant und reiste ab Ende August mit dem König nach Schlesien. Am 2. Oktober billigte der König seinen Einquartierungsplan der Potsdamer Garnison und schrieb ihm am 3. Januar 1751: »Nichts macht Mir mehr Vergnügen, als Euer Versprechen des Eifers und der Zuneigung anzunehmen, das Ihr Mich erkennen laßt. Ich stehe ganz zu Eurem Belieben und danke Euch sehr herzlich für Eure Wünsche. Ich weiß, wie aufrichtig sie sind. Seid versichert, daß Mein großes Interesse an Euch immer das gleiche bleibt!« Seit 17. September 1752 Gouverneur von Peitz, wurde er ab 28. August 1753 zu seinem Vetter nach Kopenhagen beurlaubt, zumal er unverheiratet war. Am 7. Juni 1755 erhielt er die Chef-Stelle des Inf.Rgt. v. Bonin (Nr.5) in Magdeburg, dazu den Gouverneursposten mit 1200 Talern jährlich und ab 1. Juli aus der Hofstaatskasse 500 Taler Zulage. Sofort machte er mehrere Verbesserungsvorschläge, denen der König zustimmte, und baute die Festungswerke aus. Im Herbst legte er das große Herbst-Manöver nach ganz neuen Gesichtspunkten selbständig an.

Der Siebenjährige Krieg brachte seine größten Erfolge. 1756 kommandierte er das rechte Korps der Armee des Königs von Halle bis Pirna. Mit der Avantgarde öffnete er den Paß von Nollendorf. Bei Lobositz führte er die Vorhut und den rechten Infanterie-Flügel bei Kinitz, dem der König die Entscheidung zugedacht hatte. Den Winter verlebte er mit dem König in Dresden. Am 23. April 1757 brach er bei Aussig die Straße nach Prag auf. Dort stand er zwischen Prinz Heinrich und Bevern am rechten Flügel des ersten Treffens, wo er am Entscheidungsstoß Beverns mitwirkte und den Feind bei Hlaupetin umgehen ließ. Mitte September säuberte er mit 5 Bataillonen, 11 Schwadronen den Raum Halberstadt - Wolfenbüttel von französischen Truppen und stieß am 28. Oktober bei Leipzig zum König. Bei Roßbach befehligte er den rechten Flügel.

Am 23. November 1757 übernahm er den Oberbefehl über die »Combinierte Armee« im Westen, die nach der Konvention von Zeven vom 6. September fast zerfallen wäre, nachdem sie am 26. Juli bei Hastenbeck geschlagen war. König Georg II. von England wünschte ihn als Nachfolger des Herzogs von Cumberland, um selbständig die Westflanke mit Hannover zu schützen und die Franzosen zu binden. Durch Roßbach war Zeit gewonnen. Der König stellte geringe Forderungen, lobte viel und konnte nur 15 Schwadronen stellen. Er aber übernahm einen wesentlichen Teil der Verteidigung. Vor Jahresende warf er die Franzosen, dabei viele Sachsen, über die Aller und nahm Bremen, Verden, Hoya im Januar 1758, wobei Prinz Heinrich bis Hildesheim vorstieß. Kleine Korps leichter Truppen erzwangen in koordinierten Gefechten die Räumung bis Hameln. Als Minden am 14. März fiel, gab der Feind Norddeutschland auf und ging über Rhein und Lahn zurück unter Aufgabe riesiger Bestände an Magazinen, Artillerie, Geld, Bagage und Gefangenen. Sein Neffe, Erbprinz Karl Wilh. Ferdinand, von dem der König entzückt war, war stets an der Spitze. Es war erstaunlich, was seine Armee von kaum 25 000 Mann aus acht Streitkräften erreichte. Am 25. März war er General der Infanterie. Der König verfaßte am 6. April in Grüssau eine »Ode an Herzog Ferdinand« und traf am 11. April ein Abkommen mit England, daß es nicht nur 4 Millionen Taler zuschoß, sondern auch Truppen schickte. Am 1. Juni überquerte er bei Emmerich den Rhein und stieß vor auf Geldern und Rheinsberg. Am 23. Juni schlug er bei Krefeld die doppelt so starken Franzosen durch Angriff in Flanke und Rücken. Das Vorgehen der Franzosen auf Kassel nötigte ihn am 9. Juli zum Uferwechsel. Trotz der Niederlage bei Lutterberg wurden Hessen und Westfalen im Oktober wieder gewonnen. Er war ein Meister defensiver Operationen. Nach neun Monaten beförderte ihn der König am 8. Dezember mit 37 Jahren zum Feldmarschall und schrieb ihm am 17. Dezember: »Ich hatte bereits das Vergnügen, Euch ernannt zu haben. Jetzt habe Ich Euer Patent übersandt. Nehmt es als Meine Anerkennung für die ausgezeichneten Dienste, die Ihr Mir erwiesen habt!« Seine Beförderung erfolgte außer der Reihe, zumal er vor Prinz Heinrich rangierte.

1759 dankte ihm der König für die Neujahrswünsche am 10. Januar: »Ich bin Eurer guten Gefühle für Mich ganz sicher, Ich kenne die Aufrichtigkeit Eurer Wünsche für Mich.« Am 20. März trat er, von Prinz Heinrich unterstützt, Richtung Main an, mußte aber vor Frankfurt am 13. April bei Bergen abbrechen. Die französische Gegenoffensive zur Weser zerschlug er am 1. August bei Minden. Obwohl der König Prinz Heinrich geschrieben hatte, er solle ihm zeigen, wie man es macht, meinte er jetzt, als die Franzosen wieder hinter den Rhein mußten, Ferdinand mache Fortschritte. Dabei war er einer der wenigen, die seine Niederlagen aufwogen. Mitte Dezember sandte er ihm sogar den Erbprinzen mit 13 Bataillonen, 19 Schwadronen zur Unterstützung nach Sachsen. 1760 behauptete er seine Stellung an Weser und Diemel am 31. Juli in der Schlacht von Warburg, die den feindlichen Vorstoß nach Westfalen verhinderte. Kleinkrieg und Überfälle nutzten den Feind ab. Ab 29. September verhinderte der Erbprinz bei Wesel eine Flankierung vom Niederrhein.

Seine Winter-Offensive ab 8. Februar 1761 warf mit empfindlichem Stoß die Franzosen bis Alsfeld zurück, während Syburg über die Unstrut auf Hersfeld vorging. Ab 22. März mußte er wieder hinter die Diemel zurück; aber es war Zeit gewonnen. Als die Franzosen Ende Juni bei Brilon - Werl standen, umging er sie westlich und besiegte sie am 15. und 16. Juli zwischen Vellinghausen und Hilbeck, um danach die Lippe-Linie zu verteidigen. Ende des Jahres behauptete er die Stellung von Osterode über Einbeck bis Münster. Ungeduld und Unwille des Königs reizten ihn oft, so daß er mehrfach erwog, sein Kommando niederzulegen. 1762 schlug er die Franzosen am 24. Juni erneut bei Wilhelmstal unweit Kassel, drängte sie bis Gießen-Friedberg-Büdingen zurück und eroberte am 1. November noch Kassel. Am 15. November war Waffenstillstand, am 24. Dezember war er in Braunschweig. Er übernahm wieder sein Regiment und die Festung Magdeburg. Am 30. März 1763 rangierte er bei der Begrüßung in Berlin nach den Brüdern des Königs und reiste mit ihm im Mai auf die Schlachtfelder im Westen. 1766 kam es zum endgültigen Bruch mit dem König — verursacht durch den Generaladjutanten v. Anhalt — der ihn von der Armee trennte. Angebote, als Feldmarschall in österreichischen Dienst oder als britischer Oberbefehlshaber nach Nordamerika zu gehen, lehnte er ab. Dafür reiste er nach Den Haag und Kopenhagen. Einfach, bescheiden und als überzeugter Christ ist er gestorben. Neben dem König und Prinz Heinrich hat nur er gesiegt.

Generalleutnant Heinrich Karl Ludwig von Hérault, Ritter und Herr von Hautcharmoy geb. 14.7.1689 zu Lippstadt gest. 16.5.1757 Kloster St. Margaretha bei Prag

Hautcharmoy war hugenottischer Herkunft wie zahlreiche Offiziere und Generale in Preußen. Sein Vater ging 1688 als Generaladjutant des brandenburgischen Feldmarschalls Friedrich Hermann Graf von Schomberg unter Wilhelm III. von Oranien nach England, wo er als Kgl. britischer Oberstleutnant mit seinem Oberbefehlshaber in der siegreichen Schlacht an der Boyne gegen Jakob II. am 1. Juli 1690 fiel. Schomberg war ein bedeutender Feldherr. Seine Mutter Charlotte Marie de Cormont le Ferre de la Cloche zog ihn als Halbwaise auf. So trat er mit vierzehn Jahren als Gefreiterkorporal in die französische Freikompanie des Oberst Manasse Graf Dorthe ein, die in den mittleren Provinzen lag. Sie war 1698 aus den aufgelösten Bataillonen Varenne und Cournuaud aufgestellt. Im März 1706 marschierte er im neuen Bataillon des Generalleutnants de Cournuaud nach Italien zum preußischen Hilfskorps, das es am 19. April erreichte, als die Franzosen es bei Calcinato am Gardasee überfielen. Die hartnäckige Verteidigung des Ortes rettete die Kaiserlichen, aber es verlor zwei Fünftel in blutiger Feuertaufe! Ab Ende August stand er in der Einschließungsfront vor Turin und erlebte am 7. September den Sturm im zweiten Treffen, wobei sein Bataillon erneut schwer getroffen wurde. Dann fielen auch Novara und Mailand bis Ende September. 1707 blieb ihm der weite Marsch nach Toulon nicht erspart, der zu nichts führte und nur durch die Eroberung von Susa am 3. Oktober zuletzt ausgeglichen wurde.

Nach der Kapitulation der Festung Tournai am 3. September 1709 kämpfte er am 11. September in der verlustreichen Entscheidungsschlacht bei Malplaquet, nachdem er seit 15. Januar d.Js. Fähnrich im Bataillon Heiden war. Am 26. Juni 1710 wurde Douay erobert, dann am 29. August Bethune genommen, das die Belagerer 3000 Mann kostete. Schon am 15. März d.Js. war er zum Sekondeleutnant im Regiment Kronprinz (Nr. 6) befördert worden, nach sieben Dienstjahren.

1711 folgte noch die Belagerung von Bouchain, dessen Übergabe am 13. September das Feldzugsjahr abschloß. Schon am 11. August hatte der Kronprinz dem Dessauer geklagt: »Wir sind in gutem Stande; keine Regimenter im Lande, kein Pulver, kein Geld und fremde Truppen. Und das Schlimmste, man muß sie behandeln wie rohe Eier.« Deshalb wurde sein Regiment zum Schutze der Kernlande zurückverlegt. Am 1. März 1713 zum Infanterie-Regiment Graf v. Wartensleben (Nr. 1) versetzt, kam er ab 23. Januar 1714 zum Regiment des Fürsten Leopold von Anhalt-Dessau (Nr. 3) in Halle. Am 14. Juli d.Js. heiratete er Maria Henriette v. Schilling, die mit vierzig Jahren starb. Aus zwei Ehen hatte er vierzehn Kinder, von denen drei Töchter die Generale v. Lattorff, v. Damm und v. Frankenberg heirateten. Sein Sohn Friedrich, Patenkind Friedrich II., fiel mit sechzehn Jahren als Leutnant bei Kay.
Nach seiner Beförderung zum Premierleutnant am 26. Januar 1715 nahm ihn Fürst Leopold zum Generaladjutanten, als einen der Nachfolger von du Moulin. An seiner Seite erlebte er den Pommern-Feldzug mit den Sachsen und Dänen gegen die Schweden, in dem er den Oberbefehl führte. Die geschickte und entschlossene Einnahme von Usedom, Wolgast und Peenemünde engte den Kampf auf Stralsund ein, für dessen Eroberung Rügen genommen sein mußte. Die nächtliche Landung am 15. November bei Gr. Stresow unter großen Schwierigkeiten bei diesigem Wetter war ein Meisterstück. Am 23. Dezember fiel Stralsund, das die Dänen besetzten. Am 27. November 1717 wurde er Stabskapitän, am 24. Dezember 1718 Kapitän und Kompaniechef in seinem Regiment. Damit stand er wieder im Truppenalltag. Der Friede vom 1. Februar 1720 gab Preußen die Odermündung; das Land westlich der Peene blieb schwedisch. Am 28. November

1726 wurde er Major, trat also zur Bataillons-Führung. Am 13. April 1730 berief ihn der König, dessen volles Vertrauen er besaß, in den Generalstab als Generalquartiermeister-Leutnant zum Gehilfen des neuen Quartiermeisters du Moulin. Offensichtlich eigneten sich Hugenotten für diese Aufgabe besonders. Und Fürst Leopold, der den Generalstab kommandierte, kannte ihn vom Regiment. Gleichzeitig gab ihm der König die Amtshauptmannschaft zu Angerburg.

Der König verwendete ihn immer wieder zu besonderen Aufträgen. So wurde er ab 18. Oktober 1731 auf Werbereise nach Brabant kommandiert. Kurz nach seiner Rückkehr 1732 nach Halle verlor er am 28. Dezember seine Frau, für die große Familie ein schwerer Schlag. Zwei Jahre später hatte er auf Werbung bis nach Siebenbürgen zu gehen, das immer noch von den Türken umkämpft war. Am 10. Juli 1735 schloß er die zweite Ehe mit der vierzehn Jahre jüngeren Dorothea Wilhelmine Freiin v. Schmertzing aus Dresden, deren Eltern auf Ehrenberg bei Zeitz saßen. Ihr Bruder stand als Oberstleutnant und Kommandeur des Dragoner-Regiments Sachsen-Gotha in kaiserlichem Dienst. Seine wirtschaftlichen Verhältnisse waren nicht üppig, so daß er froh war, als seine älteste Tochter einen Freiplatz im Francke'schen Stift zu Halle erhielt. Am 9. August 1738 wurde er Oberstleutnant und Kommandeur des II. Bataillons seines Regiments, dem er sechsundzwanzig Jahre angehörte. Zwölf Jahre war er Major gewesen. Am 10. Mai 1739 wandte sich der König an ihn: »Da Ich vernommen, wie Ihr über einen Arm der Saale eine neu erfundene Brücke von 90 Schritt (72 m) schlagen lassen, so sollet Ihr Mir berichten, wie diese Brücke gemacht ist und einen Plan davon schicken.« Er war auch technisch nicht unbegabt.

Am 24. Juni 1740 machte ihn König Friedrich II. zum Kommandeur des Infanterie-Regiments v. Kleist (Nr. 26), des späteren Feldmarschalls, in Berlin. Er besaß auch dessen uneingeschränktes Vertrauen. Gleich nach der Thronbesteigung hatte er ihm aus Rheinsberg geschrieben: »Ihr könnt auf Verwirklichung Meines Gedenkens zählen.« Am 3. September d.Js. bekam er die Anwartschaft auf eine Domherrn-Stelle in Xanten. Am 16. Dezember marschierte er unter Prinz Dietrich mit in Schlesien ein. Im Vormarsch auf Neisse unter Schwerin führte er am 8. Januar 1741 das Scharmützel bei Ellguth. Am nächsten Tage nahm er Ottmachau, dessen Schloß am 12. Januar kapitulierte.

Ab 15. Januar wurde Neisse eingeschlossen. Schwerin schrieb am 25. März dem König: »Ich bin sicher, wenn ich nur das Kleist'sche Regiment an der Spitze behalten hätte, der Feind gegen mich etwas zu versuchen sich nicht gelüsten lassen.« Bei Mollwitz trafen die schweren Attacken der feindlichen Kavallerie vor allem sein Regiment am rechten Flügel, das aber eisern standhielt. Neben 22 Offizieren und 445 Mann wurde auch er schwer verwundet, 103 waren tot, 121 vermißt, fast die Hälfte!

Am 5. Juni d.Js. wurde er Oberst. Bald darauf wünschte ihm der König rasche Genesung, um so bald wie möglich nach Brieg zu gehen, das Kleist vor sechs Wochen genommen hatte. Am 3. November wurde er dort Festungs-Kommandant mit 600 Talern jährlich. Ende des Jahres erhielt er das zum Musketier-Regiment umgewandelte Infanterie-Regiment Dohna (Nr. 28) als Chef, das von Wesel nach Brieg verlegt wurde. Die Verlegung an die Grenze zu Oberschlesien tat dem Regiment nicht gut, zumal es schon im Februar 1742 zum Observationskorps des Dessauers zwischen Jägerndorf und Ratibor kam, das die obere Oder als Nachschubweg gegen feindliche Streifscharen offenzuhalten hatte. Nach vierzig Dienstjahren ernannte ihn der König am 22. April 1743 zum Generalmajor. Am 22. Juni d.Js. warb er seinen Schwager Friedrich Hannibal v. Schmertzing aus Österreich, »weil ihm die Beförderung zum Feldmarschall-Leutnant verweigert wurde«. »Es wird Mir sehr angenehm sein, Euren Schwager in Meinen Dienst zu bringen, mit einem Regiment Kavallerie und einer besonderen Pension,« schrieb der König. Er blieb aber nur zehn Monate.

1744 kam er zum Korps v.d. Marwitz nach Oberschlesien, das die Linie Troppau - Glatz deckte. Ende März 1745 übernahm er die Division von la Motte, Winterfeldt zur Seite und säuberte von Oppeln und Cosel aus das Land von Gr. Strehlitz bis Kreuzburg und Ujest von Ungarn. Der König drängte ihn: »Ich will keine timiden Officiers. Wer nicht dreist und herzhaft ist, meritiert nicht, in der Armee zu dienen.« Erst im Herbst d.Js. war Oberschlesien ganz feindfrei. Am 5. September eroberte er Cosel und stieß dann bis Ratibor vor. Im Frieden blieb er in Brieg bei seinem Regiment, das der König am 21. September 1747 kritisierte, »indem bei solchem keine rechte Aufsicht noch Ordnung ist, wie Ich Euch schon öfters queriliert habe.« 1750 wurde er dennoch Stiftsherr in Lübbecke, 1752 Gutsherr von Allerheiligen ostwärts Oels, am 8. September 1753 Generalleutnant. Sehr gewandt und sprachkundig, sandte ihn der König wiederholt zu Erkundungen in die Niederlande und nach Österreich. Der Schwarze Adler-Orden folgte am 18. Mai 1755.

Mitte August 1756 übergab er seine Kommandanten-Geschäfte an General v. Buddenbrock, um nach Oppeln zum II. Korps Schwerins zu gehen. Bei Prag führte er 1757 am inneren linken Flügel acht Bataillone des ersten Treffens, die südlich Hostawitz den Durchbruch einleiteten. Südlich Kej schwer verwundet — Tresckow übernahm die Führung — mußte ihm ein Bein abgenommen werden. Prinz Heinrich urteilte über ihn: »Treu und wacker, wie sein Degen.«

Generalleutnant Carl Christoph Graf von Schmettau geb. 3.6.1696 zu Berlin gest. 26.10.1774 zu Brandenburg

Schmettau war der zwölf Jahre jüngere Bruder des Feldmarschalls Samuel Graf von Schmettau. Sein Vater kam aus schlesischem Landadel im Kreise Ohlau, ging aber in den Staatsdienst und starb in London, als er elf Jahre alt war. Seine Mutter Marie de la Fontaine, eine Hugenottin, zog ihn auf. Wie sein Bruder, nur erst dreizehn, trat er in das dänische Kürassier-Regiment seines Onkels, General Friedrich Wilhelm Frhr. v. Schmettau, als Junker ein und erlebte am 11. September 1709 die blutige Schlacht von Malplaquet mit der großen Reiterschlacht im Zentrum. Am 5. Dezember 1711 wurde er Kornett im 5. jütischen Kavallerie-Regiment, das im Solde der Seemächte in Brabant eingesetzt war. Nach dem Kriege kehrte er 1714 nach Dänemark zurück, wo er am 18. Juli d.Js. Leutnant wurde. 1715 nahm er an der Belagerung von Stralsund im Nordwesten der Einschließung bis November teil, danach an der Belagerung von Wismar bis April 1716. 1717 folgte er seinem Bruder als Volontär im Gefolge des Feldmarschall-Leutnants Herzog Ferdinand Albrecht II. von Braunschweig-Bevern in den Türkenkrieg vor Belgrad. Am 14. Mai 1718 schied er als Rittmeister aus dänischem Dienst, um 1719 eine Kompanie in Sachsen zu übernehmen. 1720 zog er als Hauptmann im Kaiserlichen Dienst mit dem Dragoner-Regiment Ansbach seines Onkels Gottlieb v. Schmettau nach Sizilien, wo sein Bruder Messina belagerte. Ebenso kämpfte er 1732 als Major und Generalquartiermeister des Prinzen Ludwig von Württemberg auf Korsika. 1733 stand er als Oberstleutnant und Quartiermeister-Leutnant im Stabe des Prinzen Eugen beim Feldzug am Rhein. 1737 wurde er Kommandeur des Infanterie-Regiments Schmettau, dessen Chef sein Bruder seit 1733 war. Am 19. Dezember 1740 heiratete er in Ofen die halb so alte Maria Katharina Freiin Corrade, Tochter eines Generals, mit der er vier Kinder hatte. Zwei Tage nach Übernahme seines Bruders als Generalfeldmarschall trat er am 14. Juni 1741 in den Dienst des Königs und wurde sein Generaladjutant. Während seines Vorstoßes bis Südmähren beauftragte ihn der König am 26. Februar 1742 mit Kontributionen: »An denen Orten, so vorwärts liegen, sollet Ihr nehmen, was Ihr kriegen könnet. Mit denen aber, so hinterwärts liegen und durch Unsere Garnisons erhalten werden, sollet Ihr gelinde verfahren.« Mit der Schatzung der Zivilbevölkerung zur Kostendeckung der Armee hatten die Preußen wenig Erfahrung. An Chotusitz nahm er im Gefolge des Königs teil. Angeblich stammte der Rat zur Linksschwenkung des rechten Flügels von ihm. Seine Bitte um ein Regiment beschied der König am 27. März 1743 abschlägig, weil alle vergeben waren. Dafür wurde er am 28. Mai d.Js. Generalmajor und unter Beibehaltung seiner Adjutantur Generalquartiermeister. Er hatte sich als Begabung für Marschrouten, Lager und Beschaffungen erwiesen und Zug um Zug einen Generalstab entwickelt, so daß er dem König sehr nahe stand, der ihn in alle Pläne und Geheimnisse einweihte. Anfang Februar 1744 bereitete er die Generalrevue bei Berlin vor und suchte das Gelände aus. Ab 17. April d.Js. nahm er eine Kur in Pyrmont, zu der ihm der König »glücklichsten Erfolg« wünschte. Gleichzeitig reiste er als Brautwerber des Markgrafen Karl von Brandenburg weiter nach Kassel, dessen Braut dann so tragisch am Hochzeitstage starb.

Im Feldzug 1744 blieb er bei Prinz Dietrich in Oberschlesien, dann bei Markgraf Karl südlich Neisse, wo er am 24. Mai 1745 den Durchbruch nach Neustadt mitmachte, nachdem er schon am 14. Februar General Lehwaldt bei Habelschwerdt beraten hatte. Er galt als eigensinniger, aber kluger Kopf. Bei Hohenfriedeberg will er den Rat für die Attacke der Bayreuth-Dragoner und bei Soor für den Sofort-Angriff aus dem Stand gegeben haben. Inzwischen verband ihn mit Prinz August Wilhelm enge Freundschaft. Am 9. Februar 1746 gab ihm der König die Amtshauptmannschaft Ziesar als »Zeichen wegen Eurer getreuen und guten Dienste.« 1748 ging er erneut nach Pyrmont in Kur. Am 27. Juni 1749 gewährte ihm der König eine jährliche Zulage von 1000 Talern aus dem Domänen-Etat von Kleve und sprach ihm am 30. Juni 1751

Dank und Anerkennung aus für das Kriegstagebuch des letzten Krieges mit allen Plänen. Er drängte zwar den König zur Förderung begabter, junger Generale, aber seine Beschwerde, warum Kyau und Schwerin Generalleutnants geworden seien und er nicht, erklärte der König am 12. Januar 1752 für grundlos. Er werde schon für ihn sorgen. Am 2. Juli d.Js. gab er ihm eine weitere Zulage von 500 Talern jährlich und beglich seine Schulden von 5000 Talern. Am 8. Mai 1754 machte ihn der König zum Generalleutnant mit Rückpatent um acht Monate und legte ihm nach der Mittagstafel das Band des Schwarzen Adler-Ordens selbst um. Anschließend reiste er zur Kur nach Karlsbad mit einem Geschenk von 1000 Talern für die Reise, worauf er 1755 und 1756 wieder dort kurte und 2000 Taler Reisegeschenk erhielt. Nachdem er ab 7. Juni 1755 Gouverneur von Peitz mit 2200 Talern Gehalt war »als Zeichen Meines besonders in Euch gesetzten Vertrauens mit aller Erkenntlichkeit,« bezog er jährlich 6200 Taler. Am 16. August 1756 machte der König seinen einzigen Sohn Friedrich Heinrich vom Regiment Schwerin, dessen Pate er war, mit vierzehn Jahren zum Fähnrich und gab ihm ihn als Adjutanten. Mehr an Wohltaten war kaum möglich.

Dann zog er 1756 im Gefolge des Königs ins Feld. Nach der Schlacht bei Lobositz will er ihm geraten haben, das Schlachtfeld unbedingt zu behaupten. Seine Bitte um Einsetzung weiterer Quartiermeister-Leutnants lehnte der König ab. Von Dezember 1756 bis Ende April 1757 verhandelte er in Hannover über die Aufstellung einer Alliierten Armee am Niederrhein zur Sicherung längs der Lippe zwischen Wesel und Paderborn unter dem Herzog von Cumberland, zu der er auch treten sollte. Allerdings führten seine Rechthaberei und Kritiksucht zur Versteifung des Partners, so daß der König befremdet von »österreichischen Gewohnheiten, die bei Mir nicht gehen« sprach. Vom 5. Mai bis 18. Juni stand er im Einschließungs-Korps von Keith vor Prag. Als der König nach Kolin die Armee teilte, wünschte sich Prinz August Wilhelm Schmettau zur Unterstützung, worauf der König ihm auch noch Winterfeldt beigab, den Schmettau haßte. Daß der schwierige Rückzug aus Unentschlossenheit und langwierigem Kriegsrat zur Räumung Böhmens und Zerrüttung der Truppe führte, rechnete ihm der König mit an und schickte ihn am 29. Juli ohne weitere Verwendung nach Dresden. Auf Vorschlag von Prinz Heinrich ernannte ihn der König dennoch im Frühjahr 1758 im Tausch gegen General v. Finck zum Gouverneur von Dresden, wichtig genug in einer besetzten feindlichen Hauptstadt. Zwei Tage vor dem Überfall bei Hochkirch warnte er den König, er aber wies ihn ab.

Als Daun ab 8. November d.Js. von Westen Dresden bedrohte, zog sich das Korps Finck auf das rechte Elbufer zurück, während Schmettau nach energischer Ablehnung der Kapitulation die Vorstädte abbrennen ließ und die Stadt zur äußersten Verteidigung herrichtete. Da Daun ohne Belagerungsartillerie und das Wetter schlecht war, zudem der König und Prinz Heinrich im Anmarsch aus Schlesien, konnte Schmettau bis zum 18. November tapfer durchhalten. Daun rückte mit 300 000 Talern Kontribution nach Böhmen ab; am 20. November ritt der König in Dresden ein. Immerhin gab es ein riesiges Arsenal, ein Lager mit über 30 000 Uniformen und Ausrüstungen, Fuhrparks, ein überfülltes Lazarett und eine Kriegskasse von 5,6 Millionen Taler in Gold. Der König umarmte Schmettau mit den Worten: »Er hat Mir einen großen Dienst erzeigt. Nun ist alles vergeben!« Über den Kurprinzen versuchte er einen Friedensschluß mit Sachsen zu initiieren, um das Land zu schonen, aber ohne Erfolg. Dafür verschaffte er dem in Not geratenen Kurprinzen-Paar vom König 10 000 Taler.

Nach der Niederlage von Kunersdorf 1759 mußte der König Truppen aus Sachsen abziehen, um die Kurmark und Schlesien zu decken. Darauf rückten von Leipzig die Reichsarmee und von Pirna die Österreicher auf Dresden. Schmettau verfügte über 6 Bataillone, davon 2 Garnison-Truppen und 1 sächsisches, insgesamt 3700 Mann. Er zog sich in die Altstadt zurück und lehnte jede Übergabe ab. Am 4. August bekam er von General Brentano ein Bestechungsangebot über 118 000 Taler, das er abwies. Ab 9. August war die Stadt eingeschlossen. Das verzweifelte Schreiben des Königs vom 14. August, bei einer etwaigen Kapitulation auf alle Fälle Truppe und Vorräte zu retten, machte ihn unsicher und ließ ihn vor der Beschießung nach langen Verhandlungen am 4. September die Stadt übergeben, obwohl Wunsch mit 11 Bataillonen, 8 Schwadronen schon bei Großenhain stand. Der freie Abzug unter Mitnahme alles königlichen Eigentums wurde von den Österreichern nicht eingehalten. Es kam zu Tumulten der Besatzung, die den Abzug als Schande empfand und mit über 1400 Mann desertierte, obwohl sie drei Wochen 40 000 Mann gebunden hatte. Für den König war das Maß voll, zumal Maxen am 21. November eine Wiedereinnahme Dresdens ausschloß.

Nach Übergabe seiner Truppe an Finck in Wittenberg hatte er ohne Verwendung in Berlin zu warten. Der König schrieb: »Es ist Ihnen ergangen, wie es Meinen Generalen gewöhnlich geht: in dem Moment, wo ihnen Haltung nottut, verlieren sie sie.« Sein Gehalt lief weiter; nach Wiedereinnahme Dresdens sollte er wieder Gouverneur werden. Nach Friedensschluß ließ der König Schmettau sagen, er könne ihn nicht mehr brauchen, lasse ihm aber als Invaliden eine Pension von 1000 Talern. Auf seinen Einspruch entgegnete er, sein Verhalten würde ihn woanders den Kopf gekostet haben, die jetzige Gnade verdanke er nur früheren guten Diensten. Als er sich 1764 in Charlottenburg ein Haus gebaut hatte und prominenten Verkehr pflegte, wies ihm Friedrich Brandenburg als Wohnsitz zu, um Intrigen zu unterbinden. Am 21. November 1767 bedeutete er ihm: »Wenn Ihr bedenkt, daß Euer Dienst vorüber ist, dürft Ihr zufrieden sein, daß Ich Brandenburg bestimmt habe, Eure Tage zu beenden« und am 4. Mai 1771: »Ich bin überrascht, daß Ihr noch wagt, um Aufbesserung Eurer Pension zu bitten, zumal Ihr sehr glücklich sein könnt, das erhalten zu haben, was Ihr aufs Spiel setztet!«

General der Kavallerie Georg Ludwig Herzog von Holstein-Gottorp geb. 16.3.1719 zu Eutin, gest. 7.12.1763 zu Hamburg

Herzog Georg Ludwig kam aus der jüngeren Linie der Holsteiner, die in Lübeck-Eutin regierte und über seinen Sohn Peter Friedrich Ludwig das Haus Oldenburg begründete. Sein Vater war Christian August, Fürstbischof von Lübeck, seine Mutter Albertine Friederike Prinzessin von Baden-Durlach. Seine Familie konnte sich an Reichtum nicht mit anderen Fürsten messen, war aber durch Heiratspolitik mit ganz Nord-Europa verwandt: Sein ältester Bruder Karl war verlobt mit Elisabeth Petrowna, der Schwägerin seines Vetters, ab 1741 Zarin. Holstein suchte Verbindung zur neuen Schutzmacht Rußland. Sein Bruder Adolf Friedrich wurde König von Schweden, sein Großneffe Zar Peter III. und seine Nichte Sophie Auguste Friederike von Anhalt-Zerbst ab 1762 Zarin Katharina II. Und mit dem dänischen Königshaus waren sie eine Familie. Mit sieben Jahren verlor er seinen Vater an Pocken; mit sechzehn trat er als Freiwilliger in kursächsische Dienste, um nach zwei Jahren ab 1. Juni 1737 schon Rittmeister bei der Garde du Corps zu sein, die in Dresden stand. Ein Jahr später wechselte er zur Leibgrenadiergarde zu Fuß als Kapitän und Chef der Ryssel'schen Kompanie. Im Ersten Schlesischen Krieg wohnte er der Belagerung von Brieg vom 11. April bis 4. Mai 1741 bei.

Am 7. Mai 1742 verließ er die sächsische Armee und trat als Freiwilliger in die preußische Armee ein, um im Kürassier-Regiment v. Waldow (Nr. 8) unter Buddenbrock bei Chotusitz am rechten Flügel die verlustreiche Attacke mitzureiten. Zwei Tage nach dem Sieg war er vom König »wegen dessen bekannten rühmlichen Eifers und Begierde zu den Kriegsdiensten und bei allen Gelegenheiten bewiesenen Draufgängertums« als Oberstleutnant in dieses Regiment übernommen, das nach Waldows schwerer Verwundung Rochow und ab 1757 Seydlitz übernahm. Es stand in Salzwedel und Tangermünde, ab 1743 in Ohlau. Als der König ihm am 14. September 1743 drei Monate Urlaub nach Holstein und Mecklenburg bewilligte, sandte er zugleich die Mitteilung, »daß Ew. Liebden ein eigenes Regiment zugedacht ist. Ew. Liebden wollen sogleich nach Potsdam kommen, wo selbst ich Deroselben das Übrige eröffnen werde.« Bereits am 27. Oktober war er Oberst und Chef des neu aufgestellten Dragoner-Regiments (Nr. 9), das am 1. Dezember d. Js. mit dem Dragoner-Regiment 10 durch Teilung des Regiments v. Platen gebildet wurde. Es kam nach Riesenburg, Marienwerder, Liebemühl, Freystadt und Deutsch Eylau in Westpreußen. Am 5. Dezember 1743 wurde er mit vierundzwanzig Jahren um mehr als vier Jahre bevorzugt Generalmajor.

1744 war sein Regiment mit den vier ostpreußischen Dragoner-Regimentern zum Schutze der Mark bestimmt. Während der Mobilmachung ging dem König sein Anmarsch nicht schnell genug, so daß er ihn am 13. September mahnte, soweit es der Zustand der Pferde erlaube, den Marsch doch zu beschleunigen. Ab 25. September trat er unter das Kommando des Fürsten Leopold von Anhalt-Dessau. Ende April 1745 gehörte er wieder zu seinem Korps, das das geheim mit Österreich verbündete Sachsen beobachtete, um Druck ausüben zu können, ehe es zum Bruch käme. Am 27. Juli marschfertig, stand sein Regiment ab 31. August im Lager Dieskau an der Grenze. Am 11. November entschied sich der König für den Angriff. Auf dem Anmarsch nach Meißen wurde es abgesessen im Hohlweg von Zehren überfallen und hatte erhebliche Verluste, dabei zwei Standarten. Aber Meißen wurde genommen, so daß Lehwaldt den Dessauer verstärken konnte. Bei Kesselsdorf drei Tage später führte er am linken Flügel das zweite Treffen mit den Bayreuth-Dragonern, der nur mit Mühe über den Zschoner Grund kam, aber dann aufgelöst unter den abziehenden Sachsen Jagd machte. Die bei Meißen verlorenen Pauken seines Regiments ersetzte der König 1746.

Am 25. Mai d.Js. folgte aber eine scharfe Ordre über allerlei Mißstände, die er hatte einreißen lassen. Sie schloß mit folgenden Worten: »Daher Ich denn nicht anders kann, als Ew. Liebden das, was unter Dero Augen geschehen, auf das Nachdrücklichste zu verweisen. Ew. Liebden stehen in den Jahren, daß Sie Dero

Vernunft gebrauchen können. Dero Stand, Geburt als der Charakter, welchen Sie bekleiden, hätten Dieselben wohl billig zurückhalten sollen, derlei liederliche Streiche zu gestatten, am wenigsten hingehen zu lassen.« Auch hier folgte der König seinem Grundsatz: »Ich ziehe natürliches Sprechen der Heuchelei vor.« Am 25. Oktober 1747 kritisierte er: »Es befremdet Mich sehr, daß Ich in Potsdam von Ew. Liebden Regiment Beurlaubte angetroffen. Ew. Liebden muß erinnerlich sein, wie Ich besonders verboten habe, daß kein Regiment außer der Provinz, wo es Quartier hat, Leute beurlauben soll, ohne vorher Meine ausdrückliche und besondere Erlaubnis zu haben«. Urlaub nach Pyrmont schlug er dem Herzog am 8. September 1749 mit dem Vermerk ab, er sei fast das ganze Jahr nicht beim Regiment gewesen, obwohl es der Dienst erfordere. Am 1. Januar 1750 heiratete er zu Prökelwitz, Krs. Mohrungen, Sophie Charlotte, verwitwete Gräfin zu Dohna-Schlobitten, geborene Prinzessin von Holstein-Beck, Tochter des Generalfeldmarschalls Friedrich Wilhelm Herzog von Holstein-Beck und Ursula Anna Gräfin zu Dohna-Schlodien, mit der er drei Söhne hatte. Sein Haus hat 1736 und 1754 ebenso in die Dohnas geheiratet.

1751 gewährte ihm der König am 29. November drei Monate Urlaub nach Hamburg: »Er soll aber seine Angelegenheiten so einrichten, daß er nicht so wie bisher umherreisen muß«. Der Anlaß war, daß sein Bruder Friedrich August zum Fürstbischof von Lübeck aufgerückt war mit Aussichten auf Oldenburg. Im Juni 1753 hatte er nicht nur fünf Offiziere für das Manöver bei Spandau zum Regiment Gens d'armes zu kommandieren, sondern ab 28. Juni selbst teilzunehmen. 1754 ernannte der König Oberstleutnant v. Bandemer zum Kommandeur seines Regiments mit folgender Instruktion: »Da Euer Regiment in dem letzten Feldzuge sich nicht besonders auszeichnete, habe Ich Bandemer von den Gens d'armes Ihnen zum Kommandeur gegeben. Er ist ein ganzer und rechtschaffener Offizier wie keiner bei der Armee.« Als seine Mutter am 17. Oktober 1755 schwer erkrankte, lehnte der König Urlaub ab: »Mir bekannte Umstände lassen nicht zu, daß Ich jemanden der Offiziere von in (Ost-)Preußen stehenden Regimentern außerhalb der Provinz Urlaub gewähren kann.«

Er besorgte jederzeit einen Kriegsausbruch. Zwei Monate später war seine Mutter in Hamburg gestorben. 1756 und 1757 gehörte er zum Korps Lehwaldt, das Ostpreußen vor den Russen sicherte. Trotzdem erhielt er am 9. November 1756 den russischen St. Andreas-Orden. Am 16. Februar 1757 beförderte ihn der König zum Generalleutnant und gab ihm eine Kavallerie-Division bei Angerburg mit 20 Schwadronen, zwei Bataillonen, um einem Vorstoß der Russen durch Polen zu folgen. Bei Groß-Jägersdorf kommandierte er am rechten Flügel 15 Schwadronen, die russische Waldstellungen durchbrachen und in wiederholten Angriffen die Flankierung durch die russische Avantgarde ausschalteten, so daß das Korps nicht eingeschlossen wurde. Ab 6. Oktober zog er nach Pommern gegen die Schweden. Er war ein sehr beliebter und inzwischen anerkannter Reiterführer, der mehr und mehr beweisen konnte, was in ihm an Fähigkeiten steckte.

Am 15. Februar 1758 stellte der König Herzog Ferdinand von Braunschweig für die Alliierte Armee, der leichte Kavallerie fehlte, sein und das Dragoner-Regiment 10 sowie 5 Schwadronen vom Hus.Rgt.5 und 7 über Northeim zur Verfügung, die er in weiträumigem, engagierten Einsatz führte. Seit 14. Januar trug er den schwarzen Adler-Orden. Bald wirkte er tatkräftig an der Befreiung Norddeutschlands von den Franzosen bis über den Rhein und zur Lahn mit. In der Schlacht von Krefeld am 23. Juni nahm er an der riskanten, aber geschickten Umgehung des linken französischen Flügels teil, die den Sieg über den weit überlegenen Gegner brachte. Am 9. Juli fing er den Vorstoß auf Kassel ab, der den Rückzug Ferdinands über den Rhein erzwang. Außer der Aufstellung des gemischten Freikorps v. Trümbach ergänzte er durch eigene Werbung seine Husaren-Schwadronen auf je 200 Mann. 1759 folgte ab 20. März die neue Offensive zum Main, die schon am 13. April bei Bergen-Enkheim ihr Ende fand. Der französische Gegenangriff zerbrach am 1. August in der Niederlage von Minden, wo er eine Brigade, zehn Kanonen erbeutete. Über Paderborn stieß er auf Kassel vor, nahm Marburg und schloß Gießen ein. Im Januar 1760 warf er bei Bellersheim und Ebsdorf die Franzosen zurück, ehe er in Winterquartiere zog.

Dann rief der König den Herzog mit seinen Dragonern nach Torgau, wo er am 13. Juni eintraf und auf dem Ostufer der Elbe ab 10. Juli die Dresdener Neustadt mit einem Korps einschloß, bis ihn am 19. Juli Daun auf das Westufer drängte, wobei seine Nachhut über 700 Mann und acht Kanonen einbüßte. Der König mußte die Wiedereinnahme Dresdens aufgeben und nach Schlesien eilen. Bei Liegnitz führte Holstein den linken Kavallerie-Flügel mit 30 Schwadronen, der das Korps Nauendorf in die Flucht schlug. Bei Torgau kommandierte er den linken Kavallerie-Flügel mit 38 Schwadronen, vier Reserve-Bataillonen der Brigade Kleist, die er als dritte Kolonne im Umgehungsmarsch über Wildenhain und Weidenhain auf Elsnig zu führen hatte. Alles kam darauf an, daß beide Heeresteile und die Kolonnen des Königs rechtzeitig eintrafen. Da der König vorzeitig angriff, verspätete er sich infolge ausgedehnten Frühstückes um fast zwei Stunden. Seine Attacke erreichte die Höhe des Weinberges, nahm Tausende von Gefangenen und einige Kanonen und wurde vom Gegenangriff zurückgeworfen.

Wegen der Vorwürfe des Königs schied er am 27. März 1761 aus. Zar Peter III. ernannte ihn am 21. März 1762 zum Feldmarschall, Oberbefehlshaber aller russischen Truppen in Deutschland von Mecklenburg bis Schlesien und Chef des Leibgarde-Regiments zu Pferde. In Holstein wurde er gleichzeitig Statthalter. Der König verlieh ihm den Charakter eines Generals der Kavallerie. Nach dem Regierungsantritt von Katharina II. schied er aus. In Petersburg hat er für Preußen viel getan, was der König dankbar anerkannte. Sein Tod kam zu früh.

Generalmajor Christoph Ludwig v. Stille geb. 13.9.1696 zu Berlin, gest. 19.10.1752 zu Aschersleben

Stilles Familie stammte aus der Altmark, wo sein Großvater in Salzwedel mecklenburgischer Kammerrat und Ober-Ziesemeister war und sein Vater Ulrich Christoph geboren wurde, später preußischer Generalleutnant, Chef des Infanterie-Regiments Nr. 20 und Kommandant von Magdeburg. Er hatte die Feldzüge am Rhein und in Oberitalien mitgemacht, mehrfach verwundet. Seine Mutter war Eva Maria v. Cosel aus Rosenwinkel bei Pritzwalk. Nachdem sein Vater 1711 aus dem Kriege heimgekehrt und in Magdeburg in Garnison war, bezog er die Universität Helmstedt im Braunschweigischen. Sprachen und Literatur waren seine Interessen. Als Karl XII. von Schweden 1715 Preußen den Krieg erklärte, verließ er die Hörsäle und trat als Gefreiter-Korporal im Infanterie-Regiment v. Stille (Nr. 20) seines Vaters ein, das in Salzwedel stand und später nach Magdeburg kam. Ab 20. Oktober d. Js. nahm er an der Belagerung von Stralsund teil und wurde, ehe die Festung am 23. Dezember kapitulierte, am 9. Dezember d.Js. Fähnrich. Kaum war er am 19. Oktober 1718 Leutnant geworden, ließ er sich zur Fortsetzung seiner Studien auf der Universität Halle beurlauben. Er beherrschte nicht nur Latein, Französisch und Italienisch wie seine Muttersprache, sondern machte auch Übersetzungen aus dem Englischen.

Nach seiner Rückkehr wurde er am 23. Oktober 1723 als Kapitän und Kompanie-Chef ins Infanterie-Regiment Markgraf Christian Ludwig von Brandenburg (Nr. 7) nach Stettin versetzt, wechselte aber schon zwei Jahre darauf als Rittmeister und Kompanie-Chef ins Leibregiment zu Pferde v. Bredow (Kür.Rgt.Nr.3), das in Gardelegen lag. Ab 5. April 1726 stand er beim Regiment Markgraf Albrecht von Brandenburg zu Pferde (Kür.Rgt. 11) in Rathenow.

Am 18. September 1729 erhielt er die Heiratserlaubnis für Charlotte Sophie v. Huß, Tochter des Präsidenten in Magdeburg, Karl Adolf v. Huß, mit der er drei Kinder hatte. Er war damit Schwager des späteren Generals Peter du Moulin. Der König, der seinen Vater schätzte und auf ihn aufmerksam geworden war, hatte ihn wegen der gespannten Lage mit Hannover am 9. August d.Js. nach Lüneburg zur Truppen-Revue geschickt, um alles zu beobachten und ihm eingehend zu berichten. Am 28. September 1731 beförderte er ihn zum Major beim Kürassier-Regiment Markgraf Friedrich von Brandenburg-Schwedt (Nr. 5) in Schwedt, Wriezen und Eberswalde. 1733 bis 1734 nahm er als Beobachter auf russischer Seite am Polnischen Erbfolgekrieg teil und erlebte Belagerung und Einnahme von Danzig durch Münnich. Preußen pflegte zu Rußland freundschaftliche Beziehungen. Nach seiner Rückkehr trat er bereits mit erstklassischen und philosophischen Schriften hervor. Ebenso widmete er sich militärwissenschaftlichen Studien.

Als er Friedrich II. zum Regierungsantritt beglückwünschte, dankte er ihm: »Ich war erfreut zu sehen, wie sehr Ihr teilnehmt an Meiner Thronbesteigung. Ihr könnt bei allen Gelegenheiten, die sich bieten, mit Meinem besonderen Wohlwollen rechnen.« Unter Überspringen des nächsten Dienstgrades wurde er schon am 23. Juli d. Js. Oberst und Generaladjutant des Königs. Ab 3. September betraute er ihn als »Hofmeister« mit der schwierigen Aufgabe des Erziehers und militärischen Lehrers seiner Brüder Heinrich und Ferdinand, die erst vierzehn und zehn Jahre alt waren. Die Heranbildung der Prinzen des regierenden Hauses war für Staat und Armee von wesentlicher Bedeutung. So war er ständig in der Nähe des Königs, der darauf achtete, daß die Prinzen streng gehalten und auf preußische Art ausgebildet wurden, da er Stille als behutsamen Menschen kannte. Jede Woche erstattete er Bericht »über die Aufführung und den Fleiß oder Unfleiß Meiner Brüder, weil Ich allezeit berichtet sein will.« Ab April 1741 besuchte er mit den Prinzen für längere Wochen das Lager Göttin bei Brandenburg des Fürsten Leopold von Anhalt-Dessau. Nach dem Feldzug und Ablegung des Examens durch die Prinzen bat er um andere Verwendung.

Am 8. Januar 1744 machte ihn der König zum Chef des Kürassier-Regiments Prinz Eugen von Anhalt-Dessau (Nr.6) in Magdeburg und am 19. April d.Js.

1 *Am frühen Morgen des 4. Juni 1745 reitet der König mit dem General der Infanterie Prinz Dietrich von Anhalt-Dessau und Generalleutnant Markgraf Karl von Brandenburg-Schwedt bei Gräben auf das Schlachtfeld von Hohenfriedeberg, begleitet von einem Adjutanten aus dem Husaren-Regiment 7.*

2 *Generalmajor v. Zieten zersprengt am 23.11.1745 bei Kath. Hennersdorf mit den Husaren-Regimentern 2 und 5 sowie den Kürassier-Regimentern 8 und 9 das sächsische Infanterie-Regiment Sachsen-Gotha und die Kürassier-Regimenter Vitzthum, O'Byrn und Dallwig, wobei er am Unterschenkel gefährlich verletzt wird.*

3 *In eingehenden Beratungen bereitet der König über Monate mit Generalleutnant Hans Karl von Winterfeldt den Feldzugsplan für 1757 in Böhmen vor, zu dem auch immer wieder Feldmarschall Graf von Schwerin zugezogen wird. Der getrennte Aufmarsch mit der Vereinigung vor Prag war damals einmalig. Winterfeldt hatte auch schon die Mobilmachung von 1756 meisterhaft organisiert.*

4 *Generalleutnant Prinz Heinrich von Preußen führt am 6.5.1757 in der Schlacht bei Prag am rechten Flügel das Infanterie-Regiment 13 über die Schlucht des Roketnitzer Baches bei Hrdlorzez vor, stößt bis zum Ziskaberg durch und entscheidet damit den Erfolg des nördlichen Flügels.*

5 *Nach dem unglücklichen Rückmarsch seiner Armee von Kolin über Jungbunzlau und Zittau meldet sich Prinz August Wilhelm von Preußen, ältester Bruder und Thronfolger, am 29.7.1757 mit den Generalen Herzog von Bevern und Fouqué im Lager von Bautzen beim König, der nach dem Bericht der Generale von Winterfeldt und Freiherr von der Goltz jedes Gespräch verweigert und den Prinzen ungnädig aus der Armee entläßt.*

6 *Auf die Meldung des Kapitäns von Gaudi beobachtet der König am Mittag des 5.11.1757 vom Boden des Herrenhauses Roßbach den unerwarteten Anmarsch der Franzosen und der Reichsarmee von Westen und erteilt Feldmarschall Keith und Generalmajor von Seydlitz sowie den Generalleutnanten Prinz Ferdinand von Braunschweig und Prinz Heinrich von Preußen augenblicklich seine Aufmarschbefehle.*

7 *Nach der schweren Niederlage Beverns am 22.11. vor Breslau und dem Anmarsch des Königs von Roßbach gibt er am Abend des 3.12.1757 in Parchwitz seinen Generalen den Entschluß zum Vormarsch und Angriff bei Leuthen mit bewegenden Worten bekannt.*

8 *Generalleutnant von Driesen, an der Spitze seines Kürassier-Regiments 7, bringt am 5.12.1757 bei Leuthen mit dem Flankenstoß von 50 Schwadronen um 16.30 Uhr vom linken Flügel her die Entscheidung.*

9 *Am Abend des 5.12.1757 ernennt der König auf dem Schlachtfeld von Leuthen vor den Regimentern Garde und Pannwitz den General der Infanterie Fürst Moritz von Anhalt-Dessau mit den Worten: »Sie haben mir so bei der Bataille geholfen, wie mir nie einer geholfen hat!« zum Feldmarschall.*

10 *Neben dem Infanterie-Regiment 19, das am 14.10.1758 Hochkirch unter schwersten Verlusten stundenlang erbittert verteidigt und damit die Armee rettet, greift Feldmarschall Jacob von Keith, der den König gewarnt hatte, mit dem Infanterie-Regiment 30 die verlorenen Batterien an und wird durch eine Kanonenkugel getötet.*

11 *Am Nachmittag des 23. Juli 1759 führt Generalleutnant Carl Heinrich von Wedell seine Regimenter, darunter das Infanterie-Regiment v. Diericke (Nr.49), über den Schmiede-Berg westlich Kay viermal gegen die Russen auf den Höhen südostwärts Palzig, die sie unter schweren Verlusten zurückwerfen.*

12 *Nach mehr als fünfstündiger Verteidigung der verschanzten Bober-Höhen von Landeshut am 23.6.1760 gegen zweieinhalbfache Übermacht Loudons fällt General der Infanterie Baron de la Motte Fouqué, beim Durchbruch des Infanterie-Regiments 33 über den Bober vom Pferd geschossen, schwer verwundet in Gefangenschaft, nachdem ihm sein Reitknecht Trautschke das Leben gerettet hat.*

13 In den Abendstunden der fast verlorenen Schlacht bei Torgau am 3.11.1760 führt Generalleutnant von Hülsen mit dem I./IR 22 über den Vogel-Berg einen überraschenden Gegenstoß, der auf Zietens Nachtangriff trifft und damit die Schlacht entscheidet.

14 Wie praktisch den ganzen Siebenjährigen Krieg lebt, arbeitet und plant der König mitten unter seinen Soldaten, so auch im Lager von Bunzelwitz vom 20.8. bis 25.9.1761, das ihm unter großem Risiko aus einer gefährlichen Lage hilft. 1843 entsteht hier das Dorf »Königszelt«, heute Stadt.

15 *Zwischen Spittelwald und St.Michaelis bei Freiberg führt Generalleutnant von Seydlitz am 29.10.1762 den entscheidenden Schlußangriff – mit Prinz Heinrich zusammen – gegen den linken Flügel des Feindes südlich Freibergsdorf.*

16 Der König schreitet 1765 in Potsdam mit Generalmajor Friedrich Christoph von Saldern die Front des Grenadier-Garde-Bataillons Nr. 6 ab, um es zu besichtigen.

zum Generalmajor. Als er sich beim König bedankte, versicherte er ihn am 22. April erneut seines unbedingten Wohlwollens. So wie früher in Rheinsberg war er jetzt häufiger Teilnehmer der Tafelrunde des Königs in Potsdam, mit seiner außerordentlichen Belesenheit, Gelehrsamkeit und Musikalität ein anregender Tischgenosse. Seine Frömmigkeit störte den König nicht. Im August 1744 zog er mit seinem Regiment im I. Korps nach Böhmen und erlebte die Einnahme von Prag. Am 19. September d.Js. ließ ihm der König die Pfründe zu Walbeck bei Halberstadt überschreiben. Auf dem Rückzug nach Schlesien Ende des Jahres verlor sein Regiment so viele Pferde, daß es in Magdeburg aufgefrischt werden mußte. Ende April 1745 kam es zum Korps Dessau im Raum Magdeburg, während er am 22. Mai bei Landeshut mit dem Dragoner-Regiment v. Möllendorff (Nr. 6) sehr erfolgreich attackierte und es bei Hohenfriedeberg im zweiten Treffen des rechten Flügels kommandierte, an dem sich der Einbruch der sächsischen Kavallerie brach. Im Handgemenge des hin und her wogenden Kampfes wurde er an der Hand verwundet. Schon am 15. Mai d.Js. hatte er den Pour-le merite erhalten. Bei Kesselsdorf griff er mit seinem Regiment unter Kyau östlich des Dorfes umfassend die tiefe Flanke der Sachsen an, so daß dieser Stützpunkt fiel. Er hatte sich als befähigter Kavallerieführer erwiesen.

Am 18. Februar 1746 verlieh ihm der König die Vikarie zu Aken; am 6. September d.Js. wurde er Amtshauptmann zu Cartzig und Himmelstädt. 1747 ernannte ihn der König zum Mitglied und Kurator der 1700 von Gottfried Wilhelm Leibniz geründeten »Akademie der Wissenschaften« in Berlin, die völlig französisch bestimmt war. Sein ständiges Bemühen, der deutschen Literatur Platz zu verschaffen sowie den König zur Unterstützung zu bewegen, mit Keyserlingk zusammen, blieb ohne besonderen Erfolg. Goethe meinte ja, durch den König selbst und seine Taten sei der eigentliche Lebensgehalt in die deutsche Poesie gekommen. Aber davon war damals noch keine Rede. So begnügte sich Stille mit der Dichtung eigener deutscher Verse. Immer wieder sandte ihm der König in seine Garnison Aschersleben eine Aufforderung, einige Tage bei ihm in Sanssouci zu verbringen. Er war keine so glänzende Erscheinung wie Keyserlingk, sondern neigte mehr der grüblerischen Durchdringung des Lebens zu und seiner Erfassung in kenntnisreichen Theorien. Gleim nannte ihn »den besten und größten Mignon des Königs«, d. i. der geliebte Vertraute des Fürsten; Tharau sieht in ihm eher einen Vorgriff auf den Soldaten der Freiheitskriege. Erst später gelang es der Akademie, einen Ausgleich mit der deutschen Aufklärung Christian Wolffs herbeizuführen, Lessing als Mitglied zu gewinnen und Herder an Preisaufgaben über Sprachforschung erfolgreich zu beteiligen.

Am 4. Dezember 1748 gewährte ihm der König einen Sitz am Stift St. Bonifacius und Mauritius zu Halberstadt. Ein Jahr später erfolgte die Erlaubnis, diese Pfründe abzutreten, d. h. zu verkaufen. Am 10. Mai 1750 schenkte er ihm das Gut Schwabach bei Aschersleben. Als er zu kränkeln begann, schickte ihm der König am 5. Dezember 1751 seinen berühmten Leibarzt Dr. Cothenius und bot ihm an, nach Berlin oder Potsdam zu kommen, um sich dort zu erholen. Aber Stille mußte verzichten, weil sein Gesundheitszustand keine Reise erlaubte. Längst hatte er sich der kriegswissenschaftlichen Geschichtsschreibung zugewandt, die sich über die Befestigungskunst und das Kriegswesen der Antike hinaus zunehmend mit der Gegenwart befaßte. Er verfaßte eine Geschichte der beiden ersten Schlesischen Kriege mit dem Titel »Die Feldzüge des Königs mit den Überlegungen über die Ursachen ihres Ausganges«, die zunächst abschriftlich kursierte, erst zehn Jahre nach seinem Tode veröffentlicht wurde und dann vor allem Gaudi und Tempelhoff anregten. Sein Werk ist in Briefform gehalten und wie ein Tagebuch geordnet; es gehört mit zu den Vorläufern der Kriegstagebücher wie des Generalstabswerkes, zumal es nicht nur sprachlich gekonnt, sondern auch geistvoll geschrieben ist. Am 1. Januar 1752 schrieb ihm der König: »Ich erkenne die Echtheit Eurer Gefühle des Eifers und der Verbundenheit, die Ihr Mir zeigt. Nichts wird Mir mehr Freude machen, als bald Gutes zu erfahren und die völlige Wiederherstellung Eurer Gesundheit.« Aber schon am 23. April d.Js. mußte er ihn von der Revue seines Regiments befreien und erlaubte ihm, den Lauchstädter Brunnen auf seinem Gute zu trinken. Sein Brief schloß mit den Worten: »Ihr sollet Euch für dieses Jahr und nach der Revue mit dem Regiment nichts zu tun machen und Euch ganz ruhig halten, um dadurch die völlige Herstellung Eurer Gesundheit zu beförderen, welches Ich von Herzen erwünsche.« Damit war er von jeder militärischen Tätigkeit entbunden. Ein halbes Jahr später starb er mit sechsundfünfzig Jahren.

Wie hoch der König ihn schätzte, zeigt, daß er selbst den Nachruf schrieb, der in der Akademie verlesen wurde. Er gipfelte in dem Satz: »Er gehörte zu der kleinen Zahl von Menschen, die niemals vergehen sollten!« Am 3. November d.Js. schrieb er seiner Witwe: »Mit dem Tode Eures verstorbenen Gatten habe Ich nicht allein einen tapferen und getreuen General zu beklagen, sondern auch einen Freund, den Ich liebte und hochachtete. Ich habe leider nicht genügend Mittel, um Euch Meine aufrichtige Teilnahme an dem Verlust zu beweisen, den Ich eingebüßt habe.« Sie erhielt jährlich 1500 Taler, bis ihr Gut mehr Ertrag abwarf und die Kinder herangewachsen waren. Der Präsident von Aschersleben hatte sich der Bewirtschaftung anzunehmen.

General der Kavallerie Hans Joachim v. Zieten geb. 14.5.1699 zu Wustrau Krs. Ruppin, gest. 27.1.1786 zu Berlin

Die Zieten gehören zum kurmärkischen Uradel und stammen aus dem Havelland bei Kremmen. Sein Vater war Herr auf Wustrau südlich Neuruppin am Rhin-See, seine Mutter Ilsabe Katharina v. Wahlen-Jürgaß aus Ganzer bei Neustadt a.d. Dosse. Seine Kindheit war von einfachen Verhältnissen des Elternhauses und später wissenschaftlicher Schulbildung bestimmt. Mit sechzehn Jahren ging er als Gefreiter-Korporal zum nahen Infanterie-Regiment v. Schwendy (Nr. 24), das später Schwerin bekam. Seit 7. Juli 1720 Fähnrich, stockte seine Laufbahn wegen seiner »Unscheinbarkeit, kleinen Statur und schwachen Stimme.« Nachdem er viermal übergangen war, wandte er sich am 28. Juli 1724 aus Crossen an den König, »wegen Ersetzung der viel erlittenen Torts mit Geduld vertröstet, möge er ihm durch gute Placierung bei einem anderen Regiment« helfen. Da auch Schwerin ihn nicht empfahl, entschied der König eigenhändig zum 1. August d.Js.: »Soll seine Demission haben!« Er kehrte nach Wustrau zurück, bis er nach wiederholten Gesuchen für die Vermehrung des Dragoner-Regiments v. Wuthenau (Nr. 6) in Insterburg als Leutnant zum 1. August 1724 eingestellt wurde. Am 1. Dezember 1727 wurde er Premierleutnant. Bald hatte er Streit mit seinem Kompanie-Chef, so daß er am 14. September 1729 zum ersten Mal vom König Arrest bekam. Auf Anfrage des General v. Cosel antwortete der König am 29. September d.Js.: »Zieten soll seine Zeit im Arrest aushalten, denn ein liederlicher Offizier ist zu nichts nutze als Zänkerei und Händel.« Wegen des Duells mit seinem Chef wurde er am 1. April 1730 kassiert und erhielt sechs Monate Festung, die Ende Mai gemildert wurde. Nach Verbüßung erreichte er durch die Generale v. Buddenbrock und v. Flanß ab 8. Oktober d.Js. eine Stelle als Stabsrittmeister bei der Beneckendorff'schen Husaren-Kompanie in Potsdam. Begabungen bleiben schwierig, bis sie Verantwortung erhalten. Aber seine empfindliche Reizbarkeit war schon deutlich.

Am 1. Mai 1731 wurde er Rittmeister und Chef der 2. Kompanie in Beelitz südlich Potsdam. Im August gab ihm der König wieder vier Wochen Arrest, weil auf dem Marsch von Berlin zwei Pferde gedrückt waren. Er erließ ihm die Hälfte: »Ihr sollet hinfür besser auf die Pferde achthaben. Rechte Husaren müssen in acht Tagen nach Tilsit marschieren und von 100 Pferden nicht zwei gedrückt sein. Es ist allein Eure Schuld, weil die Kerls zu lang reiten, nicht recht satteln noch weniger leicht reiten.« Am 10. November 1733 gelang es ihm, 150 neue Pferde für ganze 900 Taler, aber einen langen Rekruten für 1210 zu kaufen. 1735 schickte ihn der König mit einer Versuchs-Schwadron in den Rheinfeldzug, um an der Seite ungarischer Husaren unter Oberstleutnant v. Baranyay ihre Taktik zu erlernen. Nach der Rückkehr beförderte ihn der König am 29. Januar 1736 wegen »erworbener Kriegs-Erfahrung und rühmlichst bezeigten Vigilanz und Tapferkeit« zum Major beim 'Leibkorps Husaren' unter Oberstleutnant v. Wurmb, der ihm nicht gewachsen war. Mit ihm soll er ein heimliches Duell gehabt haben. Um sich zu erholen, reiste er am 9. August 1739 zwei Monate zur Kur nach Teplitz. Seit dem 25. November 1737 war er mit seiner Kusine Leopoldine Judith v. Wahlen-Jürgaß verheiratet; die Ehe blieb kinderlos.

1740 marschierte er im Leibhusaren-Korps mit dem König nach Schlesien. Bei Mollwitz griff er am linken Flügel gegen den feindlichen Kavallerie-Einbruch ein. Am 17. Mai 1741 führte er beim Überfall von Rothschloß unweit Strehlen unter Winterfeldt als Oberstleutnant seine 600 Husaren erfolgreicher als die Ungarn. Zwei Tage danach bekam er den Pour-le merite, wurde am 14. Juni Oberst und am 24. Juli d.Js. Chef des neuformierten Leibhusaren-Regiments (Nr. 2). Wurmb kam zum Garnison-Regiment v. Röder. Jetzt erkannte Schwerin, daß er herzhaft, fleißig, nüchtern und fromm war, voll militärischer Einsicht und scharfer Wachsamkeit. Seine Berichte beruhten auf guter Beobachtung und klarer Auffassung. Obwohl von Natur aus hitzig, wägte er Schwierigkeiten kühl, wartete ab, setzte dann im richtigen Augenblick seine Person und Truppe in mitreißendem Schwung rücksichtslos ein. 1742 stieß er bis Stockerau bei Wien vor und zog im Mai nach Böhmen, traf aber erst nach Chotusitz beim König ein. In der Armee besaß er schon großes Ansehen.

1744 drang er bis Tabor, Budweis und Frauenberg vor und schlug am 9. Oktober d.Js. bei Moldauthein als Nachhut-Führer den Gegner zurück. Seit dem 3. Oktober war er Generalmajor. Ende des Jahres bewilligte ihm der König eine Jahreszulage von 1200 Talern; außerdem hatte er ihn um acht Monate zurückpatentiert. 1745 glückte ihm der legendäre Durchbruch am 19. Mai von Patschkau nach Jägerndorf, der Markgraf Karl den Rückmarsch ermöglichte. Bei Hohenfriedeberg führte er 15 Schwadronen der Reserve, mit denen er Kyau am äußersten linken Flügel zu Hilfe kam. Bei Kath. Hennersdorf zerschlug er mit Winterfeldt am 23. November d.Js. eine sächsische Division, so daß der Weg in die Lausitz frei war. Dabei wurde er am Unterschenkel verwundet.

Nach den Kriegen verletzte ihn tief, daß der König Winterfeldt als Inspekteur der Husaren mit ihrer Organisation und Ausbildung betraute, da Ordnung und Ausbildung im Frieden nicht seine Stärke war. Schon am 3. Dezember 1745 belehrte ihn der König: »Es hat Mir sehr leid getan zu ersehen, wie Ihr in dem Gedanken stehet, als ob Ich etwas gegen Eure Person hätte oder sonst nicht zufrieden wäre. Ihr könnet fest glauben, daß weder eins noch das andere ist. Daß Ich dem General v. Winterfeldt besondere Commission gebe, kann Mir unmöglich verwehret noch die Hände gebunden werden, da Ihr an dem gebührenden Rang nicht das geringste verlieret.« Seither haßte er Winterfeldt und versuchte mehrfach, ihm angebliche Intrigen gegen ihn anzuhängen. 1748 kritisierte der König seine Husaren-Postierungen an der Grenze. Am 22. Oktober 1749 schrieb er: »Ich kann nicht umhin, Euch erkennen zu geben, daß Ich von den Husaren Eures Regiments an den sächsischen Grenzen sehr übel zufrieden zu sein Ursache habe. Alles, was desertieren kann, kommt vor gedachte Postierung gut durch. Einesteils fehlt es an Disposition, anderntei1s an Wachsamkeit. So befehle Ich, daß Ihr solches nachdrücklichst in Ordnung bringen sollet, widrigenfalls Ich Mich an Euch halten muß.« Die Entfremdung wuchs, so daß ihn der König mit der Beförderung überging und seine Beschwerde am 30. Juni 1755 beschied: »Ich habe ersehen, was Ihr wegen Eures Avancements vorstellen wollet. Da Ihr bekanntermaßen mit den anderen Generals der Armee nicht rangieret, hoffe Ich, daß Ihr mit Geduld abwartet, bis Ich gut finde, Euch ein Avancement angedeihen zu lassen.« Als er seinen Abschied nehmen wollte, stellte der König durch Aussprache das Verhältnis wieder her und machte ihn am 14. August 1756 zum Generalleutnant.

Bei Kriegsbeginn zog er in der Armee des Königs bis vor Pirna. Am 5. Mai 1757 verlieh ihm der König den Schwarzen Adler-Orden. Bei Prag rettete sein Flankenangriff gegen das Kavalleriekorps Lucchese mit 45 Schwadronen den linken Flügel. Bei Kolin führte er seine 55 Schwadronen ostwärts Krzeczhorz gegen die weit überlegene Kavallerie Serbellonis, so daß er wenig erreichte.

Trotz einer Kopfwunde deckte er den Rückzug. Beim Rückzug unter Prinz August Wilhelm bis Bautzen und bei Moys trat er auffällig wenig hervor. Vor Breslau kommandierte er den linken Flügel mit sechs Bataillonen, 60 Schwadronen zwischen Gräbschen und Kleinburg, das er zäh verteidigte. Als Bevern den Kopf verlor, sammelte er die Reste der Armee und führte sie dem König zu. Bei Leuthen brach er mit 43 Schwadronen am rechten Flügel bis zum Leuthener Busch durch und verfolgte den Feind mit elf Bataillonen, 63 Schwadronen bis Landeshut. »Ein Tag Anstrengung bringt uns hundert Rasttage!«, hatte der König befohlen. 1758 sicherte er bei Landeshut die Einnahme von Schweidnitz am 16. April. Dann schloß er Olmütz mit ein. Bei Hochkirch fing er mit 28 Schwadronen des rechten Flügels die Umfassung der rechten Flanke ab. Danach deckte er den Rückzug. Der König sagte am 1. Juni d.Js.: »Er ist voll Kraft und Kühnheit. Erfolge machen ihn nicht überheblich, wie Mißerfolge ihn nicht niederdrücken; er ist nur zufrieden, wenn er mit dem Feinde handgemein wird. Unfähig, einen Angriffsplan zu machen, wenn er das Gelände nicht gesehen hat, macht er hervorragende Vorschläge mit Genauigkeit, Richtigkeit, sobald er es gesehen hat. Er braucht nur einen Augenblick, um Entscheidungen zu treffen.« Der König schenkte ihm 10 000 Taler, denn er war ein glänzender Truppenführer in der Schlacht, aber kein selbständiger Heerführer.

Bei Liegnitz verhinderte er mit dem rechten Flügel jeden Übergangsversuch Dauns über Katzbach und Schwarzwasser, so daß der geplante Zangenangriff ausblieb. Auf dem Schlachtfeld wurde er General der Kavallerie. Bei Torgau trug ihm der König die Umfassung der Süptitzer Höhen von Süden mit 21 Bataillonen, 54 Schwadronen auf. Sein verspäteter Linksabmarsch rettete im allerletzten Augenblick den Sieg. Im Lager Bunzelwitz stand er fest an der Seite des Königs; bei Burkersdorf kommandierte er das erste Treffen. In Belling und Günther hatte er sich gelehrige Schüler erzogen. Sein Einzug in Berlin am 27. März 1763 glich einem Triumphzug, war er doch einer der wenigen höchsten Generale, die den Krieg überlebt hatten. Mit 65 Jahren heiratete er am 23. August 1764 Hedwig Elisabeth Albertine v. Platen aus Mesendorf bei Pritzwalk, mit der er zwei Kinder hatte.

Im Frieden diente er wiederholt als Vorsitzender von Kriegsgerichten wie schon früher und erwirtschaftete als haushälterischer Muster-Landwirt mit dem 1720 übernommenen Familiengut den achtfachen Wert. In enger Freundschaft war er oft des Königs Ehrengast und sein ältester Kavallerie-General über seine Lebenskraft hinaus, aber treu bis ans Ende.

General der Infanterie Ernst Heinrich August Baron de la Motte Fouqué geb. 4.2.1698 zu Den Haag/Nld., gest. 3.5.1774 zu Brandenburg

Fouqué's Vater Karl, Herr und Baron de la Motte, Saint Surin und la Gréve, hatte um seines Glaubens willen die Normandie verlassen und war nach den Niederlanden gegangen. Seine Mutter Susanne de Robillard fand nach dem frühen Tode des Vaters mit ihren Kindern Zuflucht am Hofe des Herzogs von Lüneburg in Celle, wo viele Hugenotten lebten. Mit acht Jahren begann er als Page beim Fürsten Leopold von Anhalt-Dessau, der es verstand, junge Begabungen zu fördern. 1715 begleitete er den Fürsten zur Belagerung von Stralsund vom 20. Oktober bis 23. Dezember. Dabei trat er als Fähnrich in sein Infanterie-Regiment Anhalt-Dessau (Nr. 3) ein.
Ab 8. März 1719 Sekondeleutnant, machte ihn der König schon nach sieben Monaten zum Premierleutnant. Vier Jahre später war er seit 24. Januar 1723 Stabskapitän. Am 3. November 1728 verlieh ihm der König den Orden de la générosité. Am 21. Februar 1729 wurde er Kapitän und Kompanie-Chef in seinem Regiment. Am 8. Mai 1733 heiratete er in Halle Elisabeth Magdalene Masson, eine dort geborene Hugenottin, als ihr viertes gemeinsames Kind unterwegs war. Seine Heiratserlaubnis erhielt er erst einen Monat später, ohne daß ihm dieses Vorgehen nachteilig angerechnet wurde. Aus seiner Ehe gingen sechs Kinder hervor. Am 21. Januar 1739 schied er mit dem Charakter als Major aus, um in dänische Dienste zu gehen, wo er bereits nach sechs Monaten Oberstleutnant war.
Am Rheinsberger Hof des Kronprinzen hatte er nicht nur die Freundschaft Friedrichs II. gefunden, sondern spielte mit Stille die Rolle des sprachgewandten Schöngeistes in einer Atmosphäre von jugendlicher Geselligkeit, Musik, Theater, Gesprächen und wissenschaftlichen Studien, die bald in ein enges Vertrauensverhältnis überging. Als Friedrich nach Beispiel des Königs Artus einen geheimen Orden aus zwölf Offizieren der »Ritter Bayards ohne Furcht und Tadel« nach dem Vorbilde Pierre du Terrail, Seigneur de Bayard (1475-1524) gründete, machte er Fouqué zum Großmeister, der ihn dann zum Ritter schlug. Über Begründung und Sinn dieser Gruppe läßt sich deuteln; sicher war, daß nur Geist und militärische Führung Prestige brachten. Fouqué hatte sich 1738 nach zweiunddreißig Jahren mit dem Dessauer, seinem Regiments-Chef, überworfen. Da Friedrich Wilhelm I. ihn hoch schätzte, bot er ihm eine Versetzung nach Ostpreußen, der er aber den Dienst in Dänemark vorzog. Kaum hatte Friedrich II. die Regierung übernommen, kehrte er am 23. Juli 1740 wieder als Oberst zurück und wurde drei Tage später Kommandeur des Füsilier-Regiments v. Camas (Nr. 37) in Potsdam. Am 11. November d.Js. übertrug ihm der König die Amtshauptmannschaften Gramzow und Löcknitz bei Prenzlau. Drei Tage darauf zeichnete er ihn mit dem neu geschaffenen Pour-le-merite aus.
Im Februar 1741 marschierte er mit seinem Regiment im III. Korps v.d. Marwitz »für Besatzungszwecke« nach Breslau, wo er am 10. August die Stadtgarde übernahm. Am 4. September d.Js. wurde er Kommandant von Schweidnitz, wofür er vom König das Haus des Abtes Seidel geschenkt erhielt, und begann mit Verstärkung der Festung. 1742 zog er im Korps Schwerins mit dem Grenadier-Bataillon im Februar bis Fulnek, während sein Regiment Ratibor besetzte. Im März/April kämpfte er bei Walachisch Meseritsch, sicherte Kremsier und führte Rückzugsgefechte bei Gr. Wisternitz und Hartau-Kunzendorf. Er war tapfer, energisch und sehr genau, neigte aber zu übergroßer Schärfe bei geringen Verfehlungen. Nach seiner Bewährung in Schweidnitz machte ihn der König am 13. Mai 1743 zum Kommandanten der wichtigen Festung Glatz, wo er auch 1744/45 blieb, und am 31. Dezember 1744 zum Chef des seit einem Jahr dort liegenden Infanterie-Regiments v. Bredow (Nr. 33). Als Anfang Dezember d.Js. feindliche Vortruppen die Festung einschlossen, konnte er sie behaupten. Am 16. Januar 1745 wurde er Generalmajor mit Rückdatierung um zwanzig Monate.
Ab 1745 baute er rechts der Neiße nordostwärts der Stadt die Festungswerke Schäferberg und Puhu, da-

nach links des Flusses nördlich der Stadt den Donjon. 1746 schenkte ihm der König Pläne von Soor und Kesselsdorf und übertrug ihm am 31. März 1749 den Bau der Ev. Garnison-Kirche. Er stand mit Fouqué laufend in direktem Briefwechsel als Gouverneur der Festung, Kriegswissenschaftler und Freund. Seine Aufsätze über Änderungen der Krieg- und Kampfführung, selbst Anweisungen an die Generale der Kavallerie, gingen ihm zur Beurteilung zu. Am 21. Mai 1750 ermahnte er ihn: »Wenn Ihr alle Kleinigkeiten dergestalt hochnehmen wollet, Ihr ständig mit Untersuchungen beschäftigt sein werdet. Ich muß Euch sagen, daß Ihr gar zu kleinlich seid und Sachen bemängelt, die füglich zu übersehen sind. Ihr müßt mehr Unterschied halten zwischen bloßem Nachlassen oder Dingen von üblen Folgen, Mangel an Überlegung und Übermut!« Am 22. Januar 1751 wurde er Generalleutnant und erhielt am 2. September d.Js. den Schwarzen Adler-Orden. Am 15. Februar 1753 befahl der König, fünf abgebrannte Häuser der Stadt schleunigst wieder aufzubauen. Am 3. April verlor er seine Frau im Alter von achtundvierzig Jahren. Ab 28. Juli d.Js. mußte er zum großen Manöver bei Spandau, war aber froh, daß er am 1. Oktober wieder beim Regiment war, für das er eine Kaserne baute. Ab 8. Juli 1754 wurden ihm zum Festungsbau jährlich 1000 Taler bewilligt. Am 4. Juni 1755 kritisierte ihn der König: »Es ist notwendig, daß Ihr mit jungen Leuten Geduld habet. Sie können Fehler haben, und können die besten Officiers sich erinnern, daß es ihnen daran nicht gefehlet hat. Deshalb müssen sie nicht brüskiert und abgeschaffet werden, da sie mit der Zeit durch gute Mittel zur Vernunft gebracht werden können.« Schon am 11. März 1756 wurde er angewiesen, »dieses Jahr nichts bei der Festung zu machen, sondern alles anstehen zu lassen.«

1756 blieb er als Befehlshaber im Korps Schwerin in Schlesien, das den Gegner fesselte. Bei Prag wurde seine Brigade im ersten Treffen links von Schwerin vorgeführt, dann aber zurückgeworfen. Sein Regiments-Kommandeur fiel; es verlor eine Fahne, zwei Kanonen. Dann belagerte er Prag mit. Nach Leuthen und Zietens Verfolgung mit elf Bataillonen, 63 Schwadronen bis Landeshut übernahm er von ihm das Kommando, schlug am 22. Dezember 1757 die feindliche Nachhut unter Buccow und schloß anschließend mit 17 Bataillonen, 35 Schwadronen Schweidnitz bis zur förmlichen Belagerung Ende März 1758 ein. Danach warf er mit 16 Bataillonen, zwölf Schwadronen von Glatz die österreichischen Vorposten aus dem Grenzgebirge, um den Aufmarsch gegen Mähren zu sichern. Gegen Olmütz führte er in vier Marschstaffeln den Belagerungspark von 88 Geschützen bis Krenau nach, gedeckt durch sein Korps. Er nannte die Belagerung eine »Opern-Aufführung«, obwohl er als Keiths Stellvertreter mit Verantwortung trug. Bei dem Abmarsch nach Böhmen führte er die erste Kolonne, brachte die Artillerie nach Glatz und hielt dann mit 19 Bataillonen, 25 Schwadronen die Verbindung zwischen Glatz und Josefstadt. Im Winter 1758/59 sicherte er Oberschlesien von Pleß bis Ottmachau. Am 1. März 1759 wurde er General der Infanterie, »um Euch Meine Zufriedenheit über Euren Dienst zu beweisen, den Ihr bis hier erwiesen habt«. Im April d.J. mußte er bis Troppau und Hof vorstoßen, um Magazine zu zerstören oder wegzunehmen, kam aber nicht über die Mohra. Als der König um Landeshut die Armee versammelte, deckte er ihm bei Neisse mit 21 Bataillonen, 25 Schwadronen die linke Flanke. Niemand sei besser geeignet, mit 20 000 Mann Schlesien zu sichern, als er, meinte der König, während er gegen die Russen zog.

1760 schützte er selbständig mit dem Festungs-Dreieck Schweidnitz-Glatz-Neisse-Breslau den Kern Schlesiens bei Landeshut gegen Laudon. Am 22. April d.Js. schenkte ihm der König die Pfründe des Dompropstes von Brandenburg. Nach Abgaben nach Sachsen behielt er noch 11 500 Mann zwischen Landeshut und Löwenberg, die er Ende Mai bis Freiburg vorzog, um Laudon abzuwehren und Breslau zu decken. Deswegen räumte er Landeshut trotz seines Magazines, das in Feindes Hand fiel. Der König forderte am 14. Juni die sofortige Wiederbesetzung: »Meine Generals schaden Mir mehr als Meine Feinde; sie machen immer alles verkehrt.« Am 17. Juni warf er den Feind bis Reichhennersdorf zurück und besetzte die halb befestigten Höhen um die Stadt. Die Erlaubnis des Königs vom 22. Juni, notfalls die Stadt zu räumen, um das Korps zu retten und Breslau zu verteidigen, kam zu spät. Unter Verzicht auf eigenen Entschluß hielt er trotzig seine Stellung. Am 23. Juni umging ihn Laudon und überfiel ihn mit mehr als dreifacher Übermacht in stürmischer Regennacht. Fünf Stunden wurde erbittert gerungen. Nur 1 100 Soldaten kamen durch; 1 927 waren gefallen, 8 000 verwundet und gefangen, dabei er schwer verwundet. Landeshut erlebte schreckliche Plünderungen. Der König konnte das kaum fassen: »Diese trostlose Sache wirft alles über den Haufen. Fouqué ist einer der tapfersten und klügsten Offiziere. Er hat so heldenmütig gekämpft wie seine Truppen.« Als Gefangener wurde er schlecht behandelt, sein Austausch als befähigter General und Freund des Königs abgelehnt. Anfang April 1763 traf er in Glatz ein.

Der König begrüßte ihn am 15. April d. Js.: »Mit unendlicher Befriedigung habe ich von Euer Rückkehr erfahren. Sobald Ihr Euch etwas erholt habt, werde Ich sehr erfreut sein, Euch wiederzusehen.« Nach längerem Aufenthalt in Potsdam zog er nach Brandenburg unter Behalt aller Stellungen. Reger Briefwechsel und häufige Gegenbesuche verbanden beide. Der König sandte seinem letzten Jugendfreund laufend Geschenke, einmal ein Glas seines Vaters, einmal einen bequemen Sessel, auch Medizin und Porzellan. Sein regelmäßiges Tischgebet respektierte er. Schließlich war er taub und gelähmt; ein Apparat schrieb Silben auf, die er nicht mehr sprechen konnte. Nach dem Krankenabendmahl starb er bei der Morgenandacht. Dem Sohn schrieb der König: »Sein Hinscheiden hat mich sehr getroffen, weil ich ihm gegenüber immer große Hochachtung empfand.« 1777 übernahm er die Patenschaft über Fouqués Enkel, den späteren Dichter.

Generalleutnant Hans Karl v. Winterfeldt geb. 4.4.1707 zu Vanselow, Krs. Demmin, gest. 8.9.1757 zu Moys bei Görlitz

Die Winterfeld waren seit dem 13. Jahrhundert in der Mark, Pommern und Mecklenburg ansässig. Sie traten durch Tatkraft hervor und hatten meist Universitäten besucht. Sein Vater Georg Friedrich studierte in Frankfurt/Oder, reiste und bewirtschaftete seine Güter Züsedom, Woddow, Fahrenwalde, Vanselow, Schmarsow zwischen Demmin und Prenzlau. Seine Mutter war Christine Elisabeth v. Maltzahn, Tochter des Landrats und Erblandmarschalls. Er war der älteste von vier Söhnen, fünf Töchtern. Mit dreizehn Jahren verlor er seinen Vater. Da nahm ihn sein unverheirateter Onkel Georg Levin, früher Generaladjutant des Königs, als Standartenjunker in sein Königsberger Kürassier-Regiment (Nr. 12), wo er am 24. Juli 1722 schon Kornett wurde. »Von hohem Wuchs und gutem Aussehen«, kam er einen Monat später zum III. Bataillon des Königs-Regiment (Nr. 6) nach Brandenburg und erhielt am 3. April 1729 die Beförderung zum Sekondeleutnant. Kurz darauf zum II. Bataillon nach Potsdam versetzt, wurde er ab November 1731 sein Adjutant.

Bald sandte ihn der König mit einigen Unteroffizieren nach Petersburg, um die Garde auf Wunsch der Zarin Anna Iwanowna mit dem preußischen Gewehr einzuexerzieren. Oberbefehlshaber war Feldmarschall Graf Münnich, der die verwitwete Schwester seiner Mutter geheiratet hatte. Dort lernte er seine Kusine Juliane Dorothea v. Maltzahn, Hofdame der späteren Zarin Elisabeth und Stieftochter Münnichs, lieben, die er am 20. Mai 1733 in der Potsdamer Garnisonkirche heiratete. Mit ihr hatte er vier Kinder, die früh starben. Die zeitige Heiratserlaubnis war ein Gnadenerweis, mit politischem Hintergrund. Ab 30. Juni 1734 reiste er als einer der Adjutanten des Königs zur Begleitung des Kronprinzen an den Oberrhein ins Feldlager von Prinz Eugen. Hier entstand das innige Vertrauensverhältnis zu Friedrich II. Der König nahm ihn auf Musterungsreisen mit, bestimmte ihn 1738 zum Mobilmachungs-Adjutanten und schenkte ihm am 17. März 1739 die Einnahme des Wilmersdorfer Schulzengerichtes. In seinem letzten Willen 'Wie es mit meinem Leibe gehalten werden soll' ist Winterfeldt unter sechs Offizieren genannt, vor denen die Obduktion erfolgen sollte. Außerdem war er als Sargträger befohlen. Als 1740 sein Grenadier-Regiment aufgelöst wurde, beförderte der junge König ihn am 23. Juni zum Major und Flügeladjutanten. Er arbeitete fleißig, schnell, geschickt, intelligent und einfallsreich mit frischer Entschlossenheit. Als Ende des Jahres unklar war, wie die Großmächte auf die Besetzung Schlesiens reagieren würden, sandte ihn der König erneut nach Petersburg, wo Prinzessin Anna Leopoldowna die Regentschaft und Münnich die Macht übernommen hatten. Das Bündnis war am 27. Dezember unterzeichnet, als er am 1. Januar 1741 eintraf unter dem Vorwand, Glückwünsche zu überbringen, in Wahrheit, um dem österreichischen Gesandten entgegenzuwirken, was ihm mit Geschick und viel Geld gelang, bis er am 17. Januar d.Js. zurückreiste. Am 9. März öffnete er mit dem Grenadier-Bataillon 5/21 im nächtlichen Sturm das Brostauer Tor der Festung Glogau. Bei Mollwitz hielt sein Bataillon am rechten Flügel der schweren Attacke 'gleich einem Felsen in der Brandung' stand Den Überfall bei Rothschloß am 17. Mai führte er mit der Bedeckung des ihm befohlenen Verpflegungstransportes aus Schweidnitz aus. Hier entstand Zietens Neid auf ihn. Am 10. Juni wurde er Oberstleutnant, am 6. März 1742 Oberst und Generaladjutant, was ihn nicht hinderte, immer wieder bewaffnete Aufklärung zu reiten. Auch im Nachrichtendienst sammelte er erste Erfahrungen.

Ab 1743 setzte ihn der König als Inspekteur der Husaren ein. Was Österreich an Naturbegabungen besaß, mußte hier erst geschaffen werden. Es ging um ihren Aufbau, Personalführung, Remontierung, taktische Ausbildung, Instruktionen und Besichtigungen. Zieten, dem er durch seinen Bericht über Rothschloß zur Anerkennung verholfen hatte, hatte er jetzt zum Feinde. Er plante umsichtig voraus und arbeitete äußerst praktisch. Da die Regiments-Chefs der Husaren keine Immediat-Stellung hatten, übte er die Befehlsbefugnis aus. Niemand kam an ihm vorbei. Daneben beauftragte ihn der König mit der Prüfung des Freigabe-Termins für den Finow-Kanal. Er traute ihm alles zu. Im Sommer 1744 erholte er sich in Bad Lauchstädt, mußte aber zum 8. Juli wieder in Potsdam sein, weil die Mobilmachung anlief. Über alle Pläne informiert, sandte ihn der König vom 6. bis 11. August nach Dresden wegen des Durchmarsches als 'Kaiserliche Hilfstruppen'. Die Regierung machte Schwierigkeiten; mit Feldmarschall Herzog von Weißenfels kam er zu gutem Abschluß.

Dann ging er voraus nach Pirna wegen des Nachschubs auf der Elbe, Brückenbaus, Erkundung der Marschwege und Absteckens der Lager. Als Schmettau eintraf, war alles fertig. Zwischen Generaladjutanten gab es kein Rangverhältnis. Die Kolonnenführung durch die Gebirge bis Prag war sein Werk. Immer wieder führte er gemischte Vorausabteilungen, um 'dem Feinde auf die Haut zu gehen' anhand des ständig verbesserten Lagebildes. Im Herbst belieferte er in Böhmen die verstreuten Besatzungen und Magazine aus dem Lande, immer gedeckt von Grenadieren und Husaren. Beim Rückzug auf grundlosen Wegen schlug er am 2. Dezember mit einer Mehl-Kolonne einen Angriff bei Marschendorf ab. Ende April 1745 schickte ihn der König zum Korps Truchses bei Schweidnitz, wo er am 1. Mai mit 600 Husaren, zwei Grenadier-Bataillonen einen Überfall auf das Magazin Hirschberg blutig vereitelte. Dafür erhielt er den Pour-le merite. Am 22. Mai warf er südlich Landeshut Nadasdy bis Grüssau zurück. Am 23. Mai war er Generalmajor. Bei Hohenfriedeberg rechneten die Gegner nur mit dem Korps du Moulins, dessen Vertreter er war. Es nahm Pilgramshain und verfolgte bis Böhmen. Am 12. September entsetzte er Neustadt mit dem Bajonett. Ab 10. Oktober säuberte er mit Nassau Oberschlesien. Am 22. November riet er dem König zum Schlag von Kath. Hennersdorf, der Zieten Ruhm, ihm eine Verwundung brachte. Am 27. November nahm er Zittau. Für Hohenfriedeberg gab ihm der König die Amtshauptmannschaft Tapiau und am 28. November einen Domherrensitz in Halberstadt.

Im Frieden hoffte er auf ein festes Arbeitsgebiet, da er meist Sonderaufträge bekam von Untersuchungen gegen beschuldigte Offiziere wie z.B. v. Walrave, Sandor bis zum Pferde-Einkauf. Er erfaßte alles leicht mit rascher Einsicht, richtiger Beurteilung und zweckmäßiger Einleitung! Nichts war ihm zu schwierig. In kurzer Zeit machte er größere Fortschritte als andere, die sich jahrelang damit beschäftigten! Das machte ihn dem König unentbehrlich, wie ein Generalstabschef. Er entwickelte ein ausgedehntes Nachrichten-Netz über die feindlichen Armeen, über militärgeografischen Verhältnisse, ja, erkundete auf Urlaubsreisen Pässe und Straßen. 1747 patentierte ihn der König bis 1743 zurück, versagte ihm aber ein Regiment, weil »Ich Euch dann nicht zu jeder Zeit haben kann, um Mir nützlichere Dienste zu erweisen«. Gezielt warb er kriegserfahrene Offiziere aus anderen Armeen ab, wobei ihm seine Menschenkenntnis zugute kam. Der König sandte ihm laufend seine kriegswissenschaftlichen Arbeiten zur Äußerung zu, denn ab 1754 drohte der nächste Krieg. Im Sommer 1755 erkundete er die Lage in England; seine Berichte führten zum Vertrag von Westminster am 16. Januar 1756. Am 27. Mai d.Js. wurde er Generalleutnant, Chef des Infanterie-Regiments Graf v. Hacke (Nr. 1) und bekam den Schwarzen Adler-Orden. Außerdem bewilligte ihm der König 10 000 Taler für dieses Jahr und die Gouverneurs-Stelle von Kolberg, seinem Regiment 22 058 Taler für den Kasernen-Bau in Berlin.

Der Mobilmachungs-Plan für 1756 und die Aufmarsch-Pläne für die beiden ersten Jahre trugen mit seine Handschrift. Für Sachsen hatte er schon 1755 Entwürfe gemacht. Deshalb hielten ihn die Prinzen für einen 'Kriegstreiber'. Der König hatte seine »Supposition verschiedener Projekte« Schwerin und ihm als Gesprächsgrundlage gegeben. Er trat für den Angriff auf Pirna und den Einmarsch in Böhmen ein, »als der unvermutetste Donnerschlag«, um einem Eingreifen der Franzosen zuvorzukommen. Der König fand am 21. März 1757 »sein Projekt admirabel«, ergänzte es aber um den konzentrischen Einmarsch: »Schreibe Er mir hierüber frei Seine Gedanken!« Lothringens Rückzug in die Festung Prag und die Niederlage von Kolin zogen dann den Krieg doch in die Länge. Derartige Beratung und Vorbereitung war bis dahin einmalig.

Nach der sächsischen Kapitulation 1756 riet er von einer Übernahme über ihrer Regimenter ab, nachdem er erfolglos mit König August III. über ein Bündnis verhandelt hatte. Im Winter sicherte er die Grenze zwischen Grüssau und Waldenburg, wobei er lebhaft Nachrichten sammelte. Am 18. April 1757 begann er ab Landeshut mit 13 Bataillonen, 25 Schwadronen den Marsch auf Prag, als Vorhut-Führer und Stabschef Schwerins, mit dem er am 6. Mai die Schwachstelle des Feindes bei Sterbohol erkundete. Im ersten Treffen links wurde er vor seiner Grenadier-Brigade durch Halsschuß bewußtlos vom Pferd geschossen. Ruhe gönnte er sich nicht, sondern trat zum Einschließungskorps Keiths. Am 27. Juni teilte ihn der König Prinz August Wilhelm zu, neben Schmettau, die ihm beide mißtrauten. Ihren ständigen Kriegsrat lehnte er ab. Obwohl sich ihr Mißerfolg abzeichnete, gab er immer wieder Ratschläge und tat sein Bestes. Daß ihn der König am 30. Juli rechtfertigte, erbitterte seine Gegner besonders.

Am 24. August assistierte ihn der König Bevern für die Schlesische Armee, obwohl auch der ihn nicht schätzte. Beim Abschied umarmte ihn der König: »Bald hätte ich vergessen, Ihm Seine Instruktion geben: Erhalte Er sich Mir!« Bei Görlitz blieb Bevern gegen seinen Rat westlich der Neiße stehen, während er den Brückenkopf auf dem Jäckelsberg südostwärts der Stadt besetzte. Beim Überfall Nadasdys am 7. September mit 32 000 Mann gegen 13 000 fand er im Gegenangriff den Tod. Zieten unterließ jede Hilfe. Prinz Heinrich nannte es 'ein gerechtes Gottesurteil'. Der König war tief erschüttert: »Wider die Menge Meiner Feinde werde Ich Mittel ausfinden; aber Ich werde wenige Winterfeldts antreffen.«

Generalleutnant Christoph Burggraf und Graf zu Dohna – Schlodien geb. 25.10.1702 zu Schlodien/Ostpreuß. gest. 19.5.1762 zu Berlin

Sein Vater Christoph, in Coppet bei Genf geboren, General der Infanterie, Kgl. Preußischer Minister, errichtete bei Borchertsdorf Schloß Schlodien und begründete diese Linie der Familie. Seine Mutter Frede-Marie Gräfin zu Dohna stammte aus der Familie. Sein Onkel war Feldmarschall Alexander Graf zu Dohna, sieben Jahre Erzieher König Friedrich Wilhelms I., der das Schloß Schlobitten westlich Wormditt baute. Feldmarschall Friedrich Wilhelm Herzog zu Holstein-Sonderburg-Beck sowie Staatsminister und Oberamtspräsident von Schlesien Hans Carl Fürst zu Carolath-Beuthen waren seit 1721 und 1715 mit ihm verschwägert. Er hatte fünf Brüder und sieben Schwestern. Mit fünfzehn Jahren trat er als Fähnrich im Infanterie-Regiment v. Forcade (Nr. 23) in Berlin ein. Aus dem Elternhaus brachte er reges Pflichtgefühl, Willenskraft und den Drang zum Praktisch-Nützlichen mit. Nach sieben Monaten wurde er am 8. März 1719 Leutnant und nach weiteren vierzehn Monaten Stabskapitän. König Friedrich Wilhelm I. hatte seine Fähigkeiten erkannt und gab ihm viele Beweise seiner Zuneigung, da er wußte, woher er kam. Nach knapp zwei Jahren war er ab 19. März 1722 Kapitän und Kompanie-Chef. 1727 Major, beförderte ihn der König am 9. Dezember 1729 zum Oberstleutnant und versetzte ihn ins Infanterie-Regiment Fürst Leopold von Anhalt-Dessau (Nr. 3) in Halle, das als gute Schule für jüngere Offiziere bekannt war. Mit elf Dienstjahren zählte er noch zu dieser Gruppe. Im Polnischen Erbfolgekrieg am Oberrhein 1734/35 ließ ihn der König »in besonderem Auftrage« auf österreichischer Seite teilnehmen und eingehend berichten. Zwischendurch erteilte er ihm am 6. September 1734 die Erlaubnis zur Heirat mit der humorvollen Bemerkung: »Ich gebe Euch zur Antwort, daß Eurer Meinung nach die Welt aussterben würde, wenn Ihr nicht heiratet!« Am 18. Oktober d.Js. schloß er in Köstritz bei Gera/Thüringen die Ehe mit Friederike Amalie Albertine Gräfin zu Solms-Wildenfels, deren Mutter Sophia Gräfin zu Dohna-Schlobitten war. Seine zwölf Jahre jüngere Frau schenkte ihm in zwanzig Jahren zehn Söhne und drei Töchter, von denen aber acht Söhne und zwei Töchter jung starben. Ihr Vater stammte von Schloß Wildenfels südostwärts Zwickau und lebte in Köstritz. Vom 22. November 1739 bis 20. Februar 1740 war Dohna nach den Niederlanden beurlaubt.

König Friedrich II. beförderte ihn am 28. Juli 1740 zum Oberst. Anfang April 1741 rückte er mit dem Regiment zum Observations-Korps bei Göttin, das als Reserve gegen Sachsen vorbehalten war. Am 27. Juni kam er als Kommandeur zum Infanterie-Regiment Prinz Moritz von Anhalt-Dessau (Nr. 22), das zum I. Korps des Königs gehörte. Er trat die Stelle erst im Sommer 1742 an, weil ihn der König ab 8. Juli d.Js. in sein Gefolge nahm. Hier begann ihr persönliches Verhältnis. Am 26. April 1742 erlebte er die Einnahme von Glatz und danach einige Abschluß-Gefechte. Nach Friedensschluß ging er zu seinem neuen Regiment, das in Stargard, Pyritz und Greifenhagen lag, um sich der Ausbildung zu widmen.

1744 führte er sein Regiment im I. Korps des Königs bis Prag, das am 16. September fiel. Der Rückzug unter dem Druck des Gegners, schlechten Wetters, schwerer Anstrengungen und Seuchen war schlimm. Der König beauftragte ihn mit der Auswechselung der Gefangenen, die er sehr geschickt und zügig löste, so daß er ihm 1746 am 21. Mai mit einem Geschenk von 1 300 Talern dankte. Es ging darum, die Verluste von rund 17 000 Mann ohne Schlacht rasch auszugleichen. Bei Hohenfriedeberg kämpfte er mit seinem Regiment am rechten Flügel des zweiten Treffens, warf den Feind aus Morast und Wassergräben der Gule und vollzog im Artilleriefeuer die Linksschwenkung gegen Günthersdorf. Am 15. Juli 1745 wurde er Generalmajor, rückwirkend um sechsundzwanzig Monate, und Chef des Infanterie-Regiments v. Polentz (Nr. 4).

Fünf Monate später übernahm er als Chef das Infanterie-Regiment v. Blanckensee (Nr. 23), dessen Chef am 30. September d.Js. bei Soor gefallen war. Es lag in Berlin, so daß er in Nähe des Königs blieb, nicht in

Ostpreußen wie sein voriges Regiment. Als sich ab Sommer 1746 Rußland wegen des preußischen Drucks auf Sachsen und Einflusses in Schweden mit Österreich verbündete, machte der König Lehwaldt zum General en chef in Ostpreußen und gab Dohna an demselben Tage, dem 14. Juli 1748, das Infanterie-Regiment v. Flanß (Nr. 16), das schon sein Onkel Alexander ab 1689 neunundvierzig Jahre als Chef gehabt hatte und das in Königsberg lag. Der König sprach ihm wiederholt seine Anerkennung aus. Seine einzige Kritik richtete sich gegen einige Kapitäne wegen deren Anwerbungs-Methoden, die er in der Zirkular-Ordre vom 6. April 1748 kritisiert hatte: »So befehle Ich auf das allerernstlichste, daß kein einziger Mann eingezogen werden soll, es sei denn mit Vorbewußt und Genehmhaltung des Chefs und Kommandeurs des Regiments. Leute aus dem Kanton zu mißhandeln, zu verkaufen, zu vertauschen oder zu verschenken, soll durchaus nicht erlaubt sein!«

Am 18. Januar 1751 wurde er Generalleutnant mit der Begründung: »in Anbetracht der besonderen Zufriedenheit von Euren Mir und Meinem Hause treu geleisteten Diensten. Ich bin von Euren Empfindungen überzeugt, daß Euch solches umsomehr anfeuern wird«. Vor dem Manöver 1753 erhielt er den Schwarzen Adler-Orden und eine jährliche Zulage von 500 Talern. Am 9. April 1755 starb seine Frau mit vierzig Jahren.

1756 wurde das III. Korps in Ostpreußen auf 30 000 Mann verstärkt. Ab 19. Juni waren die Russen im Anmarsch, blieben aber jenseits der Grenze. Im Bündnis mit Österreich vom 22. Januar 1757 verpflichteten sie sich, mindestens 80 000 Mann gegen Preußen einzusetzen. Am 6. Juni d.Js. versammelte Lehwaldt sein Korps bei Insterburg. Bei Groß-Jägersdorf führte er die gesamte Infanterie mit 22 Bataillonen in zwei Treffen, dabei sein Regiment am linken Flügel, gegen den mehr als doppelt so starken Feind beiderseits des Norkittener Waldes. Die Schlacht stand anfangs günstig. Dank der Kavallerie konnte er seine Truppen geordnet zurückführen, obwohl er schwer verwundet war. Als die Russen abzogen, folgte das Korps bis Tilsit. Der König befahl die Räumung Ostpreußens, um den Vorstoß der Schweden abzuwehren, die am 27. September schon bei Anklam und Prenzlau standen, um in die Mark Brandenburg vorzustoßen.

Während das Korps Ende 1757 bis Stettin marschierte, hatte General v. Manteuffel rund 11 000 Mann Provinzial-Truppen aufgestellt. Die Schweden gingen auf Stralsund zurück; die Peenemünder Schanze wurde am 13. März genommen. Dagegen schufen sich die Russen bis Februar d.Js. an der Weichsel eine Nachschubbasis. Ihre Vereinigung mit den Österreichern zeichnete sich ab. Am 24. März übertrug ihm der König das Kommando in Pommern: »Ich bin völlig sicher, daß Ihr Euch von dem Kommando der Armee in allen Stücken dergestalt vervollkommnen werdet, wie Ich Mein gnädigstes Vertrauen auf Euch vollständig gerichtet habe. Daher Ihr Euch allemal Meiner Obhut sicher halten und mit aller Zuverlässigkeit überzeugt sein könnt.« Sein Korps sollte auf 22 000 Mann gebracht werden, um nach den Schweden sich gegen die Russen zu wenden, deren Vorstoß der König eher gegen Schlesien erwartete. Dann sollte Dohna zur Weichsel vorgehen. Als die Russen Ende Juli bei Meseritz erschienen, räumte er Vorpommern und zog nach Frankfurt/Oder. Nach seinen Erfahrungen war er vorsichtig, während der König die Russen unterschätzte. Truppen aus Schlesien und Sachsen verstärkten ihn. Nach zehntägigem Gewaltmarsch von Landeshut vereinigte sich der König am 23. August mit ihm. Bei Zorndorf, »wo die Russen wie die Teufel kämpften«, führte er den rechten Flügel, der den zweiten und dritten Angriff vortrug und mit der Linksschwenkung den Feind bis Quartschen drängte, völlig erschöpft. Während Manteuffel verfolgte, hielt er das Lager Blumberg.

Nach Zorndorf teilte ihm der König Generalmajor v. Wobersnow, seinen Generaladjutanten, zu, der seit Winterfeldts Tod engster Vertrauter war und bald in Mißhelligkeiten mit ihm geriet. Im September belagerten die Russen Kolberg, um den Hafen zu öffnen. Es gelang ihm, sie am 26. Oktober zur Aufgabe zu bringen. Am 4. Dezember mahnte ihn der König, aus Mecklenburg noch 609 791 Taler Kontribution einzutreiben und seine Magazine für den kommenden Feldzug aufzufüllen. Ab 20. Dezember sollte er die Husaren-Regimenter aus Mecklenburgern auffüllen, da viele Kantone vom Feinde besetzt waren. »Was Eure Expeditiones angeht, dürfet Ihr nur mit vivacité agieren!«

Im Frühjahr 1759 gab er zu: »Wir brauchen Truppen gegen die Russen. Dohnas Armee ist nicht stark genug. Es besteht keine Aussicht auf Erfolg, wenn wir nicht 12 000 Mann abzweigen können.« Dohna ging über Stargard bis Landsberg/Warthe vor. Der König sandte ihm Hülsen mit 13 000 Mann und wieder Wobersnow als Berater. Die Offensive auf Thorn stockte Ende Juni bei Obornik und Posen vor der Stärke des Gegners. Am 1. Juli hoffte der König: »Dohna wird das russische Korps bei Nakel zurückwerfen und auch mit den anderen abrechnen.« Es fehlte aber an Nachschub; und am 8. Juli begann die Offensive Saltykows zur Oder.

Dohna wich schrittweise nach Westen zurück. Als Saltykow zur Oder marschierte, legte er sich ihm bei Züllichau am 20. Juli vor, wo sich die Lage zuspitzte. Er schrieb ihm: »Ihr seid zu krank, um Euch mit dem Kommando zu belasten. Ihr tut gut daran, Euch ohne weiteres nach Berlin oder einem Ort zu begeben, wo Ihr bequem Eure Gesundheit wiederherstellen könnt. Adieu!« Und an Prinz Heinrich: »Der Querkopf der Sommerreise ist Dohna mit seinen Offizieren.« Weder sein Nachfolger Wedell noch der König selbst machten es gegen die Russen besser. Ohne Erfolge war er nichts mehr nütze. Zu de Catt sagte er: »Mein Dohna hat Mich gezwungen, ihm den Oberbefehl zu entziehen und ihn Meinem braven Wedell zu übertragen, der keine Torheiten begehen wird.« Bei der Niederschrift meinte er: »Gut, Ich werde sagen, daß er sehr geschwollene Beine hatte und abreisen mußte, um sich zu kurieren.« Noch 1760 behauptete er, »Dohna habe nur Schurkereien begangen.«

General der Infanterie Friedrich Heinrich Ludwig Prinz von Preußen geb. 18.1.1726 Schloß zu Berlin, gest. 3.8.1802 Schloß zu Rheinsberg

Heinrich war von allen Brüdern Friedrich II. am ähnlichsten in Neigungen, Charme, Lebhaftigkeit, Arbeitskraft, Gedächtnis, Intelligenz, Kritiksucht, Stolz, aber auch am schwierigsten in Trotz, Empfindlichkeit und nachtragendem Haß. Er blieb ein Leben lang in Konkurrenz zum Bruder. Außerdem war er körperlich klein. Seine erste Erziehung durch eine Gouvernante war lückenhaft. Am 1. März 1735 wurde er Fähnrich im Regiment des Königs (Nr. 6), mit neun Jahren, halb so groß wie der kleinste Grenadier. Ab 9. November 1739 war er Sekondeleutnant. Bei der Beerdigung seines Vaters mußte er beim Regiment bleiben, während der jüngere Ferdinand mit dem neuen König hinter dem Sarg ging. Als der märkische Adel huldigte, stand er mit den Brüdern auf den Stufen des Thrones.

Obwohl er am 27. Juni 1740 Oberst und Chef des Infanterie-Regiments Nr. 35 wie Ritter des Schwarzen Adler-Ordens geworden war, begann mit Ernennung von Oberst v. Stille zum Gouverneur am 3. September d.Js. seine zweite Erziehung, die vor allem allgemeinbildend war. Hier übernahm der kinderlose König eine engagierte Vater-Rolle, vielleicht Ausgleich für des Vaters Vorliebe für Heinrich, um aus ihm einen tüchtigen Menschen zu machen, wie er am 27. Dezember schrieb: »Zu Meinem Verdruß erfahre ich, daß Ihr anfangt, Euch gehen zu lassen, indem Ihr den Zeitvertreib den Studien vorzieht. Befleißigt Euch größeren Eifers in der schönen Literatur, was Euch unendlich mehr nützen wird als alle anderen Sachen.« Am 14. Januar 1741 schrieb er: »Fahre fort, Mich immer zu lieben, und bemühe Dich, mehr und mehr von den Wissenschaften zu profitieren, wie um eine Führung, die Deiner Herkunft entspricht!«

Ab 7. Mai d.Js. besuchte er mit Stille das Lager Göttin. Er hat den Feldzug als Volontär begleitet und dann als Adjutant an Chotusitz teilgenommen. Als Stille am 10. Oktober 1742 meldete, seine Tätigkeit sei nunmehr überflüssig, hielt ihn der König bis Ende 1743. Ab Mai 1744 durfte Heinrich sein Regiment selbständig exerzieren. Am 1. Juni d.Js. sprach ihm der König seine Anerkennung aus. Ein anderes Mal rügte er die Ordnung und ließ es durch einen anderen Oberst einüben. Neben kleinen Aufmerksamkeiten schenkte er ihm am 18. Juni d.Js. seinen Lieblings-Besitz Rheinsberg mit allen Sachbezügen, »sie haben Namen, wie sie wollen, erb- und eigentümlich«. Beim Vorstoß nach Südböhmen ging er in der Generaladjutantur mit, wobei er in Tabor fast gefangen worden wäre. Bei Hohenfriedeberg erlebte er am linken Flügel die Attacke bei Thomaswaldau. Für seine Bewährung wurde er am 15. Juli 1745 mit neunzehn Jahren Generalmajor. Bei Soor hielt er neben dem König, obwohl er nominell eine Brigade im Zentrum führte. Sein glänzendes Rückzugsgefecht bei Trautenau wertete der König: »Die Armee beginnt, seine Talente zu erkennen.« An Pocken erkrankt, kehrte er vor Ende des Feldzuges nach Berlin zurück. Nach Friedensschluß nahm er neben August Wilhelm am triumphalen Einzug teil. Der König stellte beiden taktische Aufgaben, die er selbst durchsah. Die ständige Abhängigkeit und Truppen-Ausbildung langweilten ihn. Seine Idee, in fremden Dienst zu treten, lehnte der König ab, ebenso die Bitte um ein Regiment in Berlin fern der Aufsicht des Bruders. Was der König auch tat, Heinrich war gegen ihn, ohne offen aufzutreten. Dem König war es schwer, mit ihm auszukommen. Der Anstoß zur Verheiratung kam vom König, zur Charakterfestigung und Sicherung der Dynastie. 1751 reiste er nach Kassel, um eine der Töchter des Landgrafen Maximilian auszuwählen. Vor der Heirat waren seine Schulden zu regeln und der Hausstand mit 7 792 Taler jährlich zu planen.

Er bat den König um Erlaubnis, 10 000 Taler aufzunehmen, um alles zu tilgen und dann monatlich 250 Taler abzutragen. Am 11. Juni 1752 riet er ihm: »Ihr habt Mir das Vertrauen erwiesen, so offen über Eure Angelegenheiten zu sprechen. Ich empfinde reine Freude, wenn Ich Euch beistehen kann in allem, was von Mir abhängt. Wenn Ihr Meinen Rat annehmen

wollt, so nehmt diese Taler für eine bestimmte Zeit, bis die Mitgift der Prinzessin abgegolten ist, um davon die Summe oder ihren Rest zu bezahlen. Das ist das beste Mittel, Euch von den Schulden zu befreien, ohne Euch zu belasten.« Am 25. Juni wurde er mit großem Prunk im Schloß Charlottenburg mit Wilhelmine Prinzessin von Hessen-Kassel getraut, die gleichaltrig war. Nur er zeigte düstere Miene. Am 10. Oktober 1755 wies ihm der König erste Gelder für den Bau seines Berliner Schlosses (heute: Humboldt-Universität) an, die General v. Meyerinck überwachte. Am 16. Oktober schrieb er: »Ich ergreife mit Genugtuung die Gelegenheiten, Euch Meine Freundschaft zu zeigen. Wenn es Mir gelingt, empfinde Ich selbst wahrhaft Freude. Da Ihr beschlossen habt, Euch nach Rheinsberg zu begeben, wünsche Ich Euch gute Fahrt. Ich bin entzückt, wenn der Aufenthalt dort vielleicht zu Eurer Befriedigung beitragen würde.«
1753 hatte er unter Pseudonym eines »Marschalls v. Geßler« Denkschriften über die militärpolitische Lage verfaßt, die sich mit dem kommenden Krieg, aber auch kritisch mit dem König befaßten, was der König wußte. Als es 1756 ernst wurde, interessierte sich der König wieder lebhaft für ihn. Beim Einmarsch in Sachsen und vor Pirna befehligte er eine Brigade. Den Winter vergnügte er sich in Dresden und begleitete den König im Januar 1757 nach Berlin. Am 16. Februar d.Js. wurde er Generalleutnant mit Rückpatent um neun Monate, vom Schwager Ferdinand freudig begrüßt, von August Wilhelm kühl vermerkt. Vor Prag zeichnete er sich am rechten Flügel durch die Umgehung südlich Hlaupetin so aus, daß ihn die Offiziere bewunderten, die Soldaten auf ihn schworen. Im Prager Belagerungskorps, schrieb er nach Kolin: »Phaeton ist gestürzt und hat für seine Person Sorge getragen, bevor der Verlust entschieden war«, sehr böswillig! (Phaeton galt als »Sohn des Sonnengottes«, bedeutet im Französischen auch »Kutscher«). Und diese Unwahrheit fiel in die Hand des Feindes. Der Rückzug längs der Elbe bis Pirna war Keith's und sein Werk, wobei er sich bei Leitmeritz auszeichnete. Bei Roßbach kommandierte er den linken Flügel, der den Angriff abfing und dem Seydlitz unterstand.
Seine Verwundung zwang ihn, bis zum Frühjahr 1758 in Leipzig zu bleiben. Nachdem der König am 10. November 1757 nach Schlesien abgerückt war, hatte er mit neun Bataillonen, sechs Schwadronen die Saale gegen die Franzosen zu halten. Aber Absetzung und Tod seines Bruders August Wilhelm entfremdeten ihn noch mehr dem König, der sein Rücktrittsgesuch abgelehnt hatte: »Denken Sie an den Staat und unser Land!« Falls der König starb, war er künftiger Regent. Als Oberbefehlshaber in Sachsen verfolgte er im Gegensatz zum König die zeitgemäße Ermattungs-Strategie »ohne ewiges Bataillieren«, aber voller Aktivität, zumal ja Lage und Aufgabe anders waren. Der König hatte die besseren Nerven, die auch ihn stützten. Die Behauptung der Elb-Linie samt Vorfeld mit 33 Bataillonen, 40 Schwadronen war eine große Leistung.
Im Winter 1758 befreite er Braunschweig; im Frühjahr stieß er bis Würzburg und Bamberg vor. Der König bewilligte ihm monatlich 1 000 Taler »Tafelgelder«. Ab August war er von Reichsarmee und Österreichern fast umgangen, bis der König am 11. September zu Hilfe kam. Nach Hochkirch konnte er dann dem König Unterstützung gewähren. Zum Dank machte er ihn am 20. Oktober zum General der Infanterie. Während der König Neisse entsetzte, deckte er bei Landeshut die Lausitz. Ende des Jahres hielt er wieder die Linie Plauen-Pirna. 1759 verfügte er über 41 Bataillone, 60 Schwadronen. Nach erfolgreichen Vorstößen bis Thüringen, Hof, Saaz, Budin und zum Main übernahm er am 29. Juli den Befehl im Lager Schmottseiffen. Nach Kunersdorf war er einige Tage Generalissimus der Armee: »Was Mein Bruder befehlen wird, muß geschehen!« Unverzüglich brach er auf, schlug de Ville nach Bautzen zurück, zersprengte am 25. September das Korps Vehla bei Hoyerswerda, am 29. Oktober Arenberg bei Pretzsch und drängte am 8. November Daun bei Strehla ab. Der König lobte: »Mein Bruder hat hervorragend geführt!« Er aber machte ihm Vorhaltungen wegen Fincks Gefährdung bei Maxen: »Wenn ein Unglück geschieht, und es wird geschehen, schreiben Sie es sich selber zu!«
1760 wurde er Oberbefehlshaber gegen die Russen in Schlesien, um ihre Vereinigung mit den Österreichern zu verhindern. Ab 6. August hielt er sie nach Entsetzung Breslaus bei Hünern im Schach, bis der König die Österreicher bei Liegnitz schlug. Als die Russen abzogen, folgte er ihnen. Da der König ihm am 29. August die Masse seiner Truppen bei Hermannsdorf abnahm, ging er kränkelnd nach Glogau. 1761 übernahm er mit 35 000 Mann wieder die Führung in Sachsen. Er hielt die Stellung an der Mulde gegen alle Übermacht in rührigen Vorstößen, unterstützt von zahlreichen Freitruppen. Würde der Feind aber aktiv, war er verloren! 1762 hatte er 58 Bataillone, 116 Schwadronen. Seinen erneuten Rücktritt hatte der König ernst zurückgewiesen. Ab 12. Mai ging er auf Freiberg vor und setzte Streifzüge bis Chemnitz, Hof, Teplitz und Bayreuth an. Am 29. Oktober schlug er seine Gegner bei Freiberg endgültig.
Im Frieden bezog er am 24. Januar 1764 sein Palais in Berlin, das ihm der König ausgebaut hatte. Stets wurde sein Geburtstag festlich begangen; jedes Jahr schenkte ihm der König 12 000 Taler. 1768 bekam er den brillantbesetzten Stern zum Schwarzen Adler-Orden. All das änderte seine Feindseligkeit nicht, die er oft kundgab. 1770 besuchte er seine Schwester, Königin Ulrike in Stockholm und im Herbst Zarin Katharina II., mit der er bis Januar 1771 geschickt über Polens Abtretung verhandelte, das der König »ein Stück Anarchie« nannte. 1774 konferierte er erneut mit ihr. Die Absicht des Königs 1776/77, ihn zum Nachfolger zu machen, verbesserte ihr Einvernehmen. Als er 1778 gegen den Feldzug war und seine 2. Armee mit 83 000 Mann Anfang Juli an der Iser untätig anhielt, kam es zum völligen Bruch, obwohl sich der König weiter bemühte und ihm 1786 schrieb: »Die Fürsten dieses Staates müssen ganz Nerv sein oder sie sind verloren.« Seine Hoffnung, nach Friedrichs Tod eine Rolle zu spielen, trog.

Generalleutnant Friedrich Wilhelm Quirin v. Forcade Marquis de Biaix geb. 10.2.1698 zu Berlin, gest. 23.3.1765 zu Berlin

Forcade stammte aus einer alten Soldaten-Familie. Sein Großvater war französischer Feldmarschall. Sein Vater Johann Quirin v. Forcade stand seit 1685 bei der Leibgarde in Berlin. Als Kommandant von Berlin in den Jahren 1714 bis 1729 wurde er 1718 Generalmajor, später Generalleutnant, und war wegen seiner Strenge gefürchtet. So trat er mit fünfzehn Jahren als Gefreiter-Korporal in Berlin bei der »Weißen Füsilier-Garde« ein, die dann »Wartenslebensches Regiment zu Fuß« (Nr.1) hieß, als ihren Garderang des »Königs Regiment« (Nr.6) erhielt. Es rangierte unmittelbar nach der Garde. Schon am 21. September 1713 war er Fähnrich. Im Pommern-Feldzug nahm er an Einschließung und Belagerung von Stralsund teil, das am 23. Dezember d.Js. kapitulierte. Am 11. Januar 1716 erhielt er die Beförderung zum Sekondeleutnant, am 26. Mai 1719 zum Premierleutnant und am 24. Januar 1721 zum Stabskapitän, in für Friedenszeiten zügiger Folge.

Am 16. März 1724 wurde er als Kapitän und Kompaniechef in das Infanterie-Regiment v. Forcade (Nr.23) versetzt, das sein Vater seit Februar 1716 als Chef dreizehn Jahre innehatte. Am 7. Oktober 1727 heiratete er im französischen Dom zu Berlin Maria, Tochter des Generalmajors de Montolieu Cheralier, Baron de Saint Hyppolite, die achtzehn Jahre alt war und aus Berlin stammte. In fünfundzwanzig Jahren hatten sie achtzehn Kinder, davon sieben Söhne. Allerdings starben drei Söhne und drei Töchter in jungen Jahren. Seine Söhne wurden meist Offiziere, seine Töchter heirateten in viele bekannte Adelsfamilien Preußens. Seinem neuen Regiment gehörte er vom Kapitän bis zum Generalleutnant einundvierzig Jahre an. Es war aus der Garde aufgestellt und hatte noch ihre weißen Hosen und Westen. Es galt immer als ein Regiment »erlesener Herkunft« und hoher Qualität. Friedrich der Große sagte später: »Wenn ich Soldaten sehen will, so muß ich dieses Regiment sehen!« Es lag in der Berliner Königsvorstadt und der Spandauer Vorstadt bis 1806. Sein Ersatz, mit dem er es in der Ausbildung zu tun hatte, kam aus den Kreisen Nieder- und Oberbarnim, Teltow, Stolpe und Uckermark mit den Städten Oranienburg, Liebenwalde und Vierraden, also echte Märker. Am 11. Juni 1732 wurde er Major.

Vier Monate nach der Thronbesteigung Friedrich II. war er ab 7. Oktober 1740 Oberstleutnant. Beim Einmarsch in Schlesien kommandierte er das I. Bataillon seines Regiments im Korps des Königs an der Spitze des rechten Flügels. Sein Regimentskommandeur war Oberst v. Blanckensee. Unter Schwerin ging der Marsch über Liegnitz und Schweidnitz nach Breslau, schließlich nach Oberschlesien. Beim Abdrängen des Gegners nach Mähren lieferte er am 25. Januar 1741 bei Grätz südlich Troppau ein erfolgreiches Nachhut-Gefecht. Bei Mollwitz stand er mit seinem Regiment am linken Flügel des zweiten Treffens, der mit der großen Schwenkung nach rechts am Ende die Schlacht doch gewann. Im Lager Mollwitz war es ab 28. April unter Prinz Dietrich zur Abwehr eines Entsatzes von Brieg vorgesehen. Im Herbst d.Js. gehörte es zum Belagerungs-Korps von Neisse unter Prinz Leopold, nahm am 1. November die Stadt und besetzte sie. 1742 zog er mit dem König nach Mähren bis Olmütz, sicherte aber dann bei Kamenz und Wartha die Grafschaft Glatz bis zum Friedensschluß. Am 17. März 1743 wurde er Oberst und am 24. Juli d.Js. Kommandeur seines Regiments.

1744 marschierte er mit dem Regiment, dessen Chef jetzt Generalmajor v. Blanckensee war, im I. Korps des Königs nach Böhmen zur Einnahme von Prag am 16. September. Nach den Vorstößen bis Südböhmen kam Ende November der Rückzug, der die Armee äußerst entkräftete. Im März 1745 säuberte er unter Hautcharmoy und Winterfeldt Oberschlesien zwischen Groß Strehlitz und Kreuzburg von ungarischen Streifscharen bis 20. April. Bei Hohenfriedeberg gehörte sein Regiment am linken Flügel zum ersten Treffen in der Brigade Münchow und griff mit La Motte Günthersdorf an. Bei Soor führte er nach dem Zusammenbruch des blutigen Angriffes der Brigade seines Chefs, der fiel, den zweiten gegen die Graner Koppe, die als Angelpunkt der feindlichen Stellung genommen wurde, unter erheblichen Ausfällen. Dabei erhielt er einen Schuß durch die rechte Wade.

Am 31. Dezember 1745 machte ihn der König zum Domherrn in Halberstadt, löste die Pfründe aber nach zwei Wochen mit jährlich 300 Talern ab. Am 6. Januar 1746 verlieh er ihm für seine Tapferkeit bei Soor den Pour-le-merite. Am 24. Mai 1747 beförderte ihn der König zum Generalmajor mit Rückwirkung um volle dreieinhalb Jahre auf den 4. Dezember 1743. Drei Tage später verlieh er seinen Kompaniechefs bei der »Spezial-Revue« im Tiergarten »in ungemein gnädigen Ausdrücken allerhöchster Zufriedenheit, ferner wirklicher Huld« für Soor ebenfalls den Pour-le-merite. Am 14. Juli 1748 wurde er nach vierundzwanzigjähriger Zugehörigkeit Chef seines Regiments, nachdem Graf Dohna das Inf. Rgt. 16 bekommen hatte. Er galt als scharf. Bekannt war der Vorfall von 1744, als er dem Fähnrich v. Wulffen nach scharfem Tadel die sofortige Genugtuung verwehrte, dieser darauf in seine Wohnung eindrang und mit dem Degen auf ihn einstach. Das Kriegsgericht verhängte das Todesurteil. Und der König entschied, in solchen Fällen stehe dem Untergebenen erst nach dem Dienst der Einspruchsweg offen. 1749 gab ihm der König die Drosten-Stelle zu Neuhof bei Kleve und die Amtshauptmannschaft des Klosters Zinna. Als Prinz Heinrich von Preußen heiraten sollte, wählte der König auf dessen Wunsch seine Tochter Luise Susanne zur Hofdame für die Prinzessin. Sie heiratete später den Hofmarschall Karl Bernhard v. Prittwitz.

1756 marschierte er in der Armee des Königs bis Pirna und kam zum Einschließungs-Korps des Markgrafen Karl. Ab 13. Oktober sperrte er mit acht Bataillonen, drei Schwadronen die Halbinsel in der Elbschleife, auf der die Sachsen zusammengedrängt waren, bis zur Kapitulation. Am 16. Februar 1757 beförderte ihn der König zum Generalleutnant. Er marschierte im Korps des Königs auf Prag, während sein Regiment über Reichenberg vorstieß, blieb aber beim Einschließungs-Korps von Keith. Bei Roßbach führte er das zweite Treffen mit sechs Bataillonen, zehn Schwadronen, 25 schweren Geschützen westlich Reichardtswerben, das kaum zum Eingreifen kam. Bei Leuthen kommandierte er die Reserve mit elf Bataillonen der Brigaden v. Oldenburg und v. Bülow, die das zweite Treffen hinter Fürst Moritz bildete und erbittert um das Dorf rang. Sein Grenadier-Bataillon nahm am Abend Lissa. Am 7. Dezember d.Js. ehrte der König seinen Einsatz mit dem Schwarzen Adler-Orden. Anschließend belagerte er Breslau, das am 19. Dezember mit 18 000 Mann kapitulierte.

Am 9. Februar 1758 ernannte ihn der König zum Mitglied des Kriegsgerichtes über die Generale v. Lestwitz, v. Katte und v. Kyau wegen der voreiligen Übergabe Breslaus am 25. November nach der Niederlage an der Lohe. Lestwitz wurde zu Kassation und zwei Jahren Festung, Katte zu einem Jahr und Kyau zu sechs Monaten verurteilt. Der König hob bei Lestwitz später die Kassation auf und erließ ihm ein Jahr. Er behielt sogar sein Regiment wie Kyau. Vor Zorndorf setzte ihn der König als Führer des zweiten Treffens ein mit den Brigaden v. Flemming und v. Gablentz zu zehn Bataillonen. Forcade verstärkte den zweiten Angriff Dohnas rechts, warf das russische Observationskorps, schwenkte nach Westen und drängte abends den Feind bis zum Galgen-Grund. Er wurde schwer verwundet, so daß er aus dem Felde getragen werden mußte. Aber der Feind war zurückgeworfen, wenn auch nicht besiegt. Seine und des Regiments Tapferkeit waren inzwischen bekannt. Bei Hochkirch führte er das zweite Treffen und hielt die Auffanglinie bei Pommritz.

Am 22. Februar 1759 ging er zur Armee des Königs nach Schlesien, die zwischen Neisse und Landeshut die Gebirgsausgänge sicherte und ab 10. Juli im Lager Schmottseiffen bereitstand. Kunersdorf blieb ihm erspart. 1760 sandte ihn der König ab April mit einem Korps nach Hinterpommern, das dann Mitte Juni bei Landsberg/Warthe zur Armee von Prinz Heinrich stieß und bis Meseritz blieb. Mitte Juli beendete er die Plünderung Pommerns durch Totleben. Bei Torgau folgte er mit den Brigaden Grumbkow und Tettenborn vom rechten Flügel des zweiten Treffens der Kolonne Zietens, von Audenhain bis zu den Wäldern südlich Süptitz. Am Abend nahm er das brennende Dorf und fesselte den Gegner, während der linke Flügel über den Lausker Berg zu Hülsen durchstieß.

1761 kam er zu Prinz Heinrich in Sachsen. Bei Freiberg 1762 befehligte er die vierte Kolonne mit sieben Bataillonen, acht Schwadronen, die auf den Höhen von Gr. Schirma mit der Masse der schweren Geschütze den kürzesten Weg hatte und den Drehpunkt der Schlacht bildete. Er hatte Befehl, an der Mulde die linke Flanke zu sichern. Als der Erfolg seinen Auftrag überholte, verharrte er trotz Aufforderung unter Berufung auf diesen Befehl tatenlos. Mit der Initiative der anderen Stoßgruppen hätte er die völlige Vernichtung des Feindes herbeigeführt. Seine Jahre nach Friedensschluß verbrachte er als Präsident des »Ober-Collegii Sanitatis«, auch eine Alters-Aufgabe.

Generalleutnant Friedrich Johann Karl Fürst von Schönaich-Carolath-Beuthen geb. 11.11.1716 zu Carolath, Krs. Freystadt, gest. 10.2.1791 zu Carolath

Neben dem Grafen v. Nassau war Schönaich der erste Offizier aus dem schlesischen Hochadel, der sich Friedrich dem Großen zur Verfügung stellte. Der Besitz an der Oder nordwestlich Glogau war nicht groß, lag aber an wichtiger Stelle auf dem Anmarsch zur Festung Glogau. Seine Vorfahren hatten schon 1241 in der Schlacht bei Liegnitz mit gekämpft und als Landbesitzer ab 1560 für Besiedelung und Entwicklung zwischen Parchwitz, Beuthen, Freystadt, Sprottau und Muskau viel getan. Sein Ahn Georg gründete in Beuthen 1601 ein Gymnasium, 1606 eine reformierthumanistische Hochschule mit zwölf Lehrstühlen, ein Hospital, die auf Schlesien und Polen ausstrahlten, da Stiftungskapital, Internat und Freitische damit verbunden waren. Von 1611 bis 1617 war er Geheimer Rat und Vizekanzler am Hofe Kaiser Rudolfs II. in Prag. Da der »Winterkönig« Friedrich V. von der Pfalz auf der Flucht über Breslau nach Holland Mitte November 1620 hier aufgenommen worden war, hob Kaiser Ferdinand II. im Zuge der Gegenreformation die reich dotierte Hochschule 1629 auf. 1700 wurden aus den Freiherren Reichsgrafen. Sein Vater Hans Karl war Kgl. Preußischer Staats- und Kriegsminister, ständiger Ober-Fürst-Reichspräsident von Schlesien und Präsident der Oberamtsregierung und des Oberkonsistoriums von Breslau, also maßgebender Mann für diese Provinz. Seine Mutter Amalie war eine Gräfin zu Dohna-Schlodien und die älteste Schwester des späteren Generalleutnants Christoph Graf zu Dohna. So wuchs er als ältester Sohn im weiten Schloß Carolath auf, dem schönsten Renaissance-Schloß Niederschlesiens von 1597.

1735 trat er mit achtzehn Jahren in kaiserliche Dienste und kam zum Kürassier-Regiment Lanthieri (Nr.11), mit dem er im Polnischen Erbfolgekrieg an den Rhein zog und unter Seckendorff das einzig erfolgreiche Gefecht bei Klausen unweit Wittlich am 20. Oktober d.Js. erlebte. Dann ging er ab 1736 in den Russisch-Türkischen Krieg nach Serbien, wo Nisch genommen und verloren wurde. Am 4. Juli 1738 machte er in der Schlacht bei Cornea im südwestlichen Rumänien die Attacke unter Herzog Franz Stefan von Lothringen mit, die die Türken über Mehadia und Alt-Orśova zurückwarf: Die Donau war erreicht. Als die Türken den Rückweg abschnitten, brachen die Kürassiere den Rückzug auf und nahmen 27 Fahnen. Serbien und die Kl. Walachei gingen verloren. Wenn er auch ein begabter Offizier war, verdankte er seinen Beförderungsaufstieg vor allem seiner Herkunft. Denn am 16. April 1740 wurde er nach fünf Dienstjahren als Oberstleutnant in preußischen Dienst übernommen und beim Leib-Karabinier-Regiment (Nr. 11) eingestellt.

Der König nahm beim Einmarsch in Schlesien sein erstes Hauptquartier vom 16. bis 22. Dezember 1740 im festen Schloß Milkau südlich Beuthen, das seinem Vater gehörte, während die Regimenter auf Glogau marschierten und es ab 22. Dezember einschlossen. Am 9. März 1741 sicherte Schönaich mit seinen Schwadronen die Erstürmung am Rauschwitzer Grund. Bei Mollwitz stand er mit ihnen am inneren rechten Flügel, das Grenadier-Bataillon Winterfeldt eingeschoben. Von der österreichischen Attacke voll getroffen, verlor das Regiment 135 Mann und wurde von seinen Nachbarn in die Flucht gerissen. Es hatte schwer gelitten, marschierte aber am 18. April zur Belagerung von Brieg, das sich am 4. Mai ergab. Ende des Jahres rückte es in Nordmähren ein. Ab Februar 1742 stieß er mit bis Znaim vor; dann folgte ab 23. April d.Js. der Rückmarsch bis Troppau und die Sicherung Oberschlesiens.

Am 27. Mai 1743 beförderte ihn der König zum Oberst. Er schätzte ihn sehr und bat ihn oft als Gast nach Rheinsberg und Potsdam. Seinen Vater hatte er

1741 zum Fürsten erhoben, mit dem Schwarzen Adler-Orden ausgezeichnet und ab 1743 Teile des Dragoner-Regiments v. Nassau (Nr.11) nach Beuthen in Garnison gelegt, bis 1791. Der König setzte hier seine wohl überlegte Politik mit den kleinen Fürstenhäusern fort, wie sehr sich eine gute Zusammenarbeit mit ihm und Preußen lohne, und führte dem Hochadel im Südosten ein deutliches Beispiel dafür vor, von Zuneigung und Zuwendungen abgesehen. Als er 1743 eine Reihe seiner Offiziere zur Teilnahme am Feldzug der Österreicher gegen die Franzosen kommandierte, meldete sich auch Schönaich. Mit persönlichem Handschreiben lehnte er dies ab und vertröstete ihn. Er hatte seine Fähigkeiten erkannt und brauchte ihn beim Regiment als Kommandeur zur Ausbildung nach den neuen Reglements.

1744 marschierte er im I. Korps des Königs bis Prag, das ab Anfang September im Westen eingeschlossen wurde. Der entbehrungsreiche Rückmarsch ab Ende November d.Js. war schlimm. Bei Hohenfriedeberg attackierte er mit seinem Regiment am inneren rechten Flügel südlich Pilgramshain die sächsische Kavallerie erfolgreich und hieb anschließend das Grenadier-Korps zusammen, nachdem es sich nicht hatte ergeben wollen. Danach verfolgte er den Feind über Rohnstock auf Bolkenhain. Eine Woche später wurde er Kommandeur des Kürassier-Regiments v. Rochow (Nr.8). Bei Soor nahm er am 30. September 1745 am linken Flügel über 800 Mann mit zehn Fahnen gefangen und verfolgte bis auf die Höhen vor Soor. Dafür erhielt er den Pour-le merite. Am 23. November führte er bei Kath. Hennersdorf den erfolgreichen Überfall auf die Sachsen und erbeutete viele Fahnen, Kanonen und Gefangene. Am 13. Dezember trat er bei Meißen unter Lehwaldt zum Korps des Dessauers. Bei Kesselsdorf kam das Regiment am linken Flügel unter Bredow vor dem Zschoner Grund kaum zur Wirkung.

Am 11. Juli 1746 mußte er vier Wochen zu einer Brunnenkur nach Altwasser, weil seine Gesundheit angegriffen war. Der König redete ihm zu, die Tochter einer verwitweten Gräfin von Hoym zu heiraten und schrieb ihm am 21. Januar 1747, »daß diese nicht nur von sehr guten Sitten und standesmäßiger Erziehung sei, sondern auch ein solches Vermögen haben soll, daß, wann dieselbe vermählet wird, sogleich eine Mitgift von 60 000 Talern bekommt, demnächst aber, wenn ihre Mutter mit Tode abgehet, noch 40 000 Taler zu erben hätte.« Er lehnte ab und heiratete am 17. Dezember 1749 die zwölf Jahre jüngere Johanna Wilhelmine Prinzessin von Anhalt-Köthen, deren Vater August Ludwig seit 9. April 1747 Senior des Hauses Anhalt war und voll Hochachtung und Anhänglichkeit für den König. Sein Schwager Karl Georg Lebrecht trat 1751 aus dänischem Dienst zu den Leibkürassieren als Rittmeister über. Bei dem am 29. März 1752 erstgeborenen Sohn übernahm der König die Patenschaft. Auf Bitten seines Schwiegervaters verfügte der König am 16. Januar 1753, daß alle Kinder seiner Ehe als 'wirklich geborene Prinzen' gelten, »nachdem sonst, den Schönaichschen Familien-Verträgen nach, nur allein der ältest geborene Prinz solcher Vorzüge berechtigt ist.« Acht Wochen später machte der König seinen Schwiegervater gnädigst zum Generalleutnant, »da er darum gebeten hatte.«

Seit 24. Mai 1747 war er Generalmajor unter Rückdatierung um dreieinhalb Jahre. Er hatte zwölf Dienstjahre und war dreißig Jahre alt. Am 24. Mai 1751 mußte er zur Revue nach Pietzpuhl bei Magdeburg, ab 13. August den König nach Schlesien begleiten. Am 8. September d.Js. gab ihm der König die Chefstelle des Kürassier-Regiments v. Bornstedt (Nr.9) in Oppeln, Löwen, Falkenberg, Gr. Strehlitz und Krappitz. Bei den Herbstübungen unweit Spandau 1753 bis 1755 führte er wiederholt größere Kavallerie-Verbände, so daß ihm der König hier Verwendungen zudachte und an Schwerin schrieb, er »sei geeeignet, un gros corps de cavalerie zu führen«. Nach dem Campement 1755 erhielt er zwei Monate Urlaub nach Karlsbad und wurde am 21. Mai 1756 Generalleutnant. Drei Wochen vor Kriegsbeginn bezog er mit dem Regiment Quartiere zwischen Oppeln und Leobschütz.

Er gehörte zum Korps Schwerin, der von Mitte September bis Ende Oktober d.Js. seinen begrenzten Fesselungsangriff führte. 1757 zog er über Königgrätz, Jungbunzlau auf Prag. In der Schlacht kommandierte er 40 Schwadronen des linken Kavallerieflügels in dem schwierigen Gelände von Sterbohol. Auf Schwerins Befehl mußte er attackieren, ehe seine Dragoner heran waren, wobei ihn Hadik in der linken Flanke angriff. Als Zieten Lucchese dann in der Flanke faßte, war die große Reiterschlacht gewonnen. Dem König war sein Vorgehen zu zögerlich. Wegen seiner Krankheit trat er nicht weiter hervor. Bei Kameraden und Untergebenen war er sehr angesehen und beliebt. Am 10. Januar 1758 quittierte er den Dienst, weil er den Strapazen nicht mehr gewachsen war. Am 21. Dezember d.Js. schrieb ihm der König: »Es tut Mir sehr leid, daß Eure Erkrankung Mich des Vergnügens beraubt, Euch wiederzusehen. Ich hoffe sehr, daß Ihr bald die Übel überwindet und Ich Euch völlig hergestellt wiedersehe.«

Am 10. November 1763 wurde er Regierender Fürst. Am 7. Februar 1764 ernannte ihn der König zum außerordentlichen Gesandten zur Königswahl von Stanislaw August Poniatowski in Warschau, auf den er sich am 11. April d.Js. mit Katharina II. geeinigt hatte. Während seines Aufenthaltes in Polen vom 6. Mai bis 1. November tagte im August/September der Wahl-Reichstag und die Wahl fand am 7. September unter dem Schutz russische Bajonette statt. Bei seiner Rückkehr bekam er am 2. Dezember d.Js. den Schwarzen Adler-Orden. Auch andere diplomatische Aufträge führte er zur Zufriedenheit des Königs aus.

Generalfeldmarschall Jacob v. Keith geb. 11.6.1696 auf Inverugie-Castle Grafschaft Kinkardine/Schottland, gest. 14.10.1758 in Hochkirch

Er stammte aus alter schottischer Familie, in der das Amt des Marschalls von Schottland dem ältesten Sohne vererbt wurde. Seine Eltern, William, Earl-Marishal of Scotland Keith of Altree, und Lady Mary Drummond, Tochter des Earl of Perth, waren evangelisch, hielten aber zu den Stuarts, die seit 1688 gestürzt waren. Obwohl Student in Edinburgh, beteiligte er sich 1715 an dem Aufstand, der nach dem Regierungsantritt von Kurfürst Georg Ludwig von Hannover am 12. August 1714 die Wiedereinsetzung der Stuarts versuchte. In der Schlacht bei Sheriffmuir focht er auf dem rechten Flügel unter dem Grafen v. Marr erfolgreich und wurde verwundet in die Flucht gerissen, als beide Parteien wegliefen. Das britische Parlament lehnte den katholischen Stuart ab, obwohl er der wahre Erbe war. Als offener Rebell auf Seiten des gescheiterten Jakob Eduard floh er nach Frankreich und studierte Jura sowie unter Anleitung von Maupertuis Mathematik, bis er zwei Jahre später nach Spanien ging, um ab 6. März 1719 von Cadiz mit zehn Kriegsschiffen an der schottischen Westküste zu landen. Gegenwind und Wachsamkeit des Feindes verhinderten den Erfolg. Er gab die schottische Sache verloren und trat in den Dienst Philipp V., König von Spanien, wo er bis zum Oberst eines irischen Regiments aufstieg. Seine Fähigkeiten versprachen ihm baldigen Aufstieg, wenn er zur römisch-katholischen Kirche überträte. Dieses Ansinnen ließ ihn als Oberstleutnant 1728 in den Dienst des Zaren Peter II. von Rußland wechseln.

Der Zar ernannte ihn zum Oberst der Leibwache, die neue Zarin Anna Iwanowna 1730 mit Münnich und Lacy zum Leiter der Militär-Kommission für die Reform der Armee. 1734 war er bereits Generalleutnant und Generaladjutant und belagerte im Frühjahr Danzig, erst unter Lacy, dann unter Münnich. 1735 führte er das russische Hilfskorps mit an den Rhein zu Prinz Eugen. Das Frühjahr 1737 sah ihn unter Münnich im Vormarsch gegen die Türken an Dnjepr und Bug. Am 2. Juli stürmte er mit Rumjanzow die stark besetzte Festung Otschakow am unteren Dnjestr im Kampf Mann gegen Mann. Dabei am Knie schwer verwundet, beurlaubte ihn die Zarin zur Ausheilung in die französischen Pyrenäen zu den heißen Quellen von Barège, ernannte ihn zum General der Infanterie und sandte ihm für Otschakow einen goldenen Degen. Gleichzeitig betraute sie ihn mit einer gesandtschaftlichen Mission am englischen Hof, wo ihn König Georg II. mit Auszeichnung empfing, um über den Einfluß Frankreichs in Schweden und Polen zu verhandeln. Zum Dank ernannte sie ihn zum Statthalter der Ukraine. Im Juni 1741 kehrte er nach Petersburg zurück, rechtzeitig zu dem von Schweden angezettelten Krieg. Als im Lager Wiborg die Garde gegen die Deutschen meuterte, ergriff er den ersten Empörer, ließ einen Popen rufen, ihn auf den Tod vorzubereiten, und ihn sofort erschießen. Der Aufstand war erstickt. Mit Lacy schlug er am 3. September die Schweden bei Wilmanstrand und zwang sie mit 17 000 Mann bei Helsinki zur Kapitulation. Zarin Elisabeth bewilligte den erträglichen Frieden zu Abo am 6. August 1743, nachdem Schweden den Schwager Friedrichs II. zum Thronfolger gewählt hatte. Aus Abo brachte er sich Eva Mertens als Lebensgefährtin mit, die mit Verstand und Schönheit ihn 'ein wenig nach ihrem Willen lenkte'. Die Zarin Elisabeth machte ihn zum Feldmarschall, gab ihm diplomatische Aufträge und schenkte ihm Ländereien, schützte ihn aber nicht vor Neid. Als er nach Venedig gehen wollte, enteignete sie ihn und entließ ihn nach vielen Mühen unter dem Versprechen, niemals gegen Rußland zu kämpfen, am 30. Januar 1747 aus ihrem Dienst.

Ohne jedes Vermögen, nahm er das Anerbieten König Friedrichs II., den Winterfeldt mehrfach auf Keith hingewiesen hatte, an und begab sich nach Berlin. Am 18. September d.Js. wurde er als Generalfeldmarschall übernommen. Gleichzeitig kam auch sein älterer Bruder George, Lordmarschall, nach Berlin. Schon im ersten Jahr erkrankte er nach den Entbehrungen der Feldzüge schwer an Asthma. Der König war sehr besorgt und ließ sich durch den Generaladjutanten, Oberst v. Manstein, laufend berichten. Gewandt und feinfühlig, gebildet, von vornehmem Charakter, sehr schlagfertig und angenehm in der Unterhaltung, von allen anerkannt, wurde er rasch ein enger Freund des Königs. Mit todernster Miene erzählte er kurzweiligste Geschichten. Sein Bruder, literarischer Freund des Königs, wurde 1751 Gesandter in Paris. Er wurde am 1. Dezember 1749 Gouverneur von Berlin und erhielt den Schwarzen Adler-Orden, obwohl seine Krankheit sich bis 1751 hinzog, so daß er erst ab Herbst 1752 militärisch in Erscheinung trat. Auf seine unverheiratete Lebensgefährtin angesprochen, erwiderte er: »In ihrer Unschuld hat sie sich mir ergeben; da erachte ich mich für verbunden, sie nicht zu verlassen!« Niemand lästerte mehr. Unterstützt von seinen Adjutanten Grant und Varenne, leitete er wiederholt größere Manöver bei Berlin. Als Ehrenmitglied der Akademie der Wissenschaften — er beherrschte neun Sprachen — übersetzte er eine Anzahl englischer Werke ins Deutsche. Als er 1754 erneut erkrankte, schrieb ihm der König: »Euer Gesundheitszustand wird Mich der Freude berauben, Euch in Schlesien in Meiner Nähe zu haben. Doch hoffe Ich von ganzem Herzen, Euch bei Meiner Rückkehr in bester Gesundheit wiederzufinden.« Eine Kur in Karlsbad im Sommer 1756 brachte Abhilfe.

Bei der Mobilmachung kam Leutnant v. Schwerin als Adjutant zu ihm, der mit ihm bei Hochkirch tödlich verwundet wurde. Am 18. September übernahm er das Observations-Korps mit 28 Bataillonen, 25 Schwadronen, die er bis 24. September im Lager Johnsdorf sammelte. Unstimmigkeiten mit Winterfeldt sollen den König zur Übernahme des Oberbefehls am 28. September bewogen haben. Bei Lobositz übergab ihm der König den Befehl, als er bereits den Rückzug vorbereitete, und er übernahm die Führung des Angriffes, der, vom linken Flügel her losgebrochen, in erbittertem Häuserkampf das Städtchen eroberte. Fast wie bei Mollwitz! Als der König nach Sachsen zurückkehrte, führte er den Oberbefehl in Böhmen bis Ende Oktober zum Rückzug in die sächsischen Winterquartiere. Ab 8. November d.Js. verhandelte er mit Marschall Brown über eine Auswechselung der Kriegsgefangenen. Im Winter nutzte er seine Verbindungen nach England und Stockholm, um Schweden aus dem Kriege herauszuhalten, leider erfolglos. In vielen Briefen erkannte der König seinen Einsatz dankbar an. Er warnte immer wieder den König und Winterfeldt vor einer Unterschätzung der Russen.

1757 blockierte er ab 2. Mai den Westteil von Prag mit 30 000 Mann, versuchte oberhalb der Stadt den Rückzug abzuschneiden und deckte die rückwärtigen Verbindungen der Armee. Er konnte den Sieg beobachten, war aber tief vom Tode Schwerins erschüttert, mit dem er bei aller Rivalität befreundet war: »Er ist nicht mehr, der große Schwerin! Mit unsterblichem Ruhme bedeckt, ist er gefallen. Ein solches Glück ist mir nicht vorbehalten!« Nach der Schlacht kommandierte er ab 7. Mai den linken Flügel der Belagerungsarmee und führte nach Kolin seine Truppen aus dem Gefecht am Weißen Berge äußerst geschickt bis Leitmeritz, wo er den König wieder traf. Als der König Mitte August Zittau angreifen wollte, meinte er: »Wenn Ew. Majestät den Ruhm des Prinzen Karl vermehren wollen, müssen Sie angreifen.« Zuvor hatte er Nadasdy an der Biela das Nachdrängen verwehrt. Als der König im Oktober Berlin zu Hilfe eilte, deckte er mit 6 000 Mann die Saale bei Naumburg, um dann von Leipzig bei Merseburg zum König zu stoßen. Bei Roßbach vertrat er den König im Kommando und deckte mit dem zweiten Treffen Reichardtswerben, auf das der feindliche Angriff zielte. Während der König ab 13. November nach Schlesien marschierte, stieß er mit 10 000 Mann von Chemnitz bis Budin vor, um das Korps Marschall aus der Lausitz abzuziehen. Nur er könne Prinz Heinrich in Sachsen vertreten, urteilte der König. Als der Erfolg eintrat, ging er nach Sachsen zurück.
1758 führte er die Belagerung von Olmütz, die schwierig war. Aber am 1. Juni sagte der König: »Ich habe dort meinen guten Marschall, einen bewundernswerten Menschen. Er hat alle Vorzüge der Kaltblütigkeit, großer Begabung und langer Erfahrung. Sein Wert ist unbezweifelbar. Er ist niemals unsicher, nie unentschlossen. Dieser Mann ist zum Soldaten, Politiker und Wissenschaftler wie geschaffen; ich kann mich seiner mit Vorteil bedienen.« Als Daun auf das östliche March-Ufer überging und die Belagerer bedrohte, meinte Keith: »Unsere Herren haben diesen Marsch als Kleinigkeit angesehen. Ich gestehe, habe große Augen gemacht.« Als in der Truppe Mißmut aufkam, schrieb ihm der König: »Ihr müsset allen Offizieren einprägen, daß sich niemand entmutigt zeige. Wenn ein Offizier redet, als sei alles verloren und nicht den Soldaten gut zuspricht, soll er kassiert und auf Festung gesetzt werden.« Sein umsichtiger Rückzug mit dem schweren Belagerungspark bis Königgrätz war eine Musterleistung.

Nach seiner Wiedergenesung führte er dem König Mitte Oktober Truppen und Mehl von Dresden nach Hochkirch zu. Kaum überblickte er die Stellung, sagte er zum König: »Wenn die Österreicher uns hier in Ruhe lassen, verdienen sie gehängt zu werden.« Seine Warnung tat der König mit Scherz ab. Im Gewühl des Gegenangriffes riß ihn eine Kanonenkugel mitten unter den Feinden vom Pferd, nachdem er schon zwei Stiche im Unterleib hatte, so daß er verblutete. Der König klagte: »Mein lieber Marschall Keith ist tot! Das ist ein wirklicher Verlust für die Gesellschaft und das Heer.« General Lacy ließ ihn mit allen Ehren begraben. Der König überführte ihn am 3. Februar 1759 in die Gruft der Berliner Garnisonkirche.
Am 23. November 1758 schrieb er seinem Bruder George: »Der Feldzug ist beendet. Auf beiden Seiten ist nicht mehr herausgekommen als der Tod vieler ehrlicher Leute.«

Generalleutnant Hans Wilhelm v. Kanitz geb. 1692 zu Podangen, Krs. Preuß. Holland, gest. 10.4.1775 zu Kraftshagen, Krs. Preuß. Friedland

Seit Mitte des 15. Jahrhunderts gehörten die Kanitz zu den größten Häusern Alt-Preußens, den 'großen Herren' im Oberland, die bis 1945 wirtschaftliche Tüchtigkeit mit öffentlichem Dienst verbanden. Als der Deutsche Orden nach 1466 seine Truppenführer mit Land entschädigen mußte, gewannen sie Podangen und 1491 Mednicken, die Tettaus aus böhmisch-schlesischem Geschlecht Schloß Angerburg. Ende des 18. Jahrhunderts wurden sie Grafen. Sein Vater Friedrich Wilhelm war Herr auf Podangen, seine Mutter Barbara Sophie v. Tettau. 1704 trat er mit zwölf Jahren beim Regiment zu Fuß v. Kanitz (Nr.14) seines Onkels Christoph Albrecht als Junker ein, schon 1626 Regiment v. Kracht.
Am 13. August d.Js. geriet er im Korps des Dessauers in die Schlacht bei Höchstädt, wo er den schweren Angriff gegen die Bayern in Lutzingen auf dem rechten Flügel und die Gegen-Attacke der französisch-bayerischen Kavallerie mitmachte. Im März 1705 ging es unter Stille über Trient nach Verona, von wo die Infanterie über den Garda-See gesetzt wurde, um ins Lager Gavardo zu gelangen. Am 16. August erlebte er den Angriff über die Adda-Kanäle bei Cassano, der 1300 Ausfälle, den Verlust von drei Fahnen und das Leben seines Regiments-Kommandeurs kostete. Am 13. Oktober d.Js. wurde er Fähnrich. Nach Winterquartier am Garda-See folgte am 19. April 1706 der französische Überfall bei Calcinato, mit bösen Verlusten. Der Vormarsch zum Entsatz von Turin brachte am 7. September den Sturm auf die Einschließungsfront im zweiten Treffen. Danach fielen Novara und Mailand. 1707 marschierte er mit zur Belagerung nach Toulon. Als am 22. August der Rückmarsch kam, war zehn Tage zuvor zu Hause seine Mutter gestorben. Am 3. Oktober fiel noch Susa am Mont Cenis.
Am 20. Januar 1708 erhielt sein Regiment den Namen 'Orangisch', weil es dem kleinen Sohn des Kronprinzen verliehen worden war. 1713 entfiel diese Bezeichnung wieder. Das Jahr verging mit mühsamen Vorstößen im Gebiet der Isère und des Mont Genèvre. Zum Durchbruch ins Rhone-Tal kam es nicht. Nur die Forts Exilles und Fenestrelle sowie Cesanne wurden im August genommen. Den Winter verbrachte er bei Ferrara. 1709 kam das geplante Zusammenwirken mit Kräften aus dem südlichen Elsaß nicht zustande. Vorstöße zur Durance, dem Kleinen St. Bernhard und ins Aosta-Tal verzettelten sich im Hochgebirge. Die Winterquartiere lagen um Mantua. Die Feldzüge 1710 und 1711 verliefen in gleicher Weise anstrengend, eintönig und ohne greifbare Ergebnisse. Am 6. November 1711 wurde er nach sieben Dienstjahren Sekondeleutnant, während sein Regiment die Pässe von Susa, Exilles und Fenestrelle sperrte. Die Winter über lag er im Raum Parma und Piacenza. Im Oktober 1712 hörten die Kämpfe auf; im Januar 1713 trat das Regiment den Rückmarsch in die Heimat an, nach achtjähriger Abwesenheit. Anfang April empfing der neue König bei Halle seine Truppen, die jetzt nicht mehr in fremdem Solde kämpfen sollten.
Seit dem Tode seines Onkels war Graf Finck v. Finckenstein Chef des Regiments, das mit 1 200 Mann nach Pillau in Garnison kam, wo er am 7. April 1714 zum Premierleutnant befördert wurde. Am 1. Mai 1715 stand er bei seinem Regiment im Lager Stettin, um in den Pommern-Feldzug gegen die Schweden zu ziehen. Während eine Kompanie an der Landung auf Rügen teilnahm, kämpfte er ab 20. Oktober in der Belagerungsfront vor Stralsund, das sich am 23. Dezember d.Js. dann ergab. 1721 und 1728 heiratete er eine Kusine Kanitz. Die Friedensjahre bis 1734 verbrachte er in den Garnisonen Bartenstein, Heiligenbeil, Preuß. Eylau und Landsberg in Ostpreußen. Die geschlossene Unterbringung der Einheiten und ihre landsmannschaftliche Ausprägung war für ihre innere Festigung und Verbundenheit mit der Bevölkerung ebenso wirksam wie gute Ausbildung und Disziplin,

zumal Ostpreußen durch Randlage und Gefährdung das Bewußtsein des Landesschutzes förderte. Am 19. April 1721 wurde er Stabskapitän, am 8. September 1724 Kapitän und Kompaniechef, am 27. November 1735 Major, eine normale Truppen-Karriere im Frieden immer in demselben Regiment, dem er einundvierzig Jahre angehörte.

Am Einmarsch in Schlesien im Dezember 1740 nahm sein Regiment nicht teil. Dazu lag es zu weit ab. Als der König im Frühjahr 1741 die Truppen von Ostpreußen abzog, kam er mit seinem neuen Regimentschef, Generalmajor v. Lehwaldt, zum Observationskorps des Dessauers in das Lager Göttin südlich Brandenburg, um die mittleren Provinzen zu sichern und Sachsen notfalls in Schach zu halten. Dort wurde er am 20. April Oberstleutnant. Ende Oktober ging das Korps auseinander. Ab 13. März 1742 ging es unter Prinz Dietrich ostwärts der March bis Südmähren vor, um die Unternehmungen ungarischer Streifscharen zu unterbinden. Bei Chotusitz stand er am rechten Flügel des zweiten Treffens neben der Garde und erlebte am Ende die große Linksschwenkung, die bis Mittag das Schlachtfeld räumte. Für seine Tapferkeit und Führung wurde er mit dem Pour-le merite ausgezeichnet.

1744 sicherte er im II. Korps v.d. Marwitz Oberschlesien. Der unglückliche Böhmen-Feldzug blieb ihm erspart. Am 16. Januar 1745 beförderte ihn der König zum Oberst und Kommandeur seines Regiments. Bei Hohenfriedeberg griff er an seiner Spitze am inneren rechten Flügel des ersten Treffens unter Truchses die Gule von Südosten an und warf im zähen Kampf die Osterreicher auf Günthersdorf zurück. Sechs Wochen später bekam er das Infanterie-Regiment v. Borcke (Nr. 29) als Kommandeur. Am 12. Juni 1750 ernannte ihn der König zum Generalmajor und gab ihm das bewährte Infanterie-Regiment v. Schlichting (Nr. 2) als Chef. Seinem Vorgänger hatte er auf Lebenszeit jährlich 1 000 Taler aus den Einnahmen des Regiments zu zahlen. Aber schon am 29. April 1751 gratulierte ihm der König, »daß die Pension, so Ihr demselben aus dem Regiment habet bezahlen müssen, an Euch nunmehr zurückfällt, da der Generalleutnant von Schlichting mit dem Tode abgegangen.«

Obschon über sechzig Jahre alt, ließ der Siebenjährige Krieg ihn zunehmend hervortreten. 1756 gehörte er mit seinem Regiment zum Preußischen Korps Lehwaldts, das ohne Kampf blieb. Als mit den Russen zu rechnen war, sicherte er ab 26. Januar 1757 mit vier Grenadier-Bataillonen, dem Dragoner-Regiment 7 und dem I./Husaren-Regiment 5 südlich der Memel, bis der Gegner am 1. August d.Js. die Grenze überschritt. Bei Groß-Jägersdorf am 30. August führte er nördlich Uderballen drei Regimenter, zwei Grenadier-Bataillone zum Angriff gegen die 1. und 2. russische Division am Südrand des Norkittener Waldes. Daß trotz aller Verluste — seine Regimenter büßten je an fünfhundert Mann ein — der Rückzug angetreten werden mußte, war nicht seine Schuld. Ab 6. Oktober zog er mit über die Weichsel nach Stettin zum Schutze der Odermündung. Am 22. Januar 1758 beförderte ihn der König zum Generalleutnant, als Befehlshaber der Einschließung von Stralsund.

1758 gehörte er zum Pommerschen Korps, jetzt unter Graf Dohna, das der König vielfach verstärkt hatte. Als die Russen Anfang Juni über Posen zur Warthe vordrangen, mußte er zur Oder zurück, um ab 7. Juli bei Küstrin einen Brückenkopf zur Deckung Berlins zu bilden. Am 24. Juli erwartete er mit Dohna bei Frankfurt/Oder die Russen, die aber auf Küstrin zogen. Bei Zorndorf kommandierte er die drei Brigaden des linken Flügels, die, statt Manteuffels Avantgarde zu folgen, sich rechts neben sie setzten, um den Anschluß nach rechts zu halten. Gaugrebens Attacke zerriß die dünne Linie, bis Seydlitz die Lage wendete. Als Demiku attackierte, wichen die Regimenter zurück, mit Ausnahme seines. Schorlemer und Seydlitz retteten den Sieg. Kanitz wurde verwundet.

1759 führte er bei Kay das zweite Treffen mit sechs Bataillonen, 16 Schwadronen, das sich am linken Flügel einen Übergang suchen und dem Feinde in die Flanke stoßen sollte, aber dann am Schmiede-Berg zum dritten Mal erfolglos angriff. Bei Kunersdorf unterstanden ihm mit den Brigaden Rebentisch und Itzenplitz zwei Drittel des zweiten Treffens, die sich bis zum Tiefen Weg vom Dorf her durchkämpften und je Regiment fast ein Bataillon einbüßten. Bei Torgau befehligte er dann am 3. November 1760 die Brigaden Grumbkow und Queiß mit zehn Bataillonen im Korps Zieten, die gegen 18.00 Uhr der Garde unter Saldern über den Lausker Berg in den Rücken des Gegners folgten. Am 1. Juni 1762 löste er bei Oederan in Sachsen Generalmajor v. Bandemer ab, der eine Schlappe erlitten hatte. Der König gab ihm Major v. Anhalt als Berater bei. Während der Schlacht bei Freiberg sicherte er die Westflanke gegen Chemnitz.

Er war nicht besonders ruhmvoll hervorgetreten, hatte aber in schweren Lagen seine Aufgaben zuverlässig in treuer Tapferkeit erfüllt. Am 23. November 1768 entließ ihn der König aus dem Dienst mit 2 000 Talern Pension, die er auf seinem Gut südostwärts Königsberg verlebte.

Generalmajor Karl Hartwig Ernst v. Wartenberg geb. 3.4.1711 zu Uenze, Krs. Westprignitz, gest. 2.5.1757 zu Alt-Bunzlau/Böhmen

Wartenbergs Heimat war die Prignitz im Nordwesten der Mark Brandenburg mit ihrer landwirtschaftlichen Prägung. Sein Vater Alexander Wichard war preußischer Rittmeister und Herr auf Uenze und Nebelin, seine Mutter Katharina Dorothea v. Platen aus Kuhwinkel. Mit vierzehn Jahren trat er am 16. Mai 1725 in das Kgl. Preußische Corps des Cadets am Königstor von Berlin ein, dessen Chef Graf Finck v. Finckenstein war. 1730 wurde er als neunzehnjähriger Fähnrich zur Begleitung König Friedrich Wilhelm I. ins Lager Mühlberg des Königs August des Starken befohlen, um im Juni am 'Lustlager' in Zeithain teilzunehmen mit Revuen, Manövern, Paraden, Gelagen und Geselligkeiten. Hier kam es zu der schwerwiegenden Erniedrigung des Kronprinzen, daß dieser sich zur Flucht bei nächster Gelegenheit entschloß. Am 27. Oktober 1731 wurde er Sekondeleutnant im Husaren-Korps v. Bronikowski (Nr. 1) im Raum Tilsit, das gerade verstärkt worden war. Eine Woche später ging er mit Bewilligung des Königs als Instruktions- und Ausbildungsoffizier nach Rußland, wo er als Kapitänleutnant in die Armee übernommen wurde.

Von seiner Tätigkeit sandte er dem König oft Berichte über die Verhältnisse, die er dankbar bestätigte. Am 14. Juli 1732 schrieb er ihm: »Die Nachrichten von der Einrichtung des Corps des Cadets sind Mir angenehm und wird es Mir lieb sein, wenn Ihr mit Euren Berichten öfters continuieret. Sonst erinnere Ich Euch, daß Ihr jederzeit fleißig sein, Euch wohl applizieren und in allen Stücken eine gute Führung haben sollet. Hienächst habt Gott vor Augen und dienet der Kayserin treu!« Im Frühjahr 1734 lernte ihn Feldmarschall v. Münnich bei der Belagerung von Danzig schätzen, so daß er ihn mit in den Feldzug während des Türkisch-Persischen Krieges nahm, der den Russen 1736 Asow und am 20. Mai die Landenge von Perekop brachte. Drei verheerende Einbrüche in die Krim bis in die Tataren-Residenz Bachtschisarai folgten. 1737 wurden nach seiner Berichterstattung in Berlin am 8. März mit der Erstürmung von Otschakow am 12. Juli die Bug- und Dnjepr-Mündungen genommen, 1738 die türkische Festung Bender. Nach Eroberung des türkischen Lagers von Stawutschane am 28. August 1739, der Einnahme von Chotschim und dem Übergang über den Pruth zog Münnich im Herbst d.Js. in Jassy ein. Der Krieg in den weiten Steppen und die Errichtung der Ukrainischen Linie zwischen Dnjepr und Don ab 1733 erforderte die Vermehrung der leichten Kavallerie. Am 10. April 1735 stellte er acht Kosaken- und Husaren-Regimenter auf, dazu die Ukrainische Landmiliz, zu vier Fünfteln beritten. So konnte Wartenberg mit Recht sagen: »In den russischen Kriegen habe ich den Husarendienst gelernt!« Neun Jahre Erfahrung waren etwas wert.

Seine Glückwünsche zum Regierungsantritt beantwortete der König am 19. Juli 1740: »Condolenz und Gratulation gereichen Mir zu gnädigem Gefallen und werde Ich Euch Proben Meiner Zuneigung geben, zu der Ich zu wissen verlange, ob Ihr nicht gesonnen seid, in Euer Vaterland zurückzukommen.« Schon als Kronprinz hatte er den besten Eindruck, zumal er sehr gebildet war, mit fließend französischen und russischen Sprachkenntnissen. Schon am 16. August d.Js. war er als Major im Ulanen-Regiment v. Natzmer, ab 1742 Husaren-Regiment (Nr.4) übernommen, nachdem ihm Kaiserin Anna den Abschied bewilligt, die Beförderung zum Major und einen kostbaren Brillantring gegeben hatte. Zwei Wochen später machte der König ihn mit neunundzwanzig Jahren zum Kommandeur des neuen Husaren-Regiments v. Bandemer (Nr.3), das aus seinem alten Regiment stammte und zwischen Goldap und Ortelsburg in Garnison lag. Er hatte seine Fähigkeiten erkannt.
1740 waren die Truppen aus Ostpreußen am Einmarsch in Schlesien nicht beteiligt. Anfang April ging eine Schwadron ins Lager Göttin als Stamm für das Hus.Rgt. 5. Seit 1. Juni 1741 war er Oberstleutnant. Auf dem langen Anmarsch zur Armee in Schlesien

wurde sein Regiment am 1. August 1741 beim Kloster Leubus in einen Hinterhalt gelockt und in die Oder getrieben, so daß es nur noch drei einsatzfähige Schwadronen hatte. Bandemer wurde entlassen; sein Nachfolger war der erfahrene Oberst v. Malachowski. Ende Oktober wieder einsatzfähig, rückte es nach Böhmen ab. Am 9. Januar 1742 besetzte er Glatz, dessen Bergschloß am 26. April kapitulierte. Bei der Teilung der Armee Anfang Mai d.Js. blieb er unter dem Dessauer in Oberschlesien und kämpfte rechts der Oder gegen ungarische Streifkorps. Am 10. Mai sprach ihm der König seine Anerkennung für die Führung des Regiments aus: »Eure vornehmste Sorge muß dahin gerichtet sein, solches zu conservieren, die Leute wendig zu machen und vollkommen in Ordnung zu setzen. Ihr müsset die Leute in Acht nehmen, damit sie nicht auf unüberlegte Art gefährdet und bei Patrouillen vom Feinde aufgehoben werden.« Im Herbst d.Js. kam er mit dem Regiment in Bernstadt und Gleiwitz in Garnison.
Schon im Frieden galt sein Regiment als Schule für den Felddienst, als Muster-Regiment. Er war allgemein beliebt, von Schwerin und Winterfeldt hoch geschätzt, dabei aber bescheiden und gottesfürchtig. Ab 1743 arbeitete er mit Winterfeldt als Inspekteur der Husaren eng zusammen, für dessen Grundsätze er das Lehr-Regiment stellte. In das Reglement von 1. Dezember d.Js. sind seine reichen Erfahrungen und kriegswissenschaftlichen Erkenntnisse eingeflossen. Die Entwicklung der Husaren zur Schlachten-Kavallerie sowie die Hebung der allgemeinen taktischen Schulung ihrer Offiziere war neben Winterfeldt vor allem sein Werk. Die Erfolge der preußischen Husaren bewiesen das Ergebnis seiner Bemühungen.

1744 blieb er im II. Korps v.d. Marwitz in Oberschlesien, das Jägerndorf und Troppau sicherte, Glatz deckte, aber auf Olmütz verzichtete. Am 11. Dezember d.Js. überfiel er mit drei Schwadronen die Ungarn in Pleß und säbelte sie »zur Abschreckung« nieder. An v.d. Marwitz meldete er: »Habe die Ehre zu berichten, daß heute um 11.00 Uhr die Ungarn in Pleß attackiert, überrumpelt, 150 Mann totgeschossen, 178 gefangen, darunter sechs Offiziere. Ich kann sagen, daß die Leute sich ungemein tapfer bewährt und solches kein Gefecht, sondern ein Gemetzel gewesen, auch das Unglück dabei, Rittmeister v. Malachowski und 20 Mann einzubüßen. Meine Offiziere haben durchgehend brav getan. Weil der Feind von allen Orten Zulauf von wenigstens 1 200 Pferden haben kann, habe ich mich nach Cosel zurückziehen müssen. Da die Pferde in 24 Stunden über 14 Meilen marschiert bei starkem Frost, kann ich einige Tage nichts unternehmen, es sei denn, daß Ihro Excellenz mir frische Schwadronen schicken.«

Am 9. Februar 1745 zeichnete er sich beim Handstreich gegen Trenck in Ratibor so aus, daß Nassau über die Bravour und das 'zu Fuß Chargieren' des Lobes voll war. Am 19. Februar bekam er den Pour-le-merite. Im April schlug er die Ungarn bei Ujest, Gr. Strehlitz, wo Malachowski fiel, und westlich Konstadt, im Mai bei Gr. Wartenberg und Kreuzburg. Am 20. April beförderte ihn der König zum Oberst und machte ihn zum Chef seines Regiments, das er fünf Jahre führte. Ende Juni zog er über Neustadt zur Belagerung von Cosel, hieb im Oktober bei Oderberg ein Dragoner-Regiment zusammen mit 100 Gefangenen, einer Standarte und überfiel am 6. Dezember bei Landeshut das Dragoner-Regiment Philibert und nahm drei Standarten und viele Gefangene.

Im Frieden sandte ihm der König wiederholt Kürassier- und Dragoner-Offiziere zur Ausbildung. Er hielt strenge Zucht und meldete 1756: »Kein Säufer noch Spieler ist beim Regiment.« 1750 schenkte ihm der König das Gut Gellmenglin bei Zerbst, ernannte ihn am 3. September 1751 zum Generalmajor, schenkte ihm einen mit Edelsteinen reich verzierten türkischen Ehrensäbel, erlaubte den Kauf des Gutes Schönfeld bei Brieg und verlieh ihm Heimatrecht in Schlesien, wo er sich 1756 mit Rudolphine Wilhelmine Charlotte Freiin v. Dyherrn, Tochter des sächsischen Gen.Lt. Georg Karl, verlobte. Am 11. Januar 1757 wurde er Dompropst zu St. Nicolai in Magdeburg »in Ansehung Eurer guten Dienste, so Ihr Mir zu Meiner größten Zufriedenheit jedesmal geleistet.« Als er 1754 Zigeuner als Soldaten einstellen wollte, lehnte der König ab, »weil sie nur Schelmereien anrichten würden.« Zur Kommandierung von Kavallerie-Offizieren zur Exerzier- und Manöver-Zeit erließ der König jedes Jahr eine besondere Order, so u.a. am 16. März 1753: »Die Officiers werden ihre Pferde mitbringen. Er soll ihnen nichts schenken, sie alle Tage anstrengen, nichts nachsehen, und wenn sie etwas versehen, sie ohne compliments auf die Wacht setzen.« Ab 17. Mai d.Js. nahm er sie zum Campement nach Spandau mit.

1756 stieß er Mitte September mit der Vorhut Schwerins bis Aujezd vor, wo er den Gegner zurückwarf. Im Oktober deckte er den Rückmarsch. Am 15. Oktober schrieb er aus Ujest: »Ich habe meine Schuldigkeit zum Ruhm des Königs und des Vaterlandes Besten gezeiget. Mein Pferd ist ins Maul geschossen, daß die Backenzähne nebst einem Stück Kinnlade herausgefallen.« 1757 führte er die Vorhut der Kolonne von Hautcharmoy unter Schwerin nach Böhmen. Am 2. Mai traf er bei Alt-Bunzlau beim Überschreiten der Elbe auf 1 500 Panduren und Husaren der Nachhut Königseggs. In der Attacke traf ihn eine Musketenkugel tödlich. Der König hielt ihn für einen seiner besten Kavallerie-Offiziere, fähig, ein Detachement zu führen. An seiner Bahre sagte er zu Schwerin: »Der da war mehr wert als eine gewonnene Bataille!«

Generalleutnant Georg Wilhelm v. Driesen geb. 8.6.1700 zu Gillgehnen, Krs. Mohrungen, gest. 2.11.1758 zu Dresden

Seine Kindheit verlebte er im Seengebiet des Oberlandes zwischen Elbing und Allenstein. Sein Vater Georg Wilhelm war kurbrandenburgischer Kapitän gewesen und Herr auf Gillgehnen und Klein-Gillgehnen, Kreis Preuß. Holland. Seine Mutter Maria Helene v. Below kam aus Blumenau. Früh besuchte er die Gymnasien zu Elbing und später zu Königsberg, wo er alte Sprachen lernte, weil er Theologie studieren und Pastor werden wollte. Als seine Mutter 1717 starb, ließ sich sein Vater von König Friedrich Wilhelm I. bereden, ihn nach Berlin ins Kadettenkorps zu geben. Damit war sein Weg vorgezeichnet. Bereits nach elf Monaten trat er als Kornett am 29. August 1718 im Kürassier-Regiment Kronprinz (Nr. 2) in Wesel ein, das seit 1656 bestand. Nach einundzwanzig Monaten war er am 22. Mai 1720 Leutnant. 1721 verlegte sein Regiment nach Ruppin, Zehdenick, Fehrbellin, Kremmen, Wittenberge, da schon lange der Ersatz aus diesem Landstrich kam.

Hier lernte ihn der König näher kennen und mehr und mehr schätzen. Nach elf Offizier-Dienstjahren ernannte er ihn am 29. Mai 1731 zum Stabsrittmeister und ein halbes Jahr darauf zum Rittmeister und Kompaniechef. Als er sich für das Vertrauen des Königs bedankte, antwortete er ihm: »Ich gebe Euch in Antwort, daß Ihr wie ein treuer, rechtschaffener Offizier alles auf der Welt tun sollet, um die Kompanie jeder Zeit nicht nur in gutem Stande zu halten, sondern auch mehr und mehr zu verbessern.« Reformiertes Denken verlangt die ständige Verbesserung anvertrauten Gutes. Er beherzigte diese Mahnung. Nach der Heiratserlaubnis vom 28. August 1733, »sich mit seiner Braut ein für allemal aufbieten zu lassen«, schloß er am 10. September d.Js. in Protzen bei Neuruppin die Ehe mit Sophie Gottliebe v. Quast. Am 2. Mai 1739 zeichnete ihn der strenge und sparsame König als Kompaniechef mit einer jährlichen Pension von 300 Talern aus der Hofstaatskasse aus, »als Anerkennung für die Verbesserung seiner Kompanie«, mehr als außergewöhnlich!

Die beiden Schlesischen Kriege brachten ihn binnen vier Jahren vom Rittmeister zum Oberst. Sein Regiment rückte erst im Februar 1741 mit dem III. Korps mit weiteren Kürassier-Regimentern nach Schlesien, zusammen 25 Schwadronen, nahm aber nicht an Mollwitz teil. Es hatte Zeit, sich die neuesten Erfahrungen zu eigen zu machen. Am 19. April d.Js. traf es in Ohlau ein, um Brieg einzuschließen, als Gewinn von Mollwitz, notwendig für den Nachschub der Armee. Am 4. Mai ergab sich die Festung. Ab 4. Juni war er Major. Ende Oktober marschierte er unter Erbprinz Leopold nach Böhmen zur oberen Elbe, Anfang Mai 1742 ins Lager Chrudim, wo der König seine Kräfte konzentrierte. Bei Chotusitz stand sein Regiment am äußersten linken Flügel im ersten Treffen und brach nach den schwierigen Brslenka-Übergängen durch Liechtensteins Kavallerie hindurch bis in den Rücken der österreichischen Infanterie und schlug sich an anderer Stelle den Rückweg frei. 24 Offiziere fielen, die acht Überlebenden, darunter Driesen, bekamen den Pour-le-merite. Zwei Tage später wurde er Oberstleutnant.

Friedrich der Große hatte seine Fähigkeiten längst erkannt. 1744 zog er mit seinem Regiment im I. Korps des Königs bis vor Prag und schloß es ab Anfang September westlich der Moldau ein, bis die Hauptstadt nach fünftägiger Beschießung am 16. September kapitulierte. Dann folgte der Vorstoß bis Tabor und Budweis, bis der König Anfang Oktober wieder über die Moldau zurückging. Er hatte sich mit seinen Operationen zu weit von den Magazinen entfernt und sie zu sehr ausgedehnt. Der Rückzug nach Schlesien litt schwer unter Kälte, Schneeregen, schlechten Wegen, Hunger und Krankheit. In den Winterquartieren konnte aber die Gefechtskraft voll wiederhergestellt werden. Bei Hohenfriedeberg attackierte er mit seinem Regiment in der Mitte des rechten Kavallerie-Flügels in der Kürassier-Brigade v.d. Goltz südostwärts Pilgramshain die sächsische Reiterei, die über Rohnstock auf Bolkenhain abzog. Danach griff er südlich Eisdorf das abgeschnittene Grenadier-Korps an, das völlig zersprengt wurde. Der linke Flügel des Feindes räumte das Schlachtfeld. Bei Soor stürmte er am rechten Flügel in der Kürassier-Brigade v. Katzler die steile Graner Koppe hinauf — ungeachtet aller Geländehindernisse — die der Eckpfeiler der feindlichen Stellung war. Die österreichischen Regimenter machten beim ersten Aufprall kehrt und rissen die massiert dahinter haltenden Kürassier-Regimenter des zweiten Treffens panikartig in die Flucht. Vier Wochen darauf beförderte ihn der König zum Oberst.

Am 25. September 1746 wurde er Kommandeur seines Regiments, dem er bereits achtundzwanzig Jahre angehörte und das neben den Leibkürassieren, den Gensdarmes, Leibkarabiniers und den Gardes du Corps als Elite-Regiment galt. Am 13. Oktober 1752 erfolgte seine lange erwartete Beförderung zum Generalmajor, nach sieben Dienstjahren als Oberst. Als Prinz August Wilhelm, sein Chef und Thronfolger, ihm sämtliche Einkünfte aus dem Regiment für sich anbot, lehnte er das ab. Der König erkannte sein Verhalten besonders an: »Ihr habt recht gut getan, die von des Prinzen von Preußen Liebden Euch angetragenen Revenus vom Regiment nicht anzunehmen, wobei Ihr es denn auch fernerhin bewenden lassen sollet, da Ich Euch durch Pensiones dergestalt gesetzet habe und noch setzen werde, daß Ihr darunter niemals etwas verlieren sollet.« Er war offen, gradlinig, tüchtig, ohne Falsch, fromm, bei Offizieren und Männern gleichermaßen geliebt, ein Vater seiner Kürassiere. Seine Menschenführung schlug sich auch in seinen Beurteilungen nieder. So kritisierte er 1756 nur einen Offizier seines Regiments: »Kann nicht lügen, nimmt öfters ein Gläschen Branntwein«. Der König beließ ihn selbst als General in der Stellung des Kommandeurs, um seinem Bruder Prinz August Wilhelm zur Hand zu sein und das Regiment in erfahrener und befähigter Hand zu halten. Nachdem bereits jüngere Kameraden Regiments-Chefs geworden waren und er sich darüber beim König beklagt hatte, schrieb er ihm am 28. September 1754: »Es ist aus keiner Ungnade geschehen, daß Ich vacante Regimenter an Obristen jünger wie Ihr vergeben habe. Meine Absicht ist gewesen, daß Ihr bei Meines Bruders Regiment verbleiben sollet. Nur deshalb habe ich Euch letzthin die Pension gegeben, damit Ihr keine Ursache zu klagen haben möget. Ich hoffe, daß Ihr Euch beruhigen und mit Meiner Disposition zufrieden sein werdet.« Denn vier Monate zuvor hatte er die Amtshauptmannschaft Osterode, 2 000 Taler nach der Revue vor dem König und jährlich 1 000 Taler aus der Generaldomänenkasse bekommen. Fünf Wochen nach seinem Schreiben legte der König noch 1 000 Taler jährlich zu. Am 3. Juli 1755 wurde er nach neunjähriger Kommandeur-Zeit Chef des Kürassier-Regiments v. Bredow (Nr.7) in Salzwedel, Tangermünde, Osterburg, Seehausen, Arendsee.

1756 erreichte er mit seinem Regiment in der Armee des Königs am 1. Oktober Lobositz, wo er im Kavallerie-Korps Geßler im ersten Treffen rechts nördlich Kinitz in der Senke zwischen Lobosch- und Homolkaberg auf den Angriff wartete. Hier ritt er mit seiner Brigade die zweite Attacke der 59 Schwadronen, die die feindliche Kavallerie erneut aus dem Felde fegte, aber unter erheblichen Verlusten kehrtmachen mußte. Bei Prag führte er am rechten Flügel unter Penavaire, der mit seinen 28 Schwadronen nördlich Hlaupetin vor äußerst schwierigem Gelände stand und erst die Öffnung der Enge von Kej abwarten mußte, ehe er um 12.00 Uhr am Nordrand des Höhengeländes eingreifen konnte. Bei Kolin attackierte sein Regiment am linken Flügel über Brzistwi die Krzeczhorz-Höhe.

Es hatte die drittstärksten Verluste. Bei Breslau führte er in Zietens Korps links eine Kürassier-Brigade nördlich Kleinburg, das er in heftigen Kämpfen hielt. Am 1. Dezember 1757 zum Generalleutnant befördert, kommandierte er bei Leuthen den linken Kavallerie-Flügel, der in der Senke westlich Radaxdorf und Lobetinz verhielt und während der Schlacht nicht zu sehen war. Als Lucchese bei Beginn der Dämmerung mit seinem Kavallerie-Korps plötzlich den offenen linken Flügel der bei Leuthen schwer ringenden Infanterie attackierte, stieß er ihm überraschend mit seinen 50 Schwadronen so heftig in die Flanke, daß die österreichische Kavallerie mit ihrer Flucht nach Osten die eigene Infanterie mitriß und die Preußen um Leuthen Luft bekamen. Sein entschlossenes Zupacken hatte die Entscheidung gebracht! Ende des Jahres befreite er Liegnitz und schloß Schweidnitz mit ein.

1758 kam er zum Prinzen Heinrich nach Sachsen, von wo er ab 23. Mai einen äußerst erfolgreichen Vorstoß bis Bamberg unternahm, eine große Anzahl von Magazinen erbeutete und 20 000 Taler Kontribution erhob. Seine Husaren durchstreiften ganz Unterfranken; die Bestürzung im Reich war groß. Bei seiner Rückkehr im Juli war er schwer krank, blieb aber bei der Truppe, mußte dann nach Dresden, wo er mit achtundfünfzig Jahren zu früh verstarb. Er war ein selten begabter Reiterführer.

Generalleutnant Johann Dietrich v. Hülsen geb. 1.6.1693 zu Babziens, Krs. Rastenburg, gest. 29.5.1767 zu Berlin

Hülsens Eltern lebten bei Rastenburg als Gutsherren. So wuchs er als 'junger Herr' in ländlicher Umgebung auf. Sein Vater Johann Friedrich war sieben Jahre vor seiner Geburt aus dem Kriegsdienst heimgekehrt und hatte sich dort niedergelassen. Seine Mutter war Rosine Freiin v. Königsegg aus württembergischem Uradel. Von ihr hat er viele Anlagen geerbt. Mit siebzehn Jahren trat er als Junker im Infanterie-Regiment v. Dönhoff (Nr.2) ein, das in Insterburg, Wehlau und Tilsit lag und seit 1668 Dönhoffs als Chefs hatte. 1717 folgte Generalmajor v. Roeder. Seit 8. Juni 1715 Fähnrich, kam er im Pommernfeldzug zum Korps Arnim bei Wollin und erlebte am 31. Juli den Übergang nach Usedom und am 22. August die Erstürmung der Peenemünder Schanze. Dann nahm sein Bataillon an der Landung auf Rügen teil, die glücklich am 15. November bei Gr. Stresow erfolgte.

Im Frieden ging es in die alten Garnisonen. 1717 verlor er seinen Vater. Nach zwölf Dienstjahren wurde er am 1. August 1722 Sekondeleutnant, am 13. Juli 1728 Premierleutnant. Seit 1721 lag sein Regiment zwischen Insterburg und Rastenburg. Mitte Februar 1734 begann der Anmarsch von 80 Tagen nach Magdeburg, um von dort unter seinem Chef nach Heidelberg zu Prinz Eugen zu ziehen. Nach Winterquartieren im Münsterlande verlief 1735 der Feldzug wieder ergebnislos. Mit der Besichtigung der rückkehrenden Regimenter durch den König bei Halberstadt trat er den Heimmarsch nach Ostpreußen als Stabskapitän an. Nach achtundzwanzig Dienstjahren bekam er am 6. April 1738 eine Kompanie und wurde Kapitän. Im Herbst 1739 erhielt er die Heiratserlaubnis für Sophie Elisabeth v. Kunheim, verwitwete v. Schliewitz.

Schon am 25. Juni 1740 versetzte ihn der König als Major in das eben aufgestellte Infanterie-Regiment v. Münchow (Nr.36), das in Potsdam aus Märkern, Pommern und Unteroffizieren des alten Königs-Regiments zusammentrat. Von nun an ging es zügig voran. Die Heeresvermehrung verbesserte die Beförderungschancen. Sechzehn Jahre blieb er im Regiment, dessen Chef Oberst Gustav Bogislaus v. Münchow war, sieben Jahre älter als er, derzeit Gesandter in Wien zur Anzeige der Thronbesteigung des Königs. Der Herbst des Jahres verging mit Besichtigungen der Garnison-Kompanien Spandau, Küstrin, Stettin, um weitere tüchtige Leute zu bekommen, und der Aufstellung. Im März 1741 marschierte es im III. Korps als Besatzungstruppe nach Schlesien und kam mit dem I. Bataillon nach Breslau, mit dem II. nach Glogau. Anfang Februar 1742 zog es nach Oberschlesien und trat im Mai d.Js. unter den Befehl des Dessauers, der Cosel belagerte. Ende des Jahres ging es in die neue Garnison Brandenburg, wo Hülsen am 11. Juni 1743 Oberstleutnant wurde.

1744 gehörte das Regiment als vollwertige Feldtruppe zum I. Korps des Königs, das Prag nahm. Vor dem Rückmarsch verstärkte der König die Garnison mit seinem II. Bataillon, das sich unter Einsiedel dann mühsam durchschlug, während die Grenadiere am 9. Oktober bei Moldauthein den nachdrängenden Feind unter Zieten zurückwarfen. Der Rückzug ab Ende November kostete viele Verluste. Ab Mitte April 1745 sicherte er neben anderen Regimentern die Festung Breslau. Nach dem Siege bei Hohenfriedeberg, wo sein Chef eine Brigade kommandierte, rückte er unter Nassau nach Oberschlesien und nahm am 5. September Cosel ein, das am 26. Mai in Feindeshand gefallen war. Mitte Oktober besetzte er Jägerndorf und Troppau. Am 9. November d.Js. wurde er Oberst. Bisher hatte er nur eine gewöhnliche Truppenlaufbahn von fünfunddreißig Jahren hinter sich.

Im Frieden erwies er sich als ganz hervorragender Ausbilder, der den Leistungsstand des jungen Regiments zu heben wußte. Am 8. September 1754 wurde er Generalmajor und erhielt den Pour-le merite. Am

25. Februar 1756 ernannte ihn der König zum Chef des Infanterie-Regiments v. Bredow (Nr.21), das seit 1713 bestand, in Halberstadt und Quedlinburg lag und seinen hervorragenden Ersatz aus dem Ostharz bekam. Sein gleichaltriger unverheirateter Vorgänger war zehn Tage zuvor verstorben. Von sechzehn Jahren bei seinem Regiment hatte er es allein zwölf Jahre als Kommandeur geführt, wenn auch im Frieden. Ende des Jahres gewährte ihm der König eine jährliche Pension von 500 Talern »aus gnädiger Zufriedenheit von Euren Diensten und um Euch davon einen Beweis zu geben«. Obwohl bereits weit über sechzig Jahre, trat seine Führungsbegabung erst im Siebenjährigen Kriege hervor.
1756 marschierte er im I. Korps des Königs die Elbe aufwärts nach Nordböhmen, bis 24. September unter Keith ins Lager Johnsdorf. Bei Lobositz führte er eine Brigade, dabei sein Regiment, das beim Schlußangriff zwölf Offiziere, 265 Mann verlor. Alle Kommandeure, vier Kapitäne erhielten den Pour-le merite 'für den glänzenden Auftakt'. Hülsen wurde vom König gelobt wegen seiner Tapferkeit. 1757 zog er im Korps des Königs bis vor Prag, an dessen Einschließung ab 2. Mai er mitwirkte. Mit Fürst Moritz stieß er am 14. Juni bei Malotitz zum König. Bei Kolin kommandierte er die Reserve-Brigade, während sein Regiment unter Tresckow kämpfte. Er hatte den Auftrag, mit sieben Bataillonen und dem Dragoner-Regiment 11 die beherrschende Krzeczhorz-Höhe zu nehmen. Er eröffnete die Schlacht, nahm Krzeczhorz und gewann mit Tresckow, unterstützt von Krosigks Attacke, die Höhe 333 bis 17.30 Uhr, so daß Daun den Rückzug anordnete. Als die Gegenattacken von Nostitz und Serbelloni seine Nachbarn weit zurückwarfen, behauptete er seine Stellung bis abends und zog nachts ruhig ab, obwohl die Armee ringsum geschlagen war.
Am 6. März 1758 beförderte ihn der König zum Generalleutnant und sandte ihn wegen seiner unerschrockenen Festigkeit und Umsicht zum Prinzen Heinrich nach Sachsen. Ende August hielt er bei Maxen die Reichsarmee in Schach, bis der König von Zorndorf eintraf; im Herbst sicherte er bei Freiberg. Er war der beste Korpsführer in Sachsen und der rangälteste General. Leutnant v. Steuben gehörte zu seinem Stab. Am 2. Dezember bekam er den Schwarzen Adler-Orden; am 27. April 1759 wurde er Domherr zu Minden. Allerdings zog der König ihm Finck vor, weil er 'viver' sei. Mitte Juni 1759 führte er in fünfwöchigem Marsch aus Sachsen Dohna bei Landsberg zehn Bataillone, 22 Schwadronen gegen die Russen zu und griff bei Kay mit der mittleren Brigade mehrfach die Höhe südlich Palzig an, wurde aber blutig abgeschlagen. Bei Kunersdorf befehligte er die Brigaden Thile und Knobloch am rechten Flügel des ersten Treffens, die in erbittertem Ringen den Mühl-Berg, den Kuh-Berg und Kuh-Grund nahmen und bis zum Tiefen Weg vordrangen, bis ihre Kraft erlahmte und sie von der Kavallerie-Attacke zersprengt wurden. Er wurde dabei verwundet. Ende Oktober brachte er 19 Bataillone, 30 Schwadronen, 30 schwere Geschütze zurück nach Sachsen. Als Finck bei Maxen stand, entsandte ihn der König angesichts des Wetters mit sieben Bataillonen, 23 Schwadronen, 20 schweren Geschützen 36 Stunden zu spät, um Finck noch retten zu können. Er galt als einer der fähigsten Generale.

1760 schenkte ihm der König 1 500 Taler, als er sich in Sachsen mit 12 000 Mann gegen eine mehr als dreifache Übermacht verteidigte, die er am 20. August bei Strehla erfolgreich zurückschlug. Der König schrieb ihm: »Ich gratuliere Euch aufs gnädigste, machet alle Officiers Mein höchst gnädiges Compliment!« Dennoch mußte er Torgau, Leipzig und Wittenberg räumen und bis Beelitz zurück, um Berlin gegen Russen und Österreicher zu verteidigen. Am Hallischen Tor hielt er Totleben auf. Zwei Wochen später stand er schon wieder in Dessau und vereinigte sich am 28. Oktober mit dem König bei Kemberg. Bei Torgau kommandierte er die Reserve mit 18 Bataillonen, 15 Schwadronen, die als zweite Kolonne aufmarschierte, befehligte aber praktisch die gesamte Infanterie der königlichen Angriffsgruppe. Er wurde dreimal blutig zurückgeschlagen, so daß der König ihm die Rücknahme und Ordnung der Truppe befahl. Als aber Zietens Angriff spürbar wurde, griff er, obwohl verwundet, gegen den Befehl zum vierten Male an und rettete mit letzter Kraft den Sieg. Anschließend warf er die Reichsarmee nach Franken zurück.
1761 führte er unter Prinz Heinrich längs der Mulde eine geschickte, rührige Verteidigung. Seine Ruhe und sein klarer Blick waren dem König so wertvoll, daß er ihn am 21. April als Oberbefehlshaber in Sachsen bestellte, sobald Prinz Heinrich nach Schlesien abberufen wurde. 1762 war er anfangs krank. Während Prinz Heinrich am 12. Mai die Front an der Mulde durchbrach, ging er von den Katzenhäusern bis Wilsdruff vor, mußte aber dann wieder zurück. Als er im September einen hitzigen Streit der Generale Platen und Meyer schlichtete, verletzte ihn ein Degen. Vor Freiberg sollte Wied ihn ablösen, um ihn mit heranziehen zu können; der kam aber zu spät, so daß er erst nach der Schlacht den Prinzen erreichte. Dennoch stieß er in Ausnutzung des Erfolges bis Pretzschendorf an die Wilde Weisseritz vor. Ende November war Waffenstillstand.
Am 23. August 1763 machte ihn der König zum Gouverneur von Berlin. Damit behielt er dauernde Verbindung mit ihm. Als es 1766 zu einer Handelskrise kam und kleine Unregelmäßigkeiten des Geh. Finanzrates Ursinus, eines tüchtigen Beamten, aufgedeckt wurden, schrieb der König: »Die Malice und Corruption des Concipienten muß exemplarisch bestraft werden, sonst bringe ich die Canaillen niemals in Subordination« und übertrug ihm die Untersuchung, die mit einem Jahr Festung endete. Noch vier Tage vor seinem Tode besuchte ihn der König.

Generalleutnant Friedrich Ludwig Graf Finck v. Finckenstein geb. 6.5.1709 zu Berlin, gest. 16.3.1785 zu Finckenstein, Krs. Rosenberg/Westpreußen

Die Finck v. Finckenstein sind eine altpreußische Familie, die Amtshauptmannschaften und Oberämter ihres Landes innehatte und dem Staat Führungskräfte über Jahrhunderte stellte. Sein Vater Albrecht Konrad war nach Ranke »einer der seltenen Männer, vor deren Tugend die Nachrede zurückweicht, von stiller Arbeitsamkeit, ein guter Wirt und prächtiger Bauherr, fromm und vor allem tapfer«. Beide Eltern zeichneten sich durch gediegene Bildung und feine Sitten aus. Lehndorff nannte sie 'der ehrenwerteste Mann und die achtungswerteste Frau, die unser Königreich ehedem besessen hat'. Er kannte alle Kriegsschauplätze Westeuropas, war seit 1710 Reichsgraf und ab 1733 Feldmarschall. Als Erzieher Friedrich Wilhelms I. und Friedrichs II. von 1718 bis 1729 stand er beiden Königen besonders nahe. Im Frieden nach 1715 baute er nach französischem Vorbild das große Schloß Finckenstein mit seinem kunstvollen Park, in dem Friedrich Ludwig den wesentlichen Teil seiner Jugend verlebte. Sein jüngerer Bruder Karl Wilhelm war ein Jugendfreund Friedrichs II., später Gesandter und Minister des Äußeren.

Mit fünfzehn Jahren ließ er sich auf der Universität Frankfurt/Oder am 31. Oktober 1724 immatrikulieren, wo er sechs Semester fleißig seinem Studium nachging. Mit achtzehn Jahren trat er als Junker beim Dragoner-Regiment v. Platen (Nr.1) ein, das seit 1689 bestand und in den Standorten Bütow, Rummelsburg, Polzin, Köslin und Neustettin in Hinterpommern lag, unweit der polnischen Grenze. Platen hatte das Regiment zwei Jahre zuvor übernommen, als es geteilt wurde. Der Ersatz kam ebenfalls aus dem Nordosten Pommerns. Noch in demselben Jahr wurde er am 5. September 1727 Fähnrich. Nach dreieinhalb Dienstjahren erhielt er die Beförderung zum Leutnant und wurde drei Wochen später am 16. August 1731 in den Johanniter-Orden aufgenommen. Schon nach drei Offiziersjahren vertraute ihm der König ab 18. April 1734 eine Schwadron des Dragoner-Regiments Prinz Eugen von Anhalt-Dessau (Nr.7) für sieben Jahre an, mit der er als Kapitän bereits zwei Wochen später von Halberstadt abrückte, um Anfang Juni in Heilbronn bei der Reichsarmee einzutreffen. Während er im Herbst in Winterquartiere bei Melle, Quakenbrück, Badbergen zog, starb sein Vater, dem er so vieles verdankte. Die Erwartung großer Feldzugs-Ereignisse wurde auch 1735 enttäuscht.

Ende November d.Js. trat er im Regiment den Rückmarsch in die ostpreußische Garnison Tilsit an. Am 4. November 1738 heiratete er in Gilgenburg Albertine Marie Gräfin Finck v. Finckenstein, eine Kusine. Ab 19. August 1739 wurde das Regiment in zehn Schwadronen geteilt, mit Führungspersonal versehen und aufgefüllt. Für ostpreußische Truppenteile galten besondere Verstärkungs- und Sicherheits-Maßnahmen. Von Ende 1740 bis Februar 1741 wurden weitere fünf Schwadronen aufgestellt, so daß das Regiment Ostpreußen gegen polnische Banden sichern konnte. Am 17. April d.Js. versetzte ihn der König als Major ins Dragoner-Regiment v. Platen (Nr.9), ein Tochterregiment des Drag.Rgt.1, wo er seinen alten Chef wiedertraf, der es gerade übernommen hatte. Es war im Marsch ins Lager Göttin zum Observations-Korps des Dessauers, das die mittleren Provinzen gegen eventuelle Absichten Sachsens decken sollte. Die Wartezeit bis Oktober diente dem Exerzieren und der intensiven Ausbildung. Im ersten Halbjahr 1742 sicherte es an der unteren Oder.

Am 16. Juni 1743 wurde er Oberstleutnant. Als das Regiment am 1. Dezember erneut geteilt werden sollte, ernannte ihn der König am 29. Oktober d.Js. zum Kommandeur des Dragoner-Regiments (Nr.10), das

Oberst v. Möllendorff am 14. November d.Js. als Chef bekam. Das bisherige Regiment übernahm Oberst Georg Ludwig Herzog von Holstein-Gottorp. Seine neue Garnison wurde Riesenburg im Heimatkreis Rosenberg/Westpreußen. Der Ersatz kam aus derselben Umgebung. Die beiden kurzen Friedensjahre nutzte er zum Gefechtsexerzieren, um die Durchschlagskraft im Kavallerie-Einsatz zu steigern. 1744 zog der König alle fünf Dragoner-Regimenter aus Ostpreußen ab in die Mark Brandenburg, wo am 25. September d.Js. der Dessauer wieder den Oberbefehl übernahm. So blieb ihm der Rückzug aus Böhmen im Winter erspart. Ende April 1745 trat dieses Korps wieder zusammen, um auf das nach außen neutrale Sachsen Druck auszuüben. Ab 27. Juli marschbereit, hielt es an der Grenze inne, um den Einmarsch hinauszuschieben. Nach zweimaliger Verstärkung begann am 23. November der Vormarsch. Bei Kesselsdorf stand er bei seiner ersten Schlacht in der Brigade seines Chefs im zweiten Treffen am rechten Flügel, der unter Geßler Kesselsdorf umfaßte und diese Schlüsselstellung aufbrach. Sein Regiment hatte die meisten Toten der Kavallerie.

Am 24. Mai 1747 — er war gerade achtunddreißig Jahre — beförderte ihn der König zum Oberst. 1753 wurde er am 16. Juli zu den Manövern bei Spandau befohlen, eine gewisse Auszeichnung. Am 14. September 1754 übertrug ihm der König die Chefstelle seines Regimentes, dem er seit elf Jahren als Kommandeur angehörte, und ernannte ihn im Alter von fünfundvierzig Jahren zum Generalmajor. Er behielt diese Stelle einunddreißig Jahre lang bis zu seinem Tode, was nicht immer so gehandhabt wurde. Seit 1746 lag sein Regiment in Saalfeld, Osterode, Neidenburg, Hohenstein und Mohrungen. Es gehörte zum Korps Lehwaldt, das eine Ausnahmestellung besaß und diesmal Ostpreußen gegen die Russen halten sollte, 1756 aber noch eine Schonfrist hatte.

Bei Groß-Jägersdorf führte er unter Schorlemer am linken Flügel eine gemischte Dragoner-Husaren-Brigade gegen den Nordrand des Waldes von Norkitten, warf in zwei Attacken die feindliche Kavallerie, durchbrach den Waldrand und umfaßte die Infanterie bei Weynothen. Frische Truppen zwangen dann aber zum Ausweichen bis zum Kutkehmer Wald. Nach dem Abzug der Russen zog er über die Weichsel und Stettin gegen die Schweden, die Ende des Jahres in Stralsund belagert wurden.

Am 15. Februar 1758 sandte ihn der König mit dem Regiment zum Herzog Ferdinand von Braunschweig, der Franzosen und Reichsarmee im Westen in Schach halten mußte. Schon am 3. März schlug er in Lauenau bei Hameln französische Kürassiere zurück, zersprengte mehrere Bataillone und nahm 200 Gefangene, nachdem er schon am 20. Februar die Schanze bei Rotenburg/Wümme genommen hatte. Am 14. April fiel Minden mit 4 500 Gefangenen. Als Vorausabteilung blieb er den Franzosen ständig auf den Fersen. Dann nahm er Soest mit einer Schwadron, warf die Besatzung hinaus, nahm 60 Gefangene und die Kriegskasse und erbeutete große Bagagen. Nach sechs Wochen sicherte er bei Dülmen das Rheinufer. Die Verluste des Feindes an Magazinen, Artillerie, Gefangenen und Geld waren riesig. In der Schlacht bei Krefeld am 23. Juni d.Js. kämpfte er am linken Flügel unter Spörken innen, der frontal angriff, während Herzog Ferdinand die Franzosen westlich umging, um sie aus ihren Schanzen südlich der Stadt zu treiben. Ende September deckte er den Rückzug auf das rechte Rheinufer.

1759 warf er sich bei Freiensteinau in Nordhessen dem Vorstoß der Franzosen entgegen. Seit 25. Februar d.Js. war er Generalleutnant. Bei Bergen-Enkheim erwiesen sich die Stellungen der Franzosen als uneinnehmbar, so daß der Kampf nach vergeblichen Attacken rechtzeitig abgebrochen wurde. Zwei seiner Schwadronen wurden beim Überfall von Queckborn am 19. April fast aufgerieben. Der Sieg von Minden am 1. August d.Js. unterbrach den französischen Vormarsch. Danach erbeutete er unweit Detmold einen Verpflegungstroß, von dem er 280 Wagen und die sächsische Kriegskasse einbringen konnte. Kurz darauf führte er bei Naumburg/Hessen und Gießen erfolgreiche Vorstöße. Der Bewegungskrieg ließ ihn als befähigten Kavallerieführer hervortreten. Ende des Jahres zog der König die Dragoner nach Sachsen zurück, um seine Kavallerie wieder aufzufüllen.

1760 kämpfte er in der Armee des Königs, der im Juli Dresden vergeblich belagerte, dann nach Schlesien eilen mußte. Bei Liegnitz kommandierte er die Reserve mit sechs Bataillonen, vier Kavallerie-Regimentern, von denen drei hinter dem rechten Flügel, alle anderen hinter dem linken Flügel standen. Vor Torgau führte er 42 Schwadronen, die in der Schlacht auf beide Korps verteilt wurden. Er attackierte im Korps des Königs als zweites Treffen Holsteins die Höhenstellung westlich Zinna erfolgreich, fiel aber beim Gegenangriff Buccows und Löwensteins in heftigem Reiterkampf, nachdem sein Pferd erschossen war, in Gefangenschaft.

1778 erlaubte ihm der König, zu Hause zu bleiben: »In Ansehung Eures mit Infirmitäten begleiteten Alters, so Euch für Eure Person dem Dienst mit gehöriger Munterkeit weiter obzuliegen behindert, könnet Ihr auf Euren Gütern verbleiben und dabei versichert sein, daß Ich nicht aufhöre zu sein Euer wohl affectionierter König.« Am 27. April 1782 verkaufte er seinen Besitz Finckenstein an seinen Schwiegersohn Friedrich Alexander Graf zu Dohna, einst Adjutant Herzog Ferdinands, der 1769 seine Tochter Caroline geheiratet hatte. Zwei Jahre nach seinem Tode gewährte der neue König seiner Witwe eine Pension von 400 Talern jährlich.

Generalleutnant Friedrich Eugen Herzog von Württemberg geb. 21.1.1732 zu Stuttgart, gest. 22.12.1797 zu Hohenheim

Über Prinz Eugen strebte der König aus politischen Gründen eine enge Verbindung des Hauses Württemberg mit seinem Hause an. Sein Vater Karl Alexander hatte unter Prinz Eugen gegen Franzosen und Türken gekämpft, war seit 1712 katholisch und seit 1733 regierender Herzog von Württemberg. Seine Mutter war Marie Auguste Prinzessin von Thurn und Taxis, die seit 1695 Reichsfürsten waren. Er war der jüngste von drei Brüdern. Mit zwei Jahren gab man ihm ein Patent als kaiserlicher Oberst, mit fünf Jahren als Oberst eines schwäbischen Kreis-Dragoner-Regiments, nachdem er mit drei Jahren den Herzoglich Württembergischen Großen Orden erhalten hatte — uns unverständliche Ehrungen im Stile der Zeit. Als er gerade fünf Jahre alt war, starb sein Vater.

Die Herzogin-Witwe gab ihn 1741 mit neun Jahren samt den Brüdern Karl Eugen und Ludwig Eugen an den Hof des Königs nach Potsdam, nachdem dieser ihr 'Haus-Dragoner-Regiment' übernommen hatte. Als sein ältester Bruder vom Kaiser mit sechzehn Jahren für volljährig erklärt war, kehrte er 1744 mit den Brüdern zurück, um die Regierung zu übernehmen. Am 24. September 1748 heiratete Karl Eugen Elisabeth Friederike Sophie Prinzessin von Brandenburg-Bayreuth, Nichte Friedrichs II. Am 8. Juni 1749 trat die Herzogin-Witwe die Chef-Stelle ihres Dragoner-Regimentes (Nr.12) an ihren siebzehnjährigen Sohn Friedrich ab. Einen Tag zuvor schrieb der König: »Ich freue Mich, daß Eure Frau Mutter Euren Wünschen nachgegeben hat. Ich nehme sehr gern Eure Dienste an und verleihe Euch das Dragoner-Regiment, auf das sie zu Euren Gunsten verzichten will. Die Patente und Übergabe des Regiments werden die Kriegskanzlei ausfertigen.« Zugleich wurde er als Oberst übernommen.

So jung mußte er als Regimentschef auf Schwierigkeiten stoßen, obwohl er sich im April 1750 zum Regiment Gens d'armes vier Wochen zur Einweisung kommandieren ließ. Ab 1. Mai d.Js. traf er in Treptow/Rega auf Generalmajor v. Bieberstein als Regimentskommandeur, der nicht so einfach zurücksteckte, wenn er auch begeistert und lernwillig war. Nach einem längeren Urlaub nach Stuttgart vom Herbst 1751 bis Frühjahr 1752 besserte sich das Verhältnis auch nicht. Am 23. Juni d.Js. schrieb ihm der König: »Ihr habt den Major v. Köller drei Tage in Arrest gesetzt wegen Insubordination. Ich kann nicht verhalten, wie es Mich befremdet, daß Dieselben sich mit so vielen Officiers überworfen haben. Was mit dem Generalmajor v. Bieberstein vorgefallen, ist bekannt und habe Ich geglaubet, daß Ew. Liebden in ein besseres Vernehmen sich zu setzen würden angelegen sein lassen, da doch solcher General ist, mithin nach Posten und Rang das Kommando über Ew. Liebden hat, obschon Deroselben das Regiment zuständig ist. Es tut Mir besonders leid, das Ew. Liebden sich auch mit Köller in Zerwürfnissen befinden, von welchem Ich sagen muß, daß er sehr tüchtig ist und sich die größte Mühe gegeben hat, das Regiment in Ordnung zu halten. Ich ermahne Ew. Liebden, mit mehr Mäßigung zu verfahren und sich eines guten Benehmens mit sämtlichen Officiers zu befleißigen.« Das war deutlich.

Am 3. Oktober d.Js. ernannte der König Oberstleutnant v. Seydlitz zum Regimentskommandeur, was die Lage rasch entspannte, zumal ihm der König erlaubte, als Oberst den Rang eines Generalmajors des schwäbischen Kreises anzunehmen, und ihn einlud, den Winter bei ihm in Berlin zu verbringen. Im Frühjahr 1753 wieder in Treptow, stellte ihm der König nach seiner Verlobung mit der achtzehnjährigen Friederike Dorothea Sophie Markgräfin von Brandenburg-Schwedt am 19. April d.Js. das Treptower Schloß als Wohnsitz zur Verfügung. Seine Braut war die Tochter des Markgrafen Friedrich Wilhelm und der Prinzessin Sophie Dorothea Marie von Preußen, Nichte des Königs. Nach der Hochzeit seines Bruders Karl Eugen mit der Prinzessin von Bayreuth, Tochter der Schwester des

Königs, Wilhelmine, war es die zweite eheliche Verbindung. Mit der Eheschließung am 29. November d.Js. im Schloß Schwedt trat er in enge verwandtschaftliche Beziehung zum König, der ihm am 15. Dezember d.Js. den Schwarzen Adler-Orden verlieh. Am 9. November 1754 übernahm der König bei seinem ältesten Sohn Friedrich Wilhelm Karl auch noch die Patenschaft. Er war erst zweiundzwanzig Jahre alt, aber seine Berichte an den König über den Ausbildungszustand des Regiments zeigten sein gereiftes Verständnis und Können.

Im Sommer 1755 fühlte er sich in der Beförderung zum Generalmajor gegenüber jüngeren Regimentschefs zurückgesetzt, worüber ihn der König am 6. Juni d. Js. beruhigte: »Ich kann Deroselben zuforderst vollkommen versichern, wie Ich nicht das Geringste von Mißfallen weiß, vielmehr alle Zufriedenheit habe. Ew. Liebden werden in Erwägung nehmen, wie es den Obristen, die Mir von Jahren her, besonders im letzten Kriege, mit Destination gedienet und, als Ew. Liebden den Dienst angetreten, schon im Range von Obristen gestanden haben, sehr hart fallen würde, sich im Anvancement zurückgesetzet und die Distinktion verloren zu sehen. Selbst Mein Bruder Prinz Ferdinand hat es als billig eingesehen, in seiner Tour zu bleiben, obschon er sein Regiment vor vielen Jahren erhalten und geraume Zeit selbst kommandieret hat. Ich bin von Eurer Gemütsbilligkeit versichert, daß Dieselben sich beruhigen.« Im Frühjahr 1756 ging er ohne Zustimmung des Königs nach Menorca zu seinem Bruder Ludwig, der als französischer General das britische Fort St. Philipp belagerte. Am 13. August d.Js. meldete er seine Rückkehr zwei Wochen vor Kriegsausbruch, worauf der König schrieb: »Ich freue Mich, daß Ihr von Eurem Feldzug zurück seid. Ich meine, Ihr ahnt jetzt die Überstürzung, mit der Ihr die mühselige Reise unternommen habt, die in allem das Ansehen eines Klüngels hat. Während Ihr Euer Regiment allein ließet, ging alles mit derselben Regelmäßigkeit, als wenn Ihr anwesend wart.«

Nach dem Einmarsch in der Armee des Königs in Sachsen lag er vom 10. September bis 16. Oktober d.Js. vor dem Lager Pirna. Bei der Aufteilung der gefangenen Sachsen bekam er vier leichte Schwadronen des Regiments Rutowski als zweites Bataillon, in sächsischer Uniform. Am 1. November 1756 wurde er mit vierundzwanzig Jahren Generalmajor. 1757 durchbrach er am 21. April unter Bevern die Enge von Reichenberg erfolgreich, wobei er sich auszeichnete. Bei Prag attackierte er am linken Flügel unter Prinz Schönaich mit einer Dragoner-Brigade südlich Sterbohol in der großen Reiterschlacht, die Zieten mit seinem Flankenangriff entschied. Seine Führungskraft trat immer deutlicher hervor. Sein Regimentskommandeur war gefallen. Nach Aufhebung der Einschließung von Prag marschierte er ab 19. Juni unter Bevern über Bautzen nach Schlesien. Vor Breslau kommandierte er im Korps Zieten links das zweite Treffen mit 25 Schwadronen, die dem Feind Kleinburg verwehrten. Bei Leuthen führte er die Avantgarde von 50 Schwadronen im Aufmarsch über Borne an, hielt mit 30 Schwadronen nördlich Kertschütz während der Schlacht hinter dem linken Flügel und stieß mit Driesen in die große Attacke Luccheses, die völlig zersprengt wurde. Auf dem Schlachtfeld machte ihn der König zum Generalleutnant.

Ab 9. Februar 1758 mußte er als Beisitzer über die Generalleutnante Lestwitz, Katte, Kyau wegen der Kapitulation von Breslau zu Gericht sitzen. Anfang März übernahm er das Korps zur Sicherung Oberschlesiens, als der König Olmütz belagerte und gegen die Russen marschierte. Bei Hochkirch kam er als erster mit der Vorhut Retzows von vier Bataillonen, 15 Schwadronen dem König zu Hilfe, sicherte bei Drehsa die Rückzugsstraße und deckte den Abzug. Ende des Jahres bat er den König wegen seiner Gesundheit um Urlaub nach Schwedt, den der König bis März 1759 bewilligte: »Ich hoffe, daß Ihr Eure Zeit annehmbar verbringt und Euch von den Anstrengungen erholt!« Kurz nach Weihnachten fiel er einer russischen Streifschar in die Hand, kam aber durch einen Revers frei. Mitte Juli 1759 stand er bei Bunzlau, um entweder Prinz Heinrich oder Wedell mit sechs Bataillonen, 16 Schwadronen zu verstärken. Bei Kunersdorf befehligte er am linken Flügel das zweite Treffen mit 31 Schwadronen. Als er der Infanterie am Kuhgrund zu Hilfe eilte, wurde er wie Seydlitz schwer verwundet, so daß die besten Kavallerieführer ausfielen. Im September 1760 übernahm er das Korps Stutterheim in Pommern bei Stettin, mußte aber am 2. Oktober von Templin aus Berlin zu Hilfe kommen, wo er am 5. Oktober rechtzeitig eintraf, dann aber vor der Übermacht räumen mußte. Am 28. Oktober stieß er bei Kemberg zur Armee des Königs, der auf Torgau vorrückte. In Zietens Korps führte er nördlich Großwig die Umfassung der Kavallerie, wobei er durch Säbelhieb über den Kopf schwer verwundet wurde. Ende des Jahres ging er auf Schwedt, dann bis Rostock vor. 1761 kommandierte er das Pommersche Korps mit 18 Bataillonen, 30 Schwadronen, das vor allem Kolberg decken sollte. Ab Anfang Juni verteidigte er bis 12. Dezember in schweren Kämpfen die Stadt gegen die russische Übermacht, bis Hunger und Kälte den Rückzug erzwangen. Die Winterquartiere in Mecklenburg dienten der Auffrischung, vor allem durch 5 300 Rekruten. Am 10. April schloß er mit den Schweden Waffenstillstand und eilte nach Schweidnitz, wo er die Angriffe bei Leutmannsdorf und Burkersdorf deckte. Am 16. August entschied er mit vier Regimentern in schwungvoller Attacke das Treffen von Reichenbach für den König.

Am 18. Mai 1769 ging er nach Württemberg zurück. 1772 wurde er General der Kavallerie des schwäbischen Kreises. Sein ältester Sohn, 1797 Nachfolger als Herzog und später König, heiratete am 15. Oktober 1780 Auguste Karoline Prinzessin von Braunschweig, Großnichte des Königs. Die Absicht des Königs, 1781 des Herzogs Tochter mit Friedrich Wilhelm III. zu vermählen, zerschlug sich, weil sie Kaiser Franz II. vorzog. Friedrich Wilhelm II. ernannte ihn in Anerkennung seiner Leistungen am 6. Mai 1795 zum Generalfeldmarschall.

Generalleutnant Karl Christoph Friedrich Freiherr von der Goltz geb. 2.12.1707 zu Heinrichsdorf, Krs. Neustettin, gest. 30.6.1761 zu Zerbau bei Glogau

Die v.d. Goltz sind seit dem 13. Jahrhundert in der Neumark nachgewiesen, so um Dramburg, das sie 1297 gründeten. Im 15. Jahrhundert suchten sie bei der polnischen Krone hohe Ämter, bis sie nach dem 30jährigen Krieg zu den Hohenzollern kamen. Sein Vater Henning Bernhard, ehedem Kgl. polnischer Rittmeister, war Erbherr von sieben Gütern im Kreise Neustettin, seine Mutter Elisabeth Katharina v. Heydebreck kam aus Parsow, Kreis Köslin, wo sein älterer Bruder Georg Franz Konrad geboren wurde, in den Schlesischen Kriegen hervorragender Generalintendant des Königs und Reiterführer. Seine jüngeren Brüder Balthasar Friedrich und Henning Bernhard fielen 1757 als Kommandeur des Infanterie-Regiments v. Fouqué bei Prag und als Flügeladjutant des Königs bei Groß-Jägersdorf.

Er besuchte nach Abschluß des Haus-Unterrichtes die Jesuiten-Schule in Deutsch-Krone, danach das lutherische Gymnasium in Thorn. Am 1. Januar 1724 trat er mit sechzehn Jahren als Gefreiterkorporal beim Infanterie-Regiment v. Forcade (Nr.23) in Berlin ein. Nach zweieinhalb Jahren war er Fähnrich, nach viereinhalb Sekondeleutnant. In der Anwerbung hatte er solche Erfolge, daß der König aufmerksam wurde und ihm mit fünfundzwanzig Jahren am 23. März 1733 eine Kompanie anvertraute und ihn zum Kapitän beförderte. Ein Jahr später folgte der Orden de la générosité. Sein Bruder war sächsisch-polnischer Diplomat und ab 1729 Kompaniechef im Dragoner-Regiment Nr.5. Am 12. Juli 1737 heiratete er die vierundzwanzigjährige Friederike Margarethe v. Burgsdorff, verwitwete v. Sack, in Diedersdorf, mit der er in siebzehn Jahren elf Kinder hatte. Sein zweiter Sohn Karl Alexander wurde Flügeladjutant, 1761 Gesandter beim Krim-Khan und zum Grafen erhoben.

Am 16. Dezember 1740 marschierte er im rechten Flügel des I. Korps mit dem König auf Breslau. Das Gefecht bei Grätz am 25. Januar 1741 war seine Feuertaufe. Bei Mollwitz stand er am linken Flügel des zweiten Treffens neben dem Dragoner-Regiment seines Bruders und erlebte die schlachtentscheidende Rechtsschwenkung des linken Flügels. Vor der zweiten Einschließung von Neisse erhielt er die Beförderung zum Major am 12. Oktober d.Js. 1742 zog er mit dem König nach Mähren bis zur Räumung von Olmütz am 23. April und sicherte dann mit seinem Regiment in Kamenz und Wartha die Grafschaft Glatz bis zum Ende des Feldzuges. Dann folgten in Berlin zwei Jahre intensiver Ausbildung. 1744 belagerte er im I. Korps des Königs vom 2. bis 18. September Prag, dann nahm er am 23. September Tabor und eine Woche später Budweis mit ein. Danach kam der Rückmarsch bis Beneschau, hinter die Elbe und schließlich über das Gebirge nach Schlesien. Im Frühjahr 1745 befriedete er unter Hautcharmoy ab Mitte März bis 18. Mai von Oppeln und Cosel aus in einer Reihe von Gefechten Oberschlesien erfolgreich. Bei Hohenfriedeberg stürmte er in der Brigade Münchow am linken Flügel Günthersdorf. Bei Soor eroberte er im Angriff des zweiten Treffens unter Fouqué die steile Graner Koppe, nachdem sein Chef, General v. Blanckensee, gefallen war.

Am 24. Mai 1747 wurde er Oberstleutnant mit Rückpatentierung um siebzehn Monate. Nachdem er Forcade acht Jahre als Kommandeur und drei Jahre als Chef erlebt hatte, bekam er am 5. Oktober 1751 das Infanterie-Regiment v. Meyerinck (Nr.26) als Kommandeur. Zwei Jahre später erhielt er am 13. September 1753 die Beförderung zum Oberst. Sein neues Regiment lag ebenfalls in Berlin, es galt als eines der besten. 1754 forderte ihn der König zum Manöver bei Pietzpuhl als Zuschauer auf. Am 2. Oktober 1755 sandte ihn der König als Chef einer Verhandlungskommission nach Halle, um Handelsdifferenzen zu lösen, die durch Zollerhöhungen Österreichs gegen Sachsen und Schlesien entstanden waren. Dabei sollte er sondieren, ob ein Zusammengehen gegen Österreich möglich sei, obwohl der König schon mißtrauisch war. Die schwierigen Beratungen zogen sich bis zum Sommer 1756 hin, wobei Goltz sehr geschickt verfuhr und laufend berichtete. Am 2. Juni d.Js. schrieb ihm der König: »Ich bleibe bei Meinem letzten Entschluß und Endpunkt, daß mithin der Vertrag danach gerichtet und die Sache gehen oder brechen muß. Meine Grundsätze sind äußerst unparteiisch, da ich auf völlige Gleichberechtigung beider Untertanen aus bin. Will man annehmen, ist die Sache gemacht. Wo nicht, hättet Ihr besser getan, die Sache abzubrechen, zurückzukommen und bei der Revue des Regiments zugegen zu sein, wo Eure Anwesenheit nötig gewesen wäre.«

Der Siebenjährige Krieg zeigte ihn als kühnen, vielseitigen General, dem kaum etwas unmöglich schien. 1756 schloß er in der Armee des Königs die Sachsen bei Pirna bis 16. Oktober ein. Nachdem sich beim Korps Schwerin Mängel der Versorgungs-Führung gezeigt hatten, wurde er für 1757 damit beauftragt. Sie war eben keine zweitrangige Aufgabe. Die Doppelbelastung als Regimentschef oder Kommandeur im Einsatz und mit allgemeinen Aufgaben für die Armee konnte nicht jeder leisten. Am 16. Februar beförderte ihn der König zum Generalmajor und befahl ihn am 30. März nach Frankenstein zur Besprechung des Aufmarsch-Planes mit Schwerin und Winterfeldt, mit dem er sehr harmonierte. Nachschubbasis für Böhmen war Sachsen, besonders durch die Elbe. Nach dem Tode Schwerins am 6. Mai gab ihm der König am 12. Mai dessen Infanterie-Regiment (Nr.24) als Chef. Drei Tage später kamen noch Bezüge als Kommandant von Frankfurt/Oder dazu.

Beim Rückmarsch der Armee des Prinzen August Wilhelm Ende Juni von Jungbunzlau bis Bautzen sorgte er zuverlässig für die Versorgung, wenn auch er den Führungsstil kritisierte, wie Winterfeldt. Im Korps Bevern in Schlesien versah er dieselbe Aufgabe. In der Niederlage von Breslau hielt er mit Zieten die kampfkräftigen Reste zusammen. Bei Leuthen stürmte er am äußersten rechten Flügel mit seiner Grenadier-Brigade das Dorf Gr. Gohlau und öffnete damit Zieten den Weg zum Eingreifen. Er hatte sich als tapferer, umsichtiger Infanterieführer einen Namen gemacht. 1758 marschierte er mit dem König zur Belagerung von Schweidnitz, das am 16. April fiel, und dann weiter zur Einschließungs-Operation von Olmütz, der Daun mit seinem March-Übergang am 1. Juni ein Ende bereitete. Sein Regiment kämpfte unter Prinz Heinrich in Sachsen, wohin er für längere Zeit folgte, was seinem Aufstieg förderlich war.

Am 5. Februar 1760 erhielt er seine Beförderung zum Generalleutnant und für Oberschlesien das selbständige Kommando. Als Loudon im März vorstieß, wies er ihn am 15. März im Gefecht bei Neustadt ab, ließ das wichtige Magazin räumen und durch das Inf. Rgt. 17 nach Steinau zurückführen, ohne sich durch Reiterangriffe hindern zu lassen. Der König sparte nicht mit Anerkennung: »Sie haben nach unserer alten Art agiert, wo Ehre bei ist, und nicht nach den modernen infamen Exempels.« Im Mai übernahm er unter Prinz Heinrich die zweite Kolonne bei Sagan und rückte mit ihm Mitte Juni nach Frankfurt/Oder und zur Warthe. Der König hielt ihn für ein unabhängiges Kommando besser geeignet als Forcade. Am 1. August ging es nach Glogau, um Breslau zu entsetzen. Am 6. August war es gerettet und durch das Lager Hünern gesichert. Nach dem Sieg von Liegnitz zog der König alle Truppen am 29. August bei Hermannsdorf an sich.

Er blieb mit seinem Korps von 16 Bataillonen, 34 Schwadronen südlich Herrnstadt an der Nordgrenze Schlesiens. Am 6. September mußte er von Glogau das Korps Werner nach Kolberg entsenden, so daß ihm 10 000 Mann blieben. Aber Kolberg war gerettet. Als er dem König am 30. September die Russen im Anmarsch auf Berlin meldete, antwortete er: »Eure Nachrichten werden je länger je übler. Ihr tut indes wie ein ehrlicher Mann, daß Ihr Mir die reine Wahrheit schreibet.« Ab 3. Oktober war es soweit. Der König eilte von Schweidnitz herbei; bei Primkenau stieß er am 12. Oktober zu ihm, so daß die Feinde abzogen. Mit 16 Bataillonen, 35 Schwadronen, 37 Geschützen sandte ihn der König zurück nach Breslau, wo er am 31. Oktober eintraf, um Loudon entgegenzutreten. Er entsetzte Cosel und ging auf Grottkau vor. Dann drängte er Wolfersdorff von Schweidnitz über Landeshut nach Böhmen zurück und bezog zwischen Hirschberg und Frankenstein Winterquartiere.

1761 hatte er am 22. April bei Schweidnitz 32 Bataillone, 46 Schwadronen versammelt in Erwartung des Königs aus Sachsen. Um das Hus.Rgt. 5 aufzufüllen, ließ er eine tatarische Bosniaken-Schwadron mit Lanzen anwerben. Der König riet ihm, sich auf 'keine Decisivaffäre einzulassen und seine fünf Sinne zusammenzuhalten'. Am 13. Mai vereinigte er sich mit ihm bei Hohenfriedeberg; tags zuvor hatte er den Schwarzen Adler-Orden erhalten. Am 16. Mai marschierte er mit 17 Bataillonen, 25 Schwadronen ins Lager Zerbau nördlich Glogau gegen die Russen, von wo er Ende Mai vier Bataillone nach Kolberg schickte. Als sich die Russen bei Posen sammelten, schlug er dem König vor, ihr Hauptmagazin dort zu zerstören und die Russen auf dem Marsch anzugreifen, was noch nie gelungen war. Der König schickte ihm am 26. Juni elf Bataillone, 21 Schwadronen und schrieb am 27. Juni: »Wenn sein Unternehmen gut geht, wird der ganze Feldzug gewinnen und Ich könnte aus großer Verlegenheit kommen. Ich glaube nicht, daß Euch der Feind aushalten wird, aber hoffe, daß er ihm viel Schaden tun und ihn zwingen wird zurückzugehen, da Ich dann Zeit habe, davon zu profitieren. Ich gebe Meinen Segen mit!«

Da traf ihn der Schlaganfall. Zieten an seiner Stelle mußte schon bei Kosten kehrtmachen. Der König schrieb an Prinz Heinrich: »Sein Verlust kommt mir um so ungelegener, je weniger Untertanen Ich habe, die an seine Stelle treten könnten. Ich hatte keinen treueren Freund!«

Generalleutnant Dubislav Friedrich v. Platen geb. 23.8.1714 zu Sagard/Rügen, gest. 7.6.1787 zu Königsberg/Pr.

Platen wurde als schwedischer Untertan geboren. Vater und Großvater waren Erbherren von Sagard auf der Halbinsel Jasmund. Sein Vater Hans Friedrich war General der Kavallerie und besaß außer dem Stammsitz noch drei Güter in den Kreisen Belgard und Kolberg. Seine Mutter war Hippolyta Juliane v. Podewils. Sein elf Jahre jüngerer Bruder Leopold Johann wurde Generalmajor und zeichnete sich bei Kolin als Kommandeur des Drag.Rgt. 1 aus. Mit neun Jahren trat er am 15. Juni 1723 als Kornett beim Regiment Gens d'armes (Kür.Rgt.10) in Berlin ein, dessen Kommandeur sein Vater war. Nach sechs Jahren wurde er mit fünfzehn bereits Leutnant. Am 4. März 1734 erlaubte ihm der König, am Rheinfeldzug unter Prinz Eugen als Volontär im Dragoner-Regiment v. Cossel (Nr.6) teilzunehmen. Ab 11. August 1736 kam er als Rittmeister und Kompaniechef in das Kürassier-Regiment v. Geßler (Nr.4), das in Mohrungen, Osterode und Neidenburg lag. In seinen äußerst jungen Offiziersjahren hatte er nur hervorragende Lehrmeister. Dazu war sein Vater seit 1739 Generalleutnant. Am 12. Juni 1738 heiratete er in Berlin Susanne Charlotte Sophie Freiin v. Cocceji, Tochter des Justiz-Ministers und späteren Großkanzlers des Königs. Mit ihr hatte er acht Kinder, davon fünf Söhne, von denen zwei fielen, einer jung und einer starb mit siebenundvierzig Jahren an seinen Wunden.

Im Februar 1741 rückte er in seinem Regiment mit dem III. Korps nach Schlesien ab. Ab 9. April stand es in Ohlau, kam aber zu Mollwitz zu spät. Die Sommermonate trieb er unablässig gewaltsame Aufklärung. Am 29. September erlebte er bei Hermsdorf-Kalteck/Oberschlesien sein erstes siegreiches Gefecht. Ab 22. Oktober zog er unter Erbprinz Leopold über Königgrätz bis zur Linie Jungbunzlau und Leitomischl, wo beiderseits der Elbe Sicherungen bezogen wurden. Am 13. Mai 1742 stieß er zur Armee im Lager Chrudim. Bei Chotusitz attackierte er am rechten Flügel im ersten Treffen unter seinem Chef den linken Flügel des Feindes, der schwer erschüttert wurde. Eine Woche später war er Major, ausgezeichnet mit dem Pour-le merite. Im Frieden kam er nach Liegnitz in Garnison. Das neue Reglement forderte mehr berittenes Exerzieren und den Galopp bei der Attacke sowie ständige Bereitschaft zum Ausrücken. 1744 kämpfte er im I. Korps des Königs bei Prag und auf dem Rückzug bei Jaromirz. Anfang 1745 warf er bei Jägerndorf unter Nassau ein Dragoner-Regiment zurück. Am 22. Mai bewährte er sich bei dem Durchbruch des Markgrafen Karl von Jägerndorf über Neustadt nach Frankenstein. Bei Hohenfriedeberg attackierte er am äußersten linken Flügel unter Nassau zwischen Thomaswaldau und Halbendorf die Divisionen Hohen-Ems und Berlichingen siegreich. Bei Soor schlug sein Regiment unter Rochow südlich Burkersdorf die Brigaden Mercys und zersprengte die Nachhut.

Am 23. Mai 1747 beförderte ihn der König zum Oberstleutnant. Im Frieden in Oberschlesien in Garnison zwischen Ratibor und Neisse, war der König unzufrieden. Sein hitziges Temperament riß ihn oft zu unüberlegten Handlungen hin. Der König wandte sich am 23. November 1748 an Feldmarschall Graf Geßler: »Ich will Euch nicht verhalten, wie Ich einigen Verdacht habe, als ob die Unruhe bei Eurem Regiment zum Teil von Oberstleutnant v. Platen herkommen möchte, worüber Ich Euren Bericht erwarte.« Am 17. Februar 1752 bekam er das Dragoner-Regiment Bayreuth (Nr.5) als Kommandeur und wurde am 11. September 1753 mit neununddreißig Jahren Oberst. Zwei Jahre später wechselte er als Kommandeur zum Dragoner-Regiment v. Alemann (Nr.1). Der Kürassier war zum Dragoner geworden, der seine Regimenter wechselte. Aber dieses Regiment hatte sein Vater sechzehn Jahre lang als Chef gehabt. 1756 schrieb sein neuer Chef, General v. Normann, über ihn: »Die Subordination fällt ihm schwer, und weil ich darauf halte, was Ew. Majestät befohlen, so habe ich deshalb Verfolgung.«

1756 gehörte er zu den Einschließungstruppen um Pirna. Bei Herwigsdorf hatte seine Leibschwadron erhebliche Verluste. Die Beförderung zum Generalmajor am 4. März 1757 unter gleichzeitiger Übergabe der Chefstelle des Dragoner-Regiments v. Langermann (Nr.8) gaben ihm Spielraum. Mit vier benachbarten Drag.Rgt. gehörte es zum Korps Lehwaldt, das die Russen erwartete, die am 5. Juli Memel nahmen, während Lehwaldt im Lager bei Insterburg, danach bei Wehlau stand. Bei Groß-Jägersdorf attackierte er am linken Flügel unter Schorlemer mit drei Dragoner-Regimentern erst die Kavallerie Fermors, dann die Regimenter Uglitsch, Ssusdal, Wologda, die zersprengt wurden, bei mäßigen eigenen Verlusten. Die Brigade J. Manteuffel und die russische Artillerie brachten den Angriff zum Stehen. Vom Südrand des Kutkehmer Waldes trat er den Rückzug an. Platen bekam den Pour-le merite. Ab 6. Oktober zog er unter Lehwaldt bis zur Odermündung gegen die Schweden, die die Küste außer Stralsund räumten.

Als die Russen 1758 Ostpreußen ganz besetzten, sandte ihn Graf Dohna, Nachfolger Lehwaldts, im März mit seinem Regiment und vierzig Husaren nach Hinterpommern gegen russische Streifscharen, die von der Weichsel immer wieder vorstießen. Das Auftauchen der Russen an der Warthe drängte Dohna bis Frankfurt/Oder zurück. Bei Zorndorf sollte er eine Dragoner-Brigade in der Reserve führen, begleitete aber den König. Bei Seydlitz' Attacke hatte sein Regiment erhebliche Verluste. Sein ältester Sohn wurde schwer verwundet, der zweite fiel. Dohna blieb im Lager Blumberg, bis er im September den Russen zum Plöne- und Madü-See folgte. Am 22. November entsetzte Platen mit acht Bataillonen, zwölf Schwadronen die Festung Kolberg und verjagte am 26. November bei Greifenberg ein feindliches Kavallerie-Regiment. Dohnas Versuch, die Schweden über Mecklenburg abzuschneiden, mißlang; aber am 18. Januar 1759 konnte er Demmin nehmen, ehe er wieder mit seinem Regiment, dem Husaren-Regiment 7 und dem Freiregiment Hordt nach Hinterpommern entsandt wurde. Am 12. März erhielt er mit fünfundvierzig Jahren die Beförderung zum Generalleutnant, nach zwei Jahren im letzten Dienstgrad.

Nach Ablösung durch Schlabrendorff kam er im Sommer zum Prinzen Heinrich nach Sachsen, mit dem er Ende Juli bis Sagan zog, um vom König übernommen zu werden. Bei Kunersdorf kommandierte er die Kavallerie des zweiten Treffens mit 41 Schwadronen. Nach der Verwundung von Seydlitz und dem Ausscheiden des Herzogs von Württemberg führte er wiederholte Attacken durch die Seenkette südlich des Dorfes bis zum Tiefen Weg, bis auch er durch Loudons Kavallerieangriff geworfen wurde. Seine Regimenter hatten fast die Hälfte verloren. Wieder in Sachsen, warf er am 29. Oktober bei Pretzsch unter Finck die österreichische Vorhut Arenbergs zurück und machte 1 300 Gefangene, dabei General v. Gemmingen. Im April 1760 deckte er wieder Hinterpommern, diesmal mit Forcade unter dem Oberbefehl des Prinzen Heinrich, der das Korps Mitte Juni nach Landsberg/Warthe heranzog, um Glogau und Breslau gegen die Russen zu halten. Nach dem Siege des Königs bei Liegnitz trat er mit ihm am 29. August den Marsch zur Elbe an. Bei Torgau befehligte er im Korps Zieten die Drag. Rgt. 1, 2 und 4, die nördlich Großwig neben Württemberg mit dem nächtlichen Durchbruch den Sieg ermöglichten.

Nach dem Abzug der Verbündeten vom Lager Bunzelwitz am 10. September 1761 entsandte ihn der König mit 14 Bataillonen, 25 Schwadronen, 22 Geschützen, um den Abmarsch der Russen zu beschleunigen und ihre Magazine zu zerstören. Er überholte sie um 100 Kilometer, überfiel am 15. September bei Gostyn einen Verpflegungstransport von 4 000 Mann mit 5 000 Wagen, die er vernichtete, nahm 1 800 Gefangene, zerstörte die Magazine in Gostyn und Posen im Werte von 500 000 Talern, ging bei Landsberg über die Warthe und eilte nach Hinterpommern. Glogau war gerettet, aber Kolberg sehr bedroht. Bei Freienwalde nahm er Werners restliche Reiterei auf und schlug am 30. September bei Körlin und am 2. Oktober bei Spie die Russen zurück, um sich mit Württemberg zu vereinen. Da es an Verpflegung mangelte, brachte die Verstärkung wenig. Sein Ausbruch am 17. Oktober bis Altdamm zur Öffnung des Nachschubs kostete ihn fünf von sieben Bataillonen! Vom König durch acht neue Bataillone verstärkt, nahm er am 14. November Greifenberg und war zwei Tage darauf wieder bei dem auch ausgebrochenen Württemberg. Jede Rückkehr in die Festung verhinderten die Russen blutig. Kolberg war verloren! Der König gab ihm die Schuld. Für Sachsen bestimmt, lag sein Korps bis Januar 1762 bei Berlin zum Schutze der Hauptstadt, dann bei Leipzig.

Am 8. Juni 1772 schrieb ihm der König: »Mit gnädigem Wohlwollen würde Ich gegen Euch fortgegangen sein, wenn Ihr nicht den Marsch nach Stettin mit so viel Unvorsichtigkeit geführet habt, daß der Verlust in den Durchzügen, die Ihr nicht gehörig erkunden lassen, Euch beizumessen ist, das Mittel gefunden hättet, Euch derselben mutwillig verlustig zu machen. So sehr Ich rechtschaffene Soldaten achte, ebensosehr werde Ich die, die gegen den Feind ihre Ehrenpflicht vergessen, mißachten müssen.« 1777 wiederholte er: »Ihre damalige Aufführung wird Mir beständig anstößig sein.« Der nachtragende Zorn des Königs war hart. Im Feldzug 1778 hatte er ein Kommando unter Prinz Heinrich. Erst Friedrich Wilhelm II. verlieh ihm 1786 den Schwarzen Adler-Orden und 1787 den Rang eines Generals der Kavallerie, dazu die Gouvernementsstellen von Memel und Pillau mit 2 400 Talern jährlich, obwohl er drei Güter in Pommern besaß.

General der Kavallerie Friedrich Wilhelm Freiherr v. Seydlitz-Kurzbach geb. 3.2.1721 zu Kalkar, gest. 8.11.1773 zu Ohlau

Seydlitz entstammte einer schlesischen Soldatenfamilie. Einer seiner Vorfahren, Johann Friedrich aus Grochowe, Krs.Trebnitz, sp. Waldwinkel, brachte es zum savoyischen Generalfeldzeugmeister. Sein Vater Daniel Florian stand in preußischen Diensten als Rittmeister im Regiment zu Pferde Markgraf Friedrich von Brandenburg-Schwedt (Kür.Rgt.5), als er in seiner Garnison geboren wurde. Seine Mutter Luise Tugendreich v. Ihlow kam aus der Neumark. Im Herbst 1725 wurde das Regiment an die Oder verlegt, sein Vater kam nach Freienwalde. Mit sieben Jahren verlor er ihn, sein Vater wurde sechsundvierzig Jahre alt. Nach seinem Schulbesuch nahm ihn 1734 Markgraf Friedrich Wilhelm als Page auf sein Schloß. Dieser war Schwager Friedrichs II., dann Schwiegervater des Landgrafen von Hessen, Herzog Friedrich Eugen von Württemberg und Prinz August Ferdinand von Preußen und gefiel sich in übermütigen Tollheiten mit rücksichtslosem Risiko, die ihn anekdotenwürdig machten, aber Seydlitz' Jugend prägten. Nicht grundlos schloß der König am 4. Mai 1742 den Markgrafen von jeder Verwendung aus. Sicher hat Seydlitz hier seinen Wagemut, das Erfassen des richtigen Augenblicks und rasche Entschlußkraft mehr als genug eingeübt, leider aber auch zu einem hohen Preis. Frivole Ausschweifungen verdarben sein Verhältnis zu Frauen und infizierten ihn mit der Krankheit, die sein Leben früh ruinierte. Von männlicher Schönheit und strahlendem Geist, wurde er zum Liebling des Markgrafen, der in der Ehe keinen Sohn besaß.
Am 13. Februar 1740 trat er im Regiment seines Gönners als Kornett ein. Zehn Monate später rückte er mit in Schlesien ein. Bei Mollwitz stand er am linken Flügel. Das Regiment wurde durchbrochen, verlor 113 Mann, ging aber zum Gegenangriff über. Dann zog er nach Neisse. Anfang 1742 kam sein Regiment nach Oberschlesien. Beim Überfall von Kranowitz bei Ratibor am 20. Mai d.Js. nahm ihn der österreichische Husaren-Rittmeister v. Ruesch gefangen und ließ ihn nach Raab abführen. Nach Friedensschluß ausgewechselt, blieb er ohne Anstellung in Schlesien bei Verwandten. Auf seine Anträge stellte ihn der König am 23. Juli 1743 als Rittmeister und Schwadronschef im Husaren-Regiment v. Natzmer (Nr.4) Militsch wieder ein. Trotz seiner jungen Jahre hatte er seine Begabung erkannt. Er fand unter Natzmer erzieherisch befähigte Führung. Die Vermehrung der Husaren bot Aufstiegschancen, General v.d. Marwitz, Gouverneur von Breslau, hatte ihn dem König empfohlen.
1744 marschierte er im I. Korps des Königs bis Südböhmen. 1745 kam er unter Winterfeldt zum Korps Truchses bei Schweidnitz. Im Gefecht von Landeshut am 22. Mai gegen Nadasdy zeichnete er sich so aus, daß ihn Winterfeldt im Bericht hervorhob als »einen Offizier, der nicht zu verbessern« sei. Bei Hohenfriedeberg stieß er in der Vorhut unter du Moulin bei Pilgramshain auf die leichte sächsische Reiterei und nahm Gen. Mjr. v. Schlichting gefangen; sein Regiment erbeutete die Pauken der Karabinier-Garde. Sieben Wochen danach war er Major. Bei Soor war es seine Schwadron, die den Feind meldete, bevor der König überrascht wurde. Während der Schlacht deckte er unter Schlichting den Rücken der Armee gegen Staudenz. Im Herbst d.Js. schlug das Regiment bei Gr. Strehlitz ein Detachement, wobei es 112 Gefangene machte.
Im Frieden machte er auf sich aufmerksam, durch Leistungen oder besondere Wagstücke seiner überschäumenden Lebenskraft, wie z.B. bei der Spezial-Revue 1751. Als der König ihn am 21. September 1752 bei der Herbstrevue zum Oberstleutnant beförderte, wandte sich Winterfeldt, der ihn mochte, gegen zu rasche Beförderung. In der Sache genau und konsequent, verzichtete er auf Strenge, weil er starken Einfluß auf Menschen besaß. Er war ein Könner, in der

Gesinnung hochherzig, im Handeln edelmütig, dabei sehr selbstbewußt. Zornig wurde er nur gegen Angeber und Schuldenmacher. Schon zwei Wochen später ernannte ihn der König zum Kommandeur des Dragoner-Regiments Prinz Eugen von Württemberg (Nr.12) in Treptow, wo er das gestörte Verhältnis zum Prinzen verbessern konnte. Fünf Monate darauf machte ihn der König zum Kommandeur des Kürassier-Regiments v. Rochow (Nr.8) in Ohlau. Jetzt kannte er alle Waffengattungen der Kavallerie aus eigener Erfahrung. Siebenundzwanzig Monate später war er seit 8. Juni 1755 Oberst, ab 4. August 1756 mit Vollmacht als Chef, jedoch ohne Stelle und Einkünfte.

Nach dem Einmarsch in Sachsen attackierte er bei Lobositz am rechten Flügel im spontanen Angriff der Kavallerie unter Verlust von 152 Mann. Bei Prag sicherte er südlich der Stadt gegen einen Ausbruch. Bei Kolin zersprengte er im Siegesritt der Brigade Krosigk neun Regimenter, brach bis auf die Krzeczhorz-Höhe durch, nahm 40 Geschütze und führte nach Krosigks Tod die Brigade zurück. Zwei Tage später war er Generalmajor und bekam den Pour-le merite. Am 7. September nahm er mit Kavallerie Pegau in Thüringen und überfiel am 17. September gegen fünffache Übermacht Gotha. Am 17. Oktober entsetzte er Berlin, das Hadik im Handstreich genommen hatte. Bei Roßbach befehligte er alle 45 Schwadronen, mit denen er in zwei großen Attacken die Schlacht fast allein gewann, wobei er durch Armschuß verwundet wurde. Auf dem Schlachtfeld beförderte ihn der König zum Generalleutnant und verlieh ihm den Schwarzen Adler-Orden sowie sein Regiment. Er war nicht nur ein strahlender Mars von sechsunddreißig, sondern dank »seiner Gewandtheit, gepaart mit Schnelligkeit und Klugheit«, des Königs bester Reitergeneral. Die Truppe hing an ihm. Bei Leuthen kämpfte sein Regiment ohne ihn.

Am 15. Januar 1758 gab ihm der König einen Domherrn-Sitz in Halberstadt, während er bis Ende März in Berlin an seiner Infektion laborierte. Dann eilte er zum König nach Olmütz. Am 1. Juni sagte der König zu de Catt: »Seydlitz zeichnet sich aus durch Geistesgegenwart und Tatbereitschaft. Er ist dazu geschaffen, alle Schäden zu heilen, alle Unordnung zu entwirren, seine Vorteile wahrzunehmen. Er ist der einzige, der aus der Kavallerie Höchstleistungen herauszuholen vermag. In seinem und des Staates Interesse ist es zu bedauern, daß er sich zu sehr dem Vergnügen und den Frauen hingibt.« Er aber beklagte sich am 30. Juni bei de Catt: »Das geht übel aus, mein Freund. Das Schlimmste ist, daß Se. Majestät die Berichte nicht glauben will, die man erstattet. Er wird zornig, wenn man Nachrichten bringt, die ihm mißfallen.« Kurz darauf mußte die Belagerung abgebrochen werden.
Bei Zorndorf führte er den linken Kavallerieflügel mit 36 Schwadronen. Als vor ihm die Infanterie in schwere Bedrängnis kam, befahl der König mehrfach sein Eingreifen, sonst spiele er mit seinem Kopf. Er antwortete: »Sagen Sie Sr. Majestät, nach der Schlacht stehe ihm mein Kopf zu Befehl, in der Schlacht möge er erlauben, in seinem Dienste guten Gebrauch davon zu machen!« Wie danach bei Hochkirch und Kunersdorf stand er kurz vor einer Befehlsverweigerung. Seine zweite Attacke stabilisierte den rechten Flügel. Der König wußte, was er ihm verdankte: »Seydlitz hat diese Brandstifter teuer bezahlen lassen. Ohne ihn wäre alles zum Teufel gegangen. Was könnte ich alles tun, wenn ich mehr solche hätte!« Lobsprüche im Lager Blumberg wehrte er ab: »Ich habe nichts getan, als was jeder tun muß, gut gekämpft, und tausend wie ich. Weg mit den höflichen Redensarten!« Bei Hochkirch, vor dem auch er gewarnt hatte, kommandierte er am linken Flügel 25 Schwadronen, mit denen er bei Drehsa den Rückzug sicherte.

Als ihm bei Kunersdorf der König das Eingreifen in den Infanteriekampf am Kuh-Berg befahl, warf er den Feind über den Tiefen Weg zurück, bekam aber einen Schuß in die rechte Hand, so daß die Kavallerie ihren besten Führer verlor. Als man dem König hieraus Mitschuld an der Niederlage öffentlich zuschrieb, kam es bis 1761 zu Verstimmung. Die Heilung seiner Wunde verzögerte seine Infektion bis 18 Monate. Am 18. April 1760 heiratete er in Berlin die siebzehnjährige Susanne Johanna Albertine Gräfin v. Hacke, Tochter des Generalleutnants. Seine Ehe wurde nach vier Jahren wegen angeblicher Untreue der Frau geschieden. Die beiden Töchter heirateten viermal und wurden viermal geschieden, die ältere starb in Umnachtung, mehr als tragisch! Anfang Oktober 1760 beteiligte er sich an der Verteidigung Berlins gegen den Überfall der Verbündeten. 1761 ging er zum Prinzen Heinrich nach Sachsen; er kämpfte nie mehr unter dem König. Im September drängte er die Reichsarmee nach Weida zurück und nahm am 14. November Döbeln. Bis auf Kleist war das Verhältnis zu allen Generalen gut, nur seine Gesundheit schlecht: Er wisse oft nicht, was er tue. Seine Zuverlässigkeit ließ auch nach. Am 12. Mai 1762 überschritt er die Mulde, trieb einen Keil zwischen die Verbündeten und nahm Freiberg wie Chemnitz. Anfang August stieß er bis Teplitz nach Böhmen vor. Bei Freiberg führte er den rechten Flügel mit sieben Bataillonen, 25 Schwadronen im entscheidenden Stoß von Süden gegen die Stadt, während Düringshofen seine Flanke deckte. Er konnte auch Grenadiere führen.
Zehn Jahre blieben ihm noch. Am 16. Februar 1763 machte ihn der König zum Generalinspekteur der schlesischen Kavallerie, am 29. Juli 1767 zum General der Kavallerie. Sein Regiment war Muster-Regiment, die anderen vorbildlich: »Der Offizier muß das, was er vom Mann fordert, in größerer Vollkommenheit als dieser verstehen. Es genügt nicht, daß er bloß gebiete.« Mit der Dotation von 20 000 Talern kaufte er 1765 das Rittergut Minkowsky, Krs. Namslau, wo er ein kleines Schloß baute, das nie ganz fertig wurde. Er war einsam. Der König schrieb: »Sie dürfen Mir noch nicht sterben!« Eine erneute Ansteckung beschleunigte seinen häßlichen Tod.

Generalleutnant Friedrich August v. Finck geb. 25.11.1718 zu Strelitz/Mecklenburg, gest. 24.2.1766 zu Kopenhagen

Finck kam aus Mecklenburg, das damals im Schnittpunkt zwischen Dänemark und Rußland lag, wie sich an vielen Familien von Holstein bis Vorpommern zeigt. Sein Vater Johann Wilhelm war russischer Oberstallmeister, dann mecklenburgisch-strelitzischer Oberschenk und Oberjägermeister als Herr auf Schmarsow bei Demmin. Seine Mutter Elisabeth Juliane stammte aus der uradeligen Familie v. Maltzahn und war eine Schwester der Gräfin Münnich und der Mutter von Winterfeldt. Die Verbindungen nach Rußland entstanden seit Münnichs Berufung durch Zar Peter I. im Jahre 1721. Mit knapp sechzehn Jahren trat er am 3. August 1734 in Kaiserliche Dienste. 1737 zog er in der österreichischen Armee nach Serbien gegen die Türken, gegen die Rußland erstmalig auf dem Balkan vorging. Bereits ein Jahr später wechselte er in russische Dienste. Ab 22. Dezember 1740 war er als Major — mit zweiundzwanzig Jahren — Adjutant des Prinzen Anton Ulrich von Braunschweig, dessen eben von Anna Leopoldowna geborener Sohn durch Münnichs Staatsstreich am 9. November d.Js. als Iwan VI. Antonowitsch Thronerbe geworden war, von Kaiserin Anna Johannowna bestimmt. Nach Münnichs Absetzung am 3. Januar 1741 bestieg Elisabeth Petrowna am 25. November d.Js. den Thron. Iwans Eltern kamen nach Archangelsk in die Verbannung; Finck konnte Rußland verlassen.
Dank Winterfeldts Vermittlung als Generaladjutant und Fürsprache als Vetter wurde er am 18. Januar 1743 mit vierundzwanzig Jahren als Kapitän und Flügeladjutant des Königs in die Armee aufgenommen. Nach vierzehn Monaten beförderte ihn der König am 6. März 1744 zum Major. 1744 übernahm er das Grenadier-Bataillon 35/36 aus den Regimentern Prinz Heinrich und v. Münchow, das am 23. August d.Js. in Berggießhübel bei der Marschgruppe von Markgraf Karl zusammentrat. Vom 2. bis 18. September belagerte es Prag, wurde aber nach dem Fall der Stadt umgegliedert. Ab 20. September kommandierte er das Grenadier-Bataillon 28/38 von Hautcharmoy und Jung-Dohna als Vorausabteilung auf dem Vorstoß nach Südböhmen. Am 23. September nahm er Tabor mit ein, eine Woche später Budweis. Als sich die Lage wendete, mußte er am 22. Oktober zurück, um bei Brandeis die Elbübergänge zu sichern, bis er als Verstärkung in die Stadt Prag befohlen wurde. Am 25. November brach er von dort aus und gelangte über Leitmeritz, Böhmisch-Leipa und Friedland unter großen Strapazen zum Korps Nassau, wo er vom 11. bis 13. Dezember bei Olbersdorf erneut ein Rückzugsgefecht führte. Ende Dezember d.Js. hatte er noch 328 Mann. Seit April 1745 lag er mit seinem Bataillon in Schweidnitz; am 4. Juli d.Js. bekam er das Grenadier-Bataillon 24/27, dessen Kommandeur bei Hohenfriedeberg gefallen war. Durch die Verstärkungen des Korps des Dessauers bei Magdeburg traten die Kompanien des Inf.Rgt.4 an die Stelle des Inf.Rgt.27. Bei Soor stürmte er mit 512 Soldaten in der Brigade Blanckensee die Graner Koppe, wobei er 32 Tote und 133 Verwundete einbüßte. Nach dem Erfolg von Kath. Hennersdorf am 23. November unter Winterfeldt war der Feldzug zu Ende.

Seine Umsicht und Energie als Kommandeur eines Elite-Bataillons hatten den König überzeugt und sein unbedingtes Vertrauen erworben. Am 18. Mai 1746 gewährte er ihm bereits eine Jahres-Zulage von 240 Talern. Ab 16. Mai 1750 wählte ihn der König als Begleit-Offizier für seine Inspektionsreise nach Ostpreußen. Am 27. Mai 1751 erhielt er den Auftrag, bei dem bevorstehenden Manöver zu Pietzpuhl mit einem Grenadier-Bataillon eine Lehrvorführung durchzuführen. Seine darauf am 25. Juni ausgesprochene Beförderung zum Oberstleutnant mit Patent vom 7. September d.Js. begründete der König am 27. Juli so:

»Obschon Ich alle Zufriedenheit von Eurem Dienst und Wert habe, so werdet Ihr dennoch von selbst billigerweise erachten, daß Ihr nicht anders als nach Eurem Patent und zufolge Eurer Tour avancieren könnet. Auch eine Verstärkung der Einkünfte ist vor der Hand nicht möglich.« Die Heiratserlaubnis mit Ulrike Henriette v. Buggenhagen, einzige Tochter des Oberstleutnants a.D., Landrat des Kreises Crossen Julius v. Buggenhagen, erteilte der König ihm am 28. September 1754 und gewährte am 4. Januar 1755 drei Wochen Urlaub 'zur Vollziehung der Heirat' nach dem Gute Papitz, Krs. Cottbus. Dazu schrieb er ihm: »Die verlangte Befreiung von dem dreimaligen Aufgebot habe Ich Euch genehmigt. Empfanget hierbei eine offene Ordre, worin Ich dem Prediger, welcher die Trauung verrichtet, befohlen habe, daß er Euch ein vor allemal proklamieren und darauf ohne weitere Umstände kopulieren soll.« Fünf Monate später wurde er am 17. Juli d.Js. Oberst. Im Frühjahr 1757 überbrachte er Winterfeldt mehrfach Unterlagen des Königs für den Aufmarschplan.

1756/57 gehörte er zur Begleitung des Königs, wobei er sich bei Prag und Kolin auszeichnete und dort schwer verwundet wurde. Ohne bisher Regimentskommandeur gewesen zu sein, beförderte ihn der König am 14. November 1757 zum Generalmajor und übergab ihm als Chef das Infanterie-Regiment Hessen-Darmstadt (Nr.12), das er bis 29. Mai 1763 behielt. Während seiner Genesung verwendete ihn der König zeitweise bis ins Frühjahr 1758 als Kommandanten von Dresden, das ja immer gefährdet blieb. Dennoch gewährte er ihm am 18. Januar d.Js. das 'Feldtraktement als Generalmajor'. Nach Hochkirch übernahm er mit 20 Bataillonen, 35 Schwadronen die Verteidigung westlich der Elbe, dabei sein Regiment. Am 12. und 14. November kamen ihm Wedell und Dohna zu Hilfe. Mit vierzig Jahren wurde er am 25. Februar 1759 Generalleutnant, fünfzehn Monate nach seiner letzten Beförderung.

Das Jahr 1759 wurde sein Schicksalsjahr. Anfang Mai stieß er mit der linken Kolonne des Prinzen Heinrich gegen die Reichsarmee über Asch durch das Fichtelgebirge vor und warf am 8. Mai Macquires Nachhut unter Verlust vieler Gefangener zurück. Während der König nach Kay am 24. Juli gegen die Russen aufbrach, sicherte er mit 14 Bataillonen, 17 Schwadronen die Elbfestungen gegen die vorgehende Reichsarmee, bis der König ihn nach Lebus heranzog, um sein Korps mit acht Bataillonen, 31 Schwadronen von Bischofsee auf die Trettiner Höhen vorzuschieben. Bei Kunersdorf sollte er von Norden die Walk-Berge umgehen und die Mühl-Berge von Nordwesten fassen. Er hatte die Russen am weitesten umgangen, konnte sich aber nicht halten, als der übrige Angriff sich festlief und um 17.30 Uhr die russische Kavallerie attackierte. Nach dem Oderübergang übertrug ihm der König für zwei Tage den Oberbefehl. Da Dresden bedroht war, sandte ihn der König mit zehn Bataillonen, 26 Schwadronen zu Hilfe. Er kam zu spät und zog das Korps Wunsch mit elf Bataillonen, acht Schwadronen bei Torgau heran, so daß er jetzt über 16 000 Mann verfügte. Er nahm Leipzig wieder und stellte sich am 21. September bei Korbitz südwestlich Meissen Hadik und der Reichsarmee und schlug den überlegenen Hadik im Angriff zurück. Der König gratulierte zur ersten nach Kunersdorf 'gewonnenen Bataille' und verlieh ihm den Schwarzen Adler-Orden.

Ständig dem Druck der Gegner ausgesetzt, sandte ihm der König Prinz Heinrich zu Hilfe, der sich am 4. Oktober mit ihm bei Strehla vereinte und ab 16. Oktober das Lager bei Torgau bezog. Als Daun die Straße nach Wittenberg sperrte, ging er mit zehn Bataillonen, 20 Schwadronen links der Elbe bis Elsnig vor, während Wunsch bei Pretzsch am 29. Oktober Arenbergs Vorhut schlug. Nach Unterstellung von Wunsch und Rebentisch mit neun Bataillonen, 25 Schwadronen konnte er über Döbeln bis Roßwein vorgehen. Seine Entsendung mit 18 Bataillonen, 35 Schwadronen ab 15. November über Freiberg, Dippoldiswalde bis Maxen in den Rücken der Armee Dauns hinter dem unangreifbaren Plauenschen Grund, um ihn zum Abzug zu bewegen, folgte einem Vorschlag des Prinzen Heinrich, blieb aber ein großes Risiko. Das Vorschieben von Fincks Vorhut bis Dohna drei Kilometer vor der Elbe konnte der Gegner nicht hinnehmen. Der König hat die Absichten Dauns falsch eingeschätzt, Wetter und Gelände unterschätzt, seine Deckungskräfte zu weit abgesetzt; Finck hat auf selbständige Entscheidung verzichtet und Kriegsrat gehalten, statt im Notfall bis zum Letzten zu kämpfen, wie es der König erwartete und respektierte. Finck war seelisch gebrochen, das Vertrauen des Königs dahin. Als er am 29. März 1763 aus der Gefangenschaft zurückkehrte, schrieb der König am 7. April d.Js. an Kriegsminister v. Wedell: »Da Ich den zurückgekommenen Gen.Lt. v. Finck wegen der Affäre bei Maxen arretieren lassen und Meine Absicht ist, diese Sache und Umstände gründlich untersuchen zu lassen, habe ich beschlossen, Euch und dem General der Kavallerie v. Zieten diese Untersuchung aufzutragen, daß Ihr alle Umstände und die Haltung, so der kommandierende Gen.Lt. v. Finck auch andere dabei gehalten, wohl examinieren sollet. Ich werde dem Generalauditeur v. Pawlowsky die Punkte sagen, worauf geachtet werden soll.« Das Urteil brachte ein Jahr Festung in Spandau, anschließend Kassation.

Finck litt schwer. Am 7. November 1764 ging er als General der Infanterie nach Dänemark, dessen König ihn immer wieder auszeichnete: 1765 Mitglied im Generalkriegsdirektorium, Chef eines Infanterie-Regiments, am 29. Januar 1766 den Danebrog-Orden. Nach seinem Tode mit siebenundvierzig Jahren nahm sich der König seiner Töchter und seines Bruders fürsorglich an in Erinnerung seines früheren Zutrauens.

Generalleutnant Karl Heinrich v. Wedell, Kriegsminister geb. 12.7.1712 zu Göritz, Krs. Prenzlau, gest. 2.4.1782 ebenda

Die Wedel sind stormarnscher Uradel, seit 1240 am Südrand Pommerns zur Neumark ansässig. Er stammte wie Winterfeldt aus der Uckermark. Sein Vater Georg Wilhelm war Erbherr auf Göritz, Landrat der Uckermark und Obergerichtsdirektor, seine Mutter Marie Salome v. Eickstedt. Vom zehnten Lebensjahr besuchte er vier Jahre die Ritterakademie in Brandenburg, Ausbildungsstätte der adligen Jugend. Nach zwei Jahren zu Hause trat er 1727 mit fünfzehn Jahren beim Leibregiment des Königs (Nr.6) in Potsdam als Gefreiterkorporal ein. Nach drei Jahren war er Fähnrich. Erst am 1. März 1735 wurde er Sekondeleutnant. An dem frischen, energischen Leutnant seines Regiments fand der Soldaten-König besonderen Gefallen. Friedrich II. beförderte ihn am 23. Juni 1740 zum Kapitän und Kompaniechef im Grenadier-Garde-Bataillon (Nr.6). Im ersten Schlesischen Krieg ließ es der König im Lager Göttin unter dem Dessauer, von wo es im Oktober 1741 zurückkehrte. Auch 1742 schonte es der König. Am 14. August 1743 erhielt er mit einunddreißig Jahren seine Beförderung zum Major unter Versetzung zum Infanterie-Regiment v. Kleist (Nr.26) in Berlin, dessen Chef später Generalfeldmarschall war. Er blieb über vierzehn Jahre bei diesem Regiment. Der König zog ihn öfter zu besonderen Aufträgen heran. 1744 marschierte er im I. Korps des Königs zur Einnahme von Prag und erlebte nach dem Vorstoß bis Budweis den entmutigenden Rückzug zur Elbe und über das Gebirge nach Schlesien. 1745 war das Regiment zum Schutze der schlesischen Festungen eingesetzt. Trotz zweier Feldzüge hatte er keine Schlacht gesehen.

1747 heiratete er Friederike Auguste v. Broecker aus Cremzow, Krs. Prenzlau. Mit ihr hatte er fünf Kinder, davon einen Sohn. Seine älteste Tochter heiratete 1768 den Generaladjutanten Heinrich Wilhelm v. Anhalt, die dritte den späteren Generalmajor Karl Philipp v. Anhalt, Chef des 2. Feldartillerie-Regiments, beide außereheliche Söhne Dessauer Prinzen. Am 8. September 1751 beförderte ihn der König zum Oberstleutnant und verlieh ihm am 31. Mai 1752 den Pour-le-merite, »da Ich von Eurer bisherigen Verwendungsmöglichkeit in Meinem Dienst alle Zufriedenheit gehabt.« Am 17. März übertrug ihm der König den Vorsitz im Kriegsgericht gegen den wegen »Geldplackerei kassierten Kommandanten des Regenstein (kl. Festung im Fürstentum Halberstadt), Kapitän Ernst Joachim v. Virgin.« Schon am 17. Juni 1755 machte ihn der König zum Oberst und schenkte ihm am 16. Dezember 1756 das durch Tod seines Schwiegervaters frei gewordene Lehen Albrechtsdorf, Krs. Ückermünde, »Euch und Euren Kindern aus gnädiger Zufriedenheit von Euren Mir geleisteten Diensten.« Sie müssen von Bedeutung gewesen sein, auch wenn sie im einzelnen nicht bekannt sind.

1756 gehörte er mit seinem Regiment zur Armee des Königs, die die Sachsen in Pirna einschloß. Bei Prag kämpfte er im ersten Treffen am linken Flügel rechts, so daß er am entscheidenden Durchbruch südlich Kej unter Hautcharmoy in die Lücke der Österreicher teilnahm, der an der Schlucht von Maleschitz erbitterten Widerstand überwinden mußte. Inzwischen galt sein Regiment als eines der besten der Armee. Am 12. Mai 1757 wurde er zum Regiments-Kommandeur ernannt. Kolin blieb ihm erspart. Ende Juni marschierte er mit dem König bis Leitmeritz, von dort über Bautzen nach Westen, um am 10. September bei Naumburg die Saale zu überschreiten. Bei Roßbach stand er im ersten Treffen am rechten Flügel innen neben dem Königsregiment, kam aber kaum zum Kampf. Im zweiwöchigen Eilmarsch ging es nach Schlesien bis Parchwitz. Am 2. Dezember d.Js. beförderte ihn der König zum Generalmajor. Bei Leuthen war er mit seinem Regiment und dem II./IR Itzenplitz am rechten Flügel Dreh- und Richtungspfeiler für den schwierigen Rechtsabmarsch, von dem alles abhing, und Führer des Vorausangriffes gegen den Sagschützer Kiefern-Berg. Prinz Moritz hatte ihn für diese Aufgabe vorgeschlagen; das Regiment schlug sich mit Eifer, verlor aber 464 Soldaten. Am 8. Dezember verlieh der König dem Regiment vierzehn Pour-le merite für eine Schlacht!

Am 5. Januar 1758 wurde er Chef des Infanterie-Regiments v. Schultze (Nr.29). Als drei Wochen später sein altes Regiment frei wurde, tauschte der König die Chefstelle. Im Frühjahr d.Js. marschierte er zum Belagerungskorps vor Olmütz, dem er am 27. April einen Verpflegungstransport von tausend Wagen zuführte. Ab 20. Juni versuchte er, bei Littau den von Westen vordringenden Loudon abzuwehren, was ihm geschickt gelang; am 28. Juni schlug er ihn bei Gundersdorf erfolgreich zurück. Als Daun die March überschritt, zog er mit seinem Korps ins Lager Netztawa. Ab 10. August wandte sich der König gegen die Russen; er blieb unter Markgraf Karl zum Schutze Schlesiens zurück. Am 16. September schickte ihn der König mit acht Bataillonen, zehn Schwadronen den Schweden unter Hamilton entgegen. Am 22. September warf er sie in einem Reitergefecht auf Fehrbellin zurück, das er in überraschendem Nachtangriff am 28. September nahm und den Rhin-Abschnitt behauptete, so daß Hamilton abzog. Wedell folgte ihm und überfiel am 15. Oktober in Boitzenburg die Schweden unter Hessenstein. Die Uckermark war endgültig befreit.

Über Berlin erreichte er am 12. November Torgau rechtzeitig vor der Reichsarmee. Am 18. November schrieb ihm der König: Seine zehn Bataillone und Husaren seien ein separiertes Korps, das er aufdritteln und ins Zerbstsche, Bernburgsche und Dessausche senden solle, um Rekruten, Geld und Pferde einzutreiben, nachdem Erbprinz Leopold Friedrich Franz, vom Kaiser für volljährig erklärt, die Regierung übernommen und den Austritt aus der Armee mitgeteilt hatte. Köthen solle wenige Rekruten stellen, Bernburg in acht Tagen 80 000 Taler, 300 Pferde, 400 Rekruten liefern. In Zerbst solle er 100 000 Taler, 800 Rekruten erheben, aus Dessau aber 180 000 Taler, 1 000 Rekruten, 500 Pferde binnen einer Woche herausholen, d.s. 360 000 Taler, 800 Pferde, 2 400 Rekruten aus verbündeten Kleinstaaten. »Ihr sollet Meine Ordres mit der größten Strenge durchführen. Dem kleinen Prinzen sollet Ihr sagen, daß, weil er Mir geschrieben hätte, er regierender Herr geworden wäre, so gäbe Ich ihm die erste Lektion, welche darin bestände, einen mächtigen Nachbarn zu respektieren, durch welchen sein Haus bis dato sein Glück gemacht hätte.« Im Winter bezog er in den Fürstentümern und der Grafschaft Reuß Quartiere.

Am 13. Januar 1759 dankte der König: »Ich bin überall sehr zufrieden gewesen, hoffe auch, daß die in Rest gebliebenen 260 mille Taler nächstens eintreffen. Was die Dessauschen fehlenden 400 Mann anbetrifft, werden Mir 200 Mann genug sein. Ihr sollet aber einen acte de générosité daraus machen, daß Ich solche aus Rücksicht für den Fürsten erlassen hätte. Ich genehmige den Urlaub, um Eure Gesundheit wiederherzustellen, denn Ich Euer dieses Jahr noch sehr nötig habe und sehr auf Euch rechne.« Am 22. Februar d.Js. befahl ihn der König nach Breslau, machte ihn am 25. Februar zum Generalleutnant und gab ihm ein Kommando bei Trautenau: »Ein großer Mann, Ich werde ihn brauchen bei den großen Unternehmungen.« Und am 1. Juli sagte er: »Verdient Wedell nicht all meine Zuneigung und ganze Achtung? Was er tun soll, führt er immer besser aus, als Ich hoffen durfte.« Am 20. Juli ernannte er ihn als jüngsten Generalleutnant 'wie einen Diktator' zum Oberbefehlshaber von Dohnas Armee: »Dohna hat Mich gezwungen, den Oberbefehl Meinem braven Wedell zu übertragen, der keine Torheiten begehen wird. Alle Officirs müssen ihm den schuldigsten Gehorsam geben, welcher Mir zukommt, als wenn Ich Selbst zugegen wäre.« Am 23. Juli griff er die doppelt überlegenen Russen bei Kay trotz Abratens von Wobersnow an, weil ihm der Befehl des Königs keine andere Wahl ließ. Die schwere Niederlage nahm der König äußerlich gefaßt, sagte aber: »Dieser Wedell verliert mir eine Schlacht zur ungelegensten Zeit und in der albernsten Weise. Er läßt sich in unerhörter Weise schlagen.« Von Talenten und Freundschaft war nicht mehr die Rede.

Bei Kunersdorf kommandierte er den linken Flügel des ersten Treffens, wo er zu Beginn schwer verwundet wurde. Nach seiner Genesung kam er zum Prinzen Heinrich und verlegte am 29. Oktober bei Pretzsch durch seinen Vorstoß auf Trossin dem Gegner den Rückzug. Am 14. November warf er bei Körbitz Dauns Nachhut zurück, um am 17. November mit seinem Korps nach Wilsdruff zu ziehen. 1760 dem Markgrafen Karl beigegeben, erlebte er im Juli den vergeblichen Versuch der Wiedereinnahme von Dresden und führte bei Liegnitz das erste Treffen am rechten Flügel, der ohne Kampf auf den Pfaffendorfer Galgenberg vorging. Seine schwer angegriffene Gesundheit erforderte längeren Urlaub. Nach dem Tode des Ministers v. Katte übergab ihm der König am 11. Dezember dessen Geschäfte der Heeresverwaltung: »Da Ihr Euch nicht im Stande findet, bei der Armee zu dienen, Ihr Mir gute Dienste in Berlin tun könnet, ist Mein Wille, daß Ihr Euch der Magazin-Sachen annehmen sollet.« Am 8. Januar 1761 schrieb er: »Wofern Euch die Funktion convenieret und Ihr solche behalten wollet, solches Mir ganz lieb sein wird, da Ich gegenwärtig niemanden habe, dem Ich solche anvertrauen könnte.« Am 27. Januar d.Js. wurde er für achtzehn Jahre erster Kriegsminister, dem das Magazin- und Proviantwesen, Marsch- und Einquartierungssachen sowie das Militärwaisenhaus unterstanden. 1763 ordnete er das Kantonwesen, die Fourage, den Kasernenbau, das Serviswesen der Städte und die Einkünfte der Kapitäne neu und führte die Untersuchung gegen Finck wegen Maxen und 1777 gegen General v. Reitzenstein. Sein Abschied am 4. September 1779 erfolgte ohne Pension, wegen seiner Besitzungen.

Generalleutnant Friedrich Christoph v. Saldern
geb. 2.6.1719 zu Carmzow, Krs. Prenzlau, gest. 14.3.1785 zu Magdeburg

Die Saldern sind eine über Jahrhunderte bewährte Soldatenfamilie aus der Mark Brandenburg, und hier wieder aus der Uckermark. Sein Vater Otto Ludolph war preußischer Oberstleutnant und Kommandeur des Garnison-Bataillon v. Hellermann (Nr.III) in Kolberg, das von der Anklamer Fähre bis Kolberg Häfen und Küste sicherte, und Herr auf Bröllin, Krs. Prenzlau. Seine Mutter Lucretia Tugendreich v. Holtzendorff stammte aus Carmzow in demselben Kreise; sie starb im Alter von achtundzwanzig Jahren, als er noch nicht neun Jahre alt war. Mit dreizehn Jahren trat er als Gefreiterkorporal im Infanterie-Regiment Anhalt-Zerbst (Nr.8) in Stettin ein, wo er bereits am 7. August 1735 Fähnrich wurde. Im Sommer 1737 erhielt er mit seinem Bruder, der in demselben Regiment diente, zwei Monate Urlaub zum Vater, wahrscheinlich zu seiner zweiten Eheschließung. Am 11. Januar 1739 wurde er zum Sekondeleutnant befördert, auf den 23. Oktober 1735 um reichlich vier Jahre auf ein Beförderungsalter von sechzehn Jahren zurückpatentiert und zum Regiment des Königs (Nr.6) nach Potsdam versetzt. Leistung und Körpergröße hatten den König dazu bewogen. Achtzehn Monate später kam er als Premierleutnant zum II./Regiment Garde (Nr.15) unter Oberst v. Bredow. Seit dem Regierungsantritt Friedrich II. reiste er wiederholt erfolgreich auf Werbung.

Beim Ausmarsch 1741 zog er im März im III. Korps v. d. Marwitz mit nach Schlesien. Bei Mollwitz war nur das I. Bataillon am rechten Flügel eingesetzt; es hatte schwere Verluste. Das II. traf erst am 13. April dort ein. Ende April führte es im Mollwitzer Lager dem französischen Botschafter Marschall Belle-Isle bei Schnee und Kälte ein Gefechtsexerzieren vor, dessen Schnellfeuer den Marschall tief beeindruckte. Die Kapitulation von Brieg erlebte er am Rande. Dann drängte der König Neipperg von Neisse nach Mähren. Anfang 1742 stand er zwischen Nordmähren und Oberschlesien, bis sein Regiment Anfang Mai d.Js. mit dem König ins Lager Chrudim nach Nordböhmen marschierte. Bei Chotusitz machte er unter Markgraf Karl den Schlußangriff der 21 Bataillone am äußersten rechten Flügel mit.

Am 18. August 1743 Stabskapitän, beförderte ihn der König schon zehn Wochen später zum Kapitän und Kompaniechef in seinem Regiment. Wieder ging er mehrfach auf Werbung. Seine Größe imponierte auf den ersten Anblick; Haltung und Ausdruck entsprachen dem Bilde, das man sich von Garde-Offizieren des Königs machte. Dazu kam sein Organisationstalent. Sein Wesen war streng, aber gerecht, wohlwollend, uneigennützig, treu, gottesfürchtig, freimütig und von vornehmer Gesinnung. Zudem entwickelte er sich immer mehr zum Fachmann im Exerzieren und in der Ausbildung der Infanterie. 1744 marschierte er im I. Korps des Königs bis Prag, dann nach Südböhmen. Der Rückzug brachte erhebliche Belastungen. Bei Hohenfriedeberg griff er in der Garde-Brigade des Prinzen Ferdinand Günthersdorf an. Bei Soor brach er in derselben Brigade südlich Burkersdorf hinter dem tapferen Prinzen in das Zentrum des Gegners ein, nachdem Artilleriefeuer und Kavallerieattacke ihr Vorgehen zum Stocken gebracht hatten. Die Verluste waren hoch.

1746 ging er auf Werbung nach Schwaben. Der Stuttgarter Hof war von seiner Vornehmheit begeistert und stellte gute Rekruten für Potsdam zur Verfügung. Die Herzogin-Witwe Marie-Auguste schrieb dem König am 23. November: »Mr. de Saldern hat sich hier allgemeine Hochachtung erworben.« In Schaffhausen gewann er sogar einige Bürger als preußische Werber. Am 1. Juni 1748 heiratete er in Berlin die Hofdame der Königin, Sophie Antoinette Katharina v. Tettau, die mit neununddreißig Jahren starb. 1763 heiratete er Wilhelmine v. Borcke, Tochter des Generals und Staatsministers des Auswärtigen Departements, die mit vierundzwanzig starb, worauf er 1767 ihre Schwester, wieder Hofdame der Königin, heiratete. Aus seiner ersten und zweiten Ehe verstarb je ein Kind in frühen Jahren, so daß er ohne eheliche Nachkommen blieb. Am 24. August 1749 wurde er Major. Mit dem König hatte sich eine nähere Freundschaft entwickelt. Bei jedem Kinde übernahm er die Patenschaft.

1756 zog er in der Armee des Königs zur Einschließung von Pirna. Bei Prag wurde er am 12. Mai Kommandeur seines Regiments, wehrte am 23. und 24. Mai Ausfälle der Besatzung ab und bekam am 1. Juni 1757 die Beförderung zum Oberstleutnant. Neben Tapferkeit und Umsicht brachten ihm seine menschlichen Eigenschaften hohes Ansehen. Bei Roßbach kam sein Regiment nicht zum Kampf. Bei Leuthen war es sein Regiment, das die kämpferisch entscheidende Erstürmung des Kirchhofes erbrachte, wofür er den Pour-le merite erhielt. 1758 zog er in der Armee des Königs nach Olmütz, nachdem er ab 9. Februar d.Js. am Kriegsgericht über die Generale v. Lestwitz, v. Katte und v. Kyau wegen Breslau mitgewirkt hatte. Am 4. September beförderte ihn der König mit neununddreißig Jahren zum Generalmajor. Bei Hochkirch versuchte er, aus dem zweiten Treffen von Wawitz aus nordwestlich Pommritz die Auffanglinie zu bilden, was sein Regiment 631 Ausfälle kostete. Im Winter leitete er in Breslau das Kriegsgericht über Oberst v. Grape, der am 6. September den Sonnenstein übergeben hatte.

1759 übertrug ihm der König die Aufsicht über das Proviant-Fuhrwesen, um das er sich angesichts der weiten Märsche durchdacht kümmerte unter Aufbietung aller organisatorischer Fähigkeiten. Der Ersatz litt bereits unter größten Schwierigkeiten. Immer wieder ging es um Erneuerung der Brotwagen der Truppe, Auffüllung der Kolonnen und Ausstattung neu aufgestellter Bataillone samt den zugehörigen Pferden, den Verbleib der Ausstattung gefangener Truppenteile und die Anforderung der nötigen Gelder, pro Jahr 35- bis 40 000 Taler. Am 5. Februar 1760 wurde er Chef des Grenadier-Garde-Bataillons (Nr.6). Bei Liegnitz deckte er am linken Flügel bei Panten die rechte Flanke des Gegenangriffs. Bei Torgau stieß er mit seiner Brigade aus Regiment Garde, Grenadier-Garde-Bataillon, II./Prinz von Preußen und I./Forcade beim Korps Zieten gegen 17.30 Uhr auf dem entdeckten Damm zwischen den Schafteichen dem Gegner am Lausker Berg in den Rücken, was die Schlacht entschied. Mitte Dezember sicherte er mit einem Korps an der Weißen Elster zwischen Gera und Berga.

Im Frühjahr 1761 stand er bei Weistritz südwestlich Schweidnitz. »Loudon ist nach dem Glatzschen gegangen und würde bald wiederkommen. Bei Giersdorf campiert Starhemberg, Molck, Deutschmeister, Erzherzog Joseph nebst einem Gren.Btl. Bei der Rumpelmühle, Donnerau, Tannhausen sind Schanzen mit Kanonen. Die Wege rechter Hand Giersdorf sind verhauen, linker Hand über Dornhau offen. Auf dem Spitzberge bei Waltersdorf sind Kroaten, welche sich verschanzen, auf Steinkunzendorf Arbeiter zum Schanzen bestellt«, meldete er am 28. Mai. Im Lager Bunzelwitz legte er am 11. September folgenden Beförderungsvorschlag vor: »Zu Ew.Kgl. Majestät gnädigsten Bewilligung. Habe bei mir anvertrauten Bataillon an dem Platz des kassierten Leutnants Besser folgendes Avancement untertänigst vorschlagen wollen: zum Fähnrich den Gefreiten-Korporal v. Bistram. Ich ersterbe in submissester Devotion Ew.Kgl. Majestät alleruntertänigster treu gehorsamster Knecht von Saldern.«

Am 12. Dezember 1766 beförderte ihn der König zum Generalleutnant, verlieh ihm das Infanterie-Regiment Alt-Braunschweig (Nr.5) und den Schwarzen Adler-Orden und ernannte ihn zum Gouverneur von Magdeburg als Generalinspekteur der magdeburgischen Infanterie seit 1763. Hier vervollkommnete er die Infanterie-Taktik als großer Drillmeister und Offiziers-Erzieher wie ein zweiter Dessauer, so daß viele ausländische Offiziere seine Schriften lasen und ihn aufsuchten, um von ihm zu lernen. 1770 verlieh ihm der König die Amtshauptmannschaft Cranenberg und die Präbende als Dompropst zu Brandenburg, obwohl er schon Herr auf Wilsnack und Amtshauptmann von Neundorf und Burgstall war. Dazu riet er ihm, mehr für seine Gesundheit zu tun, um ihn »als braven und ehrlichen Mann noch lange Zeit zu behalten.« Seine alljährliche Revue bei Körbelitz fand stets die größte Zufriedenheit des Königs. Einmal schrieb der König: »Seine Inspektion hat den Vogel abgeschossen.« Am 18. November 1777 wies er ihn an, die in britischen Sold getretenen Truppen am Durchmarsch zu hindern und dem preußischen Dienst zuzuführen. 1783 konnte er 377 Mann vor dem Einsatz in Amerika bewahren. 1778 befreite ihn der König vom Feldzug; dafür stellte er einige Frei-Bataillone auf.

Das Abschiedsgesuch wegen seiner Gesundheit lehnte der König am 3. Juni 1779 ab: »Ich will, daß Ihr Eure Inspektion behaltet, weil Ihr immer die excellentesten Officirs gezogen habt. Wenn Ihr nicht alles tun könnet, sondern Mir nur gute Officirs ziehet, ist das schon genug.« 1784 lehnte der König erneut ab: »Ich bitte Euch sehr, bei der Inspektion zu bleiben, denn Ich kann Euch, weiß Gott, nicht ersetzen. Ihr braucht nur die Generals vorzukriegen, denen das Nötige aufzugeben und sie zu halten, daß sie alles exakt befolgen, so wird das gut gehen.« Er hat bis zum Tode im Dienst ausgehalten. Der König hat ihn geliebt 'wie ein Mitglied seiner Familie'. Das 'Magdeburger Magazin' sprach von 'dem weisen Menschenfreund, stillen Wohltäter, musterhaften Gottesverehrer', die 'Mil. Monatsschrift' von 'redlichem Gemüt, liebenswürdigen Sitten, altdeutscher Rechtschaffenheit, erhabener Großmut, warmem Herz'.

Generalleutnant Johann Jakob v. Wunsch geb. 22.12.1717 zu Heidenheim/Brenz, gest. 18.10.1788 zu Prenzlau

Wunsch war der jüngste Sohn des Kürschnermeisters Johannes Wünsch in Heidenheim und der Maria Susanne Magdalena Müller. Seine Jugend verlebte er in der hohen Alb. Von früh an galt seine Zuneigung Soldaten und Pferden. Nach dem Besuch der Lateinschule erlernte er beim Vater dessen Handwerk. Durch Fürsprache von Oberst v. Grävenitz, Obervogt auf Schloß Hellenstein, stellte Herzog Karl Alexander von Württemberg ihn 1733 im Infanterie-Regiment Graf v. Remchingen als Kadett ein. Nach kurzer Ausbildung besuchte er die »Militärische Pflanzschule« in Ludwigsburg. Im Polnischen Erbfolgekrieg kämpfte er 1734/35 als Fähnrich bei Kehl und Philippsburg. 1737 zog er im württembergischen Hilfskorps unter Oberst v. Alvensleben nach Serbien und in die Moldau gegen die Türken, wo er die Schlacht bei Banjaluka, am 4. Juli 1738 den Sieg bei Cornea, die Schlacht bei Mehadia, am 27. Juli 1739 die Niederlage bei Grocka und die Schlacht bei Pancsowa mitmachte. Seit 1738 war er Leutnant. Nach dem Frieden von Belgrad kehrte er im Herbst 1739 heim nach Stuttgart.

Als Herzog Karl Rudolf sein Regiment an Österreich abtrat und es in Wien aufgelöst wurde, kam er zum Regiment des Oberst Stefan Graf Gyulay (Nr.51), das am Krieg gegen Preußen teilnahm, aber im ersten Schlesischen Krieg kaum in Erscheinung trat. 1745 erlebte er als Proviantmeister seines Regiments die Schlacht bei Hohenfriedeberg im zweiten Treffen links, das zwischen Gule und Günthersdorf zurückgeworfen wurde. Bei Soor kämpfte er am linken Flügel im zweiten Treffen südwestlich Burkersdorf, der nach Wegnahme der Graner Koppe voll vom Angriff der Garde-Brigade getroffen wurde. Hier wurde er verwundet. Während der Genesung lernte er seine spätere Frau Josefa Gräfin de la Roy kennen, Tochter des Kaiserlichen Kammerrates Maximilian Graf de la Roy. Als Kaiserin Maria Theresia dem Protestanten die Heiratserlaubnis verweigerte, trat er in das bayerische Husaren-Regiment von Oberst Graf v. Frangipani über, das ab Herbst d.Js. in niederländischem Dienst in Belgien gegen die Österreicher kämpfte. In den Gefechten von Roucour 1746, Lawfeldt 1747, Mons und der Einnahme von Brüssel brachte er es durch besondere Tapferkeit 1747 zum Rittmeister. Nach dem Aachener Frieden schied er 1749 mit Pension aus, kaufte sich in Geldern ein Gut und heiratete 1750 in dritter Ehe die Wiener Gräfin. Aus früheren Ehen hatte er drei Töchter, zwei Söhne, von denen er einen nicht anerkannte; die dritte Ehe blieb kinderlos.

1756 beauftragte der König nach Kriegsausbruch Oberst Marquis d'Angelelli in Merseburg ab 5. Dezember mit der Aufstellung eines Frei-Bataillons, das als leichter gemischter Verband Kleinkrieg im Hinterlande des Gegners führen sollte. Voll Bewunderung für den König, trat er bei d'Angelelli ein, der ihn aus dem bayerischen Dienst in Belgien kannte. Am 4. Dezember d.Js. nahm ihn der König als Kapitän und Kompaniechef in seinen Dienst, dazu seinen ältesten Sohn Johann Jakob als Freikorporal in demselben Freikorps. Beide nannten sich von jetzt an Wunsch, ohne Umlaut. Das Bataillon umfaßte fünf Kompanien mit 506 Soldaten Kampfstärke, 1758 auf 811 erhöht. Jetzt konnten sich seine Gaben und Erfahrungen entfalten. Schon am 4. Februar 1757 machte er dem König Vorschläge für Einsatz und Verwendung, die er billigte. Beim Vormarsch deckte er den Transport der Belagerungsartillerie auf der Elbe und nahm an der Belagerung von Prag teil, wo er am 4. Juni d.Js. vom König zu Tisch geladen und in den Adelsstand erhoben wurde, da er ihm gut aufgefallen war. Am 4. Juli erhielt er die Beförderung zum Major.

Nach dem Marsch unter Bevern nach Schlesien kämpfte er in der Schlacht bei Breslau unter Zieten am linken Flügel bei Kleinburg, das mehrfach den Besitzer wechselte, aber gehalten wurde. Bei Leuthen gehörte er zur Frei-Brigade d'Angelelli, die im Vorausangriff Borne wegnahm und in der kritischen Aufmarsch-Phase die linke Flanke sicherte. Hier nahm er Leutnant Joh. Kaspar Schiller, Vater des Dichters, gefangen. Am 4. Januar 1758 genehmigte ihm der König die Aufstellung eines Frei-Bataillons aus österreichischen Gefangenen von Leuthen in Wittenberg, gemischt aus Musketieren, Grenadieren, Jägern, Husaren und Artillerie, wie er es vorgeschlagen hatte. Am 13. Januar d.Js. beförderte ihn der König zum Oberstleutnant, sieben Monate nach der letzten Beförderung. Er verkaufte sein Gut, erwarb ein Haus in Berlin und betrieb die Werbung. Er kam zum Prinzen Heinrich nach Sachsen, der bis Hof vorging und ein Detachement unter Driesen, dabei sein Bataillon, Bamberg besetzen ließ. Mit der Rettung Dresden verging das Jahr.

1759 stieß er aus Sachsen unter General v. Knobloch erst bis Erfurt, dann nach Saalfeld vor, von wo er am 26. März die Österreicher unter Browne vertrieb. Danach brach er unter Prinz Heinrich über den Paß von Peterswald, wo sein Sohn am 5. April als Leutnant fiel, in Böhmen ein und überfiel ein Regiment in Budin. Im Mai folgte die Unternehmung nach Franken mit dem Überfall auf Würzburg und am 16. Mai nach kurzem Straßenkampf die Besetzung von Bamberg.

Die Reichsarmee tauchte erst wieder Anfang August auf. Am 24. Juni ernannte ihn der König zum Chef eines Frei-Regiments, bestehend aus seinem Bataillon und als zweitem das Frei-Bataillon de Monjou, dessen Chef eben verabschiedet war. Drei Wochen später wurde er am 11. Juli Oberst und vier Wochen danach auf Drängen von Prinz Heinrich am 9. August d.Js. Generalmajor. Er hatte vierundzwanzig, genauer erst achtzehn, Dienstjahre und war binnen zweiunddreißig Monaten vom Rittmeister zum Generalmajor aufgestiegen, für einen bürgerlichen »Ausländer« eine beispiellose Karriere!

Vor Kunersdorf blieb er bei Lebus auf dem westlichen Oder-Ufer mit drei Frei-Bataillonen, 13 Husaren-Schwadronen, um den Gegner zu täuschen, Frankfurt/Oder zu nehmen und die Oder-Brücken für die Russen zu sperren. Am Schlachttage nahm er die Stadt, schloß abends die Brücken gegen Flüchtende, räumte nachts die Stadt, stellte am nächsten Tag die Ordnung wieder her und zerstörte die Brücken. Mit Flemmings Bataillonen war ihm eine Deckungs-Streitmacht geblieben. Am 17. August nahm ihn der König unter seinen Befehl, verstärkte ihn auf zwölf Bataillone, 20 Schwadronen und sandte ihn zum Entsatz nach Dresden, das sich noch hielt. Am 28. August nahm er Wittenberg wieder, am 29. August stürmte er nachts Torgau. Dann drängte er auf dem Ostufer der Elbe am 4. und 5. September bei Großenhain und Reichenberg Macquire zurück und wandte sich nach Dresdens Kapitulation gegen die Reichsarmee westlich der Elbe. Vor Torgau zerschlug er äußerst geschickt am 8. September das Korps St. André und nahm 600 Gefangene, acht Geschütze. Damit rettete er nicht nur Torgau, sondern machte die letzten Niederlagen wett. Am 13. September besetzte er kampflos Leipzig. Am 21. September deckte er bei Korbitz Finck gegen die Reichsarmee. Dann riet er dem Prinzen Heinrich den erfolgreichen Schlag gegen das Korps Arenberg bei Pretzsch am 29. Oktober d.Js., an dem er mit sechs Bataillonen, neun Schwadronen, einer reitenden Batterie mitwirkte. Hier erhielt er den Pour-le merite.

Bei Maxen sperrte er mit fünf Bataillonen, einer Husaren-Schwadron auf 2 500 Meter Breite das Müglitz-Tal vier Kilometer nordostwärts des Korps Finck auf der Hochfläche. Daher blieben seine Truppen kampfkräftig und war am 20. November Auffangerie. Im Kriegsrat widersprach er energisch jeder Kapitulation und versuchte mit zwei Regimentern den Ausbruch, bis Finck ihn auf Forderung des Gegners zurückrief. Als Gefangener schrieb er aus Dresden seiner Frau mit voller Kritik an den Soldaten, die 'davonliefen, als ob der Teufel hinter ihnen wäre'. Von seiner Frau informiert, versprach der König, sich um seinen Austausch zu bemühen, auf den auch Prinz Heinrich drängte. Auf dem Transport nach Innsbruck scheiterte sein Fluchtversuch. Da er sich dort auf Ehrenwort frei bewegen konnte, folgte ihm seine Frau nach. Das Berliner Kriegsgerichtsverfahren unter Zieten im April 1763 sprach ihn als einzigen General frei. Am 29. Mai d.Js. ernannte ihn der König zum Chef — ausgerechnet — des Infanterie-Regiments v. Finck (Nr.12) in Prenzlau, das er fünfundzwanzig Jahre behielt, und schrieb: »Ich kann ihm nicht genug danken für alle schönen Aktionen, die er ausrichtete.«

In Prenzlau ließ er 1768/70 zwei Kasernen und 1778 ein Exerzierhaus errichten für sein Regiment, das er musterhaft ausbildete. In der Stadt legte er Weinberge und schöne Anlagen an. Der König lobte am 26. Okober 1770 seine Bemühungen, den Offizieren ein Bild von den Kriegsereignissen und den nötigen Nutzanwendungen zu verschaffen. Am 23. Mai 1771 beförderte er ihn zum Generalleutnant. Als Krieg mit Österreich drohte, fragte er am 31. Januar 1778 an wegen Offizieren und Rekruten aus fremdem Dienst zur Aufstellung von Frei-Bataillonen. Offensichtlich waren die früheren Erfolge nicht so gering. Am 28. März d.Js. marschierte er nach Schlesien und stand am 13. Juni mit 20 Bataillonen, zehn Schwadronen im Lager Wiesen bei Friedland, Anfang August bei Nachod zur Sicherung der Grafschaft Glatz. Sein Unternehmen gegen Zuckmantel am 14. Januar 1779 schlug fehl. Als er 1781 für Oberst v. Syburg eintrat, wies ihn der König zurecht: »Ich weiß, was sein muß und was nicht sein muß!« Friedrich Wilhelm II. beförderte ihn am 20. Mai 1787 zum General der Infanterie, verlieh ihm den Schwarzen Adler-Orden und nannte ihn nach seinem Tode einen »mit so vieler Distinktion und Rechtschaffenheit gedienten General.« Seine Witwe bekam 600 Taler jährlich Pension.

Generalleutnant Konstantin Nathanael v. Salémon geb. 11.6.1710 zu Danzig, gest. 15.12.1797 zu Halle a.d.S.

Dem Danziger Kirchenbuch nach war Salomo, wie dort steht, ohne Zweifel jüdischer Herkunft. Das ist nicht aus Glaubensgründen bemerkenswert, sondern wegen der damaligen gesellschaftlichen Rolle und Rechtsstellung in Preußen. Er nannte sich auch Salenmon. Sein Vater hatte noch den jüdischen Vornamen Johannes, seine Mutter schon den nicht jüdischen Vornamen Dorothea. Über seine Eltern wissen wir nichts; wahrscheinlich stammte er aus einem wohlhabenden Handelshaus der reichen 'Freien Stadt' mit ihren weiten Verbindungen. Mit siebzehn Jahren trat er 1727 beim Infanterie-Regiment Graf v. Flemming ein, dessen Chef Generalfeldmarschall und Premierminister König August des Starken war. So kam er in polnisch-sächsische Dienste. Als die Russen mit 12 000 Mann unter Lacy und Münnich vom Frühjahr 1734 bis 30. Juni d.Js. Danzig belagerten, dessen polnische Besatzung von den Franzosen unterstützt wurde, zeichnete er sich erstmalig besonders aus.

Durch seine Verbindungen zur französischen Armee wechselte er 1745 als Leutnant dorthin, um im Österreichischen Erbfolgekrieg in Belgien unter Moritz von Sachsen gegen Österreich zu kämpfen. Nach dem französischen Sieg von Fontenoy am 11. Mai d.Js., einen Monat vor Hohenfriedeberg, erlebte er die Eroberung des belagerten Tournai, danach die Einnahme von Oudenarde, Gent, Brügge und Ostende. 1746 gelang es, Mons, Charleroi, Namur, dann Brüssel, Mecheln und Löwen wegzunehmen. 1747 wurde er Kapitän und Kompaniechef im Infanterie-Regiment Nassau-Saarbrücken. Dieses Jahr brachte die Eroberung von Antwerpen und die Belagerung von Bergen op Zoom ab 15. Juli d.Js., das von niederländischen und britischen Truppen erbittert verteidigt wurde und am 17. September durch überraschenden Einbruch in ein Ravelin nach schweren Opfern endlich fiel. Nach dem Frieden von Aachen am 18. Oktober ging er 1750 in kursächsischen Dienst, in dreiundzwanzig Jahren das dritte Land.

1755 schloß er die Ehe mit Anna v. Reibold, verwitwete Freifrau v. Reibnitz, aus Rendsdorff. Er hatte mit ihr einen Sohn, der später als Offizier in seinem Regiment in Wesel stand. Als die sächsische Armee nach fünfwöchiger Einschließung bei Pirna, weil der König sie schonen und zum Verbündeten haben wollte, am 16. Oktober 1756 kapitulierte, trat er vier Tage später als Kapitän in das seit 21. September d.Js. in Zwickau in Aufstellung befindlichen Frei-Bataillon des Majors Heinrich Detlof v. Kalben ein. Er kannte seinen Kommandeur aus sächsischem Dienst, da er nur zwei Monate vor ihm übergetreten war. Außerdem soll Kalben sein Jugendfreund gewesen sein. Die Mannschaften waren aus Sachsen geworben, vor allem aus der Umgebung von Leipzig. Der Abschluß der Aufstellung mit fünf Kompanien erfolgte in Reichenbach/Oberlausitz bis Ende des Jahres.

Als erfahrener Soldat von dreißig Dienstjahren, davon ein Jahrzehnt Kapitän, interessierte seine Abkunft in Preußen wirklich niemanden, zumal seit dem 17. April 1750 für die 'Judenschaft im Königreich Preußen', falls er überhaupt dazu gerechnet werden sollte, das »Revidierte General-Privilegium und Reglement« galt. Dessen Annäherung an die staatliche Rechtslage hatte eine Wende gebracht, die sich in Lessings Wirken ab 1754 und in Moses Mendelsohns Auftreten ab 1756 deutlich abzeichnete. Mendelsohn war mit den führenden Geistern befreundet, von Lessing, Nicolai, Ramler, Abbt und dem Grafen Wilhelm von Schaumburg-Lippe bis zu Kant. 1757 schrieb er eine Dankpredigt für den Sieg von Leuthen, 1760 rezensierte er die Gedichte des Königs, 1763 folgte die Friedenspredigt, 1771 war er Mitglied der Berliner Akademie.

Schon am 8. Februar 1757 wurde er zum Major befördert mit Rückpatentierung um zwei Monate. Sein Bataillon gehörte zum Belagerungskorps von Prag. Nach dem Abzug aus Böhmen marschierte er unter Herzog von Bevern nach Schlesien. Während die Lohe-Stellung wochenlang ausgebaut wurde, sicherte er das Vorfeld der Festung Schweidnitz. In der Schlacht vor Breslau am 22. November kämpfte er in der Grenadier-Brigade Kleist am Westrand von Pilsnitz im Norden. In stundenlangem Ringen behauptete sie bis zur Dunkelheit ihre Stellung. Kleist und sein Kommandeur Kalben fielen. Er bekam das Bataillon, da er nicht nur seine Gewandtheit, sondern seine besonderen Fähigkeiten längst bewiesen hatte. Nach schweren Tagen und langem Marsch stieß er am 2. Dezember bei Parchwitz zur Armee des Königs. Bei Leuthen gehörte er zur Frei-Brigade von Oberst d'Angelelli mit drei Frei-Bataillonen und den Fußjägern. Sie führte den Aufmarsch an und besetzte Borne als Scheinangriff von Westen, der mit dem Vorgehen auf Groß Heidau und der Entwicklung der Kavallerie-Avantgarde den Gegner erfolgreich täuschte, während die Armee den entscheidenden Rechtsabmarsch auf Lobetinz durchführte. Ein Jahr nach seiner Beförderung zum Major wurde er am 8. Februar 1758 Oberstleutnant unter Ernennung zum Chef des Frei-Bataillons Kalben. Mit vier weiteren Frei-Bataillonen gehörte er wieder zur Armee des Königs. Nach der Erstürmung von Schweidnitz zog er mit vor Olmütz, wo er unter General v. Meier die Ostseite bedingt abschließen konnte. Das Auftauchen der Russen zwang zur Schwerpunkt-Verlagerung, was ihn zeitweise unter das Kommando von Oberst Graf v. Hordt brachte. Bei Hochkirch unterstand er mit dem Frei-Bataillon Le Noble dem Korps Retzow, der die Besetzung des Strohm-Berges versäumte und bei Belgern am Löbauer Wasser spät zu Hilfe kam. Danach nahm er am 15. November Eilenburg mit ein. Auch 1759 blieb er bei der Armee des Königs. Bevor der Feldzug eröffnet wurde, sperrte er unter d'Angelelli die Pässe von Liebau und Schömberg, da der König eine Offensive gegen Schlesien erwartete. Dann zog er mit den Fußjägern und dem Frei-Bataillon Quintus Icilius vom 10. Juli bis 27. August ins Lager Schmottseiffen, um nach Kunersdorf unter Prinz Heinrich die Österreicher bis Bautzen abzudrängen, dann mit dem König nach Sachsen zu ziehen. Immer wieder gelangen ihm einzelne Streifzüge und verschiedene Überfälle. Mit dem Korps Wunsch trat er Mitte September unter Fincks Befehl.

Im Herbst ging es dem König um den Besitz von Dresden und das Abdrängen Dauns nach Böhmen. Um dessen Abzug zu beschleunigen, sollte Finck mit den Truppen von Rebentisch und Wunsch über Freiberg und Dippoldiswalde gegen dessen rückwärtige Verbindungen vorgehen. Am 18. November erreichte Finck die Hochfläche von Maxen am linken Müglitz-Ufer; Wunsch ging mit der Vorhut bis Dohna kurz vor der Elbe vor. Am 20. November wehrte Salémon bei Sürßen eine Umgehung der linken Flanke erfolgreich ab. Abends suchte Finck nach dem Kampf mit der Hälfte seiner Truppen Anschluß bei Ploschwitz und Falkenhain. Am nächsten Morgen kapitulierte das Korps, dabei sein Bataillon. Im folgenden Winter wurde in Leipzig ein II. Bataillon aufgestellt, das jetzt mit dem gefangenen I. Bataillon als Frei-Regiment geführt und im Herbst 1761 von de Favrat nach seinem Austausch übernommen wurde.

1760 war er an zahlreichen Unternehmungen zur Einbringung von Rekruten, Geld, Pferden und Vorräten südlich Leipzig beteiligt, wobei er Mitte Februar Zeitz besetzte. Unter Überspringen der Obersten-Charge machte ihn der König am 6. Mai 1760 zum Generalmajor, fünfzehn Monate nach der letzten Beförderung, in dreieinhalb Jahren vom Kapitän zum General! Als die Reichsarmee im Herbst vorrückte, verteidigte er Wittenberg tapfer vom 2. bis 14. Oktober, das er erst nach schwerer Beschießung übergab. Er ging in Kriegsgefangenschaft.

Am 5. April 1763 wurden die Reste seines Frei-Regiments in Geldern mit dem Garnison-Bataillon (Nr.IX) zum Garnison-Regiment v. Salémon (Nr.IX) verschmolzen, dessen Chef er für fünfundzwanzig Jahre blieb. Es behielt die Unterkleidung der Freitruppen, durfte aber als einziges Regiment Säbel und hellblaue Aufschläge behalten. Gleichzeitig ernannte ihn der König zum Kommandanten der Festung Wesel. Immer wieder erteilte ihm der König wirtschaftliche Aufträge, seien es Fragen der Tabak-Regie, Prüfung von Seidenstoffen aus Krefeld oder der jahrelange Vorsitz des geldernschen Landes-Administrations-Kollegiums, wobei seine wirtschaftlichen Kenntnisse wiederholt von großem Nutzen waren. Am 13. Januar 1775 erhielt er sogar den Befehl, Brabanter Weber der Gebrüder v.d. Leyen aus Krefeld für den König nach Schlesien abzuwerben, »weil sie das feine Brabantsche Garn zu spinnen verstehen.« Am 12. März d.Js. folgte eine Kabinettsordre über die Niederlassungsfreiheit der Weber, auch in den Städten, ohne Innungszwang für Gesellen und unter Befreiung von allen Lasten. 1772 hatte er ein Duell mit Oberst v. Quadt, bei dem er verwundet wurde. Der Anlaß ist unklar; möglicherweise wollte er sich nach altadliger Sitte behaupten. Sein Gegner wurde kriegsgerichtlich kassiert. Am 19. Oktober d.Js. schrieb der König: »Ihr habt einen doppelten Fehler begangen: daß Ihr den Obristen nicht gleich auf frischer Tat in Arrest gesetzt und Euch gegen Quadt geschlagen habt. Ein Gouverneur stellt die Person des Landesherren vor. Wer sich gegen denselben in der Subordination vergehet, muß als gegen den Landesherren selbst vergangen zu haben geachtet und nachdrücklichst bestrafet werden. Ihr werdet alle Majors, so Eure Order nicht respektiert haben, sofort in Arrest setzen, Euererseits aber der übertragenen autorité besser eingedenk sein. Denn der General, dem Ich das Kommando gebe, stellt Mich vor.« Am 1. Juli 1774 wurde er Generalleutnant. 1778 wurde sein Regiment nach Wesel verlegt und ab 10. März erneut sein Frei-Regiment aufgestellt, das aber in Wesel blieb und im April 1779 wieder reduziert wurde. Mit dem 1. Juni 1787 endete sein Kommando in Wesel; am 6. Mai 1788 wurde sein Regiment aufgelöst, die Kompanien verteilt. Er erhielt 700 Taler, 500 Taler als Chef seiner Leib-Kompanie und ab 16. April 1790 eine Zulage von 1 200 Talern im Jahr. Bis ins hohe Alter führte ihn die Rangliste als General.

Generalleutnant Wichard Joachim Heinrich v. Möllendorff geb. 7.1.1724 zu Lindenberg, Krs. Ost-Prignitz, gest. 28.1.1816 zu Havelberg

Seit Jahrhunderten war seine Familie in Prignitz und Havelland ansässig, vor allem auf dem Stammsitz Cumlosen bei Wittenberge. Sein Vater Max Friedrich war Deichhauptmann in der Prignitz und Herr auf Lindenberg, seine Mutter Alma Elisabeth v. Platen. Seit dem zehnten Lebensjahr besuchte er die Ritterakademie in Brandenburg und kam 1740 mit sechzehn Jahren als Page zum neuen König, beste Voraussetzung für eine Laufbahn. In seinem Gefolge erlebte er die Schlachten von Mollwitz und Chotusitz, dazwischen Lager und Märsche, die Führung des Königs und maßgebende Generale, Auge in Auge.

Am 23. Mai 1743 wurde er gleich als Fähnrich im I./Regiment Garde (Nr.15) eingestellt, das die Leibgarde bildete. Nach einem Jahr nahm ihn der König sich 1744 als Sekondeleutnant zum Flügeladjutanten. Im zweiten Schlesischen Krieg kämpfte er an der Belagerungsfront von Prag vom 2. bis 16. September. Bei Hohenfriedeberg griff er in der Garde-Brigade des Prinzen Ferdinand von Braunschweig die Österreicher bei Günthersdorf an. Bei Soor brach seine Brigade südlich Burkersdorf in die Regimenter Vettes und Botta so ein, daß das ganze erste Treffen zurückwich und das zweite mitriß. Er wurde verwundet und vom König auf dem Schlachtfelde für seine Tapferkeit belobigt. Ein halbes Jahr nach Feldzugsende beförderte ihn der König am 5. Juli 1746 zum Kapitän und Kompaniechef im III. Bataillon des Regiments Garde.

Die Friedensjahre verbrachte er als Kapitän in der Ausbildung, nachdem er bis zum Kapitän nur drei Jahre gebraucht hatte. Am 2. Juli 1754 verlieh ihm der König einen Domherren-Sitz von Havelberg. Obwohl schon dreißig Jahre, blieb er unverheiratet. Dafür adoptierte er später die vier Söhne seiner Schwestern, einen als v. Bonin-Möllendorff, der 1813 bei Hagelsberg fiel, und drei als v. Wilamowitz-Möllendorff, von denen der älteste später Graf wurde. Groß, gut aussehend, 'von edlem Ansehen, schönem Anstand und feinem Benehmen war er in Ausdruck und Haltung der typische Offizier der königlichen Leibgarde', innerlich uneigennützig, streng, aber gerecht, selbstbewußt und freimütig, warmherzig und von klarem Verstand, Vorbild eines Offiziers mit großen Karriere-Aussichten, gestützt auf enge Bekanntschaft mit dem König und Zugehörigkeit zu dessen Regiment.

1756 marschierte er in der Armee des Königs nach Pirna zur Einschließung der sächsischen Armee, deren Kapitulation die Infanterie um zehn Regimenter verstärken sollte. Vor Prag gehörte er zum Einschließungs-Korps, das wiederholt Ausfälle der Besatzung abzuwehren hatte. Als Saldern, fünf Jahre älter als er, sein Regimentskommandeur wurde, erfuhr er Förderung, wo immer möglich. Bei Roßbach trat sein Bataillon am rechten Flügel nicht in den Kampf, da die Entscheidung früh gefallen war. Nach dem Gewaltmarsch von Leipzig nach Parchwitz brachte Leuthen seinen ersten Erfolg: In der rechten Flügel-Brigade unter Prinz Franz von Braunschweig geriet sein Regiment vor den heftig umkämpften Kirchhof, vor dem der Angriff stockte und sein Kommandeur angesichts der Verluste zögerte. Er ergriff die Initiative und brach mit seinem Bataillon in das aufgesprengte Tor an der Ostseite ein, so daß das Bollwerk fiel. Danach warf er mit dem Bajonett den feindlichen Gegenangriff zurück. Er bekam den Pour-le merite.

Am 3. Januar 1758 beförderte ihn der König zum Major und Kommandeur des II. Bataillons seines Regiments, nachdem Oberstleutnant v. Diericke bei Leuthen gefallen war. Damit begann sein Aufstieg. Nach Einnahme von Schweidnitz und erfolgloser Belagerung von Olmütz blieb ihm Zorndorf erspart. Bei Hochkirch versuchte er, nordwestlich Pommritz eine Auffang- und Widerstandslinie zu bilden, was schwerste Verluste kostete, das Unglück insgesamt nicht wendete, aber wesentliche Teile der Armee rettete, da sein Bataillon und das Infanterie-Regiment (Nr.5) gegen neun Uhr den Gegner zum Stehen brachten. 1759 marschierte er nach der Versammlung der Armee des Königs bei Landeshut vom 10. Juli bis 27. August ins Lager Schmottseiffen. Nach der Niederlage von Kunersdorf ging er unter Prinz Heinrich bis Sagan vor und drängte dann Daun mit auf Bautzen zurück. Am 5. Februar 1760 bekam er als Nachfolger Salderns das Kommando über das II. und III./Regimentsgarde. Zunächst erlebte er vom 10. bis 22. Juli den glücklosen Versuch der Wiedereinnahme von Dresden. Dann ging es Anfang August nach Schlesien. Bei Liegnitz fing sein Regiment in der Brigade Saldern am linken Flügel westlich Panten den Angriff von Loudons Kroaten ab, unterstützt von der schweren Batterie, so daß der geplante Zangenangriff scheiterte. Drei Tage darauf war er Oberstleutnant. Bei Torgau war er es, der am Abend seinen Brigade-Kommandeur v. Saldern auf den unbesetzten Damm zwischen den Schafteichen hinwies, so daß dieser die unerwartete Chance nutzte und das Aufrollen der feindlichen Stellung von rückwärts durch das Korps Zieten einleitete. Als er sein Regiment gegen den Weinberg eindrehte, erlitt sein III. Bataillon schwere Verluste. Im Getümmel geriet er in Gefangenschaft. Der König dankte dem Regiment mit sieben Pour-le merite. Am 10. Februar 1761 wurde er Oberst, drei Monate später am 15. Mai d.Js. schon Generalmajor. Binnen drei Jahren und vier Monaten war er vom Major zum General avanciert!

Im Juli 1762 hatte sich Daun in einer uneinnehmbaren Gebirgsstellung zwischen Reichenbach und Waldenburg verschanzt, da setzte der König am 21. Juli gegen seine rechte Flanke das Korps Wied und eine Stunde später von Burkersdorf seine Brigade mit vier Elite-Bataillonen an. Durch das bewaldete Vorgebirge umging er die befestigten Stellungen südlich Ober-Weistritz und stieß über den Gr. Höllen-Berg und die Seyler-Höhe in ihren Rücken, während die große Batterie von Ohmsdorf Feuerschutz gab. Er hob die feindliche Stellung aus den Angeln und nahm 1 200 Gefangene, 13 Geschütze. Am Abend zog der Gegner ab. Nach dem Gefecht von Reichenbach und der Wiedereroberung von Schweidnitz war der Krieg in Schlesien entschieden. Burkersdorf galt ihm als sein Ehrentag!
1766 machte ihn der König zum Kommandanten von Potsdam, seiner Garnison. Als andere Offiziere Regiments-Chefs wurden und er weiter Kommandeur blieb, fühlte er sich mehrfach zurückgesetzt. Am 1. Dezember 1770 warf ihm der König vor, er kümmere sich zu viel um andere Dinge und schrieb am 14. April 1771: »Nicht Eure bekannte Bravour und Kriegserfahrung, sondern Eure Conduite, die nicht, wie sie sein sollte, gewesen, ist die einzige Ursache Meines Ressentiments.« Kurz darauf übertrug er ihm das Infanterie-Regiment Prinz Wilhelm von Braunschweig (Nr.39) in Königsberg/Neum., Soldin und Pyritz und die Inspektion der pommerschen Infanterie, die er bei der Stargarder Revue am 7. Mai 1771 übernahm, dazu eine Jahrespension von 1 000 Talern und eine Amtshauptmannschaft. Dabei war er schon Herr auf Cumlosen bei Wittenberge, Gadow bei Wittstock und Elvershagen, Krs. Regenwalde. Am 20. Mai 1775 wurde er Generalleutnant. 1778 zeichnete er sich im Gefecht bei Brüx aus und bekam am 11. Februar 1779 den Schwarzen Adler-Orden.

Am 13. Dezember 1782 ernannte ihn der König zum Chef des Infanterie-Regiments v. Ramin (Nr.25) in Berlin, zum Generalinspekteur der Infanterie der Mark Brandenburg und zum Gouverneur der Hauptstadt (bis 1806), paar Tage später noch zum Dompropst zu Cammin. In seiner Instruktion hieß es: »Um Euch einen Beweis Meines Vertrauens zu geben, genehmige Ich zur Pension 3 700 Taler jährlich, zugleich das Raminsche Regiment mit allen Einkünften. Sodann übertrage Ich Euch alle Gouvernements-Inspektionen, besonders die Wachen, die noch nicht in rechter Ordnung. Da müßt Ihr nun sehen, die Officirs und den gemeinen Mann munter und alert zu machen durch öfteres Visitieren, daß keiner heimlich einpassiert. Jedes Bataillon muß in seinem Revier genau wissen, wenn andere Officirs und Gemeine dahin kommen. Und wenn Excesse geschehen, müssen sie, wo sie sind, bestraft und am anderen Tag an ihre Regimenter abgeliefert werden, einerlei, wer sie sind. Ihr müsset auch sehen, daß die Regimenter nicht mehr Freiwächter halten als sich gehöret. Wann die Armee marschiert, sind die Kerls gewohnt, einen Haufen zu verdienen. Weil das im Felde nicht so sein kann, laufen sie davon. Vorzüglich werdet Ihr gute Officirs formieren und, wenn die älteren sterben, diese gut ersetzen. Wenn welche darunter viel Genie haben, die können Mir gemeldet werden. Kein Kommandeur vom Bataillon wird vorgeschlagen, der nicht ein braver, guter Kerl ist und gesunden Verstand hat.« Öfter bekam er Geldgeschenke vom König, am 7. November 1783 ein kostbares Service aus der Berliner Manufaktur.

Unter Friedrich Wilhelm II. häuften sich Ämter und Geschenke: am 6. November 1786 Vorsitzender der Kommission für Heereslieferungen, 24. Mai 1787 General der Infanterie, Vizepräsident des Oberkriegs-Kollegiums und 7 000 Taler, 1. Dezember d.Js. Vorsitzender der General-Invalidenversicherungs-Kommission, 20. April 1788 Präsident der Kommission zur Regelung des Kantonwesens, 26. Dezember d.Js. Leiter der Immediat-Mobilmachungs-Kommission. 1790 wurde er stellvertretender Befehlshaber der Hauptarmee — 1792 bekam er erneut 7 000 Taler — Ende Januar 1793 Kommandierender General in Posen und Südpreußen, wegen seiner Beliebtheit von den polnischen Ständen als Statthalter erbeten, am 17. August d.Js. für seine Verdienste Generalfeldmarschall. 1794 Oberbefehlshaber am Rhein, siegte er am 23. Mai d.Js. bei Kaiserslautern. Nach dem Frieden 1795 legte er ein umfassendes Reformprogramm vor. Ihn 1806 mit 82 Jahren noch ins Feld zu nehmen, war unverständlich. 1811 konnte er das seltene fünfzigste Dienstjubiläum als General begehen.

Generalmajor Friedrich Wilhelm Gottfried Arnd v. Kleist geb. 29.8.1724 zu Potsdam, gest. 28.8.1767 zu Jeschkendorf, Krs. Breslau

Die Kleist waren nicht nur eine hervorragende Offizier-Familie, sondern haben auch eine große Zahl bedeutender Generale hervorgebracht. Ursprünglich aus der Altmark, waren sie seit 1248 um Belgard, dann in Pommern ansässig. Sein Vater Andreas Joachim war Oberst und ab 1736 Chef des Infanterie-Regiments (Nr.14) in Heiligenbeil, bis er am 26. Juli 1738 plötzlich starb, als er kaum vierzehn Jahre alt war. Seine Mutter Marie Elisabeth v. Hake kam aus Klein-Machnow südlich Berlin aus einer der an Teltow und Havel seßhaften Familien, die zu den maßgebenden Geschlechtern um Berlin aufrückten. Ab 18. November 1739 besuchte er die Ritterakademie in Brandenburg und studierte anschließend in Halle, eifrig um Weiterbildung bemüht, auch nach Eintritt als Standartenjunker beim Regiment Gens d'armes (Nr.10) 1744 in Berlin, dessen Chef Oberst Georg Konrad Freiherr v.d. Goltz war.

Zwei Monate vor Ausbruch des Zweiten Schlesischen Krieges wurde er am 11. Juni d.Js. Kornett. Dann machte er im I. Korps vor Prag Belagerung und Kapitulation, den Vorstoß nach Süd-Böhmen und den etappenweisen Rückzug mit. Bei Hohenfriedeberg attackierte er in der Brigade Bredow am rechten Flügel südlich Pilgramshain, die zwei sächsische Bataillone niederritt. Bei Soor erklomm er am rechten Flügel die steile Graner Koppe und erlebte, wie sein Regiment mit dem Kürassier-Regiment (Nr.1) fünfzig Schwadronen zurückwarf und 22 Geschütze eroberte, wobei er verwundet wurde.

Die Friedenszeit diente intensiver Ausbildung und jährlichen Manövern. Erst nach achteinhalb Dienstjahren bekam er am 21. Januar 1753 seine Beförderung zum Leutnant. Er war klein, bei den Kürassieren also wohl fehl am Platz, sehr lebhaft, zäh, befähigter Organisator, dabei umsichtig und gewissenhaft. Er besaß ein gewisses Charisma und konnte Menschen gewinnen. Ein Untergebener rühmte in seinem Tagebuch, daß er »seine Belehrungen so schön und leicht vortrug.« Ohne Frage entwickelte er sich zu einem der gebildetsten Offiziere der Armee. Die Wendung kam, als er am 22. Juli 1755 zum Husaren-Regiment (Nr.3) des hochbegabten Generalmajor v. Wartenberg nach Bernstadt in Schlesien 'zum Erlernen des Husarendienstes' kommandiert wurde. Er war einer seiner besten Schüler.

1756 zog er als Leutnant in der Armee des Königs über Aussig und Tetschen bis Lobositz, wo er am rechten Flügel die erste Attacke unter Kyau mitritt. Vier Wochen später machte ihn der König nach drei Jahren, zehn Monaten Offizier-Dienstzeit am 2. November d.Js. zum Major unter Ernennung zum Kommandeur des Husaren-Regiments v. Szekely (Nr.1), dessen Chef das Regiment sechs Jahre innehatte und Ungar war. Seine Tüchtigkeit hatte den richtigen Aufgabenkreis bei den Husaren gefunden. Mit dem neuen Regiment, ebenfalls beim Korps Keith, war er bald so verwachsen, daß er nur noch der 'grüne Kleist' genannt wurde. Kein Wunder, daß er unverheiratet blieb!

Im Januar 1757 wurde sein Regiment auf 1 291 Köpfe verstärkt. Im Korps des Königs schloß er Prag im Süden ein, während zwei Schwadronen das Pilsener Magazin zerstörten und bis Franken vorstießen. Bei Kolin kämpften fünf Schwadronen unter Zieten am äußerten linken Flügel. Auf dem Marsch mit dem König nach Westen überrumpelte er am 7. September die kleine, befestigte Stadt Pegau 18 Kilometer vor Weißenfels: »Sobald das Tor eingerennet war, ritt das Regiment en carrière nach der Stadt und nahm alles von dem Feind gefangen.« Acht Tage später trieb sein Regiment beim Überfall von Seydlitz auf Gotha unter lebhaftem Schießen alle Außenposten in die Stadt zurück, so daß Panik dort jede Führung unmöglich machte. Der König verlieh ihm den Pour-le merite, dem Regiment noch zwei. Am 17. Oktober entsetzte er in der Vorhut des Korps Fürst Moritz Berlin von

Hadik, der morgens auf die Meldung vom Anmarsch abgerückt war. Bei Roßbach verschleierte er den Aufmarsch der Armee hinter den Lunstädter Höhen und deckte Seydlitz bei der ersten großen Attacke die linke Flanke. Im Eilmarsch zurück nach Schlesien, attackierte er bei Leuthen am linken Flügel des Kavallerie-Korps Württemberg abends das Kavallerie-Korps Lucchese, das in die Flucht geschlagen wurde.

Im Frühjahr 1758 kam er zum Korps des Prinzen Heinrich und hob zunächst in Zerbst den Marquis de Fraigne als Spion auf. Am 8. März d.Js. gab ihm der König die Erlaubnis, bei Guhrau ein Freikorps aufzustellen, für das ihm am 3. Dezember d.Js. 11 480 Taler bewilligt wurden. Am 2. Mai nahm sein Chef, fünf Wochen nach Beförderung zum Generalmajor, wegen Kränklichkeit voreiligen Abschied. Im Mai durchstreifte er mit den Belling-Husaren Franken und die Oberpfalz, um die Versammlung der Reichsarmee und ihren Nachschub zu stören. Erst Ende Juli erschien sie bei Teplitz. Ende August sicherte er unter Hülsen bei Maxen den Müglitz-Abschnitt, wo er am 5. September Oberstleutnant wurde. Als der König am 11. September eintraf, war die drohende Einschließung gebannt und Dresden gerettet. Sein Regiment erhielt vier Pour-le merite. Im 'kleinen Krieg' hatte er sich bereits einen Namen gemacht.

Am 16. Mai ernannte ihn der König zum Chef seines Regiments, die Beförderung zum Oberst folgte am 12. August d.Js. Jetzt hatte er freiere Hand. Im Sommer stellte er aus desertierten ungarischen Husaren unter Leutnant v. Kovaczs eine Schwadron auf, weil er sie nicht seinem Regiment eingliedern wollte.

Ab 15. Juli waren es schon drei Schwadronen 'Frei-Husaren'. Im zeitigen Frühjahr war er unter Knobloch bis Eisenach und Fulda bis vor die Weser vorgestoßen und hatte vom Erzbischof von Fulda 12 000 Taler erhoben. Es ging nicht nur um Geld, sondern auch Getreide und Kriegsgefangene. Beim Vorstoß im Mai nach Franken im Wetteifer mit Knobloch, Finck und Belling mußten die Pässe gewaltsam geöffnet, die Städte im Handstreich genommen werden. Am 11. Mai zerschlug er unter Meinicke südöstlich Kulmbach Riedesels Detachement. Auf dem Marsch zur Oder warf er am 1. August d.Js. östlich Sommerfeld ein Husaren-Regiment zurück und nahm am nächsten Tage bei Markersdorf Hadiks Bagage samt ihrer Bedeckung weg. Bei Kunersdorf attackierte er mit elf Schwadronen unter Württemberg verzweifelt am Tiefen Weg und räumte, obwohl verwundet, als letzter das Schlachtfeld. Während Finck Maxen erreichte, stieß er mit seinem Regiment, Drag.Rgt.6 und Freikorps Collignon über Sebastiansberg bis Aussig vor, zerstörte das große Magazin und verbreitete Schrecken im Hinterland. Von seinem Bruder lieh er 10 000 Taler für seine Freikorps. Als dieser nach Kriegsende vom König das Geld zurückerbat, war er empört und gab ihm 14 Tage Arrest. Lessing besuchte ihn später und nahm ihn zum Vorbild für »Tellheim«.

Am 27. Februar 1760 genehmigte ihm der König vier Schwadronen 'Leichter Dragoner', aufgestellt in Leipzig unter Major v. Kleist, am 30. November d.Js. verdoppelt unter Oberst v. Bohlen. Am 20. August umging er bei Strehla den angreifenden Feind und zerschlug zwei Kavallerie-Regimenter, die den Grenadieren den Rückzug abschneiden wollten. Hülsen lobte: »Die Kavallerie hat Wunder getan!« Dennoch ging Sachsen vorübergehend verloren. Bei Torgau warf er im Anmarsch Brentanos Reiterei zurück und übernahm beim Aufmarsch die Vorhut von Zietens Korps. Als Zieten abends seine Truppen nach Westen zog, übernahm er die Deckung seiner rechten Flanke am Röhr-Graben und Großen Teich gegen Lascys Übermacht, der den Sieg verhindern konnte.

Am 17. Januar 1761 bewilligte der König die Verstärkung seiner 'Frei-Husaren' auf ein Bataillon unter Major v. Hohenstock, am 1. Mai d.Js. die Aufstellung eines Bataillons 'Grüner Kroaten' unter Major v. Berge, nachdem Kleist bereits im Frühjahr ein 'Jägerkorps' mit drei Kompanien unter Kapitän Kümpel formiert hatte. Um sein Husaren-Regiment entwickelte sich eine Frei-Brigade, die durchweg gute Dienste leistete und über reitende Batterien verfügte. Im Sommer warf er dreimal die Reichsarmee zurück; dabei erwies er sich im 'Kleinkrieg' als Meister, was um so nötiger war, als die Front an der Mulde stehenblieb. Allerdings entwickelte sich zu Seydlitz, der drei Jahre älter war, aber seit Kolin General, eine Konkurrenz, die zeitweise in Eifersucht ausuferte. Seit dem 18. September d.Js. vergrößerte der König seine 'Frei-Husaren' und 'Leichten Dragoner' auf je zehn Schwadronen, die 'Grünen Kroaten' als 'Ungarisches Infanterie-Regiment v. Kleist' auf zehn Kompanien. Mit dem eigenen Regiment verfügte er über 30 Schwadronen, drei Bataillone, zusammen 6 200 Soldaten. Das war einmalig!

Nach dem Durchbruch über die Mulde am 12. Mai 1762 nutzte er die Operationspause zu Vorstößen bis nach Böhmen. Am 19. Mai d.Js. wurde er Generalmajor. Der gemeinsame Streifzug mit Seydlitz erreichte statt Leitmeritz nur Teplitz, wo es am 2. August zum Fehlschlag kam. Der andere war schuld! Bei Freiberg führte er die Vorhut mit sieben Bataillonen, 32 Schwadronen bis zur Höhe von St. Michael, durchbrach mit den Frei-Bataillonen von Süden den Spittelwald und deckte mit den Grenadieren Seydlitz-' Angriff rittlings der Straße von Brand. Drei Tage danach fiel er wieder in Böhmen ein, brandschatzte Brüx, zerstörte das große Saazer Magazin mit Vorräten für eine Million Gulden. Kaum wieder in Chemnitz, sandte ihn der König nach Franken, um die Reichsstände zum Abfall von Österreich zu bringen. Am 29. November erreichte er Regensburg, Bamberg und Nürnberg, erhob Kontributionen, nahm Geiseln und verbreitete Schrecken.

Ehe seine Gegner Nürnberg erreichten, war er längst in Thüringen. Vier Pour-le merite waren der Dank des Königs. Seinen frühen Tod betrauerte er tief; mehrfach hob er ihn in seinen Werken lobend hervor.

Generalleutnant Wilhelm Sebastian v. Belling geb. 15.2.1719 zu Paulsdorf, Krs. Marienwerder, gest. 28.11.1779 zu Stolp/Pommern

Die Belling stammten aus der Neumark. Großvater Hans George war Gouverneur von Pillau und fiel als General gegen die Franzosen beim Sturm auf Bonn. Sein Vater Johann Abraham war Oberstleutnant und Kommandant von Altena sowie Erbherr auf Paulsdorf, seine Mutter Katharina v. Kospoth aus Paulsdorf. Er war ihr jüngster Sohn. Am 8. März 1734 bot ihn mit gerade fünfzehn Jahren sein Vater dem König für die Offizierlaufbahn an. Fünf Tage später antwortete er in der Berliner Kadetten-Anstalt: »Ich werde denselben schon gut erziehen lassen.« Da er 'von kleinem Wuchs und gedrungener Gestalt' war, kam er am 18. Februar 1737 als Fähnrich zum Garnison-Bataillon v. Sack (Nr.3) nach Kolberg. Bald hatte er Streitigkeiten mit Hauptmann v. Baexen. Als er ihm einen Schabernack spielte, erhielt er neun Monate Arrest. Nachdem er die Strafe fast abgesessen hatte, bestellte ihn der König nach Belgard zum Rapport, pardonierte ihn am 19. Juli 1739 und versetzte ihn als Kornett zum Husaren-Korps v. Bronikowski (Nr.1) in Goldap unter Rückpatentierung um zwei Jahre vier Monate, so daß er nichts verloren und die richtige Stelle bekommen hatte.

Ab Herbst 1739 stand er an der ostpreußischen Grenze zwischen Lyck und Ragnit, um Banden und Deserteure zu fangen. Am 15. März 1741 wurde er als Sekondeleutnant ins Husaren-Regiment v. Zieten (Nr.2) versetzt, das in Schlesien stand. Bei Mollwitz warfen die drei Schwadronen am Nordrand von Neudorf am linken Flügel des zweiten Treffens beim Einbruch Berlichingens ins Infanterie-Regiment (Nr.27) die feindliche Reiterei zurück. Neun Wochen später war er Premierleutnant. Nach vier Dienstjahren war sein Schicksalsweg vorgezeichnet. Am 17. Mai nahm er an dem Überfall von Rothschloß bei Strehlen teil, der Zieten bekannt machte und zur Verstärkung des Regiments führte. Anfang Februar 1742 stieß sein Regiment über Olmütz bis an die Donau bei Wien vor. Im Mai zog er unter Derschau nach Böhmen, kam aber erst nach Chotusitz zum König. Zieten war sechs Jahre lang sein Lehrmeister, wenn auch ihr Verhältnis nicht spannungsfrei blieb. Als Zieten dem König melden mußte, er habe Belling wegen 'eines Briefes in ungebührlichen Worten' in Arrest gesetzt, antwortete er am 6. Januar 1744: »Ihr habet recht getan. Sobald er hierher gebracht sein wird, soll die Sache untersucht und darüber gesprochen werden.« Die Mobilmachung ab Februar d.Js. beendete die Sache.

1744 marschierte er ab 17. August über Prag bis Tabor, Budweis und Frauenberg nach Südböhmen. Als der Rückzug einsetzte, bestand er das erfolgreiche Nachhut-Gefecht Zietens bei Moldauthein am 9. Oktober, ehe unter großen Mühen die Winterquartiere erreicht wurden. 1745 erlebte er den kühnen Durchbruch nach Jägerndorf zum Korps des Markgrafen Karl und den umkämpften Rückmarsch nach Frankenstein, dann ab 1. Juni bei Zirlau die Verschleierung des Aufmarsches für Hohenfriedeberg. In der Schlacht ritt er die siegreiche Attacke am linken Flügel bei Thomaswaldau gegen Berlichingen mit, der in Gefangenschaft geriet. Am 23. November folgte der erfolgreiche Überfall bei Kath. Hennersdorf, nachdem er am 24. Oktober Stabsrittmeister geworden war. Seine Tapferkeit würdigte der König mit dem Pour-le merite. Bei Kesselsdorf sicherte sein Regiment ostwärts der Elbe. Seit 9. Oktober 1746 Rittmeister und Schwadronschef, geriet er wieder in Auseinandersetzungen mit Zieten. Am 17. Augsut 1747 ermahnte ihn der König: »Ihr sollet wissen, daß Ich Meinen Officirs, es sei nun, daß Ich Gutheit für ihre Person habe oder nicht, niemals gestatten noch zulassen werde, daß selbige Excesse oder grobe und unvernünftige Dinge anfangen mögen.« Drei Wochen später versetzte er ihn zum Husaren-Regiment v. Wechmar (Nr.6) nach Oberschlesien.

Im Frieden setzte er alles in Ausbildung um, was er sechseinhalb Jahre unter Zieten gelernt hatte. Oberst v. Wechmar verstand besser, ihn zu nehmen. Mit unermüdlichem Tatendrang, Unverzagtheit und Freimut entwickelte er sich bei diesem Regiment zu einem der besten Husaren-Offiziere. Mit Menschenkenntnis, Herzensgüte und echter Frömmigkeit ohne jede Engstirnigkeit und Heuchelei gewann er seine Soldaten für sich. Ein Zeitgenosse sagte später: »Bibel und Erbauungsbuch waren seine täglichen Handbücher.« 1747 heiratete er Katharina Elisabeth v. Grabow aus Wodenhof bei Schwerin. Sie hatten eine Tochter, die den General v. Goeckingh heiratete und zwei Söhne. Der jüngste, den er 1777 legitimierte, starb als Kadett. Am 30. Mai 1749 beförderte ihn der König zum Major. Kurz vor seinem Ausscheiden beurteilte Wechmar ihn am 4. Januar 1757: »Bei allen Gelegenheiten sehr hart und brav und hat sich bei der Avantgarde sehr ausgezeichnet. Seine Conduite ist sehr gut. Es ist ein brauchbarer Officir in Garnison und im Felde, dem ich das Zeugnis beilegen muß, daß er mir im Regiment am meisten assistiert und zu allem willig ist. Wenn er sein Feuer mit mehr Vorsicht und Nachdenken mäßigen lernt, wird er gewiß einer der fähigsten Officirs werden, weswegen er zu Zeiten Erinnerung braucht und annimmt.« Er hat recht behalten.

1756 stieß er im Korps Schwerin im September bis Königgrätz vor, wo das Regiment überlegene Kavallerie zurückschlug und 800 Gefangene einbrachte. 1757 bekam er am 3. Februar Oberst v. Werner als Chef; zwei Monate später rückte er an seiner Stelle am 30. Mai zum Kommandeur auf. Beim Einmarsch in Böhmen nahm er das große Magazin von Jungbunzlau. Bei Prag fiel er am linken Flügel unter Zieten Luccheses Attacke so in die Flanke, daß das Regiment sechs Regimenter schlug, 1 200 Gefangene, zehn Standarten sowie die Kriegskasse nahm. Im Rückzug schlugen sich fünf Schwadronen am 15. Juli bei Gabel durch zehnfache Übermacht. Am 7. September kämpfte er bei Moys, am 22. November vor Breslau unter Zieten am äußersten linken Flügel. Bei Leuthen marschierte er in Württembergs Avantgarde auf und brach abends flankierend in Luccheses Kavallerieangriff ein. Anschließend verfolgte er bis Landeshut. Der König sprach ihm seine Anerkennung aus und erlaubte, die Stärke des Regiments zu überschreiten.

Am 5. März 1758 beförderte er ihn zum Oberstleutnant und gab ihm das ab 16. Februar d.Js. in Halberstadt aufgestellte Schwarze Husaren-Bataillon als Kommandeur. Seine Vorstöße nach Böhmen und Franken verschafften ihm bald einen hervorragenden Ruf, zumal es durch die aufgestickte Parole 'vincere aut mori' und das Totengerippe mit Sense und Stundenglas auffiel. Dann stand er bei Gr. Sedlitz und hinter der Müglitz. Bei dem Überfall auf die Freiberger Vorstadt zersprengte er die Gegner und brachte 200 Gefangene ein. Am 15. April 1759 fiel er bei Sebastiansberg mit 640 Reitern über drei österreichische Bataillone her und nahm 52 Offiziere, 1 300 Mann gefangen und erbeutete drei Kanonen, drei Fahnen. Neun Tage darauf wurde er Oberst. Ab 5. Mai brach er unter Finck in Böhmen ein, überfiel am 8. Mai die feindliche Nachhut bei Asch und nahm viele Gefangene. Trotz seiner Verwundung stürmte er bis an den Main. Bei Kunersdorf warf er unter Seydlitz die Gegner bis zum Tiefen Weg, ohne durchgreifenden Erfolg. Mitte September zog er unter Manteuffel gegen die Schweden, die bis hinter die Peene gedrängt wurden. Sein Kleinkrieg lähmte ihren Erfolg.

Beim Rückzug zur Ücker geriet am 29. August 1760 unweit Friedland Fahnenjunker Gebhard Lebrecht v. Blücher in seine Hand, der sein Schüler wurde wie später Günther, Kalckreuth, Goeckingh u.a. Den Rückzug verwandelte er erfolgreich in Abnutzung des Feindes, so z.B. bei Jagow mit Wegnahme von 200 Mann. Als Herzog Eugen Berlin zu Hilfe eilte, hielt er die Schweden allein in Schach und drängte sie zurück zur Peene. Am 3. Januar 1761 erhielt er in Mecklenburg sein II. Bataillon und wurde Chef seines Regiments. Unter großem Zulauf von Freiwilligen entstand am 24. April das III. Bataillon in Sachsen, das ab Juni zum Hus.Rgt.(Nr.6) ging. Angriffsfreudig verhinderte er in kleinen Gefechten ein halbes Jahr jedes Vordringen der Schweden. 1762 kam er mit seinen 15 Schwadronen nach Sachsen, von Prinz Heinrich als wertvoller Zuwachs begrüßt, weil seine Einheiten frisch und an Zahl und Ausrüstung vollzählig waren. Beim König und in der Armee hatte er einen Namen, zumal er von Mecklenburg zwei Millionen Taler Kontributionen mitgebracht hatte. Prinz Heinrich ergriff 1762 die Offensive: Am 25. Juni nahm Belling Zwickau, am 21. Juli schlug er bei Auerbach General Kleefeld und nahm 400 Gefangene. Inzwischen war er seit 4. Juli Generalmajor. Dann ging es nach Böhmen, wo er am 1. August Dux und am 2. August Teplitz überfiel. Am 20. August war er in Münchberg und machte in Bayreuth große Beute. Vom 25. bis 29. August lag er vor Eger und gewann am 1. Oktober das Gefecht von Helbigsdorf. Bei Freiberg nahm er den Struth-Wald und brach über Klein-Waltersdorf auf die Lößnitzer Höhen durch. Anschließend verfolgte er den Feind.

Am 20. Juli 1763 reduzierte der König das Regiment auf zehn Schwadronen, legte es im März 1764 in die pommerschen Quartiere des Hus.Rgt.(Nr.8), gab ihm dessen rote Uniformen und löste das alte Regiment auf. Am 21. September 1763 erwarb er das Gut Schojow, Krs. Stolp. Nach dem Bündnis vom 11. April 1764 mit Rußland ließ ihn der König Ende 1768 einen 'Pestkordon' gegen Polen ziehen, »um das liederliche Gesindel unter dem Namen Konföderierte von der Grenze abzuhalten.«

Anfang 1769 verstärkte er die Sicherungen und schob sie schrittweise weiter hinein. Als im März 1770 zwei Offiziere in Konitz geschlagen wurden, tadelte es der König scharf. Klagen über schärferes Vorgehen und Übergriffe führten nach Warnungen am 6. April 1772 zur Absetzung von seinem Kommando wegen 'Unordnung'. Er durfte nur noch Getreide aufkaufen. Am 10. Mai 1776 wurde er Generalleutnant. Sein erfolgreiches Gefecht bei Gabel Anfang August 1778 versöhnte den König, der ihm am 26. Oktober d.Js. den Schwarzen Adler-Orden verlieh. Ein Zeitgenosse meinte: »Er war mehr einem andächtigen Geistlichen als einem großen General ähnlich.«

Generalmajor Friedrich Wilhelm Graf von Wylich und Lottum geb. 18.3.1716 zu Wesel, gest. 17.12.1774 zu Berlin

Die Wylich, später mit den Lottum verschmolzen, waren eine der wenigen Adelsfamilien, die aus dem niederrheinischen Kleve den Weg in den brandenburgisch-preußischen Staat fanden und zu hohen Ehrenstellungen gelangten. In der Armee waren es bis 1806 acht Offiziere, dabei einige Generale und der Generalfeldmarschall Karl Philipp, 1650 bis 1719, als Soldat und Organisator hochbewährt. Sein Vater Johann Christoph war Oberst und 1718 bis 1727 Chef des Infanterie-Regiment (Nr.25) in Anlam, Demmin und Strasburg/Uckermark. Vom zehnten bis sechzehnten Lebensjahr besuchte er das berühmte Joachimsthalsche Gymnasium in Berlin, besaß also eine ausgezeichnete Schulbildung. 1732 trat er als Gefreiter-Korporal beim Infanterie-Regiment v. Kröcher (Nr.18) in Spandau ein, das aus der Weißen Grenadier-Garde stammte. Als er am 7. Januar 1733 von König Friedrich Wilhelm I. bereits zum Fähnrich befördert wurde, schrieb er fünf Tage später an seinen Regiments-Chef Oberst Georg Vollrath v. Kröcher: »Weil der junge Graf Lottum zum Fähnrich bei seinem Regiment gemacht, so soll er ihm so lange, bis ein Fähnrichs-Traktament frei wird, dasselbe aus seinem Beutel bezahlen und soll ihm solches von dem Kriegsrat Köppen wieder monatlich bezahlet werden. Er soll auch genau auf den Lottum achthaben und ihn scharf halten, ihm auch keine Liederlichkeit, Spielen, Saufen und dergleichen gestatten, sondern auf den ersten solchen Verstoß ihn in das Lindstedt Loch (in Spandau) stecken lassen.« Auch für Grafen gab es keine Ausnahme. Am 8. November 1737 wurde er Sekondeleutnant.

1740 marschierte er in seinem Regiment bis 15. Dezember nach Crossen zur Versammlung des Armee-Korps des Königs, das auf Breslau vorging. 1741 blieb ihm Mollwitz erspart. Am 25. Juni d.Js. bekam er seine Beförderung zum Premierleutnant. Dafür nahm er Ende Oktober am Vorstoß des Erbprinzen Leopold bis Jungbunzlau teil. Am 9. Februar 1742 erlebte er die Übergabe der Festung Glatz an Generalmajor v. Derschau, seinen Regiments-Chef, der dort Kommandant wurde. Dann sicherte das Regiment den Südteil Oberschlesiens und Nordmähren bis zum Ende des Feldzuges. Im Zweiten Schlesischen Krieg zog er im I. Korps des Königs mit dem Regiment vor Prag, das nach zweiwöchiger Belagerung am 16. September fiel, während das I. Bataillon am 6. September unter Graf Hacke erfolglos die Wegnahme des Magazins Beraun versuchte. Als die Armee den Rückzug antrat, sandte der König sein Regiment zur Verstärkung der Besatzung nach Prag unter Generalleutnant v. Einsiedel. Im Ausbruch und Durchschlagen auf Umwegen zur schlesischen Grenze büßte das Regiment durch Entkräftung, Hunger und Kälte 747 Soldaten ein. Deshalb verwandte es der König ab Anfang 1745 als Festungs-Besatzung von Glogau. Als der Dessauer ab 21. August wegen Sachsen bei Gattersleben sein Korps wieder zusammenzog, marschierte er unter Prinz Dietrich unter Umgehung des neutralen sächsischen Gebietes ins Lager Dieskau bei Halle, wohin der König neue Verstärkungen entsandte. Nach zögerlichem Anmarsch griff er bei Kesselsdorf in der Brigade Kalnein am linken Flügel über den Kessel-Grund mit gefälltem Bajonett die vereisten Höhen südlich Zöllmen und danach die Höhe 301 bei Pennrich an, wobei es zu schweren Nahkämpfen kam.

Seit Prinz August Wilhelm am 10. November 1742 Chef des Regiments geworden war, blieb es bis 1806 Kronprinzen- und Königs-Regiment, d.h. es hatte denselben Rang wie die Garde und sein Kommandeur spielte eine selbständigere Rolle. Am 3. Februar wurde er Stabskapitän. Schon zwanzig Monate später erhielt er am 14. Oktober 1747 eine Kompanie und wurde Kapitän. 1753 gab ihm der König die Anwartschaft auf einen Domherren-Sitz zu Magdeburg. Am Ende der Friedenszeit besaß er nach neun Jahren als Kompaniechef, wenn auch schon vierzig, den Ruf eines tüchtigen wie begabten Offiziers. 1756 schloß er in der Armee des Königs ab 10. September die Sachsen

bei Pirna mit ein, bis sie am 16. Oktober kapitulierten. Am 23. Februar 1757 wurde er Major. Beim Aufmarsch zum Feldzug brach er unter dem Herzog von Bevern am 21. April d.Js. durch die Senke von Reichenberg. Bei Prag nahm er am rechten Flügel des ersten Treffens unter dem Herzog von Bevern am Durchstoß von Hostawitz über den Tabor-Berg südlich Kej auf den Schanzen-Berg westlich Hrdlorzez teil, der zur Entscheidung führte. Drei Tage danach erstürmte er auch den Ziska-Berg, wobei sein Regimentskommandeur, Oberst v. Strantz, fiel. Die Belagerungs-Lücke im Nordosten der Stadt war geschlossen. Am 18. Mai verlieh ihm der König dafür den Pour-le merite. Bis 19. Juni blieb er in der Einschließungsfront, die der König nach Kolin sofort aufhob. Nach dem unglücklichen Rückzug unter dem Kommando des Prinzen August Wilhelm von Jungbunzlau über Böhmisch-Leipa, Zittau bis Bautzen, der zu dessen Absetzung führte, zog er unter Bevern nach Schlesien. In der Schlacht vor Breslau am 22. November kämpfte er südlich Kl. Mochbern in der Brigade Prinz Ferdinand, der seine Regimenter immer wieder gegen den dreifach überlegenen Feind vorführte, nachdem Generalleutnant v. Schultze und sein Regimentskommandeur, Oberstleutnant v. Belling, gefallen war. Bei Leuthen griff sein Bataillon über den Nordrand Schriegwitz den Sagschützer Kirch-Berg an. Nach der Schlacht schloß das Regiment Breslau ein, das am 19. Dezember d.Js. fiel. Ohne glänzende Karriere hatte er sich unter den Augen des Königs äußerst bewährt.
1758 marschierte er unter dem König über Neisse zur Belagerung von Olmütz, die Anfang Juli erfolglos aufgehoben wurde, dann ab 11. August in zehntägigem Eilmarsch zur Oder gegen die Russen. Bei Zorndorf griff er in Dohnas Flügel in der Brigade Prinz Franz von Braunschweig westlich Wilkersdorf den Langer Grund, dann in der großen Linksschwenkung trotz aller Gegenangriffe den Galgen-Grund an, ohne bis Quartschen durchzukommen. Elf Tage später ernannte ihn der König zum Kommandeur seines Regiments, am 6. September zum Oberstleutnant und vier Monate später am 27. Dezember d.Js. zum Oberst. Innerhalb eines Jahres vom Major zum Oberst befördert, welche Anerkennung seiner Leistungen! Sein Regiment erhielt vier Pour-le merite. Nach dem Entsatz von Dresden am 11. September stand sein Regiment bei Hochkirch am Westrand des Bachgrundes von Niethen. Als Prinz Franz gegen 6.00 Uhr sein Regiment vorführte, gelang es, die Österreicher aus dem Dorf zu vertreiben, bis der Prinz beim nächsten Gegenangriff fiel. Trotz schwerer Verluste wurde die Katastrophe noch vermieden. Nach dem Entsatz von Neisse am 7. November lief die Kampagne aus. Am 8. Dezember bekam er in dem vierzehnjährigen Oberst Friedrich Wilhelm Prinz von Preußen, später König Friedrich Wilhelm II., einen neuen Chef.
1759 ersparte der König seinem 'Regiment meines teuren Bruders' den Marsch aus dem Lager Schmottseiffen nach Kunersdorf, um es zu schonen. 1760 ernannte ihn der König am 5. Juni zum Magdeburger Domherrn. Dann belagerte er unter dem König ab 10. Juli Dresden, was zwölf Tage später erfolglos endete. Wegen der Lage Breslaus eilte der König ab 1. August bis 7. August nach Bunzlau. Bei Liegnitz stand Wylich mit dem Regiment nordostwärts Pfaffendorf am rechten Flügel, trat aber nicht in den Kampf. Nach der Aufgabe von Sachsen und der Besetzung von Berlin vom 3. bis 12. Oktober durch die Verbündeten zog er mit dem König nach Sachsen. Bei Torgau griff sein I. Bataillon den Westrand Süptitz an, während das II. in der Brigade Saldern den Schlußangriff auf den Lausker Berg führte und mit dem Pour-le merite für alle Kompaniechefs belohnt wurde. 1761 hielt er vom 20. August bis 25. September im Lager von Bunzelwitz im Nordwesten am Zedlitzer Weinberg die Schanze XXII. Im Winter lag die Armee zusammengedrängt zwischen Glogau und Brieg.
1762 wollte der König Schweidnitz wiedererobern, das Daun aus befestigten Stellungen im Vorgebirge sicherte. Am rechten Flügel des Korps Wied erstürmte er südlich Ludwigsdorf am 21. Juli ab 4.00 Uhr morgens mit den Infanterie-Regimentern Nr.10, 22 und 25 den 432 m hohen, befestigten Eich-Berg, indem sich die Bataillone unter seiner Führung in den verwachsenen Schluchten zum Zangenangriff langsam vorarbeiteten. Trotz des starken Feuers und aller Schwierigkeiten blieben sie im raschen Vorgehen, ohne selbst zum Schuß zu kommen. An der Kehle der Schanze kam es zum Handgemenge; er eroberte elf Geschütze. Als der König die Fahnen auf der Schanze flattern sah, sandte er ihm durch einen Adjutanten die Ernennung zum Generalmajor. Sofort stieß er weiter vor, schlug an der Hohen Straße Brentanos Bataillone und nahm den Kirch-Berg (581 m) zwischen Ober-Leutmannsdorf und dem Michelsdorfer Grund, so daß die ganze Stellung aus den Angeln gehoben war und Brentano abziehen mußte. Sein Regiment erkämpfte eine Stunde später vor der Garde Möllendorffs Einbruch südlich Ober-Weistritz, voran hundert Freiwillige unter Hauptmann v.d. Hagen. Der König vergaß ihm nie, was er und sein Regiment in dieser Schlacht alles geleistet hatten, die die Wiedereroberung von Schweidnitz ermöglichte.
Nach einunddreißigjähriger Zugehörigkeit zu seinem Regiment, dessen Standhaftigkeit der König hoch achtete, machte er ihn am 8. April 1763 zum Chef des Infanterie-Regiments Zar Peter von Rußland (Nr.13), das durch dessen Ermordung am 17. Juli 1762 frei geworden war. Er behielt es bis zu seinem Tode. Am 10. September d.Js. wurde er für elf Jahre Kommandant von Berlin, allgemein geachtet und angesehen. Da er fließend französisch sprach, verwandte ihn der König wiederholt im diplomatischen Verkehr und für Repräsentations-Aufgaben. In seinen öfteren Geldschwierigkeiten versagte der König seine Hilfe nicht. 1765 gab er ihm die Amtshauptmannschaft zu Spandau. Als er 1769 um die Heiratserlaubnis für die achtundzwanzig Jahre jüngere Anna Dorothea Scherff bat, mit der er einen zweijährigen Sohn hatte, später General der Infanterie, riet ihm der König lange ab, willigte aber am 14. Mai ein, als er darauf bestand. Ein schweres Leiden raffte ihn vorzeitig dahin.

Generalleutnant Daniel Friedrich v. Lossow geb. 3.11.1721 zu Malsow, Krs. Ost Sternberg, gest. 12.10.1783 zu Goldap/Ostpreußen

Die Lossow gehören zu den preußischen Adelsgeschlechtern, die im deutschen Osten bis nach Polen ansässig und ohne jedes Vorurteil vielfach mit dem polnischen Adel verschwägert waren, sich aber als Stand und Diener des aufstrebenden preußischen Königtums fühlten. Sein Vater Friedrich Wilhelm war Erbherr auf Riedewitz im Fürstentum Glogau, seine Mutter Katharina Luise v. Luck aus Malsow in Mecklenburg. Mit fünfzehn Jahren trat er als Gefreiterkorporal im Infanterie-Regiment Markgraf Heinrich von Brandenburg-Schwedt (Nr.12) in Prenzlau ein. Das war nicht ganz das Richtige. Denn sechs Jahre später fing er erneut als Standartenjunker beim Husaren-Regiment v. Natzmer (Nr.4) Militsch in seiner Heimat an. Im zweiten Schlesischen Krieg nahm er im I. Korps des Königs am Einmarsch bis Süd-Böhmen teil. Den schwierigen Rückzug überstand sein Regiment wacker. Seit 21. März 1745 Kornett, nahm er am 22. Mai an dem siegreichen Gefecht Winterfeldts gegen Nadasdy südlich Landeshut teil, bei dem sich Seydlitz so auszeichnete. Bei Hohenfriedeberg attackierte er in du Moulins Avantgarde ostwärts Pilgramshain die sächsische leichte Reiterei Schlichtings, der gefangen wurde. Nach Verteidigung im Elb-Gebirge, die zu Streifzügen erfolgreich Gelegenheit bot, zersprengte Warnery am 26. September bei Greiffenberg eine Husaren-Abteilung, wobei 'Bosniaken, den Husaren vermenget, sich tapfer gehalten' haben. Er sollte mit ihnen noch zu tun bekommen. Bei Soor meldete das Regiment den Anmarsch des Feindes und sicherte den Rücken der Armee. Im Spätherbst erlebte er das erfolgreiche Gefecht von Groß-Strehlitz, bei dem 112 Gefangene gemacht wurden.

Am 28. Februar 1748 wurde er nach zwölf Dienstjahren Sekondeleutnant. Unter Oberst v. Natzmer, seinem Chef, bildete sich in wenigen Jahren ein hervorragendes Offizierkorps. Rittmeister Friedrich Wilhelm v. Seydlitz war in Trebnitz sein Schwadrons-Chef und Ausbilder. Dauernde Freundschaft verband beide bis zum Tode. Zehnjährige Ausbildungszeit auf Grund der Feldzugserfahrungen und neuen Reglements formte die Husaren zur Schlachten-Kavallerie, was ursprünglich nicht vorgesehen war. Nach fünf Jahren wurde er am 5. Mai 1753 zum Premierleutnant befördert, mit inzwischen einunddreißig Jahren. Sein neuer Chef ab 1755, Oberst Georg Ludwig v. Puttkamer, war ebenfalls sehr befähigt, pflichttreu, edel und beliebt. Unter ihm behielt das Regiment seinen guten Ruf als Ausbildungstruppe. 1756 beurteilte er ihn: »Ein braver Offizier, fleißig im Dienst, hat einen guten Verstand.« Die Richtigkeit dieses Urteils hat er im Siebenjährigen Krieg immer wieder bewiesen, in dem er vom Premierleutnant zum Oberst und zweifachen Regiments-Chef aufstieg dank seiner Gewandtheit, Tapferkeit und Umsicht in der Führung leichter Truppen.

Am 29. August 1756 überschritt er in der Armee des Königs die sächsische Grenze, um vom 10. September bis 16. Oktober Pirna einzuschließen. Am 21. April 1757 war er an Beverns Durchbruch bei Reichenberg beteiligt. Bei Prag nahm er am linken Flügel von Zietens Korps bei Unter-Mecholup am Flankenstoß gegen Hadiks Regimenter teil, der die Reiterschlacht entschied und dem Regiment die meisten Gefangenen brachte. Bei Kolin hielt er südlich Kutlirz Nadasdys Kavallerie mit in Schach. Nach dem Rückzug aus Böhmen ab Ende Juni marschierte er ab 24. August unter Bevern nach Schlesien. Am 30. August d.Js. war er nach vier Jahren Stabsrittmeister. Nach dem unglücklichen Gefecht bei Moys am 7. September ging es in die Lohe-Stellung vor Breslau. Beim Durchbruch der mehr als dreifach überlegenen Österreicher am 22. November sicherte er unter Krockow das rechte Oder-Ufer bei Oswitz, so daß er der Niederlage entging. Überhaupt erwies er sich als sehr geschickt. Bei Leuthen ritt er zuerst am linken Flügel von Württembergs Avantgarde, dann im dritten Treffen von Driesens Schlußattacke nördlich Radaxdorf gegen Lucheses Kavallerie.

Am 10. Februar 1758 versetzte ihn der König unter Beförderung zum Rittmeister als Schwadronschef zum Husaren-Regiment Möhring (Nr.3), wo er bereits nach vier Monaten Major war. Möhring hatte das einst Wartenberg'sche Regiment eben übernommen. Ab März sicherte er bei Landeshut die Belagerung von Schweidnitz, das am 16. April fiel. Dann deckte er die Einschließung von Olmütz bis Anfang August und schlug im Rückmarsch bei Landskron ein Kavalleriekorps zurück. Als die Schweden bis Prenzlau und Neu-Ruppin vorstießen, warf er sie mit seinem Bataillon unter Wedell bei Linum am 22. September bis Fehrbellin, dann am 28. September hinter den Rhin zurück, um noch bis 12. November Torgau vor der Reichsarmee zu erreichen. Am 7. Februar 1759 bekam er die Heiratserlaubnis mit Sophie Eleonore v. Zedmar. Da die Ehe kinderlos blieb, adoptierte er 1777 zu Berlin Johann Christoph Köhler, Leutnant im Bosniaken-Korps. Ab 10. Juli d.Js. stand er im Lager Schmottseiffen, bis er am 30. Juli mit dem König zur Oder zog. Bei Kunersdorf griff er im Korps Finck von den Trettiner Höhen bis zur Enge zwischen Tiefen Weg und Elsbusch an, ohne die linke Flanke der Russen aufbrechen zu können. Ab Mitte September in Sachsen, zeichnete er sich am 29. Oktober bei Pretzsch gegen Arenbergs Vorhut besonders aus. Am 2. November beförderte ihn der König zum Oberstleutnant und verlieh ihm den Pour-le merite. Voll Dank schrieb er: »Diese hohe Gnade erfordert alleruntertänigsten Dank, welchen ich hiermit in teuersten Versicherungen meines brennendsten Eifers Ew. Kgl. Majestät zu Füßen lege.« Am 25. Dezember d.Js. kam er zum Husaren-Regiment v. Ruesch (Nr.5), dessen Kommandeur er ab 23. Januar 1760 wurde.

1760 stand er unter Prinz Heinrich im Sommer zwischen Landsberg und Glogau, dann bei Breslau, um die Vereinigung der Russen mit den Österreichern zu hindern. Nach dem Sieg von Liegnitz traf er am 29. August zu dem aus Sachsen herbeigeeilten König. Mitte September nahm er unter Wied die Höhen von Hohgiersdorf westlich Schweidnitz. Seine Stärke lag im beweglichen Einsatz leichter Truppen, der an Bedeutung gewann, je mehr sich die großen Armeen untätig in Schach hielten. Als sich der König Mitte Oktober zur Elbe wandte, kehrte er nach Schlesien zurück, wo v.d. Goltz die Österreicher ins Gebirge zurückdrängte. Am 15. Mai 1761 wurde er Oberst — in acht Jahren vom Premierleutnant avanciert — als Goltz bei Glogau den Anmarsch der Russen erwartete. Um den Kosaken Lanzenreiter entgegenzustellen, sollte er sein Bosniaken-Komando wieder auf eine Schwadron bringen. Die Verstärkung zum Regiment war geplant. Der Überfall auf Posen Ende Juni wurde verpaßt; Zieten traf bei Kosten auf überlegenen Feind. Er lieferte dabei erfolgreiche Gefechte gegen die leichte Reiterei der Russen. Vor dem Rückzug des Königs auf Schweidnitz rieb er am 18. Juli bei Peucker das Husaren-Regiment Szeczeny völlig auf. Im Lager Bunzelwitz führte er eine Husaren-Brigade; sein Regiment sicherte Neudorf. Seine Erfolge belohnte der König mit 1 000 Talern. Ab 12. September zeigte er bei Platens Raid gegen Gostyn und dem Durchbruch bis Kolberg, was sein Regiment und das Husaren-Regiment (Nr.7) leisteten. Ausbruch aus Kolberg und Rückzug bis Alt-Damm waren verlustreich. In Leipzig füllte er sein Regiment wieder auf und brachte die Bosniaken bis 17. März 1762 auf Regiments-Stärke, dessen Chef er gleichzeitig wurde.

Am 9. Mai 1762 wurde er auch Chef seines Regiments, so daß er ständig über eine Brigade verfügte, nachdem er am 4. Mai bei Hohenfriedeberg ein Detachement zersprengt hatte. Am 21. Juli führte er am rechten Flügel bei Dittmannsdorf und Reußendorf den Scheinangriff zur Entlastung von Burkersdorf. Am 16. August attackierte er bei Reichenbach neben Württemberg mit drei Regimentern erfolgreich. Seine Kampfeslust brachte vorbildliche Leistungen. Ende des Jahres sandte ihn der König nach Polen zum Ankauf von Getreide, was mit Ende des Krieges an Bedeutung gewann. Im Frieden diente sein Regiment als Lehr-Regiment; die Bosniaken reduzierte der König trotz Bewährung auf zwei Schwadronen. Bei ihren Offizieren gab es Widerspruch, als er die geschlossene Fechtweise der Husaren durchsetzen wollte, weil sie den Einzelkampf nach Kosakenart bevorzugten. Am 20. Mai 1766 wurde er Generalmajor. Ab 24. Mai 1769 wurden die Bosniaken wieder auf fünf Schwadronen verstärkt, achtzehn Monate darauf verdoppelt. Für Mühe und Erfolg schenkte ihm der König 10 000 Taler. Wiederholt wandte sich der König gegen Heiraten von Subaltern-Offizieren: »Ich lasse solches zu, wenn es ihre Familien- und Güter-Angelegenheiten erfordern. Ich gebe aber niemals zu, daß Leutnants sich frühzeitig mit Frauens behängen, weil solches allemal von üblen Folgen zu sein pfleget und sie die Weiber im Felde mitschleppen.«

Am 6. April 1772 gab ihm der König Bellings Kommando über die Truppen in Polen. Er solle ganz friedlich verfahren und eine Liste aller Offiziere vorlegen, die sich Übergriffe erlaubt hätten. Würde der Feind unruhig, solle er »ihm ohne Umstände auf den Hals gehen«. Zum Dank wurde er am 28. April d.Js. Domherr in Magdeburg. Ab 19. Mai hatte er bis 1774 vier neue Garnison-Bataillone aufzustellen. Auf eine Forderung des Fürsten Sulkowsky meinte der König: »Wenn Meine Generals sich mit Windbeuteln einlassen, könnte Ich keinem in Polen ein Kommando geben. Ihr könnt die Beleidigung unmöglich anders als mit Verachtung empfinden. Das ist der einzige Weg, sich diesen Narren vom Halse zu schaffen. Es sollte Mir leid tun, um solcher Kanaille einen braven General zu riskieren.« Am 24. April 1774 wurde er Erster Kommissar zur endgültigen Grenzfestsetzung gegen Polen, von Brenckenhoff unterstützt. 1778 führte er seine Regimenter in der Armee des Königs, der mit seinen Ulanen unzufrieden war. Am 13. Juni 1776 wurde er Amtshauptmann in Preußisch Mark, Krs. Mohrungen, am 21. Mai 1781 Generalleutnant. Am 17. Oktober 1783 schrieb der König: »Euer Zustand ohne Hoffnung auf Genesung kränket Mich recht herzlich und würde Mir Euer Verlust unendlich nahe gehen!«

Generalleutnant Friedrich Wilhelm v. Wartenberg, Generalintendant geb. 4.4.1725 zu Lütkendorf über Pritzwalk, gest. 27.2.1807 zu Trampe bei Eberswalde

Wartenbergs Eltern waren in der Ostprignitz ansässig. Sein Vater Hans Balthasar, als preußischer Leutnant ausgeschieden, war Erbherr auf Lütkendorf, seine Mutter Magdalena Sophie v. Graevenitz. Mit dreizehn Jahren besuchte er ab 18. Juni 1738 drei Jahre die Berliner Kadetten-Anstalt. Am 1. Dezember 1741 nahm ihn der König als Leib-Page zu sich, so daß er den Feldzug 1742 einschließlich Chotusitz im Gefolge des Königs erlebte und Leben, Arbeit und Führung des Königs im Feldlager kennenlernte. Es zeigte sich bald, daß er seine Karriere fern vom Truppendienst durchlaufen würde. Ohne erkennbare Ausbildung wurde er bereits 1743 Sekondeleutnant und Flügeladjutant des Königs.

Im zweiten Schlesischen Krieg war er 1744 an der Seite des Roi-Connétable bei Prag, dem Vorstoß nach Süd-Böhmen und dem immer schwieriger werdenden Rückzug, dessen Ende er nicht erlebte, weil er dem König nach Berlin folgte. Den Oberbefehl in Schlesien übernahm der Dessauer. Im April 1745 ging er ins Hauptquartier Kamenz, dann am 27. Mai ins Lager Frankenstein, um am 30. Mai nach Reichenbach vorzugehen. Nach dem glücklichen Sieg von Hohenfriedeberg sandte ihn der König mit der Sieges-Botschaft nach Berlin. Am 31. Juli d.Js. beförderte er ihn im Zuge der allgemeinen Dienstgrad-Anhebung der Adjutanten zum Kapitän, mit zwanzig Jahren, ohne eine Kompanie geführt zu haben. Vom Lager Semonitz an der Elbe Ende August verlegte der König sein Hauptquartier am 19. September nach Staudenz, um abzuziehen, als es am 30. d.M. im Abmarsch zur bösen Überraschung des Überfalles von Soor kam. Ende Oktober reiste er mit dem König nach Berlin zurück. Der König hatte seine besonderen Fähigkeiten und seine Gewissenhaftigkeit längst erkannt. Er setzte unbedingtes Vertrauen in ihn und verwandte ihn zunehmend für besondere Aufträge. Während die Zahl der Generaladjutanten ständig sank, vermehrte er seine Flügeladjutanten von zunächst vier auf achtzehn 1745 und zwanzig 1753, nach 1756 zeitweise sogar noch mehr. Sie wurden aus der Hofstaatskasse besoldet. In der Rangliste standen sie seit 1740 vor den Regimentern als 'Officirs zum General-Stab gehörend' und trugen eine besondere Uniform, im Alltag nur das Achselband. Da es keine feste Geschäftsverteilung gab, wechselten die Aufgaben verschiedenartig von militärischen, politischen, wirtschaftlichen, organisatorischen zu Verwaltung, Nachschub, Personalführung, was immer erforderlich war. Meist bearbeitete er einen Aufgabenbereich längere Zeit, um sich einzuarbeiten und sachkundig zu werden. Dennoch blieb sein Aufgabenkreis äußerst vielseitig. Von 1747 bis 1756 unterstand er dem Generaladjutanten Oberst Johann Heinrich Wilhelm Frhr. v. Buddenbrock, einem Sohn des Feldmarschalls. Er versah daneben auch gewöhnlichen Adjutanten-Dienst, überbrachte Befehle, übernahm im Felde Aufklärungsaufträge, Gelände- und Straßenerkundungen und führte Bagage, Nachschub-Kolonnen oder größere Verpflegungstransporte. Waren die Flügeladjutanten im Felde unentbehrlich, so wuchsen im Frieden aus ihrem Kreise künftige, meist jüngere, Generale heran, die die Führung und ihre Methoden beherrschten.

Er blieb unverheiratet. Ab 1752 arbeitete er vorwiegend im 2. Departement des Generals v. Massow, der für Bekleidung, Bewaffnung, Ausrüstung und Rekrutierung der Armee verantwortlich war. Er stattete die Armee neu aus und legte umfangreiche Vorräte für die Mobilmachung und den Kriegsfall an, besonders für Neuformationen und den zu erwartenden Verlust. Die Vorräte lagerten im Hauptmagazin Berlin, bei den Gewehrfabriken, im Zeughaus und auf Dachböden von Rathäusern und Kirchen. Im Kriege wurden die Kleidergelder der Regimenter einbehalten; im Winterquartier meldeten sie ihren Bedarf. Wartenberg brachte die Listen gesammelt nach Berlin, besorgte das

Notwendige aus den Magazinen und leitete alles der Truppe zu. Danach bestellte er entsprechende Neu-Lieferungen, um die Magazine vorsorglich aufzufüllen. »Wir haben niemals Mangel gelitten an dem, was die Armee bedurfte, obwohl es Feldzüge gab, die uns 40 000 Gewehre und 20 000 Pferde kosteten«, schrieb der König in seinem Testament von 1768. Allein die Bekleidung und Ausrüstung verschlang jährlich 973 594 Taler, und das bei niedrigen Lohnkosten. Aber es gab ja keine durchgängige Einheits-Uniform. War er auch nicht bei der Truppe, so hatte er zentrale Aufgaben für die ganze Armee mit zu erfüllen.

1756 war er bei Lobositz und der Gefangennahme der Sachsen bei Pirna eingesetzt, wonach der König allein zehn neue Infanterie-Regimenter durch ihre Eingliederung aufstellte. Gleichzeitig formierte er die ersten vier Frei-Bataillone, bei denen er mit Oberst v. Wobersnow zu tun hatte. Weitere Frei-Bataillone folgten später. 1757 erlebte er alle Schlachten außer Groß Jägersdorf und Breslau, dazu die Belagerungen von Prag und Breslau mit. Allein die Schlachten-Verluste in Höhe von 45 868 Mann erzwangen erhebliche Bemühungen um Ersatz, wenn auch noch ein Teil der Gefangenen ausgetauscht wurde. So war er jetzt für Fragen der Werbung und Rekrutierung zuständig. Am 6. Dezember 1757 beförderte ihn der König nach vierzehnjähriger Adjutanten-Arbeit zum Major. 1758 nahm er an der Belagerung von Olmütz und an der Katastrophe von Hochkirch teil. Im Winter 1758/59 befand er sich wegen des Abganges von mehr als 25 000 Mann auf Werbung im polnischen Staatsgebiet, das ja Sachsen unterstand. Seine Berichte an den König bewiesen großes Verständnis und Eifer, mit dem er sich seiner schwierigen Aufgabe unterzog.

1759 erlebte er den Tod von Wobersnow bei Kay. Mit den Verlusten von Kunersdorf waren es nur hier wieder 25 745 Mann Verluste. Nach dem Ausfall von Wobersnow, der seit 23. Februar 1752 Winterfeldts Nachfolger und nach dessen Tod der engste Vertraute des Königs war, wurden ihm sämtliche Fragen des Ersatzes, der Bekleidung und der Freikorps, die immer schwieriger wurden, übertragen. Auffüllung der Truppe aus allen Nachbar-Ländern war vordringlich. Achtzehn Jahre diente er inzwischen in unmittelbarer Umgebung des Königs. Auf einen seiner Berichte antwortete der König am 30. Januar 1760: »Nachdem Ich ersehen habe, wie die in Berlin und Stettin gewesenen 2 200 Rekruten verteilet worden sind, so daß nichts übrig geblieben, gebe Ich Euch in Antwort, daß, wie Hülsen die Anzahl von Rekruten nicht ganz haben will, Ihr etwas an das Regiment Prinz von Preußen und das Wiedtsche schicken sollet. Was die aus dem Potsdamschen Waisenhaus gezogenen Burschen betrifft, sollet Ihr die elf Tambours an das Prinz Heinrichsche Regiment schicken, die zwei Hautboisten aber an die Grenadier-Kompanie Meines Ersten Bataillons Garde abgeben. Wegen der dort stehenden blauen Tücher, so erst bestellet werden müßten, so daß verschiedene Regimenter ihre Mundierung später bekommen würden, habe Ich bereits geantwortet, daß Ihr Mir solche Regimenter specificiren sollet und was an Tüchern erfordert werde, weil Ich sehen wollte, wegen der Tücher aus Sachsen zu helfen. So befremdet es Mich, daß Ihr Mir solchen Bericht noch nicht zugeschicket habet.«

Am 15. Mai 1761 beförderte ihn der König zum Oberstleutnant. Ab 9. Februar 1763 zentralisierte er die bis dahin den Regimentern gezahlten Werbegelder in der sogenannten 'Wartenbergischen Kasse', aus der jetzt die gesamte auswärtige Werbung bestritten wurde. Nur wenige bevorzugte Regimenter durften weiter direkt werben. Am 6. April d.Js. wurde er Oberst, mit 38 Jahren. Drei Wochen später ernannte ihn der König am 1. Mai zum Generalintendanten und Direktor des 2. Departements im Oberkriegskollegium auf der Stelle des am 24. Juli 1761 verstorbenen Generalleutnants v. Massow, den seither Oberst v. Stechow vertreten hatte. Zu seinen bisherigen Arbeitsgebieten Bekleidung, Ausrüstung, Bewaffnung und Rekrutierung trat nun der Verpflegungs-Etat nach Anweisung des Königs hinzu. Er versah diese Aufgaben vierundzwanzig Jahre bis kurz nach dem Tode seines Königs. Erhebliche Summen gingen durch seine Hände. Allein die Einnahme aus Beurlaubten- und Fourage-Geldern der Provinzen lag z.B. jährlich bei 800 000 Talern, von denen 300 000 für Werbung, alles andere zur Auffüllung der Waffen- und Ausrüstungsdepots diente, da im Kriegsfalle alle Truppenteile verstärkt wurden. Er häufte ungeheures Kriegsmaterial an: weit über 400 000 Gewehre, 44 000 Pistolen, 30 000 Pallasche, 21 000 Säbel, 112 000 mal volle Ausrüstung, 30 000 Zelte, 65 000 Feldkessel u.a. Für verderbliche Gegenstände wurde Bargeld hinterlegt. Die Tuchfabrik der Armee verpachtete er 1764 dem Kaufmann Henri Smits aus Aachen, die Gold- und Silbermanufaktur für die Tressen 1763 gegen eine Abgabe für das Militärwaisenhaus an Veitel Heine Ephraim.

Als er 1767 nach vier Jahren im Amt den König um Beförderung und Verwendung in der Truppe bat, antwortete er am 10. September.: »Ich gebe Euch in Antwort, wie Ihr den Euch anvertrauten Posten nur ferner gehörig in Ordnung zu erhalten habet und versichert sein könnt, daß Ihr im Avancement nicht vergessen werdet.« Am 28. Mai 1770 wurde er mit fünfundvierzig Jahren Generalmajor unter Rückdatierung um zwei Jahre neun Monate, d.h. auf drei Wochen vor Antwort des Königs. 1779 ernannte er ihn zum Vorsitzenden der Schiedskommission für Werbungs-Streitigkeiten. Ab 15. Juni 1781 war er Generalleutnant und bekam am 25. März 1784 den Schwarzen Adler-Orden als hohe Anerkennung. Nach dem Tode des Königs erarbeitete er mit Möllendorff und Minister v. Heinitz eine Neuregelung des Lieferwesens für die Armee, die am 22. Februar 1787 in Kraft trat. Eine von Neidern veranlaßte Untersuchung nach seinem Ausscheiden am 3. Juni d.Js. ergab eine ebenso vorbildliche wie sparsame Wirtschaft, so daß ihm der neue König den Roten Adler-Orden verlieh.

Generalleutnant Friedrich Wilhelm v. Rohdich geb. 22.2.1719 zu Potsdam, gest. 23.1.1796 zu Berlin

Rohdichs Urgroßvater kam mit Gustav Adolf aus Schweden; seine Familie blieb in Königsberg/Preußen. Sein Vater Friedrich Johann Bernd war wegen Streitigkeiten nach Schweden zurückgekehrt und unter Karl XII. Kapitän geworden, bis er 1715 in Stralsund gefangen wurde. Der König stellte ihn als Feldwebel in der Leibkompanie seines Garde-Regiments (Nr.6) ein und beförderte ihn später zum Kapitän, Anfang 1758 zum Chef der Werderschen Invalidenkompanie. Er stand in hohem Ansehen. Seine Mutter war Dorothea Beaters. Für seinen Sohn beschaffte ihm der König persönlich Freitisch und Freiplatz ab 20. April 1734 im Joachimsthalschen Gymnasium Berlin und versprach ihm die Offizierlaufbahn. 1736 trat er ebenfalls bei der Leibkompanie des Garde-Regiments (Nr.6) ein und war ein Jahr später Unteroffizier. Nach Regierungsantritt von König Friedrich II. wechselte er am 23. Juni 1740 unter Beförderung zum Fähnrich zum I./Regiment Garde (Nr.15), dessen Kommandeur Oberst Friedrich Wilhelm Markgraf von Brandenburg war. Der König zog ihn bereits in seine Nähe. Ab 4. August d.Js. verlegte der König sein Bataillon als »Leibgarde« von Ruppin nach Potsdam. Bei Mollwitz wurde er verwundet, als das Bataillon am rechten Flügel unter schwersten Verlusten dem Hauptangriff standhielt. Bei Chotusitz wurde er beim III. Bataillon seines Regiments zum zweiten Mal verwundet. 1743 durfte er ein halbes Jahr die Garnison-Schule, die Lage der Kinder, verarmter Offiziertöchter und des Großen Militärwaisenhauses in Potsdam untersuchen und dem König darüber berichten, wobei er auch ein Stadtarmenhaus vorschlug. Bei der Vorsprache beim König am 10. Februar 1744 machte er ihn zum Sekondeleutnant.

Der Feldzug von 1744 führte ihn in langen Märschen ohne greifbare Ergebnisse bis Tabor, wo ab 18. Oktober der Rückzug begann. Ab 23. November marschierten die Regimenter von Königgrätz einzeln nach Schlesien. Sein Regiment blieb in Breslau. Bei Hohenfriedeberg griff er in der Garde-Brigade den doppelt so starken linken Flügel der Österreicher bei Günthersdorf an, wobei sein Kommandeur, Oberst Felix Bogislav v. Schwerin, fiel. Stabsoffiziere und Kapitäne bekamen den Pour-le merite. Bei Soor durchbrach er unter Prinz Ferdinand von Braunschweig südlich Burkersdorf das feindliche Zentrum mit dem Bajonett. Immer wieder sprach ihn der König an, erfreut über seine freimütigen Antworten. Ab 6. Oktober begann der Rückmarsch; am 14. November zog sein Regiment vor dem Berliner Schloß am König vorbei. Dann blieb sein Bataillon zum Schutze der Residenz in Potsdam, wo er am 1. Januar 1746 den feierlichen »Einmarsch der Garden« miterlebte.

Ab 1746 schickte ihn der König auf Werbung, zunächst in das seit 1744 preußische Ostfriesland. Über einen Verbindungsmann in Aurich gelang es ihm, drei Kompanien zu bekommen. Dann reiste er bis Schaffhausen und ins Elsaß. Der Ruhm des Königs erleichterte das Geschäft. Schon am 26. März d.Js. sprach ihm der König seine besondere Anerkennung aus. Ende des Jahres schrieb er: »Hier treffen täglich neue Soldaten ein wie das Vieh auf dem Markt. Ich spreche Ihm Meine Anerkennung aus, daß Er seinem Vaterlande auch im Frieden so vortrefflich zu dienen weiß.« Ende 1747 kehrte er über Böhmen nach Potsdam zurück, wo man von seinem 'Beutezug' sprach. 1749 wurde er mit dreißig Jahren Premierleutnant. Exerzieren und Ausbilden bestimmten die nächsten Jahre. Ende 1750 schickte ihn der König zur Erkundung nach Schlesien. Im Juli 1751 zurück, hatte er im August den König wieder dorthin zu begleiten. 1753 nahm er am großen Manöver bei Spandau vom 2. bis 13. September teil. Nach erneuter Werbung in Süd-

deutschland 1755 wurde er am 23. März 1756 Stabskapitän, am 13. Juli d.Js. Kapitän und Kompaniechef im I. Bataillon seines Regiments.
Bei Feldzugbeginn zog er mit nach Pirna. Vor Prag gehörte er zu den Einschließungstruppen. Als er in der Nacht vom 25. zum 26. Mai 1757 den feindlichen Ausfall-Versuch erkannte und energisch zurückschlug, verlieh ihm der König zwei Tage danach den Pour-le merite und am 5. Juni eine Präbende beim Stift St. Peter und Paul zu Magdeburg als ungewöhnliche Anerkennung. Seine Kompanie wurde vom König reich beschenkt. Wenig später gab er ihm die Amtshauptmannschaft Rosenberg dazu. Der beispiellose Alleingang seines Bataillons in der Niederlage von Kolin unter Oberst v. Tauentzien blieb ihm erspart. Da sein Bataillon nur noch 300 Mann hatte, marschierte es über Dresden nach Potsdam, um bis zum Herbst wieder aufgefüllt zu werden, während er nach Mecklenburg auf Werbung ging. Nach seiner Rückkehr erlebte er Roßbach, ohne in den Kampf zu treten. Ab Mitte November folgte der Eilmarsch von Leipzig nach Parchwitz. Vor Leuthen war er Zeuge der berühmten Ansprache; in der Schlacht erstürmte er neben Möllendorff den feuerspeienden Kirchhof. Dafür erhielt er zum zweiten Mal den Pour-le merite. Am 19. Dezember d.Js. war auch Breslau wieder genommen.

1758 nahm er bei Zorndorf in der Avantgarde unter Manteuffel an dem verlustreichen Eröffnungs-Angriff, bei Hochkirch an der Auffang-Aktion auf den Pommritzer Höhen teil. Den Winter in Breslau nutzte er nicht nur zur Ausbildung, sondern auch zur Werbung neuer Rekruten. 1759 sandte ihn der König in die Schweiz und nach Bayern auf Werbung, wobei er auch über die Stimmungslage berichtete, die den König legendär verklärte und sich gegen Österreich und Franzosen zu wenden begann. Bei seiner Heimkehr Ende November d.Js. sagte der König: »Er macht seine Sache gut!« und nahm Anteil am Tode seines Vaters. 1760 gehörte er zur Besatzung Breslaus unter seinem energischen Kommandeur, Generalmajor v. Tauentzien. Ab 1. August erlebte er die Belagerung durch Loudon, der sie am 4. August wegen des Anmarsches von Prinz Heinrich abbrach. Zuvor hatte ihn am 23. Juli die Beförderung zum Major erreicht. Bei Liegnitz warf er unter Möllendorff Loudons Truppen über die Katzbach zurück. Bei Torgau stürmte er mit ihm im Korps Zieten abends am Lausker Berg in den Rücken der Österreicher. Für seinen Einsatz soll ihm der König den Pour-le merite zum dritten Mal verliehen haben. 1761 sicherte er im Lager Bunzelwitz nördlich des Dorfes die starke Artillerie-Schanze V in der Brigade Möllendorff. 1762 warf er bei Burkersdorf im Morgengrauen Loudons Regiment von der befestigten Höhe 312 bei Oberweistritz, während Möllendorff den Gegner von Süden umfaßte. Der König hatte ihm den Dienstadel verliehen, weil er »ein adliger Mann« sei.

Im Frieden blieb er in der Nähe des Königs. Es ging jetzt um die Erhaltung und Verbesserung der Armee. Obwohl mit der 29 Jahre jüngeren Caroline Friederike v. Hoffmann, Witwe des 1757 gefallenen Majors v. Oesfeld, liiert, traute er sich keine Bitte um Heiratserlaubnis beim König. Als er Ende 1764 auf seine sozialen Anliegen von 1743 zurückkam, war dem König das zu früh. Am 23. Juli 1767 wurde er Oberstleutnant, am 13. Juni 1771 mit zweiundfünfzig Jahren Oberst. 1776 war der König mit den Regimentern in Schlesien unzufrieden. Er schickte ihn dorthin, um ihnen Drill und Gefechtsexerzieren beizubringen, für Rohdich recht unangenehm, da Tauentzien dafür verantwortlich war. Anschließend überprüfte er die Festungen. Ende des Jahres in Potsdam, äußerte sich der König zufrieden und ernannte ihn am 12. Januar 1776 zum Generalinspekteur der Westfälischen Infanterie und Drost zu Emden. Dazu bekam er die Amtshauptmannschaft von Mühlenhof in Berlin. Im Herbst kam er wieder nach Potsdam und wurde Kommandeur des Regiments Garde (Nr.15) und Inspekteur der Potsdamer Infanterie-Inspektion anstelle der Westfälischen.

Im Feldzug 1778/79 führte er die Reserve-Brigade des erkrankten Generalmajors v. Lestwitz. Nach Rückkehr nach Potsdam am 3. Juni 1779 ernannte ihn der König am 17. Juli zum Chef des Grenadier-Garde-Bataillons (Nr.6), drei Tage später zum Generalmajor, Stadt-Kommandanten von Potsdam und Direktor des Großen Militärwaisenhauses. Zuvor hatte er auf Wunsch des Königs als neuen Feldpropst der Armee den Feldprediger Kletschke vorgeschlagen, den er am 11. Juni d.Js. bestellte. Jetzt konnte er seine Anliegen in Angriff nehmen.

Das Militärwaisenhaus, seit 1771 für 214 000 Taler neu erbaut, wurde 1777 vollendet. Es gehörten das Kadettenhaus und ein Mädchenhaus dazu. Rohdich ging es um Verbesserung von Erziehung und Unterricht und der Wirtschaftsführung. Mit Kapital des Waisenhauses, das verzinst wurde, gründete er ein Leihhaus, das für Wohltätigkeitszwecke Gewinn abwarf. Dazu erhielt er die Oberaufsicht über das Stadtarmenhaus und die Kgl. Hofpagen. Dann brachte er Ordnung in die Garnison-Schulen. Alle Aufgaben führten ihn täglich persönlich zum König. Im August 1785 begleitete er ihn zur letzten Revue nach Schlesien. Häufig ritt er mit ihm und Möllendorff durch Berlin. Am 9. März 1786 wurde er mit 67 Jahren Generalleutnant mit einer Zulage von 2 000 Talern. Als er am 16. August d.Js. beim König wegen der Parole vorsprach, konnte dieser weder antworten noch etwas aufschreiben. In der Nacht starb er. Sein Nachfolger machte ihn am 25. Juni 1787 unter seinem Freunde Möllendorff zum geschäftsführenden Ersten Präsidenten des Oberkriegskollegiums und Geh. Staats- und Kriegsminister, als der er unermüdlich für das Wohl der Armee sorgte, und beförderte ihn am 8. Januar 1794 mit 74 Jahren noch zum General der Infanterie. Am 5. November 1787 ehelichte er mit 68 Jahren endlich seine Lebensgefährtin. Da die Ehe kinderlos blieb, adoptierte er den Sohn seines Bruders. Seine Habe vererbte er dem Garde-Bataillon als Stiftung.

Übersicht der Generalität

(nach Alphabet mit letztem Dienstgrad)

Beförderung zum Generalmajor vor 1740

GFM Christian August Fürst von Anhalt-Zerbst	1690-1747
GFM Dietrich Fürst von Anhalt-Dessau	1702-1769
GFM Leopold Fürst von Anhalt-Dessau	1676-1747
GFM Leopold Maximilian Fürst von Anhalt-Dessau	1700-1751
GFM Adrian Bernhard Graf v. Borcke	1668-1741
GM Friedrich Wilhelm v. Borcke	1680-1743
GL Georg Friedrich Heinrich v. Borcke	1686-1747
GL Friedrich Wilhelm Markgraf von Brandenburg-Schwedt	1700-1771
GdK Friedrich Sigismund v. Bredow	1683-1759
GFM Wilhelm Dietrich v. Buddenbrock	1672-1757
GL Christoph Martin Graf v. Degenfeld-Schonburg	1689-1762
GFM Friedrich Ludwig Burggraf und Graf zu Dohna-Carwinden	1694-1749
GL Alexander Graf v. Dönhoff	1683-1742
GFM Friedrich Wilhelm v. Dossow	1669-1758
GFM Adam Christoph v. Flanß	1664-1748
GFM Friedrich Leopold Graf v. Geßler	1688-1762
GFM Caspar Otto v. Glasenapp	1664-1747
GL Georg Rudolf v. Glaubitz	1673-1740
GdI David Georg v. Graevenitz	1680-1757
GFM Friedrich Wilhelm Herzog von Holstein-Beck	1687-1749
GM Louis de l'Hôpital	1669-1755
GFM Joachim Christoph Friedrich v. Jeetze	1673-1752
GFM Hans Heinrich Graf v. Katte	1681-1741
GFM Christoph Wilhelm v. Kalckstein	1682-1759
GFM Henning Alexander v. Kleist	1677-1749
GL Georg Volrad v. Kröcher	1678-1748
GdI Otto Friedrich v. Leps	1679-1747
GdA Christian Nikolaus v. Linger	1669-1755
GdI Heinrich Karl v.d. Marwitz	1680-1744
GdK Hans Friedrich v. Platen	1668-1743
GFM Erhard Ernst v. Roeder	1665-1743
GL Adolf Friedrich Graf v.d. SSchulenburg-Beetzendorf	1685-1741
GFM Curt Christoph Graf v. Schwerin	1684-1757
GdI Egidius Ehrenreich v. Sydow	1669-1749
GM Arnold Christoph v. Waldow	1672-1743
GM Friedrich Sigismund v. Waldow	1682-1743
GL Friedrich Otto Frhr. v. Wittenhorst-Sonsfeld	1678-1755

Beförderung zum Generalmajor zwischen 1740 und 1763

GM Johann Ernst v. Alemann	1684-1757
GM Georg Friedrich v. Amstel	1690-1757
GM Luigi Marquis d'Angelelli de Malvezzi	1716-1794
GL August Ludwig Fürst von Anhalt-Köthen	1697-1755
GM Franz Adolf Fürst von Anhalt-Bernburg und Schaumburg	1724-1784
GM Friedrich Heinrich Eugen Prinz von Anhalt-Dessau	1705-1781
GFM Moritz Prinz von Anhalt-Dessau	1712-1760
GM Ehrenreich Friedrich v. Aschersleben	1707-1761
GM Moritz Wilhelm v. d. Asseburg	1698-1780
GM Joachim Christian v. Bandemer	1702-1764
GM Alexander v. Beaufort	1683-1743
GM Bernhard v. Beauvrye	1690-1750
GM Carl Frederic v. Beckroith	1716-1783
GL Wilhelm Sebastian v. Belling	1719-1779
GL Lorenz Ludwig v. Below	1692-1760
GL Konrad Lebrecht Marschall v. Bieberstein	1695-1768
GM Ludwig Wilhelm v. Bissing	1682-1762
GM Bernd Sigismund v. Blanckensee	1693-1757
GM Christian Friedrich v. Blanckensee	1716-1757
GM Wolf Alexander Ernst Christoph v. Blanckensee	1684-1745
GL Anselm Christoph v. Bonin	1685-1755
GL Kasimir Wedig v. Bonin	1691-1752
GM Friedrich Ludwig Felix v. Borcke	1702-1751
GL Franz Andreas v. Borcke	1693-1766
GdK Heinrich Adrian Graf v. Borcke	1715-1788
GM August Gottlieb v. Bornstedt	1698-1772
GL Bernhard Heinrich v. Bornstedt	1690-1752
GL Heinrich Günther Gottfried v. Bosse	1680-1755
GL Johann Christian v. Brandeis	1687-1771
GL Friedrich Markgraf von Brandenburg-Bayreuth	1711-1763
GM Friedrich Wilhelm Markgraf zu Brandenburg-Schwedt	1714-1744
GM Heinrich Friedrich Markgraf von Brandenburg-Schwedt	1709-1788
GdI Karl Albrecht Markgraf von Brandenburg	1705-1762
GL August Wilhelm v. Braun	1701-1770

GdI August Wilhelm Herzog zu Braunschweig-Wolfenbüttel 1715-1781
GFM Ferdinand Herzog zu Braunschweig-Wolfenbüttel 1721-1792
GdI Friedrich August Herzog von Braunschweig und Lüneburg 1740-1805
GM Friedrich Franz Herzog von Braunschweig und Wolfenbüttel 1732-1758
GL Friedrich Karl Ferdinand Herzog zu Braunschweig und Lüneburg 1729-1809
GL Asmus Ehrenreich v. Bredow 1693-1756
GL Caspar Ludwig v. Bredow 1685-1773
GM Joachim Leopold v. Bredow 1699-1759
GM Jakob Friedrich v. Bredow 1702-1783
GM Karl Wilhelm v. Bredow 1682-1761
GM Friedrich Jakob Heinrich v. Briest 1695-1768
GM Johann v. Bronikowski 1680-1767
GL Johann Jobst Heinrich Wilhelm v. Buddenbrock 1707-1781
GdK Christoph Karl v. Bülow 1716-1788
GL Johann Albrecht v. Bülow 1708-1776
GM Karl Friedrich v. Craatz 1671-1747
GL Ernst Heinrich Frhr. v. Czettritz und Neuhaus 1713-1782
GM Christian Reinhold v. Derschau 1679-1742
GM Karl Friedrich v. Derschau 1697-1752
GM Henning Otto v. Dewitz 1707-1772
GL Christian Friedrich v. Diericke 1709-1783
GL Karl Wilhelm v. Dieskau 1701-1777
GM Peter v. Dieury 1700-1756
GL Christoph Burggraf und Graf zu Dohna-Schlodien 1702-1762
GL Wilhelm Alexander Burggraf und Graf zu Dohna-Schlodien 1695-1749
GM André Jean Persode de Dommengeville 1684-1757
GL Georg Wilhelm v. Driesen 1700-1758
GL Gottfried Emanuel v. Einsiedel 1690-1745
GL Friedrich August v. Finck 1718-1766
GM Jonathan Friedrich v. Finck 1687-1757
GL Friedrich Ludwig Graf Finck von Finckenstein 1709-1785
GM Kurt Friedrich v. Flanß 1708-1763
GM Ernst Bogislav Graf v. Flemming 1704-1764
GL Friedrich Wilhelm Quirin v. Forcade Marquis de Biaix 1698-1765
GdI Ernst Heinrich August Baron de la Motte Fouqué 1698-1774
GM Gabriel Monod de Froideville 1711-1758
GL Georg Karl Gottlieb v. d. Gabelentz 1709-1777
GM Otto Ernst Heinrich v. Gersdorff 1710-1773
GM Ernst Ludwig v. Goetze 1697-1745
GM Georg Franz Konrad Frhr. v.d. Goltz 1704-1747
GL Karl Christoph Friedrich Frhr. v.d. Goltz 1707-1761
GM Christoph Heinrich v. Grabow 1700-1770
GM Johann v. Grant 1710-1764
GM Curt Heinrich v.d. Groeben 1683-1746
GM Philipp Wilhelm v. Grumbkow 1711-1778
GM Johann Michael v. Gschray 1701-1770
GM Karl Ferdinand Frhr. v.d. Hagen gen. v. Geist 1710-1759
GL Hans Christoph Friedrich Graf v. Hacke 1699-1754
GM Friedrich Christian v. Hauß 1698-1764
GL Heinrich Karl Ludwig von Hérault de Hautcharmoy 1689-1757
GM Johann Caspar v. Hertzberg 1685-1745
GFM Friedrich II. Landgraf von Hessen-Kassel 1720-1785
GM Georg Wilhelm Prinz von Hessen-Darmstadt 1722-1782
GL Ludwig IX. Landgraf von Hessen-Darmstadt 1719-1790
GdK Georg Ludwig Herzog von Holstein-Gottorp 1719-1763
GM Christian Siegmund v. Horn 1714-1777
GM Friedrich Magnus v. Horn 1704-1774
GL Johann Dietrich v. Hülsen 1693-1767
GM Johann Ludwig v. Ingersleben 1703-1757
GL August Friedrich v. Itzenplitz 1691-1759
GM Joachim Christian Friedrich v. Itzenplitz 1706-1766
GL Adam Friedrich v. Jeetze 1689-1761
GM Hans Christoph v. Jeetze 1694-1757
GM Martin Eberhard Frhr. v. Jungken Müntzer von Mohrenstamm 1692-1769
GM Henning Alexander v. Kahlden 1713-1758
GM Samuel Adolf v. Kalckreuth 1693-1778
GL Karl Erhard v. Kalnein 1687-1757
GL Christian Ludwig v. Kalsow 1694-1766
GL Hans Wilhelm v. Kanitz 1692-1775
GM Ernst Ludwig v. Kannacher 1692-1765
GM Bernd Christian v. Katte 1700-1778
GL Hans Friedrich v. Katte 1698-1765
GM Karl Emilius v. Katte 1706-1757
GL Nikolaus Andreas v. Katzler 1696-1760
GFM Jacob v. Keith 1696-1758
GM Ewald Georg v. Kleist 1698-1768
GL Franz Ulrich v. Kleist 1688-1757
GM Friedrich Ludwig v. Kleist 1694-1757
GM Friedrich Wilhelm Gottfried Arnd v. Kleist 1724-1767
GL Georg Friedrich v. Kleist 1707-1765
GM Georg Ernst v. Klitzing 1698-1759
GM Dietrich Erhard v. Knobloch 1690-1757
GM Karl Gottfried v. Knobloch 1697-1764
GM Hans Joachim Christoph v. Königsmarck 1701-1779
GM Friedrich Wilhelm v. Kreytz 1693-1765
GL Georg Christoph v. Kreytz(en) 1683-1750
GM Johann Friedrich v. Kreytz 1693-1759
GL Anton Friedrich v. Krockow 1714-1790
GM Hans Caspar v. Krockow 1700-1759
GM Christian Siegfried v. Krosigk 1700-1757
GL Hans Friedrich v. Krusemarck 1720-1777
GM Heinrich Adolf v. Kurssel 1693-1758
GL Friedrich Wilhelm v. Kyau 1708-1759
GM Adolf Friedrich v. Langermann 1695-1757
GL Christoph Friedrich v. Lattorff 1696-1762
GM Johann Siegmund v. Lattorff 1699-1761
GM Johann Georg v. Lehmann 1688-1750
GFM Johann v. Lehwaldt 1685-1768
GM Joachim Friedrich v. Lekow 1704-1774
GL Robert Scipio Frhr. v. Lentulus 1714-1787
GL Johann Georg v. Lestwitz 1688-1767
GM Christian Bogislav v. Linden 1707-1786
GM Daniel Georg v. Lindstedt 1705-1764
GM Rudolf Kurt Lebrecht v. Loeben 1698-1746
GM Johann Bernhard v. Loën 1700-1766
GL Daniel Friedrich v. Lossow 1721-1783
GM David Hans Christoph v. Lüderitz 1699-1756
GL Paul Joseph Malachow v. Malachowski 1713-1775
GM Christoph Herrmann v. Manstein 1711-1757
GL Heinrich v. Manteuffel 1696-1778
GL Hans Jürgen Detleff v. Massow 1686-1761
GM Johann v. Mayr 1716-1759
GL Karl Friedrich v. Meier 1707-1775
GM Peter v. Meinecke 1698-1775
GL Dietrich Richard v. Meyerinck 1701-1775
GL Johann Adolf v. Möllendorff 1694-1758
GFM Wichard Joachim Heinrich v. Möllendorff 1724-1816
GM Friedrich Wilhelm v.d. Mosel 1709-1777

GL Ernst August de la Chevalerie Baron de la Motte	1688-1758
GdI Peter Ludwig du Moulin	1681-1756
GL Gustav Bogislaus v. Münchow	1686-1766
GM Lorenz Ernst v. Münchow	1700-1758
GM Friedrich Julius v. Mützschefahl	1693-1761
GL Christoph Ernst Graf v. Nassau	1686-1755
GM Georg Christoph v. Natzmer	1694-1751
GM Karl Ludwig v. Normann	1705-1780
GM Henning Ernst v. Oertzen	1695-1756
GM Georg Friedrich v. Oldenburg	1694-1758
GM Gottlob Ernst v. Pannwitz	1694-1765
GM Wolf Adolf v. Pannwitz	1679-1750
GL Peter Ernst v. Pennavaire	1680-1759
GM Christian Ludwig v. Pfuel	1696-1756
GdK Dubislav Friedrich v. Platen	1714-1787
GdK Hans Friedrich v. Platen	1668-1743
GM Leopold Johann v. Platen	1725-1780
GL Christoph Friedrich Stephan v. Plettenberg	1698-1777
GM Adam Joachim Graf v. Podewils	1697-1764
GM Constantin Guido v. Podewils	1703-1762
GM Samuel v. Polenz	1698-1746
GL Karl Friedrich Graf v. Posadowsky Frhr. v. Postelwitz	1694-1747
GdI August Ferdinand Prinz von Preußen	1730-1813
GdI August Wilhelm Prinz von Preußen	1722-1758
GdI Friedrich Heinrich Ludwig Prinz von Preußen	1726-1802
GM Hans Samuel v. Pritz	1696-1756
GM Georg Ludwig v. Puttkamer	1715-1759
GM Martin Anton Frhr. v. Puttkamer	1698-1782
GL Nicolaus Lorenz v. Puttkamer	1703-1782
GM Johann Christian Roelemann Frhr. Quadt v. Wickradt und Zoppenbroich	1699-1756
GL Julius Paul Dietrich v. Queis	1704-1769
GL Friedrich Ehrenreich v. Ramin	1709-1782
GM Maximilian Frhr. v. Rampusch	1665-1743
GM Karl Friedrich v. Rautter	1698-1758
GM Johann Karl Frhr. v. Rebentisch	1714-1765
GM Arnold Goswin v. Rettberg	1681-1751
GL Wolf Friedrich v. Retzow	1700-1758
GL Johann Volpert Frhr. v. Riedesel zu Eisenbach	1696-1757
GL Friedrich Wilhelm v. Rochow	1689-1759
GL Hans Friedrich v. Rochow	1698-1787
GM Ludwig Philipp v. Roebel	1707-1761
GL Friedrich Alexander v. Roëll	1676-1745
GM Kaspar Friedrich v. Rohr	1702-1757
GL Friedrich Rudolf Graf v. Rothenburg	1710-1751
GM Joseph Theodor Frhr. v. Ruesch	1709-1769
GM Peter III. Kaiser von Rußland	1728-1762
GL Erdmann Ernst v. Rüts	1693-1756
GM Wilhelm Heinrich Herzog von Sachsen-Eisenach	1691-1741
GL Friedrich Christoph v. Saldern	1719-1785
GM Heinrich v. Saldern	1694-1745
GM Wilhelm v. Saldern	1702-1758
GL Konstantin Nathanael v. Salémon	1710-1797
GM Friedrich Wilhelm v. Salmuth gen. Behringer	1701-1763
GM Philipp Lothar v. Seers	1700-1767
GL Wolf Balthasar v. Selchow	1684-1744
GM Alexander Gottlob Bogislav v. Seydlitz-Kurzbach	1700-1782
GdK Fridrich Wilhelm Frhr. v. Seydlitz-Kurzbach	1721-1773
GM Johann Heinrich Friedrich v. Spaen	1705-1762
GL Karl Ludwig v. Spiegel zum Desenberg	1682-1742
GM Friedrich Wilhelm v. Syburg	1709-1770
GM Gustav Adolf v. Sydow	1715-1772
GM Michael v. Szekely	1703-1772
GL Balthasar Rudolf v. Schenckendorff	1699-1771
GM Friedrich August v. Schenckendorff	1710-1780
GM Gustav Albrecht v. Schlabrendorff	1703-1765
GL Samuel v. Schlichting	1682-1751
GL Carl Christoph Reichsgraf v. Schmettau	1696-1774
GM Johann Ernst v. Schmettau	1703-1764
GFM Samuel Graf v. Schmettau	1684-1751
GL Friedrich Hannibal Frhr. v. Schmertzing	1705-1762
GL Friedrich Johann Karl Fürst v. Schönaich-Carolath-Beuthen	1716-1791
GM Georg Philipp Gottlob Frhr. v. Schönaich	1704-1790
GM Emanuel v. Schöning	1690-1757
GL Ludwig Wilhelm v. Schorlemer	1695-1776
GL Hans Kaspar Ernst v. Schultze	1691-1757
GM Friedrich Julius v. Schwerin	1699-1747
GL Reimer Julius v. Schwerin	1695-1754
GL Philipp Felix Bogislaus v. Schwerin	1700-1751
GL Otto Martin v. Schwerin	1701-1777
GM Christoph Ludwig v. Stechow	1698-1774
GM Christoph Ludwig v. Stille	1696-1752
GM Martin Friedrich v. Stollhoffen	1692-1758
GM Friedrich v. Stosch	1689-1752
GL Joachim Friedrich v. Stutterheim	1714-1783
GL Otto Ludwig v. Stutterheim	1718-1780
GdI Bogislav Friedrich v. Tauentzien	1710-1791
GL Hans Bodo v. Tettenborn	1709-1779
GL Georg Reinhold v. Thadden	1712-1784
GM Friedrich Wilhelm v. Thile	1709-1782
GM Christoph Friedrich v. Thümen	1683-1744
GL Joachim Friedrich Christian v. Tresckow	1698-1762
GM Johann Otto v. Tresckow	1692-1756
GM Christian Gottfried v. Uchtländer	1686-1755
GM Heinrich Rudolf Friedrich Wilhelm v. Vasold	1707-1785
GM Johann August v. Voigt	1677-1742
GL Friedrich Sebastian Wunibald Truchseß Graf zu Waldburg	1691-1745
GL Joachim Friedrich Wunibald Truchseß von Waldburg	1711-1777
GM Gerhard Kornelius v. Walrave	1692-1773
GM Friedrich Nicolaus v. Wangenheim	1710-1762
GL Friedrich Wilhelm v. Wartenberg	1725-1807
GM Karl Hartwig Ernst v. Wartenberg	1711-1757
GL Leopold Alexander Graf v. Wartensleben	1710-1775
GM Johann v. Wedel	1680-1742
GL Karl Heinrich v. Wedell	1712-1782
GM Ernst Ferdinand v. Werdeck	1687-1742
GL Johann Paul v. Werner	1707-1785
GM Adam v. Weyher	1683-1744
GL Franz Karl Ludwig Graf zu Wied	1710-1765
GM Leopold Friedrich v. Wietersheim	1701-1761
GL Hans Karl v. Winterfeldt	1707-1757
GM Joachim Wotislav v. Wobeser	1685-1746
GM Moritz Franz Kasimir v. Wobersnow	1708-1759
GM Eggert Georg v. Woedtke	1698-1756
GL Adam Friedrich v. Wreech	1732-1797
GFM Friedrich Eugen Herzog von Württemberg	1689-1746
GL Karl Christian Erdmann Herzog von Württemberg-Oels und Bernstadt	1716-1792
GdI Johann Jakob v. Wunsch	1717-1788
GL Friedrich Frhr. v. Wylich zu Diersfurth	1706-1770
GM Friedrich Wilhelm Graf v. Wylich und Lottum	1716-1774
GM Bernhard Asmus v. Zastrow	1696-1757
GL Karl Anton Leopold v. Zastrow	1702-1779

GM Karl Christoph v. Zeuner	1703-1768
GdK Hans Joachim v. Zieten	1699-1786
GM Hans Siegmund v. Zieten	1704-1758
GM Johann Christian Wilhelm v. Zieten	1706-1778

Beförderung zum Generalmajor zwischen 1763 und 1786

GM Achaz Heinrich v. Alvensleben	1716-1777
GM Friedrich Graf v. Anhalt	1732-1794
GdI Heinrich Wilhelm v. Anhalt	1734-1801
GdI Leopold Ludwig Graf von Anhalt	1729-1795
GL Karl Georg Lebrecht Fürst von Anhalt-Köthen	1730-1789
GM Levin Gideon Friedrich v. Apenburg	1724-1794
GM Alexander Friedrich Woldeck v. Arneburg	1720-1795
GM Hans Georg Woldeck v. Arneburg	1712-1785
GL Georg Christoph v. Arnim	1723-1789
GL Karl August v. Backhoff	1720-1807
GM Christian Friedrich v. Bandemer	1717-1782
GM Johann Deodatus Friedrich v. Bayar	1700-1776
GM Henning Ernst v. Behr	1706-1783
GL Matthias Wilhelm v. Below	1722-1798
GdI Gottlieb Ludwig Theophil v. Bèville	1734-1810
GL Hans Christoph v. Billerbeck	1703-1777
GL Konstantin v. Billerbeck	1713-1785
GM Philipp Wolfgang Teuffel v. Birkensee	1722-1781
GM Ewald Georg v. Blumenthal	1722-1784
GM Alexander v. Boeninghausen gen. v. Budberg	1717-1802
GL Philipp Christian v. Bohlen	1718-1794
GL Bogislav Ernst v. Bonin	1727-1797
GM Christian Ernst Wilhelm Benedikt v. Borcke	1715-1783
GM Gottlob Matthias Siegfried v. Borcke	1717-1797
GL Dietrich Eugen Philipp v. Bornstedt	1726-1793
GL Hans Ehrenreich v. Bornstedt	1722-1807
GL Friedrich Leopold v. Bosse	1719-1802
GL Christian Friedrich Karl Alexander Markgraf von Brandenburg-Bayreuth	1736-1806
GL Friedrich Wilhelm Christian Markgraf von Brandenburg-Bayreuth	1708-1769
GdI Christoph Heinrich Gottlob v. Braun	1714-1798
GM Christian Friedrich v. Braunschweig	1720-1787
GFM Karl Wilhelm Ferdinand Herzog zu Braunschweig-Lüneburg	1735-1806
GM Maximilian Julius Leopold Herzog von Braunschweig-Wolfenbüttel	1752-1785
GM Wilhelm Adolf Herzog zu Braunschweig-Wolfenbüttel	1745-1770
GM Karl Wilhelm v. Brause	1723-1801
GL Hans Christian v. Britzke	1705-1783
GFM Wilhelm Magnus v. Brünneck	1727-1817
GM Ludwig Heinrich v. Buddenbrock	1720-1782
GM Julius Adolf Friedrich Treusch v. Buttlar	1716-1784
GM Emanuel Franz Anton Eugen v. Chaumontet	1727-1788
GM Georg Ludwig v. Corvin-Wiersbitzky	1717-1778
GFM Wilhelm René de l'Homme de Courbière	1733-1811
GdK Georg Oswald Frhr. v. Czettritz	1728-1796
GdK Georg Ludwig Frhr. v. Dalwig	1723-1796
GM Johann Georg Ferdinand v. Damm	1717-1797
GM Bernhard Alexander v. Diringshofen	1714-1776
GL Viktor Amadeus Graf Henckel von Donnersmarck	1727-1793
GM Johann Friedrich v. Drouart	1713-1794
GL Karl Adolf August Frhr. v. Eben und Brunnen	1734-1800
GM Johann Ludwig v. Eckartsberg	1723-1793
GL Albrecht Dietrich Gottfried Graf von und zu Egloffstein	1720-1791
GdI Martin Ludwig v. Eichmann	1710-1792
GL Friedrich August Frhr. v. Erlach	1721-1801
GL Friedrich Gotthilf v. Falkenhayn	1719-1786
GdI Francois André Jacquier de Berney v. Favrat	1730-1804
GM Heinrich Ludwig v. Flemming	1719-1783
GL Friedrich Wilhelm Ernst Frhr. v. Gaudi	1725-1788
GL Friedrich Wilhelm v. Goetzen	1734-1794
GL Wilhelm Heinrich Frhr. v.d. Goltz	1724-1789
GM Peter Graf v. Gourcy	1706-1795
GM Johann Benedikt Jacob v. Groeling	1726-1791
GL Eberhard v. Hager	1723-1790
GL Levin Friedrich v. Hake	1713-1785
GdI Adolf Landgraf von Hessen-Philippsthal-Barchfeld	1743-1803
GFM Wilhelm IX. Landgraf von Hessen-Kassel	1743-1821
GM Ulrich v. Heyking	1717-1790
GdI Friedrich Ludwig Fürst von Hohenlohe-Ingelfingen	1746-1818
GM Karl August v. Hohenstock	1723-1788
GM Georg Ernst v. Holtzendorff	1714-1785
GL Johann Ludwig Graf v. Hordt	1720-1798
GM Reinhold Friedrich Frhr. v. Hoverbeck	1720-1770
GM Theophil Christoph Ernst Frhr. v. Hoverbeck	1725-1781
GM Karl Ludwig v. Ingersleben	1709-1781
GFM Friedrich Adolf Graf v. Kalckreuth	1737-1818
GL Hans Nikolaus v. Kalckreuth	1720-1807
GM Ludwig Gottlob v. Kalckreuth	1716-1783
GFM Ludwig Karl v. Kalckstein	1725-1800
GL Christian Ludwig v. Kenitz (Könitz)	1724-1797
GL Johann Georg Wilhelm Frhr. v. Keller	1710-1785
GM Karl Franz v. Keöszeghy	1721-1794
GM Heinrich Werner v. Kleist	1703-1765
GM Henning Alexander v. Kleist	1707-1784
GM Reimar v. Kleist	1710-1782
GM Primislav Ulrich v. Kleist	1711-1781
GM Karl Kuno Friedrich v. Klitzing	1728-1786
GFM Alexander Friedrich v. Knobelsdorff	1723-1799

GM Karl Ludwig v. Knobelsdorff	1724-1786
GM Heinrich Gottlieb v. Könitz (Kenitz)	1725-1790
GM Friedrich Ernst Julius v. Koschembahr	1715-1776
GL Melchior Sylvius v. Koschembahr	1725-1801
GL Ernst Christian v. Kospoth	1724-1813
GL Georg Lorenz Simon v. Kowalski	1717-1796
GL Döring Wilhelm Graf v. Krockow	1719-1803
GM Otto Heinrich v. Laxdehnen	1717-1802
GL Wenzeslaus Christoph v. Lehwald(t)	1717-1793
GM Johann Georg Heinrich Ernst v. Leipziger	1718-1790
GL Christoph August v. Lengefeld	1728-1789
GL Friedrich Wilhelm v. Lengefeld	1733-1806
GM Hans Siegmund v. Lestwitz	1718-1788
GM Heinrich Wilhelm v. Lettow	1714-1793
GL Karl Stephan Ludwig Anton Frhr. v. Lichnowsky und Woschütz	1724-1796
GM Karl Friedrich Johann Jakob v. Linckersdorff	1725-1782
GL Friedrich Wilhelm Lölhöffel v. Löwensprung	1717-1780
GL Matthias Ludwig v. Lossow (Lossau)	1717-1783
GM Kaspar Fabian Gottlieb v. Luck	1723-1797
GM Johann Christoph v. Mahlen	1721-1789
GM Leopold Sebastian v. Manstein	1717-1777
GL Gustav Ludwig v.d. Marwitz	1730-1797
GM Johann Friedrich Adolf v.d. Marwitz	1723-1781
GM Maximilian v. Mauschwitz	1716-1781
GM Otto Kasimir v. Meerscheidt gen. Hüllessem	1721-1803
GM Georg Bernhard Graf v. Mellin	1704-1785
GL Johann Karl Friedrich Frhr. v. Mengden	1730-1796
GM Johann Rudolph v. Merian	1717-1784
GM Franz Gustav v. Mitzlaff	1707-1789
GM Christian v. Möhring	1704-1773
GL Carl Rudolph v. Mosch	1718-1798
GM Christoph Ludwig v.d. Mülbe	1709-1780
GL Johann Adolf Fürst von Nassau-Usingen	1740-1793
GM Paul v. Natalis	1720-1789
GL Maximilian Siegmund v. Pannwitz	1715-1791
GM Jakob Christoph v. Papstein	1715-1789
GM Johann Friedrich v. Pelkowski	1705-1786
GL Eggert Christian v. Petersdorff	1707-1783
GdI Ernst Ludwig v. Pfuel (Pfuhl)	1716-1798
GM Karl Christoph v. Ploetz	1711-1776
GM Friedrich Wilhelm v. Podewils	1723-1784
GM Karl v. Podjurski (Podgursky)	1720-1781
GL Nikolaus Alexander v. Pomeiske	1717-1785
GL Christian Wilhelm Sigismund v. Posadowsky Frhr. v. Postelwitz	1725-1791
GM Friedrich Heinrich Karl Prinz von Preußen	1747-1767
GdK Joachim Bernhard v. Prittwitz und Gaffron	1726-1793
GM Christian Ernst v. Puttkamer	1706-1771
GL Karl Albrecht Friedrich v. Raumer	1729-1806
GM Karl Erdmann v. Reitzenstein	1722-1789
GL Christoph Friedrich v. Rentzell	1702-1778
GM Heinrich Sebastian v. Reppert	1718-1800
GM Friedrich Wilhelm v. Roeder	1719-1781
GM Christoph Moritz v. Roëll	1713-1797
GdI Friedrich Wilhelm v. Rohdich	1719-1796
GM Albrecht Ehrenreich v. Rohr	1720-1800
GL Hans Heinrich Ludwig v. Rohr	1718-1792
GL Johann Friedrich Wilhelm Moritz Frhr. v. Romberg	1724-1792
GM Karl Gustav Frhr. v. Rosen	1706-1772
GM Johann Siegmund v. Rosenberg	1708-1777
GM Friedrich Wilhelm Leopold v. Rosenbruch	1726-1795
GM Hans Christoph v. Rosenbusch	1717-1785
GM Franz Ludwig de Rosière (Rossières)	1710-1778
GM Friedrich Heinrich Alexander v. Rothkirch	1727-1785
GL Hans Christoph v. Rothkirch	1717-1785
GL Gerhard Alexander Frhr. v. Saß	1718-1790
GM Christian Friedrich August v. Saher	1718-1783
GM Justus Rudolf v. Seelhorst	1700-1779
GM Franz Karl Frhr. v. Sobeck	1721-1778
GM Ernst Gottlob v. Scheelen	1726-1786
GL Friedrich Karl Graf v. Schlieben	1716-1791
GdK Karl Friedrich Adam Graf v. Schlitz gen. Görtz	1733-1797
GL Georg Jobst August v. Schönfeld(t)	1722-1793
GM Johann Anton Andreas v. Scholten	1720-1791
GM Wilhelm Heinrich Karl Adolf Schott v. Schottenstein	1723-1786
GM August Ferdinand v.d. Schulenburg	1729-1787
GL Levin Rudolf v.d. Schulenburg	1727-1788
GL Karl August v. Schwartz	1715-1791
GM Carl Magnus v. Schwerin	1715-1775
GM Friedrich Albrecht Graf v. Schwerin	1717-1789
GL Wilhelm Friedrich Karl Graf v. Schwerin	1738-1802
GL Johann Ferdinand v. Stechow	1718-1778
GM Anton Abraham v. Steinkeller	1714-1781
GM Johann Christian Wilhelm v. Steinwehr	1711-1784
GM Peter Heinrich v. Stojentin	1713-1776
GM Samuel Sylvius Ferdinand v. Stwolinsky	1720-1787
GL Otto Balthasar v. Thun	1721-1793
GM August Wilhelm v. Thüna	1721-1787
GL Karl Ludwig Gottlob v. Troschke	1718-1801
GL Adolf Detlev v. Usedom	1726-1792
GM Otto Ernst Kasimir v. Versen	1705-1772
GM Christian Friedrich v. Viereck	1725-1777
GM Karl v. Voß	1726-1804
GL Balthasar Ludwig Christian v. Wendessen	1724-1797
GM Christian Rudolf v. Weyher(r)	1709-1782
GM Karl Ludwig v. Winterfeldt	1726-1784
GM Hans Christoph v. Woldeck	1712-1789
GL Karl Friedrich v. Wolffersdorff	1716-1781
GL Adam Heinrich v. Wolframsdorff	1722-1799
GdK Eugen Friedrich Heinrich Herzog von Württemberg	1758-1822
GM Friedrich I. Wilhelm Karl König von Württemberg	1754-1816
GFM Ludwig Friedrich Alexander Herzog von Württemberg	1756-1817
GM Georg Ludolf v. Wulffen	1719-1792
GM Friedrich Wilhelm v. Wuthenau (Wuthenow)	1722-1801
GdK Friedrich Albert Karl Hermann Graf v. Wylich und Lottum	1721-1797
GL Michael Konstantin v. Zaremba-Kalinowa	1711-1786
GM Jakob Rüdiger v. Zastrow	1707-1782
GM Johann Wenzel v. Zastrow	1717-1773
GM Johann Bogislav v. Zitzewitz	1724-1803
GM Peter Christoph v. Zitzewitz	1721-1800